Guinée

UN PAYS RICHE DE SA DIVERSITÉ

La Guinée est pour beaucoup mystérieuse, elle interroge, elle inquiète aussi. Pourtant une chose est sûre : elle est riche et même scandaleusement riche au regard de ses ressources minières. Riche aussi de sa diversité de paysages, de sa population multi-ethnique, de son histoire et de sa culture métissée. Elle offre tout ce que peut désirer le voyageur prêt à sortir des sentiers battus. Le potentiel est certes peu mis en valeur, mais que de belles surprises ! Entre savane arbustive du pays mandingue où les percussions rythment la vie au quotidien et plaines côtières bordées de plages de sable blond ; entre forêts primaires préservées et montagnes du Sud-Est réservées aux voyageurs aventuriers ; entre massif du Fouta Djalon, royaume des trekkeurs et îles de Loos où pêche et farniente se combinent à merveille, vous n'aurez que l'embarras du choix. Le pays est également un des creusets de la musique et de la danse traditionnelles ouest-africaines, où maîtres du djembé et du balafon perpétuent les traditions. En Guinée, le sens de l'accueil est encore une valeur largement partagée. Alors soyez les bienvenus ! Mais voilà, la Guinée est riche aussi de paradoxes, d'inégalités. Voyager à travers le pays peut être difficile parce que les routes sont souvent en piteux état, parce que les hébergements sont parfois bien loin des standards internationaux. Alors oui, venez en Guinée ! Vous en repartirez peut-être un peu fatigué mais surtout plus riche d'une expérience unique et vraie.

SOMMAIRE

6 INSPIRER

Quelques clés pour vous ouvrir les portes de ce pays aux multiples facettes et vous donner envie de pousser plus loin votre curiosité.

33 DÉCOUVRIR

Levez le voile sur ce pays quelque peu mystérieux qui offre de belles découvertes aux voyageurs qui prennent le temps de partir à sa rencontre.

85 RÉGION DE CONAKRY

La tumultueuse capitale est parfois difficile à appréhender dans sa globalité. Mieux vaut apprendre à l'apprécier quartier après quartier, sans se presser.

135 GUINÉE MARITIME

De l'historique Boké aux plages de Bel-Air, en passant par la douce Kindia, la région a de beaux atouts pour qui souhaite s'échapper de l'effervescente Conakry.

163 FOUTA-DJALON

Par monts et par vaux, entre cascades et rochers, le Fouta Djalon s'apprécie d'autant mieux que vous le parcourez au rythme de vos pas.

199 HAUTE GUINÉE

Irriguée par le Niger, la région est fortement marquée par son histoire mouvementée. Ici chasseurs traditionnels et percussionnistes perpétuent les traditions.

221 GUINÉE FORESTIÈRE

Une région luxuriante entre nature sauvage protégée et cultures de rente, où les masques et fêtes traditionnels sont encore très vivaces.

239 ORGANISER SON SÉJOUR

Parce qu'un séjour en Guinée ne peut s'improviser, toutes les informations pratiques pour répondre à vos interrogations et vous aider à bien le préparer.

Allée du jardin Chevalier près de Dalaba.

PARC NATIONAL NIOKOLO-BADIAR
SENEGAL
GUINEE-BISSAU
Sambailo
KOUNDARA
SAREBOÏDO
Boussoura
YOUKOUNKOUN
Mont Loura
Balaki
Foulamory
Koumba
Kifaya
MALI
Corubal
Koumbia
GAOUAL
Kounsitel
Yambering
Guiledji
Linsan
Touba
Koubia
Bensane
Tougué
Cogon
LÉLOUMA
DIARI
LABÉ
TIMBI MADÎNA
TIMBI TOUNI
PITA
Sangaredyi
AÏNGUEL
BOKÉ
Bambaya
DITINN
TELIMÉLE
DALABA
KAMSAR
KATACO
Bintimodia
Yessoulou
TIMBO
Fonfe
FRIA
Konkouré
TORMELIN
MAMOU
KONKOURÉ
BOFFA
BEL-AIR
Sougueta
Ouassou
KINDIA
KHORIRA
DUBRÊKA
COYAH
CONAKRY
Gt. Scarcies
ÎLE DE KASSA
ÎLE DE TAMARA
ÎLE DE ROUME
FORECARIAH
KABAK
ÎLES DE LOOS
Farmoreya
SIERRA-LEONE
OCEAN ATLANTIQUE
Altitude (en mètres)
1500
1000
500
200
Frontière
Limite régionale
Route principale
Route secondaire
Voie ferrée
Piste
Ville
100 KM

MALI
Bafing
NIAGASSOLA
Niger
Naboun
Kourémalé
Faranwalia
MALÉAH
MALI
Tinkisso
SIGUIRI
DINGUIRAYE
Bafing
Niandankoro
NIANI
Logorombo
Milo
Niantanina
Doura
BISSIKRIMA
BALATO
Falama
DOGOMET
KOUROUSSA
BARO
MANDIANA
Niger
Bala
KANKAN
PARC NATIONAL
DU HAUT NIGER
Bagoué
Bendougou
Baramana
FARANAH
BISSANDOUGOU
Heremakono
Tere
CÔTE-
D'IVOIRE
Tiro
Moribaya
Douako
Komodou
Nafadie
TOKOUNOU
Koussa
Dilakoro
BANANKORO
KÉROUANÉ
Soukourala
Telebadou
Konsankoro
KISSIDOUGOU
Piste du Café
Milo
SINKO
SÉRISSOU
Nionsamoridou
BEYLA
GUÉKEDOU
Nongowa
MACENTA
Meli
Feredougouba
SÉRÉDOU
Boola
YIRIÉ
Moa
N'ZÉBÉLA
Koulé
PALÉ
Yela
LOLA
N'ZÉRÉKORÉ
BOSSOU
MTS NIMBA
1752 M.
Yomou
Diéké
LIBERIA
Cess
CÔTE-
D'IVOIRE
St. Paul
St. John

QUAND Y ALLER

JANVIER	FÉVRIER	MARS
22° / 31°	22° / 31°	23° / 32°
	FESTIVAL L'UNIVERS DES MOTS *(CONAKRY)* Une semaine de spectacles et ateliers autour des mots, pour ce rendez-vous bisannuel initié par les studios Kirah sur Conakry.	**LA GRANDE MAMAYA DE KANKAN** *(KANKAN)* Musique et danses rythment cette fête haute en couleur qui rassemble plusieurs centaines de personnes à Kankan après la Tabaski.
$	$	$ $

JUILLET	AOÛT	SEPTEMBRE
22° / 28°	22° / 27°	22° / 29°
$ $	$ $	$

La période à privilégier pour visiter le pays se situe de fin octobre à fin janvier, après les dernières grosses pluies et avant les fortes chaleurs. L'eau est alors en abondance partout, les paysages verdoyants et lumineux. Par contre la saison des pluies de fin juillet à fin octobre est sans doute la période la plus compliquée, d'autant que circuler peut se révéler délicat du fait de l'état des pistes et des routes, même si c'est aussi la période où les températures sont plus clémentes.

AVRIL

24° / 32°

LES 72 HEURES DU LIVRE EN GUINÉE
Un salon de trois jours organisé à Conakry pour célébrer la fête internationale du livre et mettre en avant les auteurs guinéens.

$ $

MAI

24° / 31°

FÊTES DES MARES
(BARO)
Fêtes traditionnelles qui célèbrent le début de la saison des cultures, l'occasion de rassemblements populaires autour des mares.

LE PÈLERINAGE DE BOFFA
(BOFFA)
Le plus important pèlerinage catholique du pays qui rassemble des milliers de fidèles le premier dimanche du mois de mai.

$ $

JUIN

23° / 29°

SALON DU TOURISME ET DE L'ARTISANAT
(CONAKRY)
Ce salon d'une semaine rassemble à Conakry des acteurs nationaux et étrangers afin de mettre en valeur les richesses locales.

$ $

OCTOBRE

22° / 30°

$ $

NOVEMBRE

23° / 31°

FESTIVAL LES 7 JOURS DU SEPTIEME ART
(CONAKRY)
Un festival qui, à travers la diffusion de films guinéens et étrangers, propose durant une semaine de découvrir le septième art autrement.

$ $ $

DÉCEMBRE

23° / 31°

FESTARD
(DUBRÉKA)
Ce festival transforme la ville de Dubréka en un théâtre proposant aux amoureux de l'art une grande variété de spectacles.

$ $ $

LES BONNES RAISONS D'Y ALLER

© ROBNAW - STOCK.ADOBE.COM

DES PAYSAGES VARIÉS
Quatre régions naturelles particulières et autant de décors différents à découvrir.

LES ÎLES DE LOOS
Archipel au large de Conakry, un petit paradis pour le farniente et la pêche en mer.

© SEM LET - SHUTTERSTOCK.COM

© SYLDAVIA - ISTOCKPHOTO.COM

LA MUSIQUE AU CŒUR
Au rythme des balafons, des djembés et des koras, une musique locale vivante se transmet.

© MUSTAPHA GUNNOUNI - SHUTTERSTOCK.COM

LA DANSE COMME ART DE VIVRE

Ballets, écoles, spectacles, fêtes : la danse se vit au jour le jour.

© FABIAN PLOCK - SHUTTERSTOCK.COM

HORS DES SENTIERS BATTUS

Ici, pas de tourisme de masse avec ses avantages et ses inconvénients…

© FRANK BOYER - STOCK.ADOBE.COM

LES DERNIERS CHIMPANZÉS SAUVAGES

Suivre les chimpanzés sauvages et parfois les apercevoir : une aventure inoubliable.

© PATRICK MADELAINE

MYSTÉRIEUX PONTS DE LIANES

Traverser un des derniers ponts de lianes au cœur de la forêt : une expérience unique.

LES BONNES RAISONS D'Y ALLER

FOUTA, UNE RÉGION POUR RANDONNER

Montagnes, rivières et cascades comme décor pour des treks hors du temps.

© FABIAN - STOCK.ADOBE.COM

© PAUL_BRIGHTON - SHUTTERSTOCK.COM

DES PLATS ET DES SAVEURS

Du plus classique riz sauce arachide au plus spécifique lafidi, des saveurs à découvrir.

© PATRICK MADELAINE

UN ACCUEIL BIENVEILLANT

Accueillir l'étranger est un devoir sacré et cela se fait en toute simplicité.

LES 12 MOTS-CLÉS

#BAUXITE

Minerai de couleur ocre dont est extrait l'alumine, base de l'aluminium. La Guinée en est devenue le deuxième producteur mondial. Surtout exploitée dans l'ouest du pays, elle en représente 80 % des recettes d'exportation. Un début pour les autorités guinéennes malgré les sérieux problèmes sociaux et environnementaux posés par cette évolution.

© IGOR GROCHEV - SHUTTERSTOCK.COM

#MAMAYA

Festivité traditionnelle malinké (haute Guinée). C'est une danse pratiquée par des hommes et des femmes habillés de grands boubous brodés qui défilent au rythme lent des musiques traditionnelles. La Mamaya de Kankan est devenue un événement culturel majeur qui a lieu une fois par an lors de la fête de Tabaski et regroupe des centaines de danseurs.

#MARABOUT

Désigne les hommes ayant une bonne connaissance du Coran, que l'on va voir pour tous motifs et occasions (cérémonie, voyage, etc.) afin d'obtenir un talisman ou pour savoir quel sacrifice pratiquer pour influencer le destin. Ici tout le monde « consulte » et certains peuvent débourser de grosses sommes pour s'octroyer les services des plus réputés.

#BLANCO OU GANDJI

Vin de palme, produit surtout en Guinée maritime et en forêt, il est la résultante de la fermentation de la sève des palmiers. Pour récolter cette sève, les hommes grimpent au sommet desdits arbres à l'aide d'une simple sangle. Impressionnant ! Le vin de palme est la boisson de la convivialité, souvent offerte aux visiteurs en guise de bienvenue.

© HERR LOEFFLE - SHUTTERSTOCK.COM

#NÉRÉ

Arbre et fruit, il est prescrit en poudre contre la fièvre jaune. Ses racines servent de médicament, son bois est utilisé dans la fabrication des djembés. L'arbre néré aux multiples usages est surtout connu pour le soumbara, poudre issue du pilage de ses graines séchées, cuites et fermentées, utilisé comme un « bouillon cube » à l'odeur puissante.

© TVIOLET - SHUTTERSTOCK.COM

#FOTÉ

C'est l'équivalent de *toubab* dans d'autres pays africains ou vers Kankan. On l'entend dans certains quartiers de Conakry dans la bouche d'enfants, encore parfois étonnés de croiser des étrangers. *Foté* veut dire « blanc » en soussou. Vous pourrez toujours répondre *forè*, qui veut dire « noir ». Dans l'intérieur du pays, *foté* devient *porto* au Fouta.

#NIMBA

Masque baga (Guinée maritime) représentant l'idéalisation du rôle de la femme dans la société. Il évoque une mère qui a donné naissance à de nombreux enfants, et qui les a préparés à vivre un âge adulte fécond. Il est devenu un symbole de la Guinée, tant et si bien que les statuettes nimba sont devenues un incontournable des sculpteurs sur bois.

#NON

En 1958, lors du référendum organisé par de Gaulle proposant que la métropole et les colonies forment une communauté franco-africaine, Sékou Touré décide de dire « non ». La Guinée, dit-il alors, « préfère la liberté dans la pauvreté à la richesse dans l'esclavage ». Le pays devient indépendant le 2 octobre et Sékou Touré son premier président.

#SYLI

Monnaie du pays sous Sékou Touré, *syli* signifie « éléphant » en soussou. Pour les Guinéens, c'est un symbole fort : l'éléphant ne connaît qu'une seule route et rien ne peut l'arrêter. Il atteint toujours son but. Il représente la force. C'est aussi le nom de l'équipe nationale de football. Dommage que cette espèce ait quasiment disparu du pays.

© PATRICK MADELAINE

#TAPPA LAPPA

Terme poular désignant le pain qui est vendu sur tout le territoire et exprimant le fait que la pâte est littéralement tapée lors de la préparation. Vendu sous forme de grosse baguette, il est le plus savoureux au sortir du four au petit matin. Pas une ville qui n'ait son four. Une bizarrerie pour un pays qui ne produit pas un grain de blé.

#FIER

Fier du non de 1958. Fier d'être guinéen. Cette fierté construite dans l'adversité résonne parfois comme un slogan un peu décalé par rapport aux réalités du quotidien. Ce terme est souvent repris par les Guinéens de l'extérieur pour marquer leur attachement à leur patrie malgré toutes les difficultés que rencontre le pays de leurs ancêtres.

#WONTANARA

Terme soussou qui signifie « Nous sommes ensemble », « Nous sommes unis ». Il exprime le fait d'être solidaire, de s'entraider dans l'adversité. Cette expression utilisée dans de nombreux slogans publicitaires sur les affiches en a du coup un peu perdu de sa force, mais elle est encore souvent reprise et partagée face aux épreuves du quotidien.

VOUS ÊTES D'ICI, SI...

- À bord de votre voiture, vous klaxonnez à tout-va alors même que vous êtes totalement arrêté dans un embouteillage.
- Vous assistez à un mariage, à un baptême et à un anniversaire dans un même week-end. Les affaires sociales, ici, c'est sacré, et c'est la principale distraction des fins de semaine.
- L'expression *We téfa* ne vous est pas inconnue. Elle s'entend le plus souvent sous forme d'une clameur provoquée par les cris des enfants lorsque le courant électrique souvent capricieux revient après une coupure : *we téfa* ou « le courant est venu ».
- Vous dites à vos amis « j'arrive » et que deux heures plus tard vous n'êtes toujours pas là. Et quand on vous demande si vous avez eu un problème, vous répondez « non, rien, je vous ai dit que j'arrivais »...
- Vous empruntez un moyen de transport quel qu'il soit, pour parcourir même 500 m, l'absence de trottoir et la circulation anarchique combinées à la touffeur ambiante décourageant les marcheurs les plus téméraires à Conakry.

MA GUINÉE

Par Patrick Madelaine, auteur du guide

© DR

Interview

Auteur pour *Le Petit Futé* Guinée depuis 2016, Patrick Madelaine est un ancien résident de Dalaba au cœur du Fouta guinéen. Après une formation supérieure en économie du développement, il y créa le premier bureau local du tourisme et de l'artisanat. Installé de nouveau en France, il retourne régulièrement sillonner les routes et les pistes de ce pays dont il aime découvrir et partager les richesses.

DISTANCES

TEMPS DE TRAJET

	CONAKRY	KINDIA	MAMOU	BOKÉ	LABÉ
CONAKRY		111 KM 2h	241 KM 4h30	249 KM 4h30	351 KM 8h30
KINDIA	111 KM 2h		132 KM 2h30	334 KM 6h30	279 KM 6h30
MAMOU	241 KM 4h30	132 KM 2h30		464 KM 9h	148 KM 4h
BOKÉ	249 KM 4h30	334 KM 6h30	464 KM 9h		359 KM 12h30
LABÉ	351 KM 8h30	279 KM 6h30	148 KM 4h	359 KM 12h30	
KOUNDARA	601 KM 13h30	526 KM 11h30	398 KM 9h	302 KM 8h30	251 KM 5h30
FARANAH	426 KM 8h30	317 KM 6h30	187 KM 4h	649 KM 12h30	334 KM 8h
DABOLA	390 KM 8h	281 KM 6h	149 KM 3h30	612 KM 12h	284 KM 7h30
KANKAN	635 KM 12h30	526 KM 10h30	394 KM 8h	858 KM 16h30	529 KM 12h
SIGUIRI	710 KM 14h30	600 KM 12h30	469 KM 10h	932 KM 18h30	603 KM 14h
GUÉCKÉDOU	648 KM 12h30	538 KM 10h30	408 KM 8h	870 KM 16h30	555 KM 12h
N'ZÉRÉKORÉ	870 KM 16h30	761 KM 14h30	631 KM 12h	1093 KM 18h30	778 KM 16h

Sur l'ensemble des 245 860 km² du territoire, le réseau routier est plutôt chaotique même si en nette amélioration. Si bien que pour une même distance, le temps de parcours peut être multiplié par 2 ou 3 selon l'axe emprunté. Les 5 principales nationales sont bitumées avec pour certaines des portions dégradées. Pour le reste, l'essentiel du réseau est constitué de pistes plus ou moins roulantes en fonction de leur entretien et de la saison.

KOUNDARA	FARANAH	DABOLA	KANKAN	SIGUIRI	GUÉCKÉDOU	N'ZÉRÉKORÉ
601 KM 13h30	426 KM 8h30	390 KM 8h	635 KM 12h30	710 KM 14h30	648 KM 12h30	870 KM 16h30
526 KM 11h30	317 KM 6h30	281 KM 6h	526 KM 10h30	600 KM 12h30	538 KM 10h30	761 KM 14h30
398 KM 9h	187 KM 4h	149 KM 3h30	394 KM 8h	469 KM 10h	408 KM 8h	631 KM 12h
302 KM 8h30	649 KM 12h30	612 KM 12h	858 KM 16h30	932 KM 18h30	870 KM 16h30	1093 KM 18h30
251 KM 5h30	334 KM 8h	284 KM 7h30	529 KM 12h	603 KM 14h	555 KM 12h	778 KM 16h
	581 KM 13h	531 KM 12h30	776 KM 17h	863 KM 19h	802 KM 16h30	1025 KM 20h30
581 KM 13h		110 KM 5h	355 KM 9h30	429 KM 11h30	222 KM 4h	445 KM 8h
531 KM 12h30	110 KM 5h		247 KM 4h30	319 KM 6h30	329 KM 9h	551 KM 13h
776 KM 17h	355 KM 9h30	247 KM 4h30		136 KM 2h	267 KM 11h	386 KM 10h
863 KM 19h	429 KM 11h30	319 KM 6h30	136 KM 2h		404 KM 13h	516 KM 12h
802 KM 16h30	222 KM 4h	329 KM 9h	267 KM 11h	404 KM 13h		223 KM 4h
1025 KM 20h30	445 KM 8h	551 KM 13h	386 KM 10h	516 KM 12h	223 KM 4h	

IDÉES DE SÉJOUR

Visiter la Guinée demande du temps. Difficile d'en faire le tour en moins de 15 jours. Il faudra faire des choix. Afin de vous donner un bon aperçu du pays, voici quelques idées d'itinéraires dont vous pourrez vous inspirer en fonction du temps, du budget et du véhicule dont vous disposez. Les temps sont indiqués en considérant que les déplacements s'effectuent en voiture privée ou louée, type 4x4. Pour un tour en taxi-brousse, il convient de rajouter plusieurs jours de battement, pour inclure les délais liés aux horaires très aléatoires des départs de taxi et les modifications éventuelles de parcours imposées par les dessertes plus ou moins assurées de certaines régions. Le temps du trajet est aussi estimé en fonction de l'état des routes à l'heure où nous écrivons ces lignes. Renseignez-vous donc au moment de votre arrivée en Guinée, car une longue saison des pluies peut avoir changé la donne…

LA GUINÉE EN 1 SEMAINE

Ce circuit est destiné aux voyageurs aisés, recherchant la qualité des prestations et ne voulant pas parcourir la Guinée dans tous les sens.

› Jour 1 - Conakry

Visite de Conakry ★★★ (p.89), du musée, des marchés, du jardin du 2 Octobre (p.100), etc. Apéro et nuit à l'hôtel Petit Bateau.

› Jour 2 - Les îles de Loos

Après un bon petit déjeuner, direction l'embarcadère tout proche pour faire le tour en bateau à moteur des îles de Loos. Visite des vestiges du fortin anglais de Roume ★★★ (p.133), farniente sur la plage à Kassa et balade jusqu'à l'ancien pénitencier et au phare de Tamara. Retour en fin d'après-midi à l'île de Roume. Soirée et nuit sur l'île à l'hôtel Sogué.

› Jour 3 - L'île de Roume, hôtel Sogué

Journée détente au bord de la piscine ou sur la plage de l'hôtel. Pour les pêcheurs, départ en mer le matin, à la recherche des tarpons, barracudas, carangues, etc. avec l'équipe du Guinea Fishing Camp. Le soir, dégustation de poissons frais sur la terrasse du restaurant. Nuit sur l'île à l'hôtel Sogué.

› Jour 4 - Kindia

Embarquement le matin de bonne heure pour le retour à Conakry ★★★ (p.89) et départ pour Kindia ★★★ (p.156). Arrivée dans l'après-midi à l'hôtel Masabi, et visite du centre-ville et du marché : cordonniers, sculpteurs, teinturières, bijoutiers… Nuit à Kindia à l'hôtel Masabi.

› Jour 5 - Kindia

Excursion jusqu'au lac de Samaya (p.157) et balade en pirogue pour aller découvrir les villages environnants. De retour, visite au Voile de la Mariée, pour une pause rafraîchissante. Nuit à Kindia ★★★ (p.156).

› Jour 6 - Dalaba

Départ matinal pour Dalaba ★★★ (p.172). Arrivée en fin de matinée. Balade en ville (visite de la case à palabres, de la maison de Myriam Makeba (p.175) et du groupement des cordonniers) et excursion jusqu'au Pont-de-Dieu. Retour en début de soirée pour un rafraîchissement sur la magnifique terrasse de l'hôtel du Fouta. Dîner à l'auberge Seydi II et nuit à l'hôtel Safitel.

› Jour 7 - Mont Maci

Excursion vers le mont Maci (p.184) en passant par le village de Sébhory. Baignade aux cascades de Mittywol et rencontre de M. Bah, peintre figuratif peul. Sur le chemin du retour, balade dans les allées ombragées du jardin Chevalier (p.173) et cueillettes de fraises (si c'est la saison). Dîner et nuit à Dalaba ★★★ (p.172).

› Jour 8 - Retour à Conakry

Départ tôt le matin pour un retour à Conakry ★★★ (p.89) avec une pause aux cascades de Kilissi. En fin de journée, achats de dernière minute chez les sculpteurs de Ratoma ou de Camayenne.

SÉJOUR AVENTURE EN GUINÉE

Des échelles de Lélouma à la chaîne des monts Nimba, en passant par Kindia ★★★ (p.156) et Kankan ★★ (p.213), un circuit hors des sentiers battus qui ravira les amateurs d'aventure.

› Jour 1 - Labé

Départ de bonne heure pour Labé. Sur la route, visite de Dalaba ★★★ (p.172). Arrivée à Labé ★★★ (p.188) en soirée. Dîner et nuit à l'hôtel Tata.

Case des palabres de Dalaba.

© TREVKITT

IDÉES DE SÉJOUR

› Jour 2 - Labé

Excursion aux échelles de Lélouma et au **rocher de Tounti Maladhé** (p.188). Au retour, visite du centre-ville de **Labé** ★★★ (p.188) (marché, jardin botanique, musée). Nuit à Labé à l'hôtel Tata.

› Jour 3 - Pita

Départ pour le **mont Maci** (p.184) et les **chutes de Kambadaga** (p.182). Pique-nique. Retour et visite des tisserands de **Pita** ★★★ (p.181). Nuit Chez Sister à Pita.

› Jour 4 - Aïnguel

Départ pour **Timbi Madina** (p.185), Timbi Touni et le village de **Aïnguel** (p.185). Petite baignade aux abords du pont naturel et balade au pied des cascades. Nuit dans les cases du lodge Kamawi à Aïnguel.

› Jour 5 - Doucky

Départ pour Doucky. Randonnée à la découverte des sites autour du village avec Hassan. Dîner et nuit chez Hassan Bah (campement).

› Jour 6 - Télimélé

Départ très tôt par la piste en direction de **Télimélé** ★ (p.150). La piste est délicate mais traverse de magnifiques paysages qui valent le détour. Visite de chutes sur le chemin, village de Ley Miro. Arrivée tardive à **Kindia** ★★★ (p.156). Installation à l'hôtel Masabi.

› Jour 7 - Kindia

Ascension du **mont Gangan** (p.157), pique-nique. Puis fin d'après-midi reposante au pied des **chutes rafraîchissantes de Kilissi** (p.156). Nuit à **Kindia** ★★★ (p.156).

› Jour 8 - Kankan

Départ matinal pour **Kankan** ★★ (p.213). Pause pique-nique à la **chute de Tinkisso** (p.204) à **Dabola** ★ (p.203). Découverte des mosquées anciennes et traditionnelles entre Dabola et **Dinguiraye** (p.210). Balade au bord du *Milo* en arrivant à Kankan. Nuit à Kankan à l'hôtel Buffet de la Gare.

› Jour 9 - Sabadou Baranama

Visite des marchés de **Kankan** ★★ (p.213) avant de prendre la direction de l'espace protégé **Diwasi** (p.214) à Sabadou Baranama. Haltes dans les villages en cours de route. Arrivée en soirée au village de Sabadou Baranama. Installation et nuit en chambres d'hôtes chez les Clapasson.

› Jour 10 - Sabadou Baranama

Excursion dans le **parc Diwasi** (p.214) et découverte de Sabadou Baramana et des différents projets menés autour de la « maison de la femme ». Nuit à Sabadou Baramana.

› Jour 11 - N'Zérékoré

Départ pour **N'Zérékoré** ★★ (p.228). Arrêts à **Bissandougou** ★ (p.216) et à la **chute de Djigbé** (p.218). Arrivée tardive à **N'Zérékoré** ★★ (p.228). Nuit à l'hôtel Béthanie.

› Jour 12 - Bossou

Départ matinal en direction de **Lola** ★★★ (p.225) et **Bossou** ★★ (p.227) pour partir à la rencontre des derniers chimpanzés de Bossou. Visites en passant autour de Lola (pont naturel, grotte...). Nuit à Bossou au campement de l'Institut.

› Jour 13 - Chaîne des monts Nimba

Départ pour une longue journée de randonnée vers les sommets de la chaîne des monts Nimba. Retour de nuit vers **N'Zérékoré** ★★ (p.228) et nuit sur place.

Route vers Lola.

› Jour 14 - Sérédou

Départ pour **Sérédou** ★★ (p.232) et la forêt de Ziama. Petite excursion dans une des dernières forêts primaires de la région. Visite d'un pont de lianes vers N'Zébéla. Nuit au centre agropastoral Sainte-Ursule de Sérédou.

› Jour 15 - Conakry

Retour sur la capitale avec étape à Faranah à l'hôtel Del Niger.

GUINÉE : LOIN DES GRANDES VILLES, ENTRE TRADITION ET MODERNITÉ

Ce circuit est destiné à ceux qui veulent prendre un peu plus le temps de se balader hors des sentiers battus pour connaître une Guinée différente : sa nature, certaines de ses traditions, mais aussi une Guinée actuelle, qui travaille pour la sauvegarde de son patrimoine artistique et naturel.

› Jour 1 - Mont Dixinn

Conakry ★★★ (p.89), **Dubréka** ★★ (p.150), baignade aux chutes de Bondabon (hors fin de saison sèche), pique-nique sur place. Et ascension du mont Dixinn pour une vue panoramique sur la baie de Sangareya. Nuit à l'hôtel HB de Dubréka.

› Jour 2 - Tabory

Départ pour Tabory (Koba), visite de l'île sauvage de Kito. Pique-nique sur la plage de Kitikata, nuit chez l'habitant ou à l'auberge du lac de Koba.

› Jour 3 - Boffa

Traversée du barrage du **lac de Koba** (p.146), en direction de la nationale, direction **Boffa** ★ (p.144), l'un des tout premiers sites négriers. Visite de l'église. Départ pour le village de Koukoudé. Traversée des villages traditionnels bagas. Arrivée en fin d'après-midi au village et installation à Tomboliya village. Détente sur la plage, baignade et apéro. Nuit sur place.

› Jour 4 - Télimélé

Départ tôt le matin, pour **Télimélé** ★ (p.150) via Tanéné, en direction des **falaises de Doucky** (p.182). Nuit sur place chez Hassan Bah.

› Jour 5 - Doucky

Excursion autour de **Doucky** (p.182) puis aux **chutes de Kambadaga** (p.182). Bivouac à proximité des chutes de Kambadaga.

› Jour 6 - Dalaba

Départ en direction de **Dalaba** ★★★ (p.172) avec détour par le **village de Fougoumba** (p.180) pour visiter la case où étaient couronnés les Almamys, puis la chute de **Ditinn** ★★ (p.179) et enfin **Sébhory** ★★ (p.177) pour sa production artisanale (léfas, miel, etc.). Nuit chez Nadine Bari à Sébhory ou hôtel Safitel à Dalaba.

© PATRICK MADELAINE

Les chutes de Kilissi.

› Jour 7 - Dalaba

Visite du **jardin Chevalier** (p.173), promenade vers le Pont-de-Dieu, pique-nique sur place et visite de **Dalaba** ★★★ (p.172) centre (case des palabres, maison de Myriam Makeba). Nuit à Dalaba.

› Jour 8 - Kindia

Départ pour **Kindia** ★★★ (p.156). Halte au Voile de la Mariée. Balade sur le **mont Gangan** (p.157), puis baignade dans les **chutes de Kilissi** (p.156). Nuit sur place à l'hôtel Masabi

› Jour 9 - Samaya

Départ pour Samaya (idéal le dimanche, jour de marché), traversée en pirogue. Nuit au village de Waliya sur la rive du lac.

› Jour 10 - Conakry

Départ de bonne heure pour **Conakry** ★★★ (p.89). Visite du **Musée national** (p.101) et du marché Niger. Rencontre des artisans du jardin du 02 octobre. Nuit dans la capitale.

› Jour 11 - Île de Roume

Le matin avant de partir pour les îles, petit détour pour assister aux répétitions d'une troupe artistique traditionnelle : ballets, musique, etc. Départ pour l'**île de Roume** ★★★ (p.133) ou de **Kassa** ★★★ (p.131). Farniente ou balade sur une des îles. Nuit sur place.

› Jour 12 - Conakry

Retour à **Conakry** ★★★ (p.89), dans la commune de Kaloum. Petit déjeuner à l'Epi d'Or. Derniers achats d'artisanat, de tissus, etc., avant le départ.

DE L'AÉROPORT AU CENTRE-VILLE

Quand vous le pouvez, le mieux est d'anticiper votre arrivée en organisant votre accueil à l'aéroport et votre transfert vers votre hôtel avant d'atterrir. Les grands hôtels de la place, mais aussi certains plus modestes peuvent organiser votre prise en charge dès la sortie de l'aérogare. Le plus souvent, c'est une prestation supplémentaire mais qui vous assure une arrivée en toute sérénité.
Si vous n'avez pas la possibilité de vous organiser avant, vous pourrez toujours faire appel aux taxis qui sont présents dès la sortie de l'aérogare sur le parking de l'aéroport. Avant de vous engager avec l'un d'entre eux, précisez bien le lieu où vous devez vous rendre et discutez du prix de la prestation. Nombre d'avions atterrissant de nuit, les tarifs sont alors plus élevés qu'en journée. Pour une course de l'aéroport vers le centre-ville de Kaloum, il faut compter entre 60 000 FG et 80 000 FG en journée et entre 150 000 FG et 200 000 FG la nuit.

TRANSPORTS EN COMMUN

Pour se déplacer à Conakry, différents modes de transport existent plus ou moins chers, plus ou moins sûrs. Les taxis jaunes et minibus sont présents sur les principaux grands axes avec des tarifications au tronçon. Il faut un peu d'expérience pour comprendre qui va où, mais c'est le moyen de transport le plus courant et le plus économique. Les tuk-tuks fonctionnent également sur le même principe mais sur trois roues. Il est aussi possible de négocier avec un de ces taxis pour qu'il vous amène là où vous souhaitez. Il faut alors préciser : « déplacement » et donner votre destination. Le chauffeur, s'il est libre, vous y emmènera directement. Attention de bien demander le prix avant de vous embarquer, pour limiter les mauvaises surprises. Certains taxis-moto ont des chasubles les identifiant clairement, mais la plupart n'en ont pas. Si vous voulez prendre un moto-taxi, le mieux est de vous positionner au bord de la route et de faire signe aux motos qui passent. Vous n'aurez généralement pas longtemps à attendre pour qu'un chauffeur s'arrête. Vous donnez alors votre destination qui déterminera le prix de la prestation. La tarification est aussi fonction du nombre de tronçons parcourus, un tronçon coûtant 5 000 FG.Attention, rares sont les pilotes vous proposant un casque. Généralement, ils s'en réservent l'usage. À vous de voir si vous acceptez les risques ou si vous vous procurez votre propre casque.Quelques bus de la Sotragui (société publique de transport) circulaient encore en 2021, mais avec la plupart de ses véhicules à l'arrêt, la fin de ce service public semblait proche.Pour se déplacer à l'intérieur du pays, le taxi-brousse est le moyen le plus efficace (un peu plus cher que les rares bus, mais surtout plus sûrs et plus rapides). Les gares routières sont appelées gares-voitures et sont généralement en plein centre-ville à proximité du marché, sauf à Conakry, où la gare principale est à Bambeto (depuis qu'elle a déménagé de Madina). Les taxis-brousse sont essentiellement des Renault Nevada ou des Peugeot 505 break (de moins en moins nombreuses), prévus pour neuf passagers adultes. Pour un peu plus de confort, vous pouvez réserver et payer deux places et ainsi avoir le siège passager avant pour vous seul. Un vrai luxe ! Pour gagner du temps, prenez les voitures six places (sans le chauffeur), un peu plus chères, mais qui partent aussi plus rapidement. Car ici pas d'horaires, les taxis partent lorsqu'ils sont pleins. Le mieux est d'aller à la gare le matin vers 7h, pour être prêt pour les premiers départs. Attention : dans les petites villes, mieux vaut venir tôt, car le premier départ est souvent le dernier. Il est possible de réserver la veille, mais ce n'est pas toujours très sûr, car les chauffeurs risquent d'avoir oublié le lendemain et vendu plus de places que possible. Par contre, les tarifs que les chauffeurs vous donnent sont en général les tarifs applicables à tous (vous pouvez vérifier auprès du syndicat) ; n'essayez pas de marchander. Pour toutes ces raisons, il est conseillé de prévoir large du point de vue

1514 kgCO_2e / personne
Aller-retour Paris-Conakry

→ Le calcul de cette consommation CO_2 est fait à partir de Paris. L'idée est ici de montrer concrètement l'empreinte carbone de ce trajet, même s'il n'existe pas d'autre alternative que l'avion pour se rendre dans cette destination de manière directe.

du temps, lorsque vous utilisez ce mode de déplacement.À ces tarifs, il convient d'ajouter le prix des bagages. Les prix des liaisons inter-villes sont indiqués dans les villes concernées. En général, lorsque vous désirez vous rendre à un village intermédiaire, vous paierez le prix qui correspond au tronçon de route concerné, toujours de ville à ville.

VÉLO, TROTTINETTE & CO

À Conakry, vous verrez peu, voire pas du tout de deux-roues non motorisés. Et pour cause, faire du vélo ou de la trottinette ici relève certes d'un certain courage, mais surtout d'une bonne dose d'inconscience. Au milieu de la circulation anarchique, erratique de la capitale, les dangers sont partout. Comme il n'y a pas de trottoirs ou si peu et pas de pistes cyclables sur les voies de circulation, vous ne serez nulle part en sécurité. À déconseiller, donc.
Sur les routes et pistes de l'intérieur du pays, la pratique du deux-roues est nettement moins dangereuse du point de vue de la circulation. Par contre, la prudence est de mise quand même car les voies sont souvent parsemées d'embûches (trous béants, dos d'âne hors normes, animaux errants, travaux non ou mal signalés…) et d'autant plus à l'approche et dans les villages et les villes.

AVEC UN CHAUFFEUR

Les loueurs de voiture avec chauffeur sont essentiellement basés à Conakry. Quelques sociétés de location proposent des prestations qualitatives, mais encore souvent c'est le bouche à oreille (à travers les réseaux sociaux) qui permet de trouver un prestataire. Les tarifs de location sont plutôt relativement élevés, l'état globalement moyen, voire mauvais des routes expliquant pour une bonne part cette réalité.
Si vous partez avec un chauffeur sur plusieurs jours, il est d'usage de lui payer ses repas (sauf si le contrat de départ spécifie autre chose).
Pour avoir un véhicule et un chauffeur à disposition, vous pouvez aussi opter pour la solution du « déplacement » d'un taxi sur une ou plusieurs journées. Vous devrez alors négocier le tarif à la journée avec le chauffeur afin qu'il vous accompagne où vous souhaitez.

EN VOITURE

Un permis de conduire international vous sera en général exigé si vous prenez le volant sur le territoire guinéen. N'oubliez pas que ce permis n'est valable que si vous avez également votre permis national. Pour l'approvisionnement en essence ou gasoil, il y a des stations-service dans toutes les villes et parfois même dans des lieux improbables au milieu de nulle part. Il faut dire que le trafic s'est fortement accru ces dernières années et la demande en carburant a donc explosé.
Malgré tout, il arrive parfois que les pompes soient vides (l'approvisionnement de tout le pays se faisant par des camions-citernes, le respect des délais n'est pas toujours garanti) ; il faut alors s'approvisionner au marché noir (les bouteilles de couleur orangée proposées sur les bords des routes sont à cet effet) ou prévoir un bidon d'avance dans la voiture. Le litre d'essence est à 12 000 FG, de même que le gasoil. Les mécanos et les vulcanisateurs (réparateurs de pneus) sont très présents au bord des routes. En cas de panne, si vous n'avez pas de chauffeur, ils sauront la plupart du temps trouver une solution à votre problème et/ou faire une réparation de fortune pour vous permettre de reprendre la route ; mais sans aucune garantie. Mieux vaut avoir quelques outils, quelques notions de base en mécanique et une roue de secours en bon état (à vérifier avant de partir). Sur 13 585 km de routes nationales et régionales, les portions asphaltées augmentent chaque année, mais se dégradent aussi dans le même temps. Les camions surchargés et les pluies diluviennes de certains mois sont les causes principales de ces dégradations. Concernant le réseau des pistes, un fort pourcentage est en mauvais état. Compte tenu de la pluviométrie, d'importantes dépenses annuelles seraient nécessaires pour entretenir l'ensemble de ce réseau. Elles ne sont que très partiellement engagées. De plus, il convient de toujours rester prudent, car le parcours est semé d'embûches : il vous faudra slalomer entre les bœufs et les moutons qui divaguent, éviter les tas de riz ou autres céréales qui sèchent sur le bord de la chaussée, les véhicules garés en plein milieu de la voie sans signalisation, les voitures qui coupent les virages, les ralentisseurs de 10 cm de haut qui ne sont pas indiqués… Les vitesses sont limitées à 100 km/h sur la route et 50 km/h dans les villages, mais il n'y a aucun radar ; à vous de prendre vos responsabilités. Il est fortement déconseillé de conduire la nuit, car les pièges qui vous guettent le jour sont encore plus dangereux de nuit.

Il faut mentionner les vaches tout particulièrement dans le Fouta-Djalon, qui se comportent en vaches sacrées indiennes et semblent affecter les routes pour passer la nuit. À notre avis, l'idéal quand on se déplace en voiture est de prévoir une petite tente, un jerrican d'eau potable ainsi qu'un petit réchaud, pour être indépendant ou pour pallier tout imprévu. Les signalisations sont assez bonnes sur les routes goudronnées, qui sont relativement récentes, mais lorsque vous arrivez sur les pistes, il n'y a presque plus de panneaux. Comme il y a très peu d'embranchements et généralement uniquement dans les villes, il vous sera facile de vérifier, en cas de doute, votre chemin auprès de la population locale.

Aux frontières. La Guinée a des frontières communes avec six pays, la Guinée-Bissau, le Sénégal, le Mali, la Côte d'Ivoire, le Liberia et la Sierra Leone. Depuis ces différents pays, il existe plusieurs points de passage possibles, mais avec des routes et/ou des pistes plus ou moins « faciles ». Pour info, il n'est pas possible d'obtenir un visa aux frontières. Il faut anticiper et faire une demande sur la plateforme e-visa. Quelques informations pour les voyageurs transfrontaliers. **Depuis la Guinée-Bissau**, le principal point de passage se situe vers le nord entre Gabu-Buruntuma et Sarébo ïdo-Koundara. Depuis Bissau, la route est un mélange de bitume et de piste. Au point de passage entre les deux pays, la piste est plus mauvaise, mais à partir de Koundara, de nouveau du goudron. Plus au sud, il existe un autre point de passage entre Quebo-Cuntabane et Dabiss-Boké, mais sur cet axe la piste est vraiment mauvaise. Le trajet se fait principalement avec des motos-taxis. Sinon, il faut un bon 4 x 4. À éviter d'août à octobre. **Depuis le Sénégal**, le point de passage le plus courant et le plus facile se situe sur l'axe entre Manda-Kalifourou et Sambaïlo-Koundara. Route bitumée en bon état, en venant de Dakar ou de Casamance. Autres points de passage possibles, plus à l'est au niveau de Kédougou-Dindéfélo et Mali ville, la piste est, sur cet axe, très délicate et réservée aux 4 x 4, avec chauffeur expérimenté. Et encore… **Depuis le Mali**, l'axe entre Bamako-Naréna et Kourémalé-Siguiri est goudronné tout du long. C'est LE point d'entrée en Guinée depuis le Mali. **Depuis la Côte d'Ivoire**, le principal axe d'entrée est situé entre Danané-Gbapleu et N'Zo-Lola, le plus au sud. Cet axe est bitumé. Il est très fréquenté, notamment par les commerçants transfrontaliers. Autres points de passage possibles, mais à déconseiller fortement : l'axe entre Odienné et Sinko-Beyla, mais aussi entre Odienné et Mandiana. Un enfer loin de tout ! **Depuis le Liberia** : on entre en Guinée par l'axe Voinjama-Daro pour atteindre Macenta ou par Ganta-Diecké pour atteindre N'Zérékoré. Que de la piste… Un enfer en saison des pluies. **Depuis la Sierra Leone** : l'axe « naturel » pour rentrer en Guinée est celui entre Kambia et Pamélap-Forécariah. C'est une route bitumée qui permet de relier les capitales des deux pays, en moins de six heures de route. Un deuxième point de passage, non bitumé avec quelques passages délicats côté guinéen, est situé sur l'axe entre Kamakwie-Fintonia et Madina-Oula-Kindia. Idéal pour relier le Fouta plus au nord !

LES ATTRAPE-TOURISTES

Que ce soit les taxis-voitures ou les taxis-motos, les « clandos » (non officiels) existent un peu partout et il est bien souvent difficile de les distinguer des officiels. Ils vous proposeront la plupart du temps les mêmes tarifs que les officiels. Prendre un taxi clando peut être embêtant, surtout sur les longues distances car à chaque contrôle des hommes en tenue (il en reste quelques-uns sur les routes), vous risquez de perdre du temps.

HORAIRES

Lors des fêtes et jours fériés, certains sites connus peuvent faire l'objet d'une forte fréquentation, notamment par la jeunesse locale. Renseignez-vous localement avant de vous déplacer, surtout si vous souhaitez passer un moment en toute tranquillité.

Pendant la période du Ramadan (qui change chaque année en fonction du calendrier lunaire), nombre d'activités tournent au ralenti ou sont totalement à l'arrêt.

Pour visiter les marchés, nous vous conseillons de le faire plutôt en milieu de matinée quand les commerçants sont en place et qu'il ne fait pas encore trop chaud.

Sur les ports de pêche artisanale, le retour des pêcheurs se fait souvent en milieu et en fin d'après-midi. Cependant, à tout moment de la journée, il y a toujours beaucoup d'animation sur place.

LES ÉVÉNEMENTS

Chaque année après la fête de Tabaski, Kankan entre en effervescence lors de la Grande Mamaya, organisée en ville sur trois jours. Ces festivités voient « s'affronter » au rythme des musiques traditionnelles mandingues des groupes de danseurs, femmes et hommes, habillés selon un code vestimentaire bien précis. Une manifestation culturelle majeure dans la région.

En haute Guinée également, chaque année au cours du mois de mai ont lieu des fêtes de la mare, dont la plus connue est celle de Baro. Ces fêtes sont l'occasion de réjouissances populaires et de séances épiques de pêche dans des mares plus ou moins poissonneuses. Si vous avez l'opportunité d'assister à une d'entre elles, n'hésitez pas. Vous en reviendrez à n'en pas douter avec de beaux souvenirs et peut-être un poisson…

Au-delà de ces fêtes majeures, si vous avez l'opportunité d'assister à des fêtes plus privées comme les mariages ou les baptêmes, n'hésitez pas à venir vous mêler aux convives pour partager un peu de leurs culture et de leurs traditions.

LES ATTRAPE-TOURISTES

Le métier de guide touristique n'existant pas vraiment dans le pays, il n'y a pas de guide officiel reconnu si ce n'est à l'Office national du tourisme. Cependant des personnes expérimentées exercent cette activité à temps plein ou à temps partiel, notamment dans les différentes régions du pays. Nous en mentionnons quelques-uns dans ces pages pour vous aider à faire les bons choix.

C'EST TRÈS LOCAL

Les tissus artisanaux locaux ainsi que les teintures spécifiques à chaque région longtemps délaissés sont de nouveau très à la mode. S'habiller avec un vêtement en lépi du Fouta ou forêt sacrée de Guinée forestière est un signe d'attachement aux savoir-faire locaux qui sera très apprécié.

SE RÉGALER

BUDGET / BONS PLANS

Les possibilités de manger local et pas cher sont diverses et variées. D'ailleurs, dans nombre de villes de l'intérieur du pays, vous n'aurez pas d'autre choix. Attention pour ceux dont l'estomac est fragile, évitez les petites gargotes. Dans la mesure du possible, choisissez les petits restos qui semblent les plus fréquentés.

C'EST TRÈS LOCAL

L'accueil dans les restaurants est souvent déroutant. Est-ce du fait du comportement général des clients ou du manque de formation des personnels, difficile à dire. Toujours est-il qu'il faut parfois faire preuve de patience et de self-control face à l'attitude désinvolte de certains.

Sur tout le territoire de la Guinée, vous trouverez des baguettes ou pains à la française. Certains boulangers qui cuisent leur pain au feu de bois sont reconnus pour la qualité de leurs produits à Conakry, mais aussi au Fouta.

Le piment est un condiment très utilisé dans la cuisine locale. Même si on vous annonce qu'un plat ou une sauce est sans piment, méfiez-vous car il se pourrait qu'il y en ait quand même un peu pour relever le goût.

A ÉVITER

Quel que soit l'endroit, si on vous propose de manger sans couvert dans un plat commun, ne mangez pas avec la main gauche, considérée comme impure. Ce serait très mal vu des autres convives.

Sachez par ailleurs qu'il est assez mal vu de sentir la nourriture, même si c'est pour en apprécier le parfum.

Partout dans le pays, il faut éviter de consommer l'eau du robinet quand il y en a. Les garanties quant à sa potabilité étant plus qu'incertaines, il est prudent de s'abstenir et de préférer consommer les marques les plus connues et reconnues d'eau minérale.

FUMEURS

L'interdiction de fumer dans les lieux accueillants du public s'applique aux restaurants, bars… Cependant, il existe peu de lieux aménagés pour les fumeurs (sauf dans certains établissements de luxe). La plupart des établissements étant dotés d'une terrasse, elle fait bien souvent office de coin fumeurs.

Tout contrevenant à l'interdiction de fumer s'expose selon la loi de novembre 2012 à une amende d'au moins 100 000 FG.

FAIRE UNE PAUSE

BUDGET / BONS PLANS

Une bière Guilux 33 cl, produite localement par la Sobragui, coûte entre 8 000 FG et 10 000 FG dans les petits restaus de la place et plutôt 15 000 FG dans les établissements plus chics.

C'EST TRÈS LOCAL

Le café espresso servi dans les petits bars au bord des routes est un café souvent très fort et très noir car ici, les grains de café sont la plupart du temps brûlés plus que grillés.
Au-delà des « jus » (appellation locale des sodas), vous trouverez un peu partout dans les restaus, mais aussi sur les marchés et au bord des routes, des boissons plus locales : jus de bissap, de gingembre ou encore de baobab, en bouteille ou sous forme de gros glaçon dans des sachets en plastique.
Pour les amateurs, la Guiluxe, « la guinéenne de luxe », est la bière locale, blonde et légère, diffusée dans tout le pays.

FUMEURS

Depuis une loi de 2012, il est interdit de fumer dans les lieux publics, y compris donc dans les restaurants, bars et boîtes de nuit. Les personnes responsables de ces lieux se doivent d'aménager une zone réservée aux fumeurs.

(SE) FAIRE PLAISIR

C'EST TRÈS LOCAL

Il existe peu de magasins de souvenirs ou d'expo-vente en Guinée sauf, à de rares exceptions près, sur la capitale. Pour trouver des objets à rapporter de votre voyage, le mieux est de se rendre dans les ateliers et les lieux de travail des artisans. Vous y trouverez des produits originaux à des prix abordables surtout si vous prenez le temps de négocier.

La plupart des marchés, surtout hebdomadaires, sont aussi l'occasion de trouver des objets et articles typiquement locaux. Il faut alors prendre le temps de déambuler au milieu des étals colorés pour espérer trouver la perle rare.

BUDGET / BONS PLANS

Une règle de base à respecter dans tous vos achats (ou presque) : négocier le prix. Rares sont les commerces où les prix sont affichés et, de fait, il est dans les habitudes locales de tout négocier. Alors n'hésitez pas, tout en restant souriant, à diviser par deux ou trois les prix annoncés, avant de réévaluer petit à petit votre offre pour tomber d'accord avec votre interlocuteur.

BUDGET / BONS PLANS

Peu de lieux pour faire du sport en extérieur à Conakry. Parmi les quelques plages de sable, certaines offrent l'opportunité de pratiquer le foot, sport roi en Guinée, ou d'autres sports moins populaires comme le rugby.
Pour la course à pied (en sécurité), le jardin du 2 Octobre ou le jardin botanique offrent quelques allées adaptées pour cette pratique, mais sur de courtes distances.
À l'intérieur du pays, le Fouta Djalon offre un terrain quasi illimité pour la pratique de la randonnée. Des treks sur plusieurs jours peuvent assez facilement s'y organiser.
Pour ceux qui voudraient étendre leur serviette sur la plage pour buller, il faudra se rendre sur l'une des îles de l'archipel de Loos au large de Conakry ou un peu plus loin vers les plages de Bel Air, de Denkelekele et de Koukoudé.

À noter que pour les amoureux de la pêche sportive ou sous-marine, divers opérateurs installés sur les îles de Loos proposent des forfaits séjour ou à la journée pour leur permettre de s'adonner à leur passion.

A RÉSERVER

Si vous souhaitez partir à la découverte des monts Nimba, explorer la forêt de Ziama et pister les éléphants ou encore sillonner les pistes du parc national du haut Niger, il est recommandé de prendre contact un peu à l'avance avec les responsables, guides de ces différents lieux, pour avoir les dernières infos et pouvoir planifier votre séjour.
Plus généralement, les guides expérimentés n'étant pas très nombreux dans chaque région, il est préférable de les contacter quelques jours avant votre venue pour vous assurer de leur disponibilité.

© PATRICK MADELAINE

Plage de Bel Air en saison des pluies.

HORAIRES

Les boîtes de nuit et autres night-clubs ouvrent généralement leurs portes vers 23h/minuit. Mais pour ce qui est de l'ambiance, elle bat son plein plutôt vers 2h ou 3h du matin.

BUDGET / BONS PLANS

Les week-ends, plusieurs bars/restaurants proposent chaque semaine des soirées musicales animées par des groupes locaux, l'occasion de découvrir les vieux standards de la musique guinéenne ou des rythmes plus récents.
Le Centre culturel franco-guinéen propose très régulièrement des soirées spectacle avec la possibilité de se restaurer sur place à la Brasserie des Arts. Quelques établissements organisent également des *afterworks*, généralement le jeudi. Une bonne occasion de se divertir au cours de la semaine.

TRANSPORTS NOCTURNES

Il est fortement déconseillé de se déplacer seul et à pied à la nuit tombée à Conakry. Même sur une moto, il est prudent de circuler à deux. D'une manière générale, il est recommandé de se déplacer accompagné quand il fait nuit et si possible avec son propre véhicule. Il y a bien des taxis qui circulent, mais pour éviter toute arnaque, mieux vaut prévoir une solution alternative.

SE LOGER

BUDGET / BONS PLANS

Depuis plus de vingt ans, la Guinée s'efforce de développer le tourisme en améliorant les infrastructures. En quelques années, de nombreux établissements ont été construits (il est vrai essentiellement à Conakry), d'autres rénovés, pour assurer un meilleur accueil des visiteurs et augmenter l'offre. Cette première étape a permis le développement du tourisme d'affaires à Conakry, souvent en lien avec la multiplication des projets miniers avec comme conséquence une hausse moyenne des prix des nuitées.

Quant au tourisme de loisirs, il est resté jusqu'à ce jour très marginal, pour ne pas dire inexistant. Il est vrai que faire du tourisme hors de Conakry reste une aventure à laquelle il faut être un peu préparé. Ici, l'eau courante est encore bien souvent un luxe, l'électricité est rarement distribuée en continu, les routes sont encore trop souvent dégradées, voire impraticables. Quant aux hôtels, ils sont bien souvent d'un rapport qualité/prix moyen, voire mauvais. Trouvez un établissement offrant des prestations qualitatives pour passer quelques jours de repos en toute sérénité relève dans certaines régions de la quête incertaine.

A RÉSERVER

Le tourisme étant à ce jour embryonnaire dans le pays, il n'y a pas vraiment de période de grande affluence. Il est cependant conseillé d'appeler à l'avance les établissements que vous souhaitez fréquenter pour vous assurer qu'ils sont toujours bien ouverts et/ou qu'ils ne sont pas totalement privatisés par des entreprises ou organisations en séminaire. Les établissements de bon rapport qualité/prix étant rares mais connus, ils sont donc les plus fréquentés.

C'EST TRÈS LOCAL

Il est très courant que les tarifs incluant le petit déjeuner dans le prix de la chambre ne prévoient qu'un seul petit déjeuner. Si vous êtes deux dans la même chambre, il faudra payer un supplément.

Les offres de type Airbnb ou Couchsurfing se développent un peu partout dans les grandes villes et peuvent être une bonne solution pour trouver la perle rare. Attention cependant, car les prestations annoncées ne sont pas toujours tout à fait celles offertes.

Dans les villages, il est facile de trouver à se loger. Peu ou pas de campements villageois comme au Sénégal voisin. Mais il est d'usage de s'adresser au chef de village afin de lui demander asile pour la nuit. Il vous offrira la case en terre ou la maison d'un des habitants, avec lit et moustiquaire, en général. Quelques billets de 10 000 FG vous assureront la gratitude du chef. Vous pouvez aussi vous adresser à lui pour un plat de riz. Cette expérience est vivement conseillée, car les habitants sont en très grande majorité d'une rare hospitalité et se mettent en quatre pour vous faire plaisir ; vous pourrez alors participer à la vie du village si vous le souhaitez.

Si vous voyagez avec votre matériel de camping, vous pouvez également demander à poser votre tente dans ou à proximité du village. Pas de camping en Guinée. On vous proposera souvent une terrasse ou un abri pour vous installer. En saison sèche, une simple tente moustiquaire fait l'affaire (mieux qu'une moustiquaire seule, car cela évite de trouver quelques bébêtes indésirables dans vos draps). Mais en saison des pluies, un double toit est indispensable. Pensez aussi à être totalement indépendant du point de vue de l'eau potable. Si vous êtes à l'écart de toute habitation, évitez quand même de rester plusieurs nuits au même endroit.

ALLO ?

Le code pays de la Guinée est le 224. Il n'existe pas d'indicatifs régionaux. Les numéros ont 9 chiffres. Ainsi pour téléphoner de la France vers la Guinée vous devrez composer le 00 + 224 + les 9 chiffres du numéro de votre correspondant.

Pour téléphoner de la Guinée vers la France, composez le 00 + 33 + le numéro de votre correspondant, en omettant le 0 de départ.

Pour téléphoner en local, les numéros à 9 chiffres commencent par un préfixe propre à chaque opérateur (62 pour Orange, 65 pour Cellcom et 66 pour MTN) suivi de 7 autres chiffres. Les opérateurs Orange, Cellcom et MTN-Areeba se partagent actuellement le marché en Guinée, ce qui rend le téléphone relativement bon marché. Jusqu'à présent, seul Orange détenait une licence 4G, mais MTN vient d'en acquérir une en février 2022. Concernant la couverture, elle n'est pas toujours assurée partout et par tous. Ce qui explique pourquoi un Guinéen peut avoir trois numéros de portable, des trois différents opérateurs. Il n'y pas de système d'abonnement pour les communications : il suffit tout simplement d'acheter une carte SIM (auprès d'une agence qui vous demandera de présenter une pièce d'identité et activera la carte) et une carte recharge (même dans la rue auprès d'un vendeur ambulant) pour avoir du crédit. Vous pouvez également acheter du crédit ou souscrire des forfaits Internet directement sur votre téléphone, si vous avez un compte associé. Pour joindre l'étranger, les tarifs sont très raisonnables avec un téléphone cellulaire. Une puce coûte entre 5 000 FG et 15 000 FG.

Si vous souhaitez garder votre forfait français, il faudra, avant de partir, activer l'option internationale (généralement gratuite) en appelant le service clients de votre opérateur. Qui paie quoi ? La règle est la même chez tous les opérateurs. Lorsque vous utilisez votre téléphone français à l'étranger, vous payez la communication, que vous émettiez l'appel ou que vous le receviez. Dans le cas d'un appel reçu, votre correspondant paie lui aussi, mais seulement le prix d'une communication locale. Tous les appels passés depuis ou vers l'étranger sont hors forfait, y compris ceux vers la boîte vocale. Attention à la facture qui, au final, peut-être assez salée.

SANTÉ

Avant de fermer vos valises, n'oubliez pas que votre santé fait aussi partie du voyage, c'est même votre bien le plus précieux. C'est donc avant de partir que vous devez y penser. Le vaccin contre la fièvre jaune n'est officiellement plus obligatoire, mais reste conseillé, d'autant que certains corps habillés zélés vous demandent encore parfois votre carnet de vaccination. Les vaccins contre la méningite à méningocoques, les hépatites A et B et la typhoïde sont par

© PATRICK MADELAINE

Pirogue sur le Milo vers Kankan.

ailleurs vivement conseillés. Avant de partir, vérifiez également que vous êtes bien à jour de vos autres vaccins, notamment le DT polio. Pour un court séjour, pensez à vous procurer un traitement antipaludéen. Divers médicaments existent. Renseignez-vous auprès de l'Institut Pasteur ou de votre médecin, l'occasion aussi de faire un petit check-up avant de partir et de prévoir quelques médicaments souvent utiles (antidiarrhéique, antivomitif, paracétamol...). Sur place, nous vous déconseillons de boire l'eau du robinet en général ou alors après traitement ou filtration. Préférez les eaux minérales. Si vous comptez tester les petits maquis locaux, il est préférable d'être vacciné contre l'hépatite A, l'hygiène n'étant pas toujours optimale dans ces lieux ! Évitez de consommer du lait caillé artisanal, car bien qu'il soit très appréciable, il n'est pas pasteurisé, et peut transmettre la tuberculose ou la brucellose, maladies encore très répandues. Enfin, en cas de problème intestinal, n'oubliez pas que le Coca-Cola dégazé est un excellent réhydratant ! Attention à éviter de vous baigner dans les eaux douces stagnantes. Des cas récents de bilharziose ont été signalés. En cas de souci de santé sur place, vous pourrez toujours contacter le Centre médico-social de l'ambassade de France, commune de Kaloum, dans le même bâtiment que l'ambassade de France à Conakry au +224 656 44 87 45. Notez qu'un cabinet dentaire est également installé à cette même adresse.

Vous pourrez également contacter le consulat de France. Il se chargera de vous aider, de vous accompagner et vous fournira la liste des médecins francophones. En cas de problème grave, c'est aussi lui qui prévient la famille et qui décide du rapatriement. Si vous possédez une carte bancaire Visa ou MasterCard, vous bénéficiez automatiquement d'une assurance médicale et d'une assistance rapatriement sanitaire valables pour tout déplacement à l'étranger de moins de 90 jours (la simple détention d'une carte valide vous assure une couverture). Renseignez-vous auprès de votre banque et vérifiez attentivement le montant global de la couverture et des franchises ainsi que les conditions de prise en charge et les clauses d'exclusion. Si vous n'êtes pas couvert par l'une de ces cartes, n'oubliez surtout pas de souscrire une assistance médicale avant de partir.

URGENCES SUR PLACE

En cas d'urgence de santé, contactez en priorité le Centre médico-social de l'ambassade de France, commune de Kaloum, à Conakry au +224 656 44 87 45 ou au +224 625 25 87 72 (ouverts tous les jours de 8h30 à midi et de 14h à 17h15, le samedi de 9h à midi). Hors de ces horaires et/ou si vous n'arrivez pas à le joindre, contactez le service des urgences de la clinique Ambroise Paré au +224 664 01 01 01 ou au +224 664 02 02 02. Ce service dispose d'ambulances médicalisées qui peuvent intervenir à Conakry. Dernier recours, le service des urgences de la clinique Pasteur est joignable au +224 664 26 98 53 ou au +224 621 35 01 01.

SÉCURITÉ

À Conakry et partout sur le territoire, l'ambiance est plutôt détendue et se balader dans les rues en journée ne pose pas de problème particulier. Assez peu de sollicitations, sauf peut-être dans les rues du quartier des affaires de Kaloum. Mais on est encore très loin de la situation de pays plus touristiques comme le Sénégal. Dans les marchés et les zones à forte densité de piétons, il faut juste être prudent et attentif autour de soi. Ce sont des lieux prisés des pickpockets. Éviter de trop mettre en avant vos appareils électroniques (téléphones, appareils photos, tablettes, casque Wifi...). Si vous êtes dans un véhicule, roulez de préférence les portes verrouillées et les vitres remontées ou en tout cas jamais totalement baissées. Ne laissez rien de valeur en apparence, surtout si vous êtes bloqué dans un embouteillage (ce qui est assez fréquent à Conakry). Vous seriez bien embêté pour poursuivre un éventuel voleur. À Conakry, la nuit, il faut absolument éviter de marcher seul(e) dès qu'on sort des endroits très fréquentés. Même circuler à moto n'est pas recommandé. Sur l'ensemble du territoire, il est vivement déconseillé de circuler de nuit pour éviter de faire de mauvaises rencontres mais également du fait du mauvais état général des routes et des véhicules dont nombre n'ont pas de phares, ou en tout cas pas tous. Pour connaître les dernières informations sur la sécurité sur place, consultez la rubrique « Conseils aux voyageurs » du site du ministère des Affaires étrangères : www.diplomatie.gouv.fr/voyageurs. Sachez cependant que le site dresse une liste exhaustive des dangers potentiels et que cela donne parfois une image un peu alarmiste de la situation réelle du pays. Les forums de voyageurs ou certains groupes Facebook comme « Conakry expats » peuvent alors être intéressants pour avoir un point de vue un peu différent.

LGBTQ

L'homosexualité est illégale et peut faire l'objet d'une peine d'emprisonnement et/ou d'une amende. Globalement la société guinéenne est très peu tolérante sur ce sujet.

AMBASSADE ET CONSULATS

L'ambassade et le consulat de France sont situés à la même adresse, boulevard du Commerce, commune de Kaloum à Conakry.
Vous pourrez les joindre au +224 621 00 00 10 ou par e-mail à l'adresse suivante : ambafrance.conakry@diplomatie.gouv.fr

MÉDIAS LOCAUX

La Radiotélévision guinéenne (RTG) est la chaîne historique du pays, créée en 1977 grâce à un don de la Libye. Elle diffuse des programmes à travers deux chaînes généralistes et une radio. Mais disposant de moyens limités, la chaîne est captée sur à peine 50 % du territoire et ses programmes restent peu attractifs si ce n'est peut-être le journal d'informations du soir. Des chaînes privées généralistes sont apparues depuis quelques années dans le paysage audiovisuel guinéen. Espace TV du groupe Hadafo Médias, Évasion TV du groupe Évasion et Djoma TV du groupe Djoma Média essayent de produire un contenu un peu différent et certaines émissions comme les « Grandes gueules » sur Espace TV connaissent un certain succès d'audience. Des chaînes spécialisées telles que CIS TV pour le sport et la culture complètent l'offre télévisuelle locale. Du point de vue de la presse écrite, quelques journaux sont encore distribués à Conakry dans des kiosques ou par des vendeurs ambulants : *Le Lynx*, *L'Indépendant*, *La Lance*..., mais face aux difficultés que rencontrent les groupes de presse et malgré les subventions de l'État, les titres disparaissent les uns après les autres. Sur Internet, quelques médias d'information proposent leur lecture de l'actualité nationale et internationale. Citons entre autres Guinéenews.org, Vérité224, Kababachir.com, VisionGuinée.info... Quant à la presse internationale, vous la trouverez au Centre culturel franco-guinéen, à la Maison du livre et dans certains grands hôtels, mais aussi sur l'avenue de la République à Kaloum. Comptez deux à trois jours de délai entre la parution des magazines et l'arrivée en Guinée. De nombreuses stations de radio, en plus de la RTG et des radios rurales, émettent en Guinée : Nostalgie, Espace FM, Liberté, etc. La musique qu'elles diffusent fait la part belle aux groupes traditionnels et leurs émissions sont souvent surprenantes.

DÉCOUVRIR

Avant tout, la Guinée est un pays où le tourisme est encore balbutiant et où le touriste se fait plutôt rare. De ce fait, les rapports avec les populations locales n'ont pas (encore) été pervertis et sont dans l'ensemble plus sains et simples, parfois teintés d'une certaine méfiance. Cela facilite et rend plus agréables les échanges, les rencontres sur le bord des routes, les visites dans les villages. Avec la mer, la montagne, la forêt tropicale, la savane sahélienne, la Guinée est riche d'une grande diversité de paysages. D'un bout à l'autre des quatre régions naturelles, découvrez, tous les sens en alerte, la force et la beauté envoûtante d'un pays à nul autre égal. Chaque région a par ailleurs ses spécificités ethniques et culturelles : sculptures et fêtes populaires en haute Guinée, masques et traditions ancestrales en Guinée maritime et en forêt, culture peule et artisanat en moyenne Guinée. Un savant cocktail aux multiples saveurs.

MASQUES ET SCULPTURES SUR BOIS

Dans les régions où ils sont présents, les masques et statuettes sont le plus souvent rattachés à une pratique cultuelle et/ou initiatique et sont utilisés à des occasions précises dans des rites ésotériques ou des fêtes. Le plus souvent, ils représentent ou permettent d'intercéder auprès de différents esprits que l'on invoque, que l'on vénère, que l'on craint : celui des ancêtres, de la rivière, de la forêt… Ils sont de fait destinés à faire participer les esprits au monde humain, tout en canalisant quelques-uns de leurs pouvoirs. Avec le temps et même s'ils ont gardé certains de leurs secrets, les masques et les cérémonies qui y sont associées ont perdu de leur influence sur la vie quotidienne des gens et appartiennent dorénavant plus au folklore local. Preuve en est qu'ils sont de nos jours très largement reproduits par les artisans et vendus parmi d'autres statues et objets totalement profanes, à vocation essentiellement décorative.

L'art baga

Chez les Baga, installés dans la région du Rio Nunez en Guinée maritime, l'usage des masques a longtemps marqué la vie quotidienne des villages. Pour certains de taille impressionnante, ils sont étroitement liés aux activités de sociétés secrètes qui président à la vie sociale et mystique de la communauté. Mais si l'art baga est essentiellement constitué de masques en bois de différentes natures et de statuettes, il est aussi riche de magnifiques instruments de percussion, de fauteuils de chef et d'autres objets utilitaires habilement façonnés.

Parmi les masques baga, le plus emblématique est sans aucun doute le Nimba ou *D'mba* en baga. Ce masque d'épaules représentant l'idéalisation du rôle de la femme dans la société est d'ailleurs devenu un des symboles de la Guinée. Il évoque une mère qui a donné naissance à de nombreux enfants, et qui les a préparés à vivre un âge adulte fécond. Ses mamelles plates et pendantes témoignent de ses nombreux allaitements ; sa coiffure, striée de sillons, représente le travail aux champs ; les scarifications sur son visage, la possibilité de modifier ses conditions de vie. Nimba (son nom soussou) paraissait publiquement dans les mariages pour permettre aux nouveaux époux de faire le bon choix ; aux funérailles, pour aider le mort à rejoindre le monde des ancêtres ; au moment des semailles, pour assurer la fertilité des champs ; et pour les récoltes, où il célébrait l'abondance de nourriture. Les danseurs, des hommes jeunes, tournaient et exécutaient la danse du matin au soir, et parfois plusieurs jours, au son des tambours, tandis que les femmes lançaient du riz ou agitaient leurs éventails, le tout dans une ambiance très joyeuse pour toutes les composantes de la communauté impliquées, chacune selon son rang dans la fête.

Si Nimba évoque la quintessence de la beauté féminine et de son comportement, Nimba-da-tshol incarnait son contraire : par son apparence grotesque – petite tête déformée, une oreille et un sein, bouche tordue et conduite inacceptable –, son apparition, lors de la danse, rehaussait la beauté de Nimba, soulignant la bonne attitude à adopter.

Le Bansonyi, encore appelé masque serpent baga, est quant à lui associé au puissant esprit du serpent python appelé Ninkinanka. Cet esprit était craint des Baga, car selon leur croyance il était capable de détecter les sorciers et de les tuer. Ce masque jouait également un rôle important lors de la circoncision des jeunes garçons. Il restait dans la forêt sacrée, à côté des enfants pour les protéger des attaques de sorcellerie. C'est aussi à travers ce masque qu'un individu pouvait en se rendant dans sa forêt sacrée atteindre son ennemi et se venger de lui. Le Bansonyi est donc un masque très important dans la cosmogonie baga. Seul un homme doté de pouvoirs extraordinaires peut le porter.

Le masque en lui-même est une longue sculpture pouvant atteindre plus de 2 m, monoxyle et sinueuse, réalisée dans un bois très léger et évoquant le serpent par l'ondulation de ses courbes. L'alternance de losanges gravés et peints sur toute sa hauteur en accentue la dynamique.

Le grand masque Banda est avant tout un masque protecteur et plus particulièrement des jeunes circoncis. Il est spectaculaire de par sa taille, ses formes et ses couleurs. Souvent proche de 1,5 m, il associe des formes animales (crocodile, antilope, serpent…) et humaines dans une composition souvent très colorée. Il était porté en oblique sur la tête lors de danses imitant les attitudes des animaux représentés et rythmées par des tambours à trois fentes.

Les Baga sont aussi connus pour leurs tambours à cariatides, féminins ou masculins. Ces instruments de haute stature sont formés d'une cariatide soutenant sur sa tête la caisse de résonance. Celle-ci est souvent enlacée par des serpents, qui symbolisent le python mythique associé à la fertilité. Les tambours féminins ne peuvent être joués que par des femmes initiées, debout avec des baguettes en bois. Ce sont elles qui organisent les festivités des mariages, les initiations des jeunes une fois l'an (en saison sèche) et les funérailles des initiées. Ces tambours sont utilisés aussi bien pour communiquer avec les ancêtres que pour fêter la réception d'étrangers. Les institutions féminines sont nombreuses chez les Baga, la plus connue étant la confrérie des femmes qui ont enfanté chez les Baga Sitemu. C'est au son du tambour que les jeunes initiées et les jeunes mariées doivent danser avec un pot d'argile sur la tête, le corps orné de fétiches et la taille ceinte d'un collier de cauris.

Il est à noter que les sculptures chez les Baga sont souvent peintes de couleurs vives notamment pour les cariatides en rouge vif, et que les sculpteurs ont adapté au cours du temps les symboles gravés en prenant leur inspiration dans la vie moderne. Certains tambours sont ainsi composés d'éléments faisant référence à la présence des colons.

Les masques et sculptures de la forêt

Chez les Toma, les masques initiatiques ont le plus souvent des formes très épurées. Le plus emblématique, le Landai, est constitué d'une longue face dont la bouche est généralement inexistante et les yeux dissimulés sous des sourcils saillants se limitent à deux fentes. Ces masques sont associés aux puissantes organisations rituelles, dont la plus connue est celle du Poro. Chaque membre de ces organisations a un rang spécifique, et le passage entre chaque niveau nécessite des rites d'initiation. Ici l'initiation a un rôle essentiel pour permettre la métamorphose de l'individu, de son corps et de son esprit, qui lui permet d'être apte aux différents stades de la vie : passage à l'âge adulte, mariage, participation à la vie de la communauté. Le masque intervient notamment quand les candidats au Poro parviennent à la dernière étape de leur initiation. Il les dévore alors de manière symbolique pour qu'ils puissent renaître en tant que membre du Poro à part entière.

Pour les Guerzé, le Niamou est un célèbre masque en tissu, porté par un danseur sur échasses. Il incarne la force des esprits des ancêtres et sort lors des grandes fêtes traditionnelles. Il faut veiller à ne pas se mettre en travers de son chemin car, s'il tombe, c'est le malheur assuré sur vous, votre famille et votre village. Les Kissi quant à eux n'ont pas de masques à proprement parler et plus généralement pas de sculptures rituelles. Leurs pratiques religieuses

© HARMONY VIDEO PRODUCTION - SHUTTERSTOCK.COM

Art baga.

sont orientées essentiellement vers le culte des ancêtres. Dans les villages certains arbres ou rochers sont honorés comme autant d'héritages sacrés des ancêtres. Reste qu'un certain mystère entoure les fameuses statuettes funéraires en stéatite (pierre tendre) appelées Pondo que les Kissi considèrent comme des ancêtres et qu'ils honorent et consultent lors de cérémonies divinatoires. Quelles sont les origines de ces statuettes qui ne semblent pas être le fruit de leur pratique artistique ? La question reste encore largement sans réponse.

La sculpture chez les Malinké

Même s'ils semblent avoir eu une moins grande influence sur la vie quotidienne des populations que pour d'autres groupes ethniques, sans doute du fait de la forte islamisation, les masques sont également bien présents dans la culture mandingue. De nos jours le plus connu des masques malinké est très certainement le Konden. Il n'est pas lié à une société initiatique mais est plutôt appelé et évoqué par les parents pour faire peur aux enfants. Quand il sort, il se fait menaçant et court derrière les jeunes garçons. Quand il les attrape, il les frappe avec des branchages. C'est en quelque sorte le père fouettard local. Par ailleurs, si les Malinké étaient jadis célèbres pour leurs marionnettes sculptées (les plus remarquables étant le Waraba, représentation d'un lion), tradition qu'ils ont quelque peu délaissée, ils ont malgré tout gardé et perpétué leur savoir-faire en matière de travail du bois. Ainsi les familles de sculpteurs originaires de Kankan sont encore aujourd'hui réputées pour leur artisanat. Si vous rencontrez un sculpteur à N'Zérékoré ou à Conakry, vous pouvez être quasiment sûr qu'il est originaire de haute Guinée. Leur savoir-faire se transmet de génération en génération au sein de grandes familles.

© PATRICK MADELAINE

Masques et sculptures.

Ainsi à Kankan centre, la famille des Sidimé est connue et reconnue pour sa connaissance et sa maîtrise du travail du bois. Ici les bois travaillés sont l'ébène, même s'il se fait de plus en plus rare, et divers bois rouges durs. Installée depuis plusieurs générations dans le quartier Salamani, à proximité de la concession du grand cheikh Fantamadi Chérif, le marabout sorcier, les Sidimé ont une réputation qui n'est plus a faire. Ils réalisent toutes sortes de personnages (chasseurs, danseurs, femmes dans leur vie quotidienne...) mais aussi des animaux emblématiques de la faune africaine (lions, buffles, rhinocéros, hippopotames...) et tout objet qu'on leur demande. À noter que la plupart des animaux façonnés dans cet atelier ne sont pas ou plus présents dans les savanes guinéennes... Une sculpture appelée Makondé est par ailleurs devenue célèbre dans toute la Guinée (mais également dans certains pays voisins). On la retrouve dans presque tous les ateliers et magasins d'exposition-vente. Elle représente un personnage stylisé sans ventre, évoquant singulièrement le penseur de Rodin.

Masques et fêtes aujourd'hui

Les masques et les rites et fêtes qui y sont associés ont longtemps présidé à la vie des villages dans la plupart des régions de la Guinée. Mais avec l'islamisation progressive de certaines populations, puis la colonisation et enfin l'avènement de la première République révolutionnaire, toutes ces pratiques ont été freinées, mises à mal et peu à peu remises en cause par le discours officiel. Avec la révolution culturelle et sa volonté affichée de libérer le peuple de certaines croyances ancestrales et du pouvoir des fétiches, nombre de masques et statuettes ont été détruits, et les rites et fêtes associés interdits. Certes, tout n'a pas disparu. Certains groupes ont su conserver leurs traditions et leur pratiques en se faisant discret. Mais aujourd'hui, ce patrimoine social et culturel est quelque peu édulcoré. Dans certains villages, notamment en pays baga ou encore en région forestière, les masques sont encore régulièrement mobilisés lors de moments importants de la vie locale et notamment lors des récoltes, mais ils ne président plus comme par le passé aux destinées de la communauté. La sortie des masques relève plus du folklore que des croyances ancestrales. Ainsi lors de la visite de personnalités locales ou d'étrangers, les villageois se prêtent volontiers à une cérémonie de sortie d'un masque et à l'organisation d'une danse traditionnelle, l'occasion pour les visiteurs de toucher du doigt les pratiques ancestrales.

À noter que chez les Peuls de Guinée, les masques et les sculptures sont totalement absents de la vie sociale et culturelle ; est-ce du fait leur mode de vie de pasteurs anciennement itinérants ou de la religion musulmane qu'ils ont très largement embrassée ? Sans doute un mélange des deux.

Ateliers et sculpteurs

Les ateliers de sculpture disparaissent peu à peu des grandes villes de l'intérieur du pays. Pas facile quand on est sculpteur sur bois de vivre de son art dans des contrées reculées loin des potentiels clients. Aussi la plupart des sculpteurs viennent exercer leur art à Conakry.

Leurs ateliers sont essentiellement installés sur la presqu'île de Kaloum et le long de la corniche nord de Conakry depuis Camayenne jusqu'à Kakimbo. Néanmoins, Kankan, ville historique des sculpteurs en Guinée, demeure malgré tout un haut lieu de la sculpture sur bois avec encore plusieurs ateliers en activité qui perpétuent la tradition.

Le centre artisanal de N'Zérékoré a également permis de maintenir sur place quelques sculpteurs. Mais pour combien de temps encore ? Le manque de clientèle régulière semble remettre en cause la pérennité de leur activité.

De nos jours, les masques, statuettes et objets anciens sont rares, voire très rares, la plupart ayant été exportés et/ou achetés par des collectionneurs. Cependant quelques marchands d'art proposent encore de belles pièces, comme M. Dabo Sidiki dans sa galerie du quartier Kipé, la **galerie Fakiki** (p.126). Reste que la majorité des vendeurs de sculptures et de masques proposent des objets plus ou moins patinés, par le temps et/ou surtout par la main experte des artisans. Mais si vous êtes plus intéressés par l'esthétique que par l'âge des œuvres proposées, vous trouverez alors de belles réalisations dans les ateliers-boutiques de Conakry. Il vous faudra juste vous armer d'un peu de patience et de détermination pour y trouver votre bonheur.

DÉCOUVRIR

NATURE

La Guinée bénéficie d'un environnement naturel exceptionnel avec ses quatre régions aux contrastes bien marqués. Malheureusement, quelle que soit la région, faune et flore sont soumises, et depuis trop longtemps déjà, à rude épreuve. L'impact sur la diversité et le nombre d'individus de chaque espèce est considérable. Certaines ont disparu, d'autres sont en voie de disparition. La chasse intensive sans aucun contrôle et la disparition de l'habitat pour la faune, les feux de brousse et la coupe anarchique pour la flore expliquent pour une large part cette situation dégradée. Alors, certes des projets de préservation ont bien vu le jour depuis la fin des années 1990. Plusieurs parcs nationaux et réserves existent sur le papier. Mais s'ils ont permis sur les territoires concernés de freiner, voire d'arrêter la dégradation, concrètement, les progrès sur le terrain sont encore minimes par rapport aux objectifs fixés.

Une faune en grand danger

La faune guinéenne a subi de graves destructions en raison d'une exploitation anarchique et du braconnage pratiqué à grande échelle durant des décennies. Aujourd'hui il est très difficile d'observer les grands mammifères emblématiques de la faune africaine. Éléphants, hippopotames, lions, panthères, buffles sont certes toujours présents, mais en très petit nombre, et leur présence n'est le plus souvent confirmée que par les traces qu'ils laissent derrière eux ou par les images de caméras-trappe installées dans le cadre de projets de recensement. Ainsi la présence de lions et de panthères est avérée dans le nord du pays aux confins de la frontière avec le Mali et vers Faranah. Éléphants de forêt et hippopotames nains sont régulièrement observés dans la forêt de Ziama en Guinée forestière. D'autre part, les hippopotames et caïmans peuplent encore les rivières dans divers endroits du pays, mais dans des zones reculées. Alors, si vous souhaitez observer la faune locale, il vous faudra du temps, de la patience et un peu de chance. Restent malgré tout certains animaux qui sont assez facilement observables en brousse : les singes (babouins, chimpanzés, colobes et autres vervets) sont régulièrement entendus et/ou aperçus par les promeneurs. Pour les amateurs de traques nocturnes, phacochères, civettes et autres gazelles se laissent parfois apercevoir au clair de lune. Une autre faune, dont la rencontre n'est pas toujours recherchée, est très présente sur tout le territoire. Ce sont les serpents : pythons, mambas, vipères et autres couleuvres y prospèrent et n'hésitent pas à s'exposer au soleil au risque d'en effrayer certains.

La Guinée est également riche d'une avifaune variée, certes en moins grand nombre qu'au Sénégal, mais quand même d'une grande diversité : oiseaux de mer et de mangrove, vivant aux estuaires des ríos, mais aussi sur les îles Tristao et Alcatraz (hérons, flamants, pélicans, sternes, fous bruns, etc.), oiseaux de montagne (vautours, aigles…), et de savane (touracos, calaos, coucals, merles métalliques, rolliers, perroquets, etc.) au Fouta et en Haute-Guinée.

Des parcs qui ont du mal à exister

Le parc du Moyen Bafing a officiellement été créé en mai 2021. À l'initiative de la Wild Chimpanzee Foundation, ce parc abrite actuellement la plus grande population de chimpanzés de la sous-région ainsi qu'une faune avérée de grands mammifères. Ce parc a essentiellement pour vocation la protection des grands singes et de la faune sauvage, mais des projets d'aménagement et de circuit de découverte sont en cours d'élaboration pour permettre à de futurs visiteurs de mieux connaître les écosystèmes protégés. **Le parc du Badiar**, inauguré en avril 1996, couvre une superficie de plus de 900 000 ha.

© PATRICK MADELAINE

© PATRICK MADELAINE

Eléphant de forêt vers Ziama.

Jusqu'à présent, le côté guinéen, le Badiar, n'est pas très riche en animaux. Mais il comporte un circuit touristique intéressant qui passe par la montagne de Sow, puis longe la rivière Koulountou (frontière avec le Sénégal), et traverse enfin une belle rôneraie. Mais le meilleur circuit est assurément celui qui rejoint Simenti en quelques heures, au cœur même du parc du Niokolo-Koba dans sa partie sénégalaise. Ce parc offre le meilleur échantillon de la faune ouest-africaine (antilopes, phacochères, hippopotames, lions, chacals...). À faire surtout en saison sèche, quand les animaux viennent s'abreuver dans les mares et sont donc plus faciles à voir. **Le parc du Haut Niger** a été créé en 1997 et couvre une superficie de plus de plus de 700 000 ha sur le territoire des préfectures de Kouroussa, Faranah et Dabola. Il a d'abord été créé sur la base des noyaux forestiers de Mafou et de Kouyah. Il est devenu réserve de la biosphère en 2002. De par sa position, il constitue une zone de transition écologique entre l'écosystème forestier au sud et celui des savanes plus vers le nord. Malheureusement, malgré des appuis et projets successifs, le parc aujourd'hui n'existe quasiment que de nom. Les écogardes y font ce qu'ils peuvent avec le peu de moyens disponibles en attendant des jours meilleurs. À noter quand même la présence au cœur du parc du Centre de conservation des chimpanzés (CCC), qui contribue à son niveau aux actions de préservation du patrimoine faunique.

Une flore soumise à de fortes pressions

Peu à peu sous l'effet conjugué de la coupe ininterrompue et des feux non maîtrisés, le couvert végétal du pays tend à s'appauvrir, à se raréfier, voire à disparaître. Malgré tout, les essences locales et les écosystèmes associés subsistent dans les différentes régions. La mangrove, écosystème très particulier, occupe encore à ce jour une partie des 250 km de côtes guinéennes à l'embouchure des grands fleuves. Les palétuviers en constituent la structure impénétrable. Ils sont d'ailleurs les seuls capables de pousser les pieds dans ces eaux salées. Mais la préservation de ce milieu est une lutte permanente car le bois du palétuvier est utilisé par les populations au quotidien. À noter : un projet mené par l'association Univers-sel vers Boffa qui, à travers la création de marais salants, a permis de préserver la mangrove environnante qui était peu à peu détruite, le bois des palétuviers servant à la production du sel par chauffage. Nérés, kapokiers et karités dominent toujours les savanes de Haute-Guinée. Même s'ils se raréfient, ces arbres aux multiples usages sont relativement préservés par les populations qui en tirent des revenus. Des noix de karités est extrait un « beurre » très réputé en cosmétique. Avec les graines extraites des gousses de nérés est produit le soumbara, utilisé comme condiment dans la cuisine locale. Du fruit du kapokier est extraite une fibre ressemblant au coton qui permet de faire des coussins. Également dénommé fromager, cet arbre de haute stature apparaît encore souvent comme le « gardien » des villages du pays mandingue. Au sud-est du pays, la forêt primaire riche d'essences telles que l'azobé (bois imputrescible) ne subsiste que sous forme d'îlots aujourd'hui protégés. L'exploitation forestière anarchique pour extraire les meilleures grumes des massifs forestiers mais aussi le déboisement aux fins de culture sous la pression des vagues de réfugiés dans les années 1990 ont largement contribué à cette dégradation. Heureusement, aujourd'hui il est encore possible d'admirer quelques spécimens multicentenaires dans les massifs surveillés comme celui de Ziama à proximité de Macenta.

CLIMAT

Le climat de la Guinée se caractérise par deux saisons bien distinctes, une saison des pluies et une saison sèche, mais dont l'intensité et la durée varient en fonction des quatre régions naturelles. La saison des pluies débute généralement vers le mois de mai et se termine en octobre. Appelée aussi hivernage, cette période est synonyme de pluies régulières, voire quotidiennes à partir d'août. L'humidité envahit alors l'atmosphère et l'eau est partout en abondance. C'est aussi une période où se déplacer peut prendre des allures d'aventures improbables, sur un réseau routier pas toujours en très bon état. La saison sèche qui, elle, débute vraiment avec le mois de novembre, est clairement la période idéale pour découvrir le pays. Jusqu'en janvier, les températures sont agréables et le soleil largement présent, alors qu'à partir de février, les grosses chaleurs s'installent un peu partout et l'eau si présente dans les cours d'eau se raréfie.

La saison des pluies

C'est la saison du renouveau après des mois sans une goutte d'eau venue du ciel. À Conakry et sur la côte, de juillet à septembre, les pluies sont intenses et peuvent durer de longues heures. En juillet-août, il peut tomber plus de 2 000 mm de pluie à Conakry. L'humidité s'insinue partout. Les températures se maintiennent autour de 25 °C avec en journée des pointes au-dessus de 30 °C. L'atmosphère est étouffante. Plus au nord, au Fouta, les pluies apparaissent vers le mois d'avril. Elles sont moins intenses et le cumul sur toute la saison dépasse rarement 2 000 mm. C'est une période où les températures se maintiennent autour de 25 °C avec la nuit un thermomètre qui peut approcher les 10 °C dans des villes comme Dalaba. Il n'est d'ailleurs pas rare de rester plusieurs jours enveloppé dans des brumes accrochées aux sommets environnants, renforçant l'impression de fraîcheur. Dans la haute Guinée, plus à l'est, la pluie fait son apparition quasiment à la même période mais avec des cumuls nettement moindres, inférieurs à 1 500 mm. Elle apporte une très relative fraîcheur avec une baisse des températures de 4 à 5 °C mais qui restent supérieures à 30 °C. C'est sans nul doute la meilleure période pour séjourner dans la région qui, le reste de l'année, est soumise à une chaleur écrasante. La Guinée forestière est la seule région où il peut pleuvoir quasiment toute l'année avec une intensité certes modérée, mais qui au final donne une impression d'humidité permanente. C'est aussi la région où les amplitudes de températures sont les moins grandes.

La saison sèche

Avec le mois de novembre, les fortes précipitations ne sont plus qu'un souvenir et les rares averses qui peuvent encore tomber sont peu intenses. S'ouvre alors la plus agréable période pour profiter des plages des îles de Loos ou de la côte. Certes les températures restent élevées, comprises entre 30 et 35 °C, mais les alizés marins atténuent alors largement la sensation de chaleur. Au Fouta, les rivières sont regonflées et les cascades spectaculaires. Les paysages sont dégagés avec une belle luminosité. Les températures restent agréables jusqu'en février. Au-delà elles approchent et dépassent les 30 °C et le débit des rivières diminue régulièrement. À partir de mars-avril, les brumes de chaleur voilent souvent les paysages, mais les baignades sont alors aussi plus agréables.
En forêt, les éclaircies se font plus fréquentes et ce temps relativement plus dégagé peut être l'occasion de réaliser l'ascension des monts Nimba et de profiter d'un panorama unique. C'est aussi l'opportunité d'organiser un trek dans la forêt de Ziama pour s'imprégner de cet écosystème si riche. En direction de la haute Guinée, la saison sèche permet d'espérer découvrir la faune locale aux abords des points d'eau, plus rares en cette saison, dans le parc du Haut-Niger ou le parc Diwasi. Attention cependant, les températures peuvent alors dépasser les 40 °C. Mieux vaut ne pas oublier d'avoir ses propres réserves d'eau.

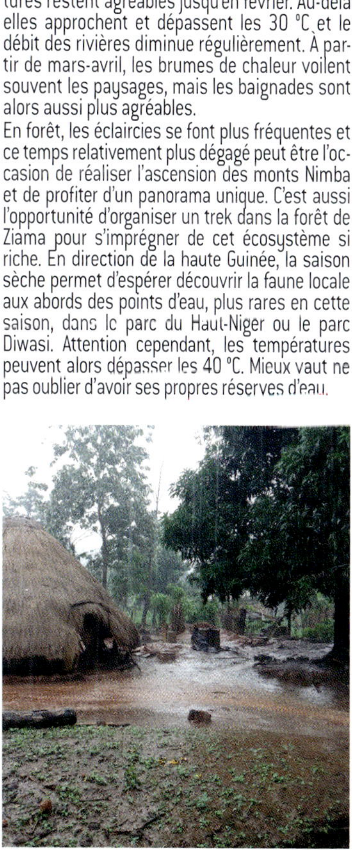

Saison des pluies.

ENVIRONNEMENT

Seulement 245 000 km² suffisent à la Guinée pour abriter une biodiversité exceptionnelle répartie en quatre écosystèmes : mangrove sur la côte, reliefs à fort réseau fluvial dans le nord, savane arborée à l'est et forêt tropicale humide au sud. Mais cet environnement, incroyablement prospère par nature, regorge également de minerais précieux, ce qui n'a pas échappé aux oreilles des investisseurs étrangers. Cette aubaine se transforme en cadeau empoisonné quand il implique déforestation, pollution, rejets de déchets, surconsommation énergétique et pollution des eaux. Cela vient s'ajouter à une autre pression qui pèse sur la biodiversité : la déforestation, notamment pour l'utilisation du bois comme énergie. Résultat : la biodiversité guinéenne est en net déclin. Toutefois, aussi bien le gouvernement que les populations montrent une réelle volonté d'inverser la tendance, et engagent déjà des actions concrètes, soutenues financièrement par les institutions étrangères.

La sécheresse, menace sanitaire et écologique

Quelle ironie pour celui que l'on surnomme « le château d'eau d'Afrique de l'Ouest » de souffrir de la sécheresse. Vingt-deux rivières africaines prennent en effet leur source dans ce pays, notamment le Niger, troisième plus long fleuve d'Afrique, le Sénégal et le Gambie. La surexploitation des ressources en eau, le changement climatique, qui provoque la sécheresse, la pollution de l'eau et la destruction des écosystèmes où les sources se forment sont pourtant autant de facteurs qui raréfient cette ressource précieuse. Aujourd'hui, un tiers des Guinéens n'ont pas accès à une eau saine, et boivent l'eau des cours d'eau à l'origine de maladies parasitaires plus ou moins graves.

De l'abattage à la plantation des arbres

Alors que le pays dénombrait 14 millions d'hectares de forêt dans les années 1960, il n'en compte aujourd'hui que 700 000. Le ministère de l'Environnement établit même sur son site Internet que « la Guinée a l'un des taux de déforestation les plus rapides au monde ».

L'une des causes principales, en plus des feux de brousse, de l'activité minière et du défrichage pour l'agriculture, est la forte dépendance de la population aux combustibles charbons. En 2008, le bois de chauffage représentait encore 89 % de l'énergie utilisée. La réaction du gouvernement est à la hauteur de l'hécatombe : depuis 2021, il interdit tout bonnement la coupe et le transport du bois, et aucune exception ne sera tolérée ! Cette mesure audacieuse n'est toutefois pas accueillie chaleureusement par les populations, et même certains écologistes sont mitigés. C'est le cas de Sékou Amadou Diakité, un éminent militant écologiste guinéen, connu pour son action contre la déforestation. Avec son ONG Renascedd, il a replanté 366 000 arbres rien qu'en 2020 ! Pourtant, il juge le décret irréaliste, puisqu'il pourrait entraîner dans la précarité une grande part de la population dépendante du bois.

Ressources minières : un cadeau empoisonné

Sous le sol fertile de la Guinée, se trouve un quart des réserves mondiales de bauxite, le principal minerai permettant la production d'aluminium. Son exploitation a beau être relativement nouvelle, elle est déjà si intense que l'on prévoit l'épuisement des réserves guinéennes d'ici 2045. La Guinée est d'ailleurs d'autant plus présente sur le marché depuis que la Malaisie et l'Indonésie ont abandonné leurs exploitations… tant elles constituaient un désastre environnemental.

Les investisseurs, principalement chinois et australiens, construisent à grande échelle, au détriment de la forêt. À la déforestation, qui affecte les espèces terrestres, s'ajoute la création de nombreux ports pour soutenir cette activité, qui endommagent les milieux aquatiques du Rio Nuñez.

L'exploitation pourrait devenir encore plus néfaste qu'elle ne l'est déjà, puisque la Guinée a pour projet de construire des usines de production, pour transformer le minerai sur son territoire. Ces dernières seraient extrêmement énergivores, et des barrages hydrauliques sont déjà en construction pour soutenir ce gouffre énergétique. En plus de cela, ces usines produiraient trois fois plus de déchets, contenant des métaux lourds, qu'elles ne produiraient d'aluminium.

Sans se priver de cette aubaine économique, le gouvernement cherche réellement à encadrer les exploitations, notamment en obligeant chaque exploitant à rendre des comptes-ren-

© PATRICK MADELAINE

Paysage de Guinée forestière.

dus sur l'impact environnemental et social. Six des acteurs les plus importants ont par ailleurs formé un réseau pour l'environnement, s'encadrant d'experts pour limiter leur impact. Encourageant la gestion durable de ces gisements, la banque mondiale a alloué 65 millions de dollars à la Guinée pour créer un programme conciliant environnement et gestion des ressources minières.

La biodiversité sous pression

Grâce à ses nombreux écosystèmes, la Guinée possède une biodiversité extrêmement riche, aujourd'hui menacée. Les pressions sont très diverses, et si la déforestation est l'une des principales menaces, certaines pratiques sont encore problématiques, comme le braconnage. Les chimpanzés en font les frais, et sont encore chassés illégalement, notamment pour devenir des animaux de compagnie. Plusieurs institutions veillent toutefois à la conservation de cet animal menacé et extrêmement vulnérable, comme le Centre de conservation pour chimpanzés.

Mais les ressources guinéennes sont convoitées et mènent parfois à sa perte, comme en 2021, lorsqu'une société australienne a découvert l'équivalent de six milliards de dollars d'or, et s'est emparée de ce butin illégalement, alors même qu'il se trouvait au sein du parc national du Haut-Niger, pourtant strictement protégé. Ce parc, essentiel pour la biodiversité guinéenne, est le foyer de 500 chimpanzés, mais aussi d'espèces de poissons menacées d'extinction. Les réponses du gouvernement sont nombreuses et passent notamment par la formation de 1 800 agents pour lutter contre le braconnage, mais aussi par la multiplication des zones protégées ces dernières années. Toutefois, ces efforts réels sont encore fragiles, notamment à cause d'un manque de fonds pour les mettre en place.

Les parcs nationaux : sanctuaires de la biodiversité

Face aux différentes pressions que subit la biodiversité, les parcs nationaux se révèlent d'une importance capitale. Le plus grand d'entre eux, le **parc national du Haut-Niger** (p.207), se montre absolument essentiel, puisqu'il abrite la forêt Mafou, dernière forêt sèche de Guinée, et l'une des dernières d'Afrique de l'Ouest. Il est également important puisqu'il se situe dans un important couloir de migration de mammifères.

De son côté, si le parc national Niokolo-Badiar n'est pas très grand, c'est qu'il est en fait une prolongation du parc Niokolo-Koba de l'autre côté de la frontière, au Sénégal. Il crée ainsi une zone plus vaste de biodiversité où se trouvent des antilopes, des singes, des lions et des léopards. Le parc ne regorge toutefois pas d'animaux, puisqu'il est considéré comme une zone tampon où les éleveurs ont le droit de faire paître leurs bêtes.

Dans le nord du pays, le parc national du Moyen-Bafing, montre les efforts continus des autorités pour la préservation de l'environnement, puisqu'il a été créé en 2017. Déjà, il se montre d'importance capitale, puisqu'il abrite une population de 4 000 chimpanzés. Enfin, le pays compte également nombre de zones protégées à d'autres titres, comme 16 sites protégées par la Convention de Ramsar, visant à conserver les zones humides.

HISTOIRE

Longtemps le territoire de la Guinée est resté morcelé en plusieurs espaces soumis aux occupations et aux migrations diverses. Ainsi l'histoire de la haute Guinée a été marquée par les grands empires africains, celle du Fouta Djalon par la migration peule, celle de la basse Guinée par les premiers contacts avec les Européens. La Guinée devient indépendante en 1958 dans des frontières qui sont alors la résultante d'une histoire débutée à la fin du XIXe siècle. C'est Sékou Touré qui inscrit la Guinée en tant que pays sur l'atlas mondial, avant de la faire disparaître, par son isolement diplomatique, des radars internationaux. Mais le temps passe et la Guinée est réapparue sur la scène internationale lors de crises politiques et sociales qui semblent devoir ne jamais s'arrêter, et plus récemment d'une grave crise sanitaire (Ebola). L'actualité, avec le coup d'État de septembre 2021, semble donc s'inscrire dans une certaine continuité.

NÉOLITHIQUE

Des poteries et des outils en pierre polie retrouvés dans le sud-est du pays témoignent d'une occupation humaine au néolithique.

ÂGE DE BRONZE

Comme ailleurs en Afrique subsaharienne, c'est le « black-out ». Le Sahara s'assèche et ce qui fut une zone fertile devient une barrière infranchissable.

Les grands empires

X^E-XIIE SIÈCLES

La Guinée fait partie du royaume mandingue, vassal du riche royaume du Ghana. Les Mandingues assurent alors l'approvisionnement et le passage des caravanes d'or, de sel mais aussi d'esclaves, vers les régions d'Afrique du Nord. Mais les Almoravides, attirés par toutes ces richesses et désireux d'étendre leur foi musulmane, vont entraîner le morcellement puis la chute du grand empire.

XIIIE-XIVE SIÈCLES

Soundiata Keïta rassemble autour de lui le clan mandingue et se soulève contre l'oppression du royaume du Ghana. Il défait ses adversaires lors de la bataille de Kirina en 1235 et jette ainsi les bases de l'empire du Mali. Sa capitale est alors Niani (aujourd'hui un village situé au nord de la haute Guinée). Une partie du territoire actuel de la Guinée fait donc partie de ce nouvel empire, qui pendant plus de deux siècles va prospérer.

Les premiers explorateurs

XVE SIÈCLE

L'hégémonie de l'empire du Mali est contestée par des vassaux qui s'affranchissent de sa tutelle et l'affaiblissent. Ainsi les armées de l'État vassal du Songhaï prennent et brûlent Niani vers 1450, marquant le début d'une longue période de déclin pour l'empire et l'avènement d'une nouvelle puissance régionale.

DEUXIÈME MOITIÉ DU XVE SIÈCLE

Les explorateurs portugais dans leur quête d'or et, surtout, du plus court chemin pour accéder aux Indes sont les premiers à installer des comptoirs de commerce sur cette côte qu'ils baptisent du nom « Guinée » (pays des Noirs).

XVIE SIÈCLE

Le commerce du « bois d'ébène » débuté au XVe siècle s'organise et s'intensifie. Il va saigner le continent pendant plus de trois siècles de traite.

XVIIe SIÈCLE Les premiers comptoirs européens s'installent sur les rives du Rio Nunez. Les Européens s'aventurent encore peu à l'intérieur des terres. Ils s'entendent avec les autochtones sur la livraison d'esclaves et développent sur la côte des enclaves où aboutissent les caravanes. L'État du Gabou, peuplé majoritairement de Malinké, fonde son commerce sur cette traite en effectuant des razzias chez les Peuls et en organisant des caravanes.

XVIIIe SIÈCLE Une vague de migration peule déferle sur le Fouta Djalon. Ces éleveurs islamisés chassent les Malinké qui s'y trouvent. En 1725, la guerre sainte islamique consacre l'hégémonie peule sur le Fouta et y instaure un régime théocratique.

FIN DU XVIIIe - XIXe SIÈCLE Une personnalité charismatique émerge qui marquera l'histoire de la sous-région : Oumar Tall, un Toucouleur originaire des rives du fleuve Sénégal. Il étudie en Mauritanie puis au Fouta Djalon et fait son pèlerinage à La Mecque. Il y gagne le titre d'« el-Hadj ». Après un long séjour en Orient, en 1833, il prend le chemin du retour, entraînant derrière lui une foule grandissante de dévots enthousiastes. Il s'installe à Dinguiraye (haute Guinée actuelle), où il crée une forteresse, achète des fusils et, fort de son titre de khalife, déclare la guerre sainte. Il conquiert rapidement ses voisins. Mais sa progression se heurte aux Français qui lui barrent la route. Qu'importe, il se taille un empire vers l'est, jusqu'au pays Dogon, où il meurt en 1864.

1794 Un Écossais, Mungo Park, décide de découvrir où et comment s'écoule le Niger – l'hypothèse de l'époque étant que le fleuve se termine aux portes du désert. Lors de son premier voyage, en 1795-1797, il remarque qu'au contraire le Niger s'oriente vers le sud dans le territoire malien.

1814 Le traité de Paris confirme la mainmise de la France sur un territoire alors connu sous le nom de Rivières du Sud.

1827 Ayant appris la langue arabe et après s'être converti à l'islam, René Caillé part de Boké et traverse à pied le Fouta Djalon avec l'objectif d'atteindre Tombouctou, ville alors interdite aux chrétiens. Parti seul, sans aide financière et sans escorte militaire, il atteint finalement Tombouctou le 20 avril 1828.

1837 À 1842 Des commerçants de Bordeaux signent des accords avec les chefs locaux des régions côtières, où ils installent de nouveaux comptoirs pour l'or, l'ivoire et les bois précieux (acajou et tek). Les Rivières du Sud sont alors un territoire qui dépend de la juridiction de Dakar et s'étend à la Côte d'Ivoire et au Bénin jusqu'en 1893.

1877 Alors que la lutte pour la conquête coloniale française fait rage dans le Fouta Djalon, Aimé Olivier de Sanderval parcourt inlassablement la région et y acquiert de nombreux domaines pour y fonder son « royaume ».

1882 Samory Touré, Malinké originaire des environs de Kérouané, est alors un simple colporteur comme ses ancêtres paternels. Sa vie bascule quand sa mère est enlevée par un clan ennemi. Ne pouvant se battre contre, il va se battre avec et ainsi commence sa carrière de mercenaire. Se constituant progressivement une petite armée, il conquiert un petit territoire, puis s'attaque à Kankan. C'est finalement dans sa course vers le nord qu'il se heurte aux Français, qui visent comme lui Bamako. Ceux-ci prennent la ville et battent le frère de Samory, en 1883, puis ils décident de se débarrasser de Samory et marchent sur Kankan puis Kissidougou, qu'ils prennent. Samory décide alors d'abandonner son empire sans rien laisser derrière lui et se taille un nouveau domaine dans le nord de la Côte d'Ivoire. Les razzias se succèdent, et l'almamy se heurte encore à cette armée qu'il avait laissée à l'ouest.

17 DÉCEMBRE 1891

La Guinée française

Les Rivières du Sud deviennent une colonie française autonome, désormais appelée « Guinée française et dépendances » (Bénin et Côte d'Ivoire jusqu'en 1893).

1891 Noël Ballay devient le premier gouverneur de la Guinée française. Il fonde Conakry et tente d'améliorer l'hygiène dans la région, notamment dans les estuaires du pays des Baga.

1898 Samory, en tentant de revenir sur sa terre natale, se trouve confronté aux animistes qui lui barrent la route et il est finalement pris au piège par le commandant Lartigue en 1898. Il est fait prisonnier et déporté au Gabon, où il meurt en 1900. Infatigable chef de guerre, il demeure dans l'imaginaire guinéen l'une des grandes figures de la résistance à l'occupation européenne.

DÉBUT DU XXE SIÈCLE La résistance au joug français est forte et se concrétise à travers de nombreux foyers de révolte : les Coniagui en 1902, les Peuls du Fouta avec Alpha Yaya Diallo de 1906 à 1911 et les peuples de la forêt de 1907 à 1912.

1902-1915 Le chemin de fer de Conakry à Kankan est construit pour relier la côte atlantique au Niger.

1904 L'Angleterre cède les îles de Loos à la France. Le pays vit sous l'égide d'un gouverneur dont l'autorité est relayée par vingt administrateurs, qui ont tout pouvoir dans les vingt cercles qu'ils contrôlent. Les chefferies traditionnelles sont laissées en place car, grâce à l'octroi de nombreux privilèges, elles jouent le rôle de messagères du pouvoir colonial.

1918 La colonie se tourne vers les cultures de rente (bananes, café, hévéa, etc.) et la Guinée devient rapidement l'une des colonies françaises les plus prospères.

1946 Le Rassemblement démocratique africain est constitué à Bamako et une section guinéenne ouvre en 1947. Celle-ci se transforme en 1948 en Parti démocratique de Guinée (PDG). Le jeune Ahmed Sékou Touré, employé aux PTT, joue un rôle politique de plus en plus important. En 1953, alors qu'il est déjà responsable de l'Union syndicale des travailleurs de Guinée (USTG), il prend la tête du PDG. Il est élu maire de Conakry deux ans plus tard.

1957 Le PDG triomphe aux élections de l'assemblée territoriale. Sékou Touré devient vice-président du premier gouvernement guinéen, le président étant de droit le gouverneur Ramadier.

AOÛT 1958 Sékou Touré s'oppose à l'idée d'intégrer la communauté franco-africaine proposée par de Gaulle. Le 28 septembre 1958, lors du référendum, la Guinée est le seul pays à dire non.

L'indépendance et la première République

2 OCTOBRE 1958 L'indépendance de la Guinée est proclamée et Sékou Touré devient le premier président de la première République. La rupture avec la France est consommée et toute trace de sa présence est systématiquement démantelée, rapatriée. L'économie du pays est mise à mal. Sékou Touré crée le syli en remplacement du franc CFA. Toutefois, la plupart des autres pays occidentaux décident de tisser des relations diplomatiques avec la Guinée et son audace vaut au régime de Conakry la sympathie de leaders nationalistes, d'enseignants... La ligne politique du PDG, qui était socialiste, évolue vers le modèle soviétique à idéologie totalitaire.

1967 Sékou Touré lance une révolution culturelle sur le modèle chinois, et crée des fermes d'État et des unités révolutionnaires. La Guinée, qui était exportatrice de nombreuses denrées agricoles avant la révolution, sombre dans une misère proche de la famine, suite au démantèlement des traditions agraires ancestrales et à la mise en place des fermes d'État. Ce régime dit populaire et révolutionnaire, qui décourage toute opposition par la violence d'État, provoque un exode massif de Guinéens vers les pays voisins. Sur le plan diplomatique, le pays se replie sur lui-même.

22 NOVEMBRE 1970 La tentative d'invasion par les Portugais déclenche l'année suivante une grande purge, qui frappe la population de terreur.

AOÛT 1977 La révolte des femmes du marché éclate à la suite de nouvelles mesures visant à décourager le petit commerce privé. L'émeute, qui éclate à Conakry, s'étend bientôt à de nombreuses villes. Cette révolte cesse avec le rétablissement du commerce privé et elle conduit Sékou Touré à un assouplissement de sa politique.

1978 Après le rétablissement de relations diplomatiques en 1975, Giscard d'Estaing est le premier président d'un pays occidental à venir en Guinée. Sékou Touré entreprend parallèlement de renouer des liens avec ses voisins.

26 MARS 1984 Sékou Touré meurt dans un hôpital de Cleveland, aux États-Unis.

La deuxième République

3 AVRIL 1984 Un coup d'État militaire est fomenté par des colonels de l'armée régulière. Un Comité militaire de redressement national (CMRN) est instauré et Lansana Conté devient président. Les nouveaux dirigeants font appel aux bailleurs de fonds pour aider à la reconstruction du pays. Lansana Conté établit le franc guinéen, ferme les anciennes banques, ainsi que de nombreuses entreprises d'État qu'il privatise, et réduit massivement le nombre de fonctionnaires.

4 JUILLET 1985
Tentative de coup d'État avorté par le Premier ministre Diarra Traoré, alors que le président est en déplacement.

2 OCTOBRE 1989
L'État de droit est instauré, avec la rédaction d'une loi fondamentale et la mise en place d'un régime bipartiste. Les militaires retournent dans les casernes.

OCTOBRE 1991
Le multipartisme est reconnu.

DÉCEMBRE 1992
Des élections présidentielles sont tenues. Lansana Conté en sort vainqueur, avec un peu plus de 50 % des voix, son principal opposant, Alpha Condé, recueille 20 % des voix.

1998
Lansana Conté remporte de nouveau les élections dès le premier tour avec 56,12 % des voix, alors qu'Alpha Condé est arrêté puis jugé pour « atteinte à la sûreté de l'État ».

1990-2000
Les conflits au Liberia et en Sierra Leone débordent sur le territoire de la Guinée avec notamment l'intrusion répétée d'éléments de l'armée libérienne dans des opérations de razzia. Ces conflits entraînent l'afflux de milliers de réfugiés en Guinée forestière.

2003
Lansana Conté gagne de nouveau la présidentielle avec un score de 95,6 % face à un seul candidat. Mais la population souffre avec un coût de la vie qui ne cesse d'augmenter alors que les salaires stagnent. À cette époque, le président est déjà gravement malade.

22 DÉCEMBRE 2008
Lansana Conté décède. Le capitaine Moussa Dadis Camara annonce la dissolution du gouvernement et de toutes les institutions.

23 ET 24 DÉCEMBRE 2008

D'élections en coups d'État

Les putschistes rallient à leur cause la plupart des généraux et élisent à la tête du Comité national pour la démocratie et le Ddveloppement (CNDD), qu'ils ont créé, Moussa Dadis Camara.

30 DÉCEMBRE 2008
Le Premier ministre nommé par le CNDD, Kabiné Komara, annonce la composition de son gouvernement dans lequel dix ministres sur vingt-sept sont des militaires. Dans le même temps, Moussa Dadis Camara se présente comme le champion de la lutte anticorruption et antidrogue et il se met en scène lors d'interrogatoires ubuesques retransmis à la télévision. C'est le « Dadis show ».

28 SEPTEMBRE 2009
Une manifestation pacifique est organisée par l'opposition dans un stade de Conakry. Son but est, entre autres, de demander à Dadis de réitérer solennellement sa promesse d'organiser des élections où il ne se présentera pas. Les « bérets rouges » de la garde présidentielle interviennent : tirs dans la foule, opposants tabassés, au moins 156 personnes tuées ou disparues. L'onde de choc est à la mesure du massacre et la Guinée revient sur le devant de la scène internationale pour de sordides raisons.

3 DÉCEMBRE 2009 — Aboubacar « Toumba » Diakité tire sur Dadis Camara lors d'une dispute. Ce dernier est gravement blessé et évacué vers le Maroc. Sékouba Konaté, le numéro deux de la junte, prend alors le pouvoir.

7 JANVIER 2010 — Le général Konaté devenu président de la Transition ouvre la voie au retour à un pouvoir civil dans le pays lors d'un discours où il tend la main à l'opposition. Jean-Marie Doré, à la suite des accords de Ouagadougou, est nommé Premier ministre du gouvernement de transition et chargé d'organiser les élections devant désigner le prochain président.

27 JUIN 2010 — Malgré des problèmes d'organisation, notamment pour l'établissement des listes électorales, le premier tour des élections présidentielles a bien lieu.

15 NOVEMBRE 2010 — Alpha Condé, candidat RPG, devient président en devançant le candidat de l'UFDG, Cellou Dalein Diallo, avec 52,5 % des voix. Une « ère nouvelle » est annoncée. Très vite le président Condé est confronté à des difficultés pour remettre en marche le pays dans toutes ses composantes. Il parvient cependant à renouer des relations avec les institutions financières internationales, à améliorer l'état des finances publiques et il obtient des résultats macroéconomiques encourageants.

2013-2016 — L'épidémie d'Ebola qui se déclare dès fin 2013 stoppe net l'élan impulsé par la nouvelle équipe dirigeante. Le pays, avec deux de ses voisins le Liberia et la Sierra Leone, va être isolé du reste du monde pendant de longs mois. La fin de l'épidémie est annoncée en juin 2016. Elle aura fait plus de 2 500 morts en Guinée.

OCTOBRE 2015 — Alpha Condé, avec le soutien du RPG, est reconduit à la tête du pays pour cinq ans. Avec la fin de l'épidémie d'Ebola et dans la continuité des efforts déjà entrepris, le pays reprend sa marche en avant et la croissance se redresse.

AVRIL 2020 — Alpha Condé promulgue une nouvelle Constitution très controversée mais approuvée par référendum en mars et qui ouvre la voie à sa candidature pour un troisième mandat.

OCTOBRE 2020 — De nouvelles élections présidentielles sont organisées et consacrent la victoire d'Alpha Condé. Mais les résultats ne sont pas reconnus par l'opposition et de violents heurts se multiplient un peu partout dans le pays.

5 SEPTEMBRE 2021 — Le lieutenant-colonel Doumbouya à la tête du groupement des forces spéciales mène un coup d'État. Le Comité national du rassemblement pour le développement (CNRD) prend le pouvoir et annonce la suspension de la Constitution ainsi que la dissolution du gouvernement et des institutions.

27 SEPTEMBRE 2021 — Une charte de la Transition est publiée, qui confirme le lieutenant-colonel Doumbouya comme président de la Transition. Elle prévoit la désignation d'un Conseil national de la transition qui fera office de parlement et devra rédiger la future Constitution.

6 OCTOBRE 2021 — Mohamed Béavogui est nommé Premier ministre. Dans la foulée sont nommés les ministres du gouvernement de transition, nombre d'entre eux sont issus de la société civile.

LES INTRÉPIDES

DES INTRÉPIDES À LA CONQUÊTE DE L'INTÉRIEUR DES TERRES

En 1794, deux Anglais, Watt et Timberson, relient pour la première fois Freetown à Timbo, alors capitale du Fouta Djalon. Puis un Écossais, Mungo Park, décide de découvrir où et comment s'écoule le Niger – l'hypothèse de l'époque étant que le fleuve se termine aux portes du désert. Lors de son premier voyage, en 1795-1797, il remarque qu'au contraire le Niger s'oriente vers le sud dans le territoire malien. Mungo Park périra noyé au cours d'une deuxième expédition, en 1806, sans jamais voir l'embouchure du fleuve.

En 1818, le Français Gaspard Mollien, non content d'être rescapé du naufrage de *La Méduse* – son récit de la catastrophe est publié en 1889 –, entreprend un périlleux voyage du Sénégal au Fouta Djalon. Il explore la presqu'île du Cap-Vert, remonte le fleuve Sénégal et va à la rencontre des Peuls. Il y retourne en 1818, chargé par le gouverneur de la colonie d'aller identifier les sources du Sénégal, de la Gambie et du Niger, lors d'un périple d'un an. Son retour en France est triomphal. Il continuera une longue carrière dans l'administration française qui le mènera en Colombie, à Haïti, en passant par La Havane.

En 1827, l'intrépide René Caillé part de Boké et traverse à pied le Fouta Djalon pour atteindre Tombouctou, ville alors interdite aux chrétiens. Pour ce faire, il apprend l'arabe, se convertit et décide de partir, seul, par ses propres moyens – sans aide financière et sans escorte militaire –, se faisant passer pour un humble lettré musulman. Tombé gravement malade, il fait un séjour forcé de cinq mois à Timé, dans l'actuelle Côte d'Ivoire. Enfin, il atteint le 20 avril 1828 la ville mythique de Tombouctou, déçu de trouver une cité tombant quelque peu en ruines… En différents points de son voyage, des plaques immortalisent son passage comme à Ditinn, par exemple.

Par la suite, en 1877, alors que la lutte pour la conquête coloniale française fait rage dans le Fouta Djalon et en haute Guinée, Aimé Olivier de Sanderval parcourt seul et inlassablement le Fouta et y acquiert même de nombreux domaines (40 000 ha) pour y fonder son « royaume ». Mais – ironie du sort – l'administration coloniale lui enlèvera son territoire si chèrement gagné quelques années plus tard. Son nom est encore de nos jours associé à un quartier de Conakry, appelé Sandervalia, mais aussi au Musée national où l'on peut voir LA case de Sanderval (case qui servait de cuisine et qui était située juste à côté de la maison de Sanderval, maison aujourd'hui disparue).

LES ENJEUX ACTUELS

Depuis septembre 2021, une nouvelle page de l'histoire politique guinéenne s'est ouverte avec un coup d'État qui a mis fin à dix ans de pouvoir d'Alpha Condé. Nouveaux dirigeants, nouvelles promesses, nouveaux espoirs pour une population guinéenne si souvent déçue, et quelque peu désabusée par l'incapacité de sa classe politique à améliorer sensiblement son niveau et sa qualité de vie. Encore plus de 40 % de la population vit sous le seuil de pauvreté. Les potentiels (agricole, minier, hydrologique, touristique...) de la Guinée demeurent. Mais les défis à relever restent majeurs. Même si depuis 2010 des progrès significatifs ont pu être enregistrés notamment en matière énergétique, mais aussi de télécommunications, la route est encore longue, et hérissée d'obstacles, pour que les potentialités soient transformées en autant de facteurs de développement et d'amélioration du quotidien de la majorité des Guinéens.

Les mines, moteur de l'économie

Depuis plusieurs dizaines d'années déjà le secteur minier constitue le moteur principal de l'économie du pays, représentant plus de 20 % du PIB annuel mais surtout plus de 85 % des exportations. L'accélération de la mise en exploitation des réserves de bauxite a très nettement contribué à cette évolution et a permis de dynamiser la croissance économique, la maintenant au dessus des 5 % depuis 2018. La Guinée est même devenue le deuxième producteur mondial en 2019. D'autres ressources minières, comme l'or ou le diamant dont les réserves avérées sont encore importantes, ont également contribué à cet élan. La mise en exploitation des réserves de fer, longtemps annoncée, plusieurs fois repoussée, devrait dans les prochaines années donner un nouveau coup d'accélérateur à l'économie du pays, mais surtout apporter de nouvelles infrastructures, des emplois et des recettes pour l'État. La signature en mars 2022 d'un accord-cadre sur l'exploitation du gisement du mont Simandou en Guinée forestière laisse entrevoir un lancement de la production commerciale pour 2025. À suivre donc.

Le secteur agricole, des réalités loin des ambitions

Le secteur agricole, qui contribue pour environ 20 % au PIB du pays, mais emploie plus de 50 % de la population active, reste un secteur en devenir et qui peine à tirer profit des ressources disponibles : terres arables, ressources en eau, diversité des territoires, population jeune.

Certes dans le cadre du Plan national d'investissement agricole et de sécurité alimentaire (PNIASA), des progrès ont été réalisés avec l'amélioration progressive dans l'accès aux intrants (semences et engrais), aux équipements notamment subventionnés, la réalisation d'aménagements d'irrigation et l'amélioration du réseau de pistes rurales. La production de riz a ainsi pu régulièrement progresser permettant de couvrir 80 % de la demande. De gros efforts ont également été faits pour développer les filières de l'arachide et de l'anacarde mais avec des résultats non significatifs à ce jour. En matière d'élevage et de productions animales, certaines filières comme la filière avicole ont connu un réel essor. Mais exemple parmi d'autres la production de poulets de chair se trouve bloquée dans son développement par la concurrence des importations à très bas coût. Nombre de promesses qui devaient aider les producteurs pour dépasser ces contraintes sont restées sans suite. Beaucoup reste donc à faire.

Globalement les avancées obtenues sont donc loin d'être à la hauteur des enjeux. À peine 10 % des terres arables sont mises en culture, le recours à la mécanisation et aux intrants reste faible.

L'autosuffisance alimentaire est loin d'être atteinte avec par exemple des importations de riz qui continuent de progresser.

Infrastructures, l'espoir de jours meilleurs

Avec la fin des travaux du barrage hydroélectrique de Souapiti et la montée en puissance de sa production, la Guinée espère enfin faire un trait définitif sur son manque chronique d'électricité : finies les coupures intempestives pour les populations guinéennes ? En tout cas, ce nouvel aménagement majeur voulu par Alpha Condé le laisse espérer d'autant qu'il devrait aussi permettre d'accroître la production du barrage de Kaléta situé en aval, depuis 2015. Par ailleurs, deux autres projets hydroélectriques (Koukoutamba et Amaria) en cours de réalisation viendront encore renforcer d'ici quelques années la capacité de production nationale. Ce fort accroissement de la produc-

© IGOR GROSHEV - STOCK.ADOBE.COM

Mine d'extraction de bauxite.

tion électrique devrait aussi induire des effets bénéfiques sur l'ensemble de l'économie et permettre de faire face aux besoins croissants des exploitants de mines et des activités industrielles actuelles et en devenir. En matière de télécoms, la poursuite des investissements a permis d'atteindre un taux de pénétration de la téléphonie mobile dépassant les 90 %. Dans le même temps, le nombre d'utilisateurs d'Internet s'est accru de façon exponentielle. Par contre le déploiement de la 4G semble se faire doucement et se restreindre à la capitale. L'arrivée d'un nouvel opérateur sur ce segment pourrait cependant lui donner un coup d'accélérateur.

Pour ce qui est des routes et pistes, après des progrès significatifs dans les années 2010, l'impression générale est de nouveau à la dégradation du réseau. Certes l'immense chantier de la RN1, axe essentiel pour desservir l'arrière-pays, est en cours de finition et devrait, une fois terminé, apporter une réelle amélioration de la circulation. Mais dans le même temps, de trop nombreuses routes et pistes sont de nouveau difficilement praticables et rendent les déplacements de et vers l'intérieur du pays compliqués. Un obstacle encore majeur pour la circulation des biens et des personnes et plus globalement pour le développement du pays !

Des enjeux sociétaux majeurs

Tout l'enjeu pour la nouvelle équipe au pouvoir et les suivantes sera de trouver les voies et moyens de transformer toutes ces avancées en matière d'infrastructures, d'exploitations minières... en progrès réels, concrets pour le peuple guinéen. Les Guinéens ont encore trop souvent le sentiment que les progrès enregistrés ne bénéficient qu'à une élite et qu'ils en sont les laissés-pour-compte, voire les victimes. Les conséquences néfastes notamment environnementales de l'exploitation des mines en Guinée maritime ou encore la gestion calamiteuse des déplacements de populations suite aux constructions des barrages hydroélectriques sont autant d'éléments qui confortent cette impression.

Avec plus de 40 % de la population vivant sous le seuil de pauvreté, un indice de développement humain qui classe la Guinée au 178e rang sur 189, une émigration de la jeunesse dont le flot ne fait que croître, un système de santé encore largement défaillant et un système éducatif qui peine à jouer son rôle d'ascenseur social, les défis sont immenses. Insurmontables ? Vu les potentialités, les ressources du pays, on aimerait croire que non.

Mais dans un pays où la corruption souvent restée impunie, s'est imposée comme seul système de gouvernance, où la justice peine encore à affirmer son indépendance et sa probité malgré de réels progrès, il faudra des décisions et des actes forts pour les relever.

Les premières décisions prises sous l'égide du nouvel homme fort du pays, le colonel Doumbouya, semblent indiquer une réelle volonté de changement. Les prochains mois seront quoi qu'il en soit déterminants pour l'avenir du pays.

ARCHITECTURE

La Guinée est le premier pays d'Afrique française subsaharienne à devenir indépendante en 1958. Surnommée le château d'eau d'Afrique de l'Ouest, 1 300 cours d'eau traversent le pays. Des fleuves importants d'Afrique occidentale comme le Sénégal (Bafing), la Gambie, le Koliba, le Kogon trouvent leur source en Guinée. Sous le régime de Sékou Touré (maître absolu de la Guinée de 1958 à 1984), Conakry, la capitale où vit un Guinéen sur cinq, est restée longtemps à l'abandon, certains quartiers tombant en ruines. En 2018, à Kaloum, la commune qui abrite la présidence de la République à Conakry, l'effondrement d'un immeuble causant la mort de cinq personnes a contraint les autorités à agir pour mettre fin à l'urbanisation anarchique. Dans la capitale effervescente, les programmes immobiliers sont en plein boom. Le pays se divise en quatre régions naturelles de superficie inégale. Le style architectural des différents villages diffère sensiblement.

La haute Guinée ou le Mandé, zone de savane au nord-est

Dans cette région du haut Niger, se trouvent les villages de Gbérédou et d'Hamana typiques de l'architecture traditionnelle mandingue. Les cases rondes sont en « banco », un mélange de terre et de paille colmaté par du karité et chapeautées de paille. Regroupées en cercle, elles forment des concessions familiales. Au sein d'une même famille, tout le monde habite une case de la concession, de la première épouse à la quatrième, en passant par la belle-mère. Les enfants changent de concession après leur mariage. Les cases servant de chambres à coucher et de cuisine sont souvent munies de deux ouvertures diamétralement opposées afin de permettre le passage de courants d'air. À l'intérieur, le sol est en terre battue ou en ciment mélangé au sable, et le mobilier est rudimentaire : un lit pour les riches et une simple natte pour les pauvres, quelques « canaris » ou jarres de terre où l'eau est conservée, parfois une table ou des étagères. De petits greniers sur pilotis ainsi que des abris pour les animaux s'intercalent entre les cases. Le centre de la concession est occupé par une paillote où l'on se retrouve ensemble pour manger, boire le thé, discuter ou jouer aux dames, aux cartes ou à l'awalé. De nombreuses concessions sont protégées par des murs en banco reliant les cases les unes aux autres : des « chapeaux » de termitières posés sur ces murettes protègent alors de l'érosion par les pluies. Le bara (la place publique) est situé au cœur du village. C'est sous le « doubalen » (l'arbre à palabres) que les villageois cherchent l'ombre. Le village de Kobanè propose un bara intéressant avec un doubalen dont le vaste ombrage impressionne. À Faranah, la case qui vit naître Sékou Touré, dans un lit en terre pleine, est toujours visible entre les nombreux toits en paille. Dinguiraye, ville religieuse, est réputée pour sa mosquée construite au milieu du XIXe siècle par El Hadj Oumar Tall. Bissandougou, la capitale de l'empire Wassoulou, offre quelques vestiges de cet empire fondé par l'Almamy Samory Touré, résistant au colonialisme à la fin du XIXe siècle. Un traité international entre la France et l'empire Wassoulou fut signé en 1887 à Bissandougou.

Case traditionnelle.

La Guinée maritime ou basse Guinée, zone côtière

Parmi les dix villes les plus importantes du pays, trois se trouvent en Guinée maritime : Conakry, Kamsar et Kindia. Au début du XXe siècle, la France impose des systèmes d'administration et d'urbanisation coloniales similaires à ceux de ses autres colonies africaines. Les quartiers historiques de Kaloum sont alors découpés selon un plan en damier strict composé de boulevards et de ronds-points. En raison de l'absence de croissance verticale, la presqu'île se développe sur le continent en absorbant d'anciens villages comme Dixinn, Taouyah, Ka-

© FLIGHTSEEING-GERMANY - SHUTTERSTOCK.COM

La ville de Conakry.

poro. Toujours visibles, ces villages historiques sont denses et s'organisent autour du port et du marché. Les cases sont en banco mais de forme carrée et parfois avec terrasse abritée. Munies d'un porche, elles comportent plusieurs pièces et ne sont pas disposées en concession mais de façon disparate dans le village. Ces villages sont entourés de vastes zones d'habitations périurbaines récentes s'étalant sur les terres sans aucune organisation urbanistique précise. À Foulamory dans le Gaoual, la case du prestigieux Alpha Yaya Diallo, landho (roi) de Labé et héros national, mérite une visite. Influencée par les traditions islamiques, elle reste un exemple parfait de l'architecture peul du XIXe siècle. Construit en 1878, le fortin de Boké est un édifice tristement célèbre. Sous le règne de Napoléon III, il fut une maison de transition pour les esclaves de l'Afrique de l'Ouest. Les esclaves empruntaient ses labyrinthes jusqu'aux cales des négriers pour un voyage sans retour. À Conakry, le palais du Peuple fut construit en 1967 par les Chinois. De style moderne, cet édifice élégant et épuré qui accueillait d'importantes manifestations culturelles est typique de l'architecture des pays de l'Est. Autrefois fierté nationale, l'édifice est aujourd'hui en mauvais état, à l'inverse du palais Mohammed V (ex-palais des Nations) et du palais Sékhoutoureya, le palais présidentiel. Bâti à la place de l'ancien palais des gouverneurs par les Chinois en 1998, le palais Sékhoutoureya est caractéristique de l'architecture impériale chinoise. Son imposant pavillon central avec son toit en pente incarne la puissance et le pouvoir. À Conakry, le futur palais de la Culture devrait doter la capitale dans les années à venir d'un édifice moderne dont l'architecture reprendra les formes du Nimba, le masque-sculpture tutélaire guinéen de la communauté des Baga. Les Conakrykas vivent pour la plupart dans des bâtiments bas comportant d'une à quatre pièces. À Kaloum, le quartier administratif et commercial surpeuplé de Conakry, la mode turque importée par les promoteurs venus des rives du Bosphore est plébiscitée par une clientèle aisée. Depuis une dizaine d'année, des édifices d'excellente facture aux façades rectilignes, épurées et aux finitions très soignées font fureur.

La moyenne Guinée avec le massif montagneux du Fouta-Djalon

Le plus ancien vestige de l'architecture militaire dans le Fouta se trouve dans l'actuelle préfecture de Télimelé. Il s'agit de la forteresse en pierre de Guémé-Sangan bâtie au XVIe siècle par le guerrier peul Koli Tengella. Il ne reste que quelques pierres de ses puissantes fortifications qui furent érigées pour protéger les habitants. À mi-hauteur de la muraille, se trouve une grotte, un observatoire redoutable qui permettait de surveiller la double vallée de Kakrima-Konkouré. À l'intérieur de l'abri, on découvre une salle de jeux, un sobané (arbre) et même un lit. À Dalaba, la case à palabres bâtie par les chefs de canton du Fouta Djalon est à voir. Construite en terre dans les années 1930, cette case a abrité les grandes discussions de la région. Dans le Fouta, les maisons sont en ciment, mais dans certains petits villages, on utilise encore des matériaux naturels pour le bâti et pour la décoration colorée. Les concessions sont vastes et les villages sont souvent très étendus. Les Peuls se soucient davantage de leur troupeau que de leur maison, les champs sont parsemés de parcs à animaux délimités par des barrières et des portails en branchages.

En Guinée forestière, une zone de forêts au sud-est

Principale région d'expansion agricole, la pression démographique sur la Guinée forestière est massive. Le défrichement de la forêt continue activement. La case a cédé la place à des constructions modernes.

BEAUX-ARTS

Bordée par l'océan Atlantique, la Guinée séduit pour la richesse de ses paysages. En écho à ce foisonnement, ses traditions picturales sont d'une belle variété. Les plus anciennes s'enracinent dans les rites et la spiritualité. En ce sens, la sculpture a longtemps régné. Malgré son passé colonial, la peinture a été adoptée à une époque récente dans ce pays d'Afrique occidentale. Mais c'est chose faite ! La jeune génération déborde de talent. Pour faire face à un marché de l'art encore embryonnaire, les artistes vont à la rencontre du public. Ils improvisent, s'adaptent et multiplient les initiatives. On les découvre sur les réseaux sociaux, dans les associations, les bars et les restaurants, dans les rues… Un festival *Street Art* rassemble depuis quelques années les graffeurs à Conakry. S'il fallait ne citer qu'un lieu, ce serait la villa des Arts. C'est désormais l'étape indispensable pour apprécier l'art contemporain guinéen !

Sculpture traditionnelle

En bois ou en pierre, la sculpture revêt diverses formes. Statuettes, tambours, sièges et masques, l'art de la sculpture est lié aux rites. L'ancienne société baga, des riziculteurs de la côte, produit des pièces incisées de motifs géométriques, parfois colorées. Ces sculptures permettent aujourd'hui de mieux cerner la pratique de la sorcellerie indissociable des pièces ouvragées. Dans la tradition guinéenne, elles sont d'une puissance expressive et d'une élégance rares.

De nombreuses statuettes humaines en pierre, appelées *pondo*, ont été mises au jour. Elles étaient enterrées dans la région qui borde la Sierra Leone, et sur la côte. Caractérisées par la position accroupie du personnage, elles représenteraient les anciens propriétaires du sol. Les Baga et les Kissi ont perpétué cette tradition ; leurs statues sont trapues, à grosses têtes, aux traits épais, primitifs et stylisés. Les Kissi représentent aussi souvent le chef rebelle Samory Touré, monté sur son cheval et soutenu par son peuple. Rappelons que Touré opposa une résistance farouche aux colons français venus envahir l'Afrique de l'Ouest.

Masques et marionnettes

Comme dans toute l'Afrique, les masques guinéens accompagnent les rites d'initiation ou les célébrations. Ils symbolisent les esprits : celui des ancêtres, de la rivière, de la forêt ou encore des concepts. Destinés à faire participer les esprits au monde humain, ils canalisent certains de leurs pouvoirs. Ils peuvent aussi bien reprendre les traits d'un visage féminin, masculin ou animal.

Si les Malinké étaient jadis célèbres pour leurs marionnettes sculptées – les plus remarquables étant le géant Waraba le Lion ou Konkoba – ce sont surtout leurs cousins bambara du Mali qui ont perpétué cette tradition. Mais Kankan est encore réputé pour son artisanat, notamment pour ses statues humaines stylisées, sans ventre, appelées makondés, évoquant singulièrement le penseur de Rodin !

Art des Baga

Les Baga sont aussi connus pour leurs tambours féminins à cariatides, ou leurs énormes tambours masculins à fentes, dont ceux symbolisant le dieu Serpent. Les créations baga sont souvent peintes de couleurs vives. De nos jours, les sculpteurs adaptent les motifs à la vie moderne.

Les institutions féminines sont multiples chez les Baga. La plus connue est celle de l'a-tëkän des Baga sitemu, qui est la confrérie des femmes qui ont enfanté. Les jeunes initiées et les jeunes mariées doivent danser avec un pot d'argile sur la tête, le corps orné de fétiches et la taille ceinte d'un collier de cauris, au son du tambour a-ndëf. Ce tambour est formé d'une cariatide soutenant sur sa tête la caisse de résonance. Elle est souvent enlacée par des serpents, qui figurent le python mythique a-mantshor nga-tshol, associé à la fertilité. Seules des femmes sont habilitées à en jouer, debout, avec des baguettes en bois. Ce sont les femmes de cette association qui organisent les festivités des mariages, les initiations des jeunes une fois l'an (en saison sèche) et les funérailles des initiées.

Art moderne

L'art moderne guinéen adopte toutes les tendances. Depuis les années 1990, certains artistes proposent leur vision surréaliste ou abstraite ; d'autres revisitent les thèmes locaux. Irina Conde peint des portraits, des gros plans de femmes et d'enfants qui baignent dans une explosion de couleurs. Le peintre Ibrahima Barry peint par amour. En particulier par amour de son pays, dont il représente le quotidien sous tous ses aspects. Ses scènes de rue sont réputées pour sublimer l'âme de la Guinée.

© PATRICK MADELAINE

Dents de phacochère sculptées.

Le peintre et sculpteur Mohamed Nana Kaba, originaire de Kankan, a découvert sa vocation dès l'enfance. Il se fait connaître dans le monde entier avec ses poupées, évocatrices de ses origines et des traditions de son pays.

Une halte s'impose à l'atelier de Bangoura Aboubacar Demba, dit Papus. Le peintre s'estime chanceux de bénéficier de la case Sanderval du **Musée national** (p.101) pour créer. Dans ses toile, il aborde des sujets traditionnels avec un style magnifique, qui tend vers une sublime abstraction.

Pour les artistes guinéens, le problème majeur concerne le manque de lieux d'exposition. Si, par tradition, ils exposent dans la rue, ils souhaitent désormais s'officialiser. Ils redoublent d'originalité pour promouvoir leurs créations, notamment par le biais d'associations. Les lieux dédiés sont multidisciplinaires comme le **Centre culturel franco-guinéen/CCFG** (p.100) qui abrite entre autres des salles de spectacle, un cinéma, un café et des espaces d'exposition.

La **villa des Arts** (p.105), incontournable, s'est récemment annexée une galerie d'art. La demeure s'est rapidement imposée comme le haut lieu de l'art contemporain national.

Street Art

L'art et la rue font bon ménage en Guinée.

Sur les murs de Conakry, un portrait dérange, celui de l'ancien président guinéen Sékou Touré. C'est son emplacement qui suscite la polémique. Parmi la multitude de visages qui ornent les murs, celui de Sékou Touré occupe un lieu qui évoque les victimes du régime, le pont du 8 Novembre ou pont des Pendus. Le graffeur Chimère Ndiaw explique que l'histoire, même tragique, ne doit pas être occultée, que l'œuvre attire et éveille à l'histoire du pays, et que sa volonté n'était pas de choquer.

L'art urbain guinéen s'érige aussi contre la mauvaise gestion des ordures. Il s'implante dans des lieux insalubres, et oppose des messages de beauté et d'éducation destinés à la population. Alternative à la peinture, des reproductions de photographies sont fixées sur les murs à l'aide d'une colle artisanale à base de maïs.

Depuis 2018, le festival Lassiry Graffiti transforme Conakry en musée à ciel ouvert. Durant huit jours, au mois de mars, des graffeurs panafricains illustrent l'histoire nationale. Ainsi, les portraits de personnages marquants sont peints dans l'espace public. Pour l'occasion, la municipalité met ses murs à la disposition des artistes dans les quartiers de Gbèssia, Bambéto et Matoto.

Actuellement, des lieux culturels sont rénovés ou en cours de construction. L'ouverture du centre culturel de la Mamaya à Kankan, ou encore la réhabilitation du **Musée national** (p.101) de Sandervalia sont autant de lueurs d'espoir pour la scène artistique guinéenne.

MUSIQUES ET SCÈNES

Peut-être parce qu'un peu dans l'ombre de ses voisins maliens, sénégalais et ivoiriens, la Guinée et sa musique sont souvent bien mal connues hors du continent africain. Fait étonnant, tant sa musique est riche et sa création – autrefois plus qu'aujourd'hui – dynamique. Un atout que l'on doit à Sékou Touré, premier président de la Guinée indépendante. Dès son accession au pouvoir en 1958, il lance un grand chantier visant à revitaliser les arts guinéens. Tandis que les groupes jouaient alors principalement de la musique cubaine et française, Sékou Touré imposa la création d'un style musical guinéen inédit et moderne et favorisa l'établissement de nombreux orchestres d'État, à l'image du célèbre Bembeya Jazz dont la réputation a traversé les frontières et les époques. Si le gouvernement est aujourd'hui moins engagé dans la culture, cet âge d'or a posé la création sur des rails et de nombreux Guinéens tentent une carrière dans la musique, certains avec grand succès comme les stars Mory Kanté ou Lyricson.

Les musiques et danses traditionnelles

Aborder la musique traditionnelle guinéenne, c'est avant tout se pencher sur celles des communautés qui composent le pays. À commencer par la principale : les Malinké (ou Mandingues). Le nom malinké signifie « l'homme qui vient du Mali », les Malinké étant l'ethnie dominante de l'empire du Mali. En Guinée, ils représentent environ 30 % de la population et habitent les savanes de haute Guinée. Leurs traditions constituent naturellement une part importante de la pratique musicale guinéenne.

Un des aspects les plus marquants de la culture mandingue est l'importance des *djéli*, ces griots (des chanteurs-historiens itinérants) à la fois porteurs de la parole, des mythes et des légendes, mais également intermédiaires et arbitres dans les conflits sociaux. Le *djéli* occupe une place importante dans la société guinéenne. Les familles de griots transmettent l'histoire du pays de père en fils à travers récits, contes et musiques. De nombreux griots sont d'ailleurs des maîtres en matière d'instruments traditionnels tels que la kora ou le balafon, leur musique servant dès lors de support pour magnifier leurs paroles. Un des *djéli* guinéens contemporains réputés pour avoir superbement modernisé la tradition est Ba Cissoko. Sur son album *Electric Griot Land*, la kora devient électrique et les mélodies envoûtantes, quasi hypnotisantes.

La kora, qui ressemble à un enfant du luth et de la harpe, est d'ailleurs l'instrument emblématique de la musique malinké. Quelques Guinéens ont la réputation d'en être des virtuoses, comme M'Bady Kouyaté, aussi connu pour avoir dirigé le prestigieux Ensemble symphonique traditionnel national de la République de Guinée, Djeli Moussa Condé, qui emmène la kora dans une autre dimension, ou encore Kandia Kora, fils de M'Bady Kouyaté, qui modernise l'instrument en l'invitant dans le rap et le reggae.

Hormis la kora, on trouve dans la musique mandingue le *ngoni* (instrument à cordes pincées), le balafon (sorte de xylophone dont El Hadj Djeli Sory Kouyaté ou Mory Kanté sont des joueurs redoutables), le *djabara*, grosse calebasse entourée d'un filet tressé de semences, le *mbira*, petit « piano à pouces », ou encore le *n'tama*, un tambour d'épaule. Une collection d'instruments qu'il n'est pas rare de croiser dans la Mamaya, cette fête traditionnelle malinké où hommes et femmes dansent sur des rythmes lents et majestueux. La Mamaya de Kankan est devenue un événement culturel majeur qui a lieu une fois par an lors de la fête de Tabaski.

Dans la région du Fouta, la terre des Peuls, l'instrument emblématique est le *tambin*, flûte traversière à trois trous dont le nom provient de la plante qui servait à sa fabrication. Taillée traditionnellement à la main dans une variété de roseau, elle est désormais le plus souvent réalisée avec une tige de mil (voire du métal) d'environ 30 cm.

Enfin, dans la région des forêts, autour de Nzérékoré, chez les Kpelle (prononcer « kpellé ») on trouve le *pêle*, événement comprenant un fort enjeu social et mêlant chants et chorégraphies.

Pays de danse, la Guinée possède de nombreux ballets traditionnels, publics ou privés, qui se produisent régulièrement dans la capitale. Gbassikolo, Sourakhata, Merveilles de Guinée, Wassasso, Ballet de Matam sont autant de noms à surveiller pour assister à une belle représentation de danse à Conakry.

Parmi les institutions publiques, hormis les très traditionnels Ballets africains (à voir au palais du Peuple), l'autre grande entité est le Ballet national Djoliba. Créé par Sékou Touré et Harry Belafonte (oui, oui) au moment de l'indépendance du pays, l'ensemble maintient aujourd'hui l'objectif qu'il s'est toujours fixé : défendre l'identité mandingue au travers de la mise en musique et en danse des légendes et contes du Mandé.

La musique populaire

Si le pays s'illustre en devenant le premier d'Afrique francophone subsaharienne à célébrer son indépendance en 1958, la Guinée se démarque aussi très rapidement par sa politique culturelle nationaliste. Inscrit dans une volonté globale de rupture, le président Sékou Touré souhaite alors tourner la page de la période coloniale – où le pays écoute beaucoup de musique importée – et se diriger vers une musique à l'identité guinéenne plus marquée, mieux définie.

Ainsi, dès 1959, un premier ensemble doté d'un statut national voit le jour : le « Syli orchestre national », rassemblant les meilleurs instrumentistes du pays. L'objectif affiché est clair : plus question de jouer des reprises ou des esthétiques non guinéennes, il faut désormais puiser dans le patrimoine et le moderniser. Ce mouvement de retour aux racines et d'incorporation des pratiques traditionnelles dans la composition sera appelé « l'authenticité », une politique qui durera jusqu'à la mort de Sékou Touré en 1984 et qui va engendrer la naissance et la multiplication d'ensembles « fonctionnarisés » (chaque région recevant des fonds pour rémunérer les artistes et entretenir le matériel). Très vite, l'effectif du Syli orchestre national devient si important qu'il se scinde en deux entités : l'Orchestre de la Paillote et l'Orchestre du Jardin de Guinée, qui deviennent en un rien de temps des piliers de la scène guinéenne. À la même époque apparaissent simultanément les Amazones de Guinée – l'orchestre féminin de la gendarmerie (des stars en devenir) – ainsi que le célébrissime Bembeya Jazz, l'un des premiers groupes enregistrés sur place dans les années 1960 et celui qui fera sans doute connaître le plus la musique guinéenne dans le monde.

Passé l'aspect artistique, le gouvernement utilise aussi rapidement ces artistes et ensembles comme organes de propagande pour véhiculer ses message et son idéologie. Ainsi, on entend régulièrement les orchestres nationaux aussi bien pousser à l'alphabétisation qu'alimenter la fibre anticolonialiste et anti-impérialiste. À l'international, ces orchestres ont servi le *soft power* guinéen, les meilleurs ensembles comme le Bembeya Jazz jouant sur les scènes du monde entier et devenant ainsi des ambassadeurs de leur pays.

Cette politique inédite a permis de faire éclore une avant-garde musicale d'une vitalité hors pair sur le continent africain et des musiciens comme Balla Onivogui, Keletigui Traoré, Momo

© SANDYCREA - FOTOLIA

Joueur de kora en Guinée.

Wandel et Kerfala Papa Diabaté ont pu bénéficier d'une formation de qualité et devenir de grands musiciens (notamment) grâce à elle.

Que reste-t-il de cette politique et de l'« authenticité » aujourd'hui ? Si des groupes actuels comme les Espoirs de Coronthie ou les Étoiles de Boulbinet sont des héritiers immédiats de la musique de ces ensembles fédéraux ou d'État de l'époque, l'engagement de l'État aux côtés des artistes n'est plus ce qu'il a été. Désormais, les artistes sont contraints de passer par l'autoproduction, ce qui n'a pas empêché d'excellents artistes tels que Mory Kanté d'exister et briller sur les scènes mondiales dès les années 1980.

Ce dernier est sans conteste le musicien guinéen le plus populaire en Europe. Né à Kissidougou dans les années 1950, dans une famille de griots, il a vécu à Abidjan, alors musicalement très active, avant de partir enregistrer un premier album à Los Angeles puis de gagner la France pour conquérir l'Europe. Là, son style original, mêlant la kora au synthétiseur, le fait vite connaître du grand public (à travers l'énorme succès de la chanson *Yéké Yéké*). Il faut dire que son arrivée coïncide avec l'avènement de la *world music*, mélange de rythmes traditionnels du monde entier et de sons modernes, rock, funk, jazz ou électroniques – ce que Mory Kanté avait anticipé. Le griot électrique connaît à partir de cette époque un énorme succès et les tournées s'enchaînent. Le 14 juillet 1990, sur une grande scène au cœur de Central Park et devant des dizaines de milliers de New-Yorkais, Mory Kanté, l'ancien sans-papiers, représente la France aux côtés de Khaled. Mory Kanté reprend bientôt son indépendance en tant que producteur et enchaîne albums (*Tatebola* en 1997, *Tamala* en 2002 et *Sabou* en 2004) et grandes tournées internationales.

DÉCOUVRIR

Si elles sont moins nombreuses, les artistes guinéennes ne sont pas pour autant invisibles. Les obstacles viennent de la société guinéenne qui – hormis lorsqu'elles sont issues de famille de griots – perçoit mal les femmes s'exposant devant un public.

Cela étant dit, de nombreuses artistes guinéennes ont été et sont connues, à commencer par les fameuses Amazones de Guinée. Après elles, se sont notamment illustrées Oumou Dioubaté, « la Dame Chic Choc » issue d'une famille de *djéli*, Binta Laly Sow, diva peul, Sonna Tata Condé, plus afro-pop, ou la bouillonnante Sayon Camara, première chanteuse africaine nommée artiste de l'Unesco pour la paix en 2002.

Les musiques actuelles

En revanche, dans le domaine des musiques actuelles, les Guinéennes ont réussi à s'imposer plus largement. Un des premiers groupes féminins à s'illustrer dans le hip-hop est Ideal Black Girls, créé par des lycéennes dans les années 1990 et qui deviendra un des piliers du R&B dans le pays. Féministes, capables d'aborder des sujets difficiles comme l'excision, le groupe chantait en quatre langues : le soussou, le maninka, le poular et le français. Bien que le groupe ait disparu (après un retour en 2009), il a ouvert la voie à d'autres Guinéennes dans le hip-hop. À commencer par Ashley, figure montante du rap guinéen à la langue bien pendue. Écrivant en peul, Aïcha Bah de son vrai nom se sert de sa plume et de sa voix pour défendre la cause des femmes et des enfants et s'attaque à des sujets de société comme la polygamie et la pédophilie. Elle coudoie au sein d'une scène rap de plus en plus fournie des artistes comme Khady Diop, Sister Lessa, Banlieuz'art, Gnamakalah ou encore Djanii Alfa. Ce dernier est connu pour être le grand rappeur militant guinéen. Lui qui a notamment combattu les dérives du régime Alpha Condé dénonce dans ses textes la répression et n'a de cesse de défendre la démocratie. Un engagement et une formule installée entre rap américain et traditions guinéennes qui lui ont ouvert les scènes du monde entier.

Après le rap, le reggae connaît lui aussi un regain de popularité en Guinée. Alpha Wess a initié le mouvement et semble maintenant un peu en retrait. Mais la relève est assurée. Plusieurs figures ont émergé sur la scène conakryka. Citons entre autres Takana Zion ou encore Élie Kamano.

Le premier, Takana, a connu une ascension fulgurante ; son itinéraire est celui d'un musicien doué, galvanisé dans son apprentissage par des rencontres décisives, dont celle de Tiken Jah Fakoly qui le prit sous son aile à Bamako. Ce tour de formation l'amena au Ghana, puis au Burkina où il fit la rencontre de Makkalox, guitariste de Pierpoljak. De leur association naîtra en partie *Zion Prophet*, son premier album.

Quant à Élie Kamano, après des débuts difficiles sur la scène rap et plusieurs expériences musicales hors de Guinée, sa carrière reggae débute vraiment dans les années 2000 avec la sortie de l'album *Trafiquant* en 2005 auquel participent Tiken Jah Fakoly et les Espoirs de Coronthie. Puis en 2006, l'album *Djélimankan* marque sa consécration et son engagement politique. Depuis, sa popularité a franchi les frontières guinéennes et il est devenu une valeur sûre du reggae ouest-africain.

Plus dancehall, n'oublions pas de mentionner Lyricson, à la carrière internationale. Sa voix est bien connue en France car il collabore régulièrement avec des artistes d'ici comme les groupes Assassin ou Sniper.

Dans le rap comme dans le reggae ou le dancehall, une bonne manière de voir ce que le pays a de mieux à proposer est de se rendre au festival des Musiques urbaines de Guinée. Se tenant chaque année un peu partout à Conakry (notamment la plage de Gbessia), on peut y voir de nombreux concerts d'artistes guinéens et internationaux.

Parmi les autres artistes à surveiller de près, citons Manamba Kanté, grand nom de la soul guinéenne, Oudy 1er, artiste de coupé-décalé connu pour être l'inventeur de la danse tchoumakaya, Azaya, de l'afro pop trempée de traditions guinéennes, tout comme Lévi Bobo ou le groupe Instinct Killers, ou encore Soul Bang, du R&B. Citons également Sia Tolno et Moh Kouyaté que l'on entend régulièrement en France. La première est une superbe artiste afrobeat qui a notamment collaboré avec le vétéran du genre, Tony Allen, tandis que le second propose un blues rock très inspiré par les groupes mythiques guinéens, comme le Bembeya Jazz.

LITTÉRATURE

Rachid Agrour, chercheur associé à l'Institut des mondes africains (IMAF), évoque dans *Contribution à l'étude d'un mot voyageur : Chleuh* l'hypothèse que le nom Guinée viendrait de l'expression *akal n ignaoun* par laquelle les Berbères désignaient l'Afrique sahélienne. Le terme *ignaoun* serait de plus un dérivé de *gnu* (coudre) devenu *agnaw* ou *agnaou* : « celui qui a la bouche cousue ». De muet à muselé, il n'y a malheureusement qu'un pas que l'histoire va s'empresser de franchir en Guinée où le peuple subira tour à tour la colonisation, le commerce triangulaire, les travaux forcés… puis un régime dictatorial après l'indépendance. Pourtant, ses écrivains se sont emparés de la parole et ont très vite été remarqués sur la scène internationale. D'ailleurs, Conakry a été proclamée capitale mondiale du livre par l'Unesco en 2017, un très juste retour des choses au vu de la vigueur de la vie littéraire de ce pays d'Afrique de l'Ouest.

De la tradition orale à l'écriture

La tradition orale est si importante en Guinée, comme d'ailleurs partout en Afrique, qu'en 2006 l'EIP (Association mondiale pour l'école instrument de paix) avait lancé un projet pédagogique à destination des élèves. Celui-ci se basait sur des matériaux sonores – également vecteurs d'émotions – pour promulguer des messages à vocation sociétale et à vertus éducatives (modules sur le respect de la dignité, les droits de la femme, la liberté d'expression, etc.). Mais la tradition orale a une autre fonction que celle d'être source de connaissances, elle est également gardienne de la mémoire, ce qui dans un pays durement opprimé prend tout son sens. Le Guinéen Djibril Tamsir Niane, né à Conakry en 1932 et décédé à Dakar (Sénégal) en 2021, a ainsi été directeur d'une passionnante publication – intitulée *Tradition orale et archives de la traite négrière*, en lecture libre dans la bibliothèque numérique de l'Unesco – dont la préface du Sénégalais Doudou Diène rappelle que « si l'Europe et l'Amérique détiennent une abondante documentation sur la traite négrière et l'esclavage, l'Afrique quant à elle est restée longtemps muette ». Autant dire que le travail de collecte des témoignages de la part des chercheurs fut primordial pour assurer la préservation de ce patrimoine immatériel. Grand spécialiste de la région du Mandé, territoire qui s'étend aujourd'hui du sud du Mali à l'est de la Guinée, Djibril Tamsir Niane gagna également sa réputation d'historien en figeant à l'écrit *L'Épopée de Soundiata* telle qu'elle lui avait été contée par le griot Mamadou Kouyaté. À la fin des années 1950, il proposa à la publication ce mythe fondateur de l'empire du Mali, apparu au XIIIe siècle, aux éditions Présence Africaine qui l'acceptèrent derechef. Pour en finir avec la tradition orale, sans pour autant en avoir fait le tour, nous pourrions mentionner l'ouvrage *Quand les animaux parlent*, publié par Gérard Meyer en 2020 chez L'Harmattan, qui reprend 34 contes qu'il récolta en Afrique de l'Ouest, et *Paroles tissées : Sénégal et Guinée*, un nouveau recueil de 28 histoires qu'il fit paraître chez le même éditeur l'année suivante.

Il est courant d'entendre que les langues africaines ne s'écrivent pas et que les premiers livres ont été rédigés dans la langue du colon, généralement l'anglais ou le français, ce qui est une grave erreur comme le démontre l'histoire de l'imamat du Fouta-Djalon situé dans l'actuelle Guinée. Ce territoire fut le théâtre en 1726 de la bataille de Talansan qui opposa les Musulmans, d'origine peule dans leur majorité, et les Soussou qui furent repoussés sur la côte.

Du côté de la littérature, il faut surtout retenir que la poésie religieuse peule (et bientôt plus largement tous types d'ouvrages, des traités d'astronomie aux satires en passant par des poèmes dits du quotidien) commença dès le XVIIIe siècle à s'écrire en alphabet arabe, langue dont elle conserva également la métrique, donnant un modèle unique dont Thierno Diawo (1900-1984), disciple de Thierno Aliou Bhoubha Ndian, fut un digne représentant. C'est à la Sorbonne qu'Alfa Ibrahima Sow (1934-2005) rédigea un mémoire consacré, entre autres, aux poètes peuls du Fouta-Djalon, une spécialisation, doublée d'un travail de traduction, qui lui valurent de recevoir en 1975, conjointement avec Amadou Hampâté Bâ, écrivain et ethnologue malien, le prix de la Langue française décerné par l'Académie française. L'année précédente, il avait cofondé avec un groupe d'auteurs panafricains la maison d'éditions Nubia. Il aura par ailleurs été longuement titulaire de la chaire de littérature de l'Afrique occidentale à l'Institut national des langues et civilisations orientales (Inalco) de Paris.

Dans la même veine, il faudra également mentionner l'anthropologue Sory Camara qui se vit remettre en 1977 le grand prix littéraire d'Afrique noire pour *Gens de la parole : essai sur la condition et le rôle des griots dans la société malinké*, ainsi qu'Ibrahima Baba Kaké (1932-1994), professeur d'histoire émérite et directeur de collection aux Nouvelles Éditions Africaines, qui connaîtra l'exil après l'arrivée au pouvoir du premier président de la Guinée devenue indépendante en 1958 : Sékou Touré.

Autobiographies et romans

C'est dans un contexte particulier, celui de la décolonisation, que la génération des années 1920 se tourne vers le roman. Les changements politiques sont initiés ou en passe de l'être, les écrits se teinteront de la question du positionnement face au passé et de celle de la définition d'une identité nationale. Fodéba Keïta (1921-1969) fut l'un des premiers instigateurs de ce nouveau genre, bien qu'il débutât sa carrière artistique en se consacrant à la musique et à la danse, créant en 1948 l'orchestre Sud Jazz puis en 1950 les Ballets africains de la République de Guinée. Au cours de cette même année, il publia un recueil, *Poèmes africains*, puis en 1952 deux courtes histoires : *Le Maître d'école* suivi de *Minuit*. Ce second texte est tout particulièrement engagé puisqu'il fait référence à l'invasion française, et est peut-être un signe avant-coureur du tournant politique que Keïta donnera à sa carrière en devenant en 1961 ministre de la Défense nationale et de la Sécurité dans le gouvernement du président Sékou Touré… qui finira par l'accuser de complot quelques années plus tard. Il mourra au camp Boiro – l'« Auschwitz » guinéen où Amnesty International estime que 50 000 personnes ont perdu la vie – qu'il avait, paraît-il, lui-même contribué à transformer en camp d'internement et de torture.

A contrario, et dans un étrange paradoxe, le premier roman guinéen à vraiment rayonner à l'étranger – jusqu'à recevoir le prix littéraire suisse Charles Veillon en 1954 – est considéré par certains comme manquant singulièrement d'engagement politique, voire d'objectivité. En effet, dans *L'Enfant noir*, paru en France en 1953, Camara Laye (1928-1980) livre un récit au fort accent autobiographique où les affres de la colonisation paraissent pour le moins édulcorées, ce que lui reprocheront vertement les chantres du courant dit de la négritude qui n'y voient que bluette méchamment pittoresque… alors que dans le même temps certains (dont Léopold Sédar Senghor !) porteront aux nues cette vision enchantée du royaume de l'enfance. Quoi qu'il en soit, et bien que la question fasse toujours débat, ce roman est désormais un classique qui fut même adapté au cinéma. Précisons également que dans ses textes ultérieurs, notamment dans *Dramouss* (1966), Camara Laye se fera plus critique, explicitant la douleur de l'exil et posant des mots, en précurseur, sur les dérives du pouvoir alors en place dans son pays natal. Malgré ces circonstances complexes, les vannes étaient ouvertes et les écrivains à venir n'allaient pas hésiter à prendre la parole.

Écrire, malgré tout

La « Guinée-Conakry », qui ne compte pourtant qu'une grosse dizaine de millions d'habitants, peut se targuer du nombre de ses auteurs talentueux au titre desquels il faudra bien sûr citer Alioum Fantouré, qui vit le jour en 1938 et fut couronné à 35 ans par le grand prix littéraire d'Afrique noire. Il se fit remarquer dès la parution de son premier roman, *Le Cercle des tropiques*, paru chez Présence Africaine, une vision acérée de l'après-colonisation qui est toujours disponible chez ce même éditeur. C'est encore chez Présence Africaine que se découvre l'œuvre, tout aussi politique, de Williams Sassine, enfant métis d'un couple libanais-guinéen né en 1944 à Kankan. Son retour dans son pays natal après ses études en France lui sera impossible du fait du régime de Sékou Touré, ses textes s'imprégneront de cet exil forcé qui durera jusqu'au coup d'État de 1984 et creuseront les difficultés des lisières entre deux mondes, deux cultures, comme dans *Mémoire d'une peau*, tout en ne refusant pas de s'adonner parfois au genre picaresque (*Le Zéhéros n'est pas n'importe qui*). Le parcours d'Ahmed-Tidjani Cissé présente des similitudes avec celui de Sassine puisqu'il trouva refuge en France de 1964 à 1991 après avoir été inquiété par le pouvoir en place. Touche-à-tout, il a publié de la poésie (*Derrière la palissade, des femmes, des enfants*), des recueils de contes (*Naby Yoro, le géant de Malakan*) et surtout des pièces de théâtre (*Maudit soit Cham*, *Au nom du peuple*). La scène est effectivement un territoire que se plaisent à explorer les auteurs guinéens, tels Souleymane Koly (1944-2014) qui avait notamment créé la compagnie Kotéba d'Abidjan (du nom du théâtre traditionnel malien), ou Saïdou Bokoum qui écrivit et monta plusieurs pièces présentées à Avignon (*Dépossession*) et en Côte d'Ivoire (*Opération coup de poing*, *Chic choc chèque…*), mais publia également un roman, *Chaîne* (1974, Denoël), nommé pour le Goncourt. C'est un autre prix français, le Renaudot, dont fut lauréat Tierno Monénembo (1947-2008) pour *Le Roi de Kahel* (Seuil), la biographie romancée du Lyonnais Aimé Olivier de Sanderval (1840-1919) qui tenta d'établir un royaume en plein cœur du Fouta-Djalon. Ce n'est pas la seule récompense qui salua l'œuvre féconde de Monénembo puisque celui-ci reçut aussi le grand prix littéraire d'Afrique noire pour *Les Écailles du ciel* (Seuil, 1986), le prix Ahmadou-Kourouma pour *Le Terroriste noir* (Seuil, 2012) et le grand prix de la Francophonie en 2017 pour l'ensemble de ses écrits.

Du côté des femmes, il faudrait évoquer Kesso Barry et son récit autobiographique *Kesso, princesse peuhle* édité par Seghers en 1988, Koumanthio Diallo qui en 1994 fut la première à publier un livre de poésies (*Moi, femme*), Mariama Kesso Diallo qui raconta son exil avec ses enfants dans *La Chance* et Katoucha Niane qui aborda la dure réalité de l'excision avec *Dans ma chair*.

Nous pourrions faire résonner son œuvre avec celle de Nadine Bari qui fit le chemin inverse : née en Dordogne en 1940, elle s'installa avec son mari à Conakry. De retour en France, celui-ci fut assassiné avant de pouvoir la rejoindre. Elle qui travailla pour l'ONU puis pour la Cour européenne des droits de l'homme se battit des années pour savoir ce qu'il s'était passé. Nadine Bari se découvre chez L'Harmattan : *Le Cri de la mangouste*, *La Dictature, modes d'emploi*, *L'Espérancière*, etc. Ces causes féministes ont également été portées par l'écrivain Libar M. Fofana – que ce soit dans *L'Étrange Rêve d'une femme inachevée* (prix Ouest-France/Étonnants voyageurs) ou dans *Comme la nuit se fait lorsque le jour s'en va* –, et demeurent au cœur des travaux de l'activiste Maimouna Diakhaby, née en 1985 à Conakry. Une nouvelle génération s'ingénie en effet à continuer d'ériger les lettres guinéennes : le cinéaste et écrivain Sunjata Koly dont *Kalachnikov Blues* (Vents d'ailleurs) a reçu le prix littéraire Continental 2010, Hakim Bah primé par le prix Théâtre RFI en 2016 pour *Convulsions*, Abdourahmane Sénateur Diallo qui a présenté son premier roman *Nation enchantée* en 2021 aux 72h heures du livre de Conakry ou Falmarès, né en 2001, qui se décrit comme « réfugié poétique » en France et qui continue à écrire malgré la menace d'expulsion dont il fut l'objet (*Soulagements*, éditions Les Mandarines).

TOP 10

LECTURE

Féconde Guinée qui fait porter sa voix jusqu'en Occident, grâce à une langue commune qui nous permet d'appréhender ce que peuvent être tout autant une jeunesse africaine que le déchirement de l'exil. Sous différentes formes, de la BD à la science-fiction, sa littérature s'ouvre à tous les publics et ne manquera pas de séduire le plus grand nombre de lecteurs.

LE TERRORISTE NOIR

Un roman qui retrace le parcours d'Addi Bâ, Guinéen né en 1916, arrivé en France 13 ans plus tard, qui sera soldat durant la Seconde Guerre Mondiale et créera le premier maquis des Vosges en 1942.
Tierno Monénembo, *éditions Points.*

SECRETS DE LA JUNGLE

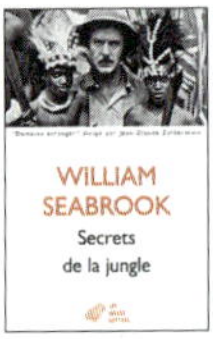

© ÉDITIONS BELLES-LETTRES

En 1930, l'aventurier s'engage dans un périple qui l'amènera jusqu'aux régions les plus reculées d'une Afrique envoûtante.
William Seabrook, *éditions Belles-Lettres.*

NOBLES DE CŒUR

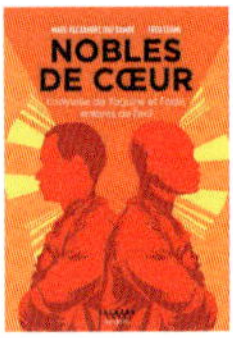

© ÉDITIONS CALMANN-LÉVY

Deux jeunes rappeurs de 15 ans, Yaguine et Fodé, fuient Conakry. Leur exil les mènera jusqu'à Tanger où ils monteront sur la scène du café Hafa.
Marc Alexandre Oho Bambe, Frédéric Ebami, *éditions Calmann-Lévy.*

IL N'EXISTE DE PARADIS QU'AU PARADIS

Usant de l'art de la dystopie, l'auteur explore – parfois avec humour ! – de vastes questions géopolitiques et philosophiques.
Cheick Oumar Kanté, *éditions Présence Africaine.*

DIAGNOSTIC À HAUT RISQUE

© ÉDITIONS DE L'AUBE

Un jeune microbiologiste de l'Institut Pasteur disparaît en Guinée, son amie Maud, médecin à l'OMS, se lance à sa recherche.
Patrick Guillain, *éditions de l'Aube.*

L'ENFANT NOIR

© ÉDITIONS POCKET

Devenu un classique de la littérature, adulte et jeunesse, ce texte retrace l'enfance de Camara Laye (1928-980) dans un petit village de Guinée.
Camara Laye, *éditions Pocket.*

S'EN FOUT LA MORT

Un ancien enfant des rues cherche des fonds pour construire un orphelinat, mais son projet le pousse à quelques compromissions…
Arnaud Floc'h, *éditions Sarbacane.*

BMK PARIS BAMAKO

© HACHETTE PRATIQUE

La cuisine d'Afrique de l'Ouest révèle ses secrets grâce aux fondateurs du restaurant parisien BMK Paris Bamako.
Fousseyni et Abdoulaye Djikine, Marie-Liesse Cabaret, *éditions Hachette Pratique.*

FORTIER, PHOTOGRAPHE

© ÉDITIONS 5 CONTINENTS

À la fin du XIXe siècle, l'artiste français Edmond Fortier a parcouru 5 000 km, de Conakry à Tombouctou, appareil photo en bandoulière.
Daniela Moreau, *éditions 5 Continents.*

LE JEUNE HOMME DE SABLE

Entre colère et tendresse, ce roman tient tout autant du cri de révolte que de la déclaration d'amour au peuple africain.
Williams Sassine, *éditions Présence africaine.*

A L'ÉCRAN

Parmi les premiers pays à avoir su développer une réelle industrie du cinéma en Afrique, la Guinée n'est cependant pas ce que l'on pourrait appeler un « pays de septième art ». Pour autant, quelques cinéastes ont su tirer leur épingle de la révolution culturelle lancée par Sékou Touré à l'indépendance du pays. Parmi ces artistes, on retrouve des noms connus comme Cheik Doukouré (*Le Professionnel, Les Ripoux*), mais aussi d'autres qui méritent d'être mis en avant, à l'image de Gahité Fofana ou Manthia Diawara, documentaristes autant qu'activistes. Au travers de films comme *Conakry Kas* (2004) ou la fiction *Il va pleuvoir sur Conakry* du cinéaste guinéen Cheick Fantamady Camara, vous pourrez lever le voile sur la Guinée d'aujourd'hui, au-delà des cartes postales et des plages luxuriantes. Une histoire difficile, dans un pays où le septième art reste néanmoins un moyen d'expression fort pour la jeune génération en mal de changement.

Un cinéma jeune mais vivace

C'est en 1953 que le premier film guinéen, *Mouramani*, apparaît sur les écrans. Considéré par certains comme le tout premier film africain, ce court-métrage d'une vingtaine de minutes raconte l'histoire d'amitié qui unit un homme et son chien. La Guinée s'est rapidement dotée d'une industrie cinématographique étatique dès 1958. Des institutions comme Sily-Cinéma incitent les artistes à s'impliquer dans la création. Ainsi, le scénariste Cheik Doukouré construit une carrière entre la France et la Guinée en collaborant avec des réalisateurs comme Michel Audiard, Jean-Louis Trintignant ou Claude Zidi. En 1986, il collabore au film *Black Mic-Mac* de Thomas Gilou, une comédie à fond politique. Il se lance dans la réalisation avec *Blanc d'ébène* (1992), le récit d'une opposition entre l'adjudant Mariani, colon amoureux de l'Afrique mais détesté de tous, et Lanseye Kanté, enseignant et indépendantiste. Trois ans plus tard, il confirmera son talent avec *Le Ballon d'or*, une fiction inspirée de l'histoire vraie de Salif Keïta, premier ballon d'or africain. C'est également à cette époque que, sous l'impulsion des politiques culturelles ou en coproduction avec la France, les premiers films guinéens apparaissent sur les écrans internationaux. Gahité Fofana, documentariste, dépeint les réalités guinéennes dans des films comme *Tanun* (1994) ou *Mathias, le procès des gangs* (1997). En parallèle, Mama Keïta réalise plusieurs fictions entre France, Sénégal et Guinée comme *Ragazzi* (1991), *Le Sourire du serpent* (2007) ou encore *L'Absence* (2009), dernier film du regretté Mouss Diouf.

Né à Conakry, Cheick Fantamady Camara suit des études de cinéma à Ouagadougou, avant de revenir en Guinée. Son premier film, *Il va pleuvoir sur Conakry* (2007), fera le tour du monde. Une pépite incisive, où le cinéaste utilise la vie d'un caricaturiste pour mettre en avant les dysfonctionnements du pays. Quelques années plus tôt, c'est le réalisateur Manthia Diawara qui visite la capitale dans *Conakry Kas* (2004), un documentaire édifiant sur la révolution culturelle, et son héritage actuel. Accompagné de personnalités et d'amis comme Danny Glover ou Harry Belafonte, Diawara s'interroge sur la destinée d'un pays et de ses habitants.

Aujourd'hui, le cinéma guinéen peine à s'exporter, malgré des initiatives multiples et une jeune génération qui tente de rayonner sur la scène internationale. Parmi ces figures, la réalisatrice Isabelle Kolkol Loua tourne des films mettant en avant les problématiques de gestion du plastique et d'immigration qui sont celles de la Guinée contemporaine. Son dernier film, *The Way* (2019), a remporté le prix Moussa Kémoko Diakité de la meilleure réalisation. Un prix au nom de l'un des grands producteurs de la première génération de cinéastes guinéens, dont le film *Naitou l'orpheline* (1982) fut récompensé du prix Unesco au festival Panafricain de Ouagadougou en 1984. Preuve que, malgré une histoire en dents de scie, le cinéma guinéen mérite qu'on s'y arrête.

POPULATION

Avec plus de 13,5 millions d'habitants, la Guinée connaît une croissance rapide de sa population. Depuis les années 1960, elle double quasiment tous les trente ans et elle pourrait donc compter plus de 26 millions d'individus en 2050. Un réel défi pour l'avenir sachant par ailleurs que l'indice de développement humain classe le pays au 177e rang sur 189 avec un taux d'alphabétisation inférieur à 40 % et une espérance de vie à la naissance qui stagne autour de 59 ans.

Trois ethnies représentent plus de 80 % de cette population. Ce sont les Peuls, les Malinké et les Soussou, auxquels il faut ajouter les peuples de la forêt, essentiellement des Toma, des Guerzé et des Kissi. Leur répartition sur le territoire national hors Conakry correspond globalement avec les quatre régions naturelles : les Peuls au Fouta, les Malinké en haute Guinée, les Soussou en Guinée maritime et les Toma, Kissi et Guerzé en Guinée forestière.

Les Peuls

Ils représentent environ 40 % de la population actuelle et habitent principalement en moyenne Guinée au cœur du massif du Fouta-Djalon. Ils se sont installés en Guinée au XVIIe siècle, lors de la grande vague de migration depuis le Fouta-Toro et le Massina, imposant au XVIIIe siècle un État théocratique au Fouta et repoussant vers les côtes les précédents occupants baga et soussou. Ce sont des éleveurs de tradition et leurs troupeaux de vaches (des n'damas) constituent leur richesse la plus sacrée. Anciennement nomades, ils sont en Guinée très majoritairement sédentarisés. Leur origine demeure mystérieuse, probablement aux confins de l'Afrique septentrionale. L'organisation de la société peule est encore de nos jours très marquée par le système ancestral des castes. Même si elles ont officiellement disparu, les relations entre les familles sont largement déterminées par leur caste d'origine. Aujourd'hui, les Peuls de Guinée détiennent une bonne partie de l'économie du pays et surtout du commerce. La réputation des grands commerçants peuls n'est plus à faire. À noter qu'aucun président guinéen n'est à ce jour issu de la communauté peule.

Les Malinké

Malinké signifie « habitant du Manden », région d'où sont issus tous les groupes mandingues. Les Malinké étaient l'ethnie dominante de l'empire du Mali, fondé par Soundiata Keita. La société mandingue était organisée selon un système de castes avec en haut de la hiérarchie les nobles puis les gens de caste (forgerons, griots…) et enfin les captifs. En Guinée, ils représentent 30 % de la population et habitent les savanes de haute Guinée, région la plus défavorisée du pays. Ils revendiquent fièrement leur ascendance guerrière mandingue qui compte des héros comme Samory Touré. Aujourd'hui ils sont très présents dans les hautes sphères de l'État. L'actuel président de la transition Mamadi Doumbouya ainsi que son prédécesseur, Alpha Condé, sont malinké.

Les Malinké sont rompus de longue date aux travaux pénibles des champs et sont de redoutables chasseurs, fièrement représentés par la confrérie des Dozo, encore très présente dans la vie sociale. Ils sont aussi connus pour leur musique traditionnelle et leurs danses, rythmées par les koras, balafons et djembés et perpétuée par les griots.

Les Soussou

Les Soussou, au même titre que les Malinké, forment une branche de la famille des Mandingues, issus comme eux du Mandé. Installés au Fouta-Djalon, où ils coexistaient avec d'autres ethnies comme les Nalou, les Coniagui ou les Baga, beaucoup ont fui la région devant l'islamisation imposée par les Peuls au XVIIIe siècle. Ils se sont donc très largement installés sur le littoral, où ils ont établi de puissants royaumes puis des comptoirs commerciaux (épices, huile de palme, poivre, esclaves) pour faciliter les échanges avec les Européens. Donnant peu d'influence à la chefferie, la vie des communautés soussou est essentiellement régie par les chefs de lignage patrilinéaire. Aujourd'hui très largement islamisés, ils occupent la plupart des plaines de la Guinée maritime, y compris Conakry, mais assez peu la côte, occupée par les Baga. Ils représentent 20 à 25 % de la population. Traditionnellement, les Soussou ont toujours été de grands agriculteurs qui ont développé, au contact des Européens, le sens du commerce et de la diplomatie. Le défunt président de la IIe République, Lansana Conté, était issu de l'ethnie soussou.

© PATRICK MADELAINE

Pêcheurs du village de Koukoudé.

Les peuples forestiers

« Forestiers » est un terme couramment utilisé pour réunir les ethnies vivant en Guinée forestière. Ils représentent environ 10 % de la population totale. De population assez homogène, ces ethnies peu nombreuses vivaient autrefois en autarcie. Elles possèdent ainsi chacune des coutumes et des rites d'une incroyable richesse. Les Kissi, ethnie majoritaire de la forêt, sont venus du sud-est du Fouta-Djalon, région d'où ils ont été chassés par les Djallonké. C'est une ethnie de grands cultivateurs, notamment de riz. Réfractaires à l'islam, les Kissi sont très attachés au culte des ancêtres, dont ils ont gardé les cultes funéraires, notamment les sculptures anthropomorphes en pierre, appelées pomdo. Les traditions et les lieux sacrés, comme certaines forêts, sont fidèlement respectés et vénérés afin de susciter la fécondité des femmes et des récoltes, et éloigner en même temps le mauvais sort. Les Toma vivent autour de la ville de Macenta et ressemblent fort aux Kissi physiquement, mais ils possèdent des rites et des coutumes sensiblement différents. Ils constituent un peuple réputé pour ses sculptures en pierre, ses masques en bois aux faces plates dont le nez et les sourcils forment un angle droit caractéristique, ses statues divinatoires et ses fétiches. L'organisation masculine du Poro, qui est un système initiatique très ancien et complexe, les a rendus célèbres. Les Toma figurent parmi les premiers à avoir habité la région. Les Guerzé, habitants de N'Zérékoré, constituent un peuple également proche des Kissi et des Toma, mais leurs traditions diffèrent. Leurs masques d'initiation sont plutôt proches de ceux des peuples de Côte d'Ivoire. Les Guerzé sont principalement animistes. Ils vénèrent les esprits, ces forces inconnues et insaisissables qui ont une influence sur la vie, la mort, la maladie et les phénomènes naturels. D'où la grande place qu'ils accordent aux pratiques magiques, aux sacrifices et aux rites d'initiation.

Quelques ethnies minoritaires

Les Baga sont installés dans les plaines entre Boffa et Kamsar, sur la côte atlantique. Ils sont descendus du Fouta Djalon et se sont installés au nord-est de la région habitée par les Soussou. Le masque nimba issu de l'art baga est devenu l'emblème de tout le pays. En partant vers la frontière sénégalaise, dans les alentours de Koundara, on rencontre deux petites ethnies, les Bassari et les Coniagui, qui gardent intactes encore leurs traditions ancestrales. Leurs fêtes initiatiques ont lieu au mois de mai et mettent en scène des spectacles de danse exceptionnels.

D'autre part, vivent en Guinée depuis plus d'une centaine d'années plusieurs milliers de Libanais (anciennement Syriens), qui monopolisent les chaînes de magasins, d'hôtels, de restaurants et autres établissements de luxe. Quant aux Européens, Américains et Asiatiques, ils sont quelques milliers à vivre en Guinée, mais la plupart de façon temporaire, et principalement à Conakry. À noter le fort accroissement ces dernières années des expatriés en provenance de Chine, la plupart vivant en vase clos et travaillant sur les grands projets d'infrastructures ou encore pour les sociétés minières.

SOCIÉTÉ

Entre tradition et modernité, il reste encore délicat pour la société guinéenne de tracer son propre chemin vers un avenir meilleur. Même si elle se veut unifiée, elle est fortement marquée par des tensions interethniques qui ont été largement attisées ces dernières années par les acteurs de la vie politique. Alors que la croissance économique tirée par le secteur des mines est forte depuis plusieurs années déjà, l'impact sur la société et la vie des Guinéens semble relativement modeste. Mais avec une population jeune et de plus en plus urbanisée – près de 40 % de la population totale vit désormais dans des grandes villes –, gageons que les changements vont aller en s'accélérant. Trouver le bon équilibre entre tradition et modernité, tout en préservant la cohésion de la société, tel sera le défi. Un défi qui ne pourra être relevé si par ailleurs les gouvernants ne mettent pas en place les politiques publiques volontaires pour corriger certaines carences actuelles.

Un système éducatif défaillant

Sous la Ire République, l'enseignement a longtemps été dispensé en langue nationale et cette pratique a largement freiné l'apprentissage de la langue française, pourtant langue officielle. L'école se fait de nouveau en langue française depuis 1985 dès le primaire pour les enfants âgés de 7 à 10 ans. Mais après quelques décennies ayant apporté de réels progrès en matière d'alphabétisation et de scolarisation, la marche en avant a été largement freinée depuis le milieu des années 2010. Crises politiques et sociales à répétition, crises sanitaires successives ont entraîné de très fortes perturbations dans la vie scolaire des élèves depuis 2013. Rares ont été les années scolaires « normales », entraînant une dégradation très sensible du niveau des élèves et de nombreux décrochages. Aujourd'hui, on assiste à une privatisation galopante du système avec la démultiplication des groupes scolaires payants, notamment dans les grandes villes, alors que dans le même temps, l'école publique survit comme elle peut avec des classes surchargées, des enseignants peu ou mal formés et déconsidérés, des locaux inadaptés et mal équipés… Le système éducatif est en crise et la corruption, qui par ailleurs le gangrène, n'est pas faite pour le tirer vers le haut. Dans ces conditions, pas étonnant que le taux d'analphabétisme se maintienne à un niveau très élevé, de l'ordre de 60 %. Le taux brut de scolarisation en primaire est relativement stable mais avec de fortes disparités. Dans certains villages, ce taux est quasi nul du fait de l'éloignement des écoles ou encore de l'absence d'enseignants. Si vous y ajoutez une inadéquation du système universitaire aux besoins du marché du travail avec une université qui est réputée pour former plus de chômeurs que de futurs cadres du pays, vous avez un panorama peu flatteur d'un système défaillant et qui donne toute la mesure des défis à relever.

Une émigration en forte croissance

En Guinée comme ailleurs en Afrique de l'Ouest, la tradition séculaire se fissure chaque jour un peu plus. Elle est fortement remise en cause par les jeunes générations, avides d'une nouvelle réalité, et qui se retrouvent confrontés à la volonté de leurs aînés. Le manque de perspectives, l'absence de libertés, des conditions de vie difficiles associées à l'accès récent et massif à Internet et aux réseaux sociaux accélèrent d'ailleurs le phénomène. Cette situation conduit de plus en plus souvent à la fuite des jeunes pour la ville et ses illusions. Vers la ville… ou vers l'étranger, considéré encore comme l'eldorado. Mais quel autre choix pourraient-ils envisager face au chômage de masse, dans un pays où l'avenir reste incertain à court terme ? Même ceux qui réussissent à achever des études supérieures n'ont aucune garantie de trouver un travail stable dans l'économie formelle. La plupart, surtout s'ils n'ont pas un parent bien placé pour les aider, se « débrouillent » comme on dit ici et rejoignent les rangs toujours plus nombreux des acteurs du secteur informel. Si aujourd'hui les jeunes Guinéens sont parmi les plus nombreux dans les demandeurs d'asile en France, ce n'est malheureusement pas un hasard. Malgré le coût et les risques (connus de tous) des traversées clandestines, ils sont toujours plus nombreux à tenter leur chance afin de s'offrir l'espoir d'un avenir meilleur.

Santé, la grande oubliée

Avec la crise Ebola déclarée en 2014, les défaillances et insuffisances du système de santé ont été très largement mises en évidence, une réalité que les populations connaissent bien mais dont elles sont bien obligées de s'accommoder. Le système de santé souffre d'un manque d'infrastructures qualitatives et d'équipements, de personnels soignants disponibles et bien formés.

© PATRICK MADELAINE

Maraîchère.

Ici la santé est devenue un business. Les soignants semblent y avoir perdu un peu de leur humanité. Si vous voulez être soigné, il faut commencer par payer. Pas d'argent, pas de soins, même si vous êtes en danger de mort. De plus en plus, comme pour le secteur de l'éducation, l'offre en matière de santé se privatise. Les cliniques privées se multiplient. Il n'est d'ailleurs pas rare de voir un membre du corps médical occupant un poste dans l'administration publique et exerçant par ailleurs dans une clinique ou un cabinet privés.

Face à cette situation, les Guinéens ne viennent dans les hôpitaux qu'en dernier recours et souvent trop tard. Ils préfèrent encore largement avoir recours aux guérisseurs et autres marabouts ou à l'automédication à base de produits achetés sur les marchés et dont la qualité est souvent douteuse. Les quelques améliorations et investissements réalisés ces dernières années (budget de la santé en hausse, construction de laboratoires et centres de santé, rénovation de l'hôpital Donka…) sont certes un progrès, mais il reste tellement à faire pour donner un accès aux soins qualitatifs à toute la population. Un bon indicateur d'une amélioration significative pourrait être le jour où les dirigeants et cadres du pays se soigneront sur place et non à l'étranger comme actuellement.

L'excision, une pratique qui a la vie dure

Malgré une loi l'interdisant et des sanctions pouvant aller jusqu'à cinq ans de prison, la Guinée fait partie des pays pratiquant le plus l'excision dans le monde. On estime à ce jour que 97 % des femmes guinéennes ont subi cette mutilation.

Pourtant la prise de conscience qu'elle constitue un véritable danger pour la femme existe bien. Les campagnes pour l'abolition de ces pratiques se sont multipliées depuis quelques années déjà, promues par des ONG locales ou étrangères. D'anciennes exciseuses sont même devenues des « repenties » et militent aujourd'hui pour l'arrêt de cette pratique. Le Club des jeunes filles leader de Guinée (association militante créée en 2016 pour la défense des droits des femmes et des enfants) est également très actif pour sensibiliser les populations sur cette question. Malheureusement, toutes se confrontent dans leur démarche à un mur social et culturel construit depuis des générations et qu'il est difficile de renverser, surtout auprès de populations rurales peu éduquées.

Mais chaque petit pas est un progrès : chaque exciseuse qui renonce à ses pratiques, chaque mère qui interdit cette pratique sur sa ou ses filles sont autant de victoires devant permettre un jour de voir disparaître ces pratiques d'un autre âge. Trop souvent encore aujourd'hui, des jeunes filles décèdent des suites d'une excision en Guinée et pour beaucoup de Guinéens, ce n'est plus tolérable.

La polygamie reconnue à demi-mot

Interdite par la loi depuis 1968, la polygamie n'en est pas moins une pratique très courante. Face au poids de la tradition et de la religion musulmane qui autorise jusqu'à quatre épouses pour un homme, cette loi n'a de fait jamais été appliquée.

Une nouvelle loi, souhaitant prendre en compte cet état de fait, a été votée par l'Assemblée en 2018 et a ouvert la voie à une légalisation de cette pratique en donnant la possibilité de choisir l'un ou l'autre des régimes matrimoniaux, en précisant que « faute pour l'homme de souscrire à l'une des options, le mariage est présumé placé sous le régime de la polygamie ».

Mais l'opposition d'une partie des députées a conduit le président d'alors à revenir sur le texte initial pour finalement faire adopter une loi reconnaissant la monogamie comme le régime général du mariage et la polygamie comme une exception. Un exemple parmi d'autres des débats qui agitent la société guinéenne sur le sujet.

Dans la pratique, les foyers polygames sont monnaie courante. L'homme est alors de la garant du bon fonctionnement du foyer et il est censé faire face à ses nombreuses obligations. Il doit consacrer à chaque femme la même attention afin d'éviter la jalousie et doit par ailleurs s'assurer de subvenir aux besoins de toute sa famille, souvent nombreuse. Chaque jour, après sa journée de travail, il doit s'occuper avec soin et amour de l'une de ses femmes. De plus, il se doit d'arbitrer les disputes qui ne manquent jamais de survenir entre les différentes épouses.

Bref, aujourd'hui, et pour plus de commodités, la jeune génération préfère la monogamie et use de pratiques « moins officielles » avec discrétion.

Mariage forcé, mariage arrangé

Le mariage est ici avant tout une affaire de famille. Avant d'unir deux êtres, le mariage unit deux familles. Difficile, voire impossible pour un jeune Guinéen de se marier sans l'accord et la bénédiction de ses parents. Bien souvent d'ailleurs, ce sont les parents qui vont proposer un futur conjoint à leur enfant. Certains l'acceptent parce qu'ils en font la demande, d'autres se soumettent quand leurs parents estiment qu'il est temps pour eux de fonder une famille. Mais il n'est pas rare de nos jours encore que des jeunes à peine sortis de l'adolescence soient soumis à une telle pression qu'ils finissent par accepter un mariage contre leur volonté et alors même qu'ils n'ont pas atteint l'âge légal fixé à 18 ans.

Il demeure quasi inconcevable pour une grande majorité de familles qu'un de ses enfants puisse rester célibataire, et d'autant plus pour une jeune fille. C'est une question d'honneur. Mieux vaut un mariage forcé qu'une naissance hors mariage, qui est souvent très mal vécue. Peu importe si le Code civil adopté en 2019 érige le consentement mutuel des époux en principe fondamental et si le Code pénal exprime l'interdiction formelle du mariage forcé. La pression sociale est encore bien souvent plus forte que les lois et le mariage coutumier une manière de les contourner. Le chemin sera long pour faire disparaître ces pratiques, mais cela ne fait pas peur aux militantes guinéennes de défense des droits des femmes qui, comme le Club des jeunes filles leaders de Guinée, se battent au quotidien pour le respect de leurs droits.

RELIGIONS

En Guinée, la Constitution garantit la liberté de culte et la pratique de chacun est respectée. Un secrétariat des Affaires religieuses a d'ailleurs pour vocation de veiller à maintenir les meilleures relations possibles entre les différentes confessions. Tant et si bien que lors des crises répétées mettant en cause la stabilité de la société, les plus hauts dignitaires des deux principales religions ont régulièrement été sollicités. En 2022 par exemple, dans la période de transition qui s'est ouverte après le coup d'État de septembre 2021, l'imam de la grande mosquée de Conakry ainsi que l'archevêque de Conakry ont été désignés coprésidents du comité des Assises nationales. La religion musulmane introduite sur les terres guinéennes depuis le XVIIIe siècle, bien avant le christianisme, a beau dominer très largement le panorama religieux national, la place des autres confessions est préservée. Un modèle fragile mais qui perdure.

Une religion dominante

En Guinée, tout homme se doit d'être croyant et de pratiquer ou tout au moins de suivre les préceptes d'une religion. En tout cas, difficile notamment pour les jeunes de s'affirmer sans religion, voire athée, dans un pays où la religion est omniprésente dans la vie quotidienne et où elle détermine pour beaucoup les relations sociales. Il est donc de bon ton d'être discret pour ceux qui souhaitent s'adonner à certaines pratiques déconseillées, voire interdites. La majeure partie de la population guinéenne est musulmane (85 %) et l'islam est globalement pratiqué de façon modérée. Cette religion rythme donc largement la vie de la société à travers les prières et les différentes fêtes de son calendrier : fête de Tabaski, fête du Ramadan… À noter toutefois que depuis le milieu des années 2010, un courant wahhabite, plus rigoriste, prend de l'ampleur, notamment au Fouta Djalon, terre historique de l'islam en Guinée. On le constate, par exemple, à travers la multiplication des femmes portant le voile intégral hors de chez elles. Cette nouvelle donne remet en cause les équilibres locaux et les tensions entre les différentes obédiences se font de plus en plus ressentir, mais jusqu'à présent sans bouleversement majeur. En Haute-Guinée, autre terre historique de l'islam, cette réalité existe aussi, mais malgré tout les fêtes traditionnelles musulmanes, comme celle de Tabaski, sont encore aujourd'hui le point de départ de festivités qui donnent lieu à des spectacles de danses phénoménaux, appelés Mamaya, et qui sont rythmés par la musique des griots.

Des minorités religieuses respectées

Les chrétiens représentent approximativement 10 % de la population, répartis entre catholiques, protestants et autres évangélistes. Les témoins de Jéhovah sont également assez actifs dans le pays. Les catholiques sont essentiellement présents en Guinée forestière mais aussi au nord du Fouta, à Koundara. Mgr Sarah, une figure de l'Église romaine, est d'ailleurs originaire de cette région. Mais le christianisme a été introduit en Guinée à Boffa à la fin du XIXe siècle par trois jeunes qui, envoyés au Sénégal, sont revenus baptisés au pays. Leur communauté ayant fait appel à des missionnaires, la mission catholique de Boffa fut créée, la première du pays. Depuis, Boffa est devenue un haut lieu de pèlerinage pour tous les catholiques guinéens. En Guinée forestière, le christianisme est pratiqué par 25 % de la population. Cela s'explique par le fait que les catholiques ont lutté moins frontalement contre les pratiques animistes ancestrales que les musulmans. Mais l'animisme y est encore très présent. L'initiation, obligatoire, marque toujours le passage à la vie d'homme. Les bois sacrés, les danses rituelles et les masques ont dans cette région un impact traditionnel pour le moment inaltérable. Le syncrétisme est ici la règle. Dans le respect des différentes croyances, il offre une certaine sérénité aux croyants.

Mosquée à Conakry.

QUE RAPPORTER

D'inspiration utilitaire ou plus spirituelle, les objets de l'artisanat guinéen sont avant tout révélateurs de modes de vie, de traditions plus ou moins ancestrales, qui leur donnent toute leur valeur. Au-delà de la beauté, c'est essentiellement la fonction de l'objet qui prime et celui qui le réalise, le tisserand, le cordonnier, le sculpteur, est avant tout au service de sa communauté. Le pays resté longtemps fermé après l'indépendance et le tourisme s'étant peu développé, l'influence extérieure sur les pratiques artisanales et surtout sur les productions est restée limitée. La création artistique existe bien mais elle est très largement circonscrite à Conakry et il faut parfois du temps pour trouver l'objet rare, mais la découverte n'en est alors que plus forte. Ailleurs vous trouverez les productions artisanales, avec quelques adaptations concédées au fil du temps, sur les marchés ou plus sûrement encore dans les ateliers.

Tissus et teintures

Les tissus traditionnels guinéens, dont les « Indigos » (bleu profond) et les « Forêts sacrées » (motifs foncés sur fond de couleur marron) sont les plus connus et reconnus, désignent en fait des couleurs et des techniques de teinture bien particulières appliquées à des pagnes réalisés sur des métiers traditionnels. Peu à peu remplacés par des cotonnades industrielles, ils sont malgré tout encore et toujours inlassablement tissés par des tisserands, héritiers d'une longue tradition. De nos jours, la majorité des tissus traditionnels est réalisée par des artisans peuls originaires du Fouta, sur des métiers à tisser horizontaux à pédales. Dans cette région, c'est un métier de caste, on est tisserand de père en fils et chaque tisserand est propriétaire de son métier à tisser. Généralement rassemblés à plusieurs, ils installent leur métier dans des espaces dégagés suffisamment grands pour dérouler les fils qu'ils tisseront. Il est possible de les voir travailler dans certaines grandes villes du Fouta, Labé, Pita, Mali mais aussi à Kindia, l'occasion de négocier directement avec eux l'achat d'une de leur réalisation. Les tissus à base de fils de coton blancs mais aussi de plus en plus de différentes couleurs sont vendus sous forme de bandes de 50 cm de large et de plusieurs mètres de longueur ou sous forme de pagnes constitués de quatre bandes cousues ensemble. Généralement les pagnes sont vendus par deux ou par trois, à l'état brut ou teintés, le plus souvent en bleu indigo. En Guinée forestière subsiste également une production artisanale. Ce sont dans cette région plutôt les femmes qui travaillent sur des métiers verticaux, fixes et sans pédales. Malheureusement de tels métiers sont en voie de disparition, le savoir-faire se perdant peu à peu. Les pièces obtenues sur ces métiers ne sont ni taillables, ni cousues et se portent directement en pagne. Elles servent de support à la teinture désignée sous le terme « Forêt sacrée ». Pour ce qui est des « Indigos », vous en trouverez sur les tous les grands marchés notamment au Fouta mais aussi dans des boutiques spécialisées sur Conakry. Quand aux « Forêts sacrées », plus rares dans leur version traditionnelle, ils sont bien sûrs en vente dans tous les marchés de la région forestière ou au centre artisanal de N'Zérékoré, mais aussi sur Conakry. Petit conseil aux futurs acquéreurs de ces cotonnades colorées : les pagnes déteignent souvent au premier lavage ; il est donc préférable de les laver à la main, dans l'eau froide et du sel ou du vinaigre blanc pour fixer la couleur. Si vous ne trouvez pas de tissus traditionnels naturels ou teintés, vous trouverez par contre facilement leur version à base de cotonnade industrielle. Les teinturières qui utilisent la technique des « dessins réservés », obtenus par ligature et couture du tissu ou par impression de tampons à la cire, ont développé au-delà des bases traditionnelles une large gamme de motifs et de couleurs qui, combinés, donnent une infinité de modèles. Le choix est parfois cornélien. La plupart des groupements de teinturières dans les grandes villes comme à Kindia, à Labé, à N'Zérékoré… proposent leur produit en vente directe dans leurs ateliers, l'occasion de découvrir leur travail et de négocier les prix ou pas.

Instruments de musique traditionnelle

La Guinée est le berceau du balafon (instrument ressemblant à un xylophone fait de lames de bois et de calebasses), dont l'ancêtre est conservé à Niagassola en haute Guinée. C'est plus globalement une terre de musique et de musiciens. Les instruments traditionnels y sont donc très présents dans la vie quotidienne. Même si de plus en plus les sonos remplacent les artistes dans les fêtes (mariages, baptêmes, etc.), il est encore assez fréquent à Conakry de croiser des groupes sur une plage, dans un bar ou dans une maison de quartier, accompagnés de danseurs ou de danseuses. L'occasion de

© PATRICK MADELAINE

Vannerie du Fouta Djalon.

découvrir les rythmes locaux et pourquoi pas de faire un petit enregistrement audio en souvenir. Musiciens en herbe ou confirmés, vous trouverez dans les boutiques d'artisanat ou chez les artistes/fabricants d'instruments des djembés, des dum-dum, des balafons et autres koras réalisés localement. Certes pour certains d'entre eux, ces instruments peuvent représenter un coût élevé et surtout un volume un peu compliqué à gérer pour un éventuel transport, mais ils sont souvent déclinés dans des modèles réduits qui peuvent constituer une heureuse alternative comme souvenir.

Artisans du cuir

Le travail du cuir est réalisé principalement par des cordonniers, autre métier de caste, originaires du Fouta. L'un de leur fief est la ville de Dalaba, où ils ont créé une coopérative, la Coopérative des cordonniers de Dalaba (Cocodal) bien connue dans la région et au-delà. Ici le travail se fait en famille et mélange toutes les générations. L'atelier est également la boutique d'expo-vente. Pas de prix affichés, tout est fonction de vos dons de négociations. Nu-pieds et autres sandales, pour homme ou pour femme sont de facture traditionnelle ou plus moderne, certains artisans ayant laissé libre cours à leur inspiration. À côté sur les tables d'exposition, sont disposés les sacs à main, les sous-plats et sous-verres associant cuir et fibre végétale et très souvent teintés en rouge, en vert ou en jaune, les bouteilles en verre décorées sur le même principe (certaines sont de véritables œuvres d'« orfèvrerie »). Les portefeuilles, bracelets et pendentifs complètent l'étalage.
Si vous passez à Dalaba, c'est un arrêt « obligatoire » ou presque. Vous trouverez cependant des articles en cuir similaires un peu partout dans les grandes villes et notamment bien sûr à Conakry. La diversité de l'offre et la qualité du travail ne sont cependant pas à coup sûr les mêmes.

Masques et sculptures

Nimba et « Le Penseur » sont certainement les deux statuettes les plus reproduites dans les ateliers de sculpture du pays. De toutes tailles, dans différents bois (bois rouge, teck et ébène mais plus rarement), vous en trouverez à tous les prix. La première est à l'origine un masque Baga, masque à la fois de la fécondité pour les femmes et de la fertilité pour les champs ; la deuxième est de facture plus moderne et représente de façon stylisée un individu semblant absorbé par ses pensées. Cependant au-delà de ces grands classiques de la sculpture locale, vous trouverez également une grande diversité de statuettes et figurines inspirées ou pas de la vie locale : éléphants ou Sili, symbole de la Guinée, bustes de femme arborant la fameuse coiffure à cimier des Peules, masques plus ou moins stylisés empruntés aux différentes traditions ethniques, animaux de la faune africaine dont malheureusement les représentants sont plus nombreux dans les ateliers de sculpture que dans la nature guinéenne. Les sculpteurs guinéens sont pour la plupart originaires de haute Guinée, où se perpétue une tradition ancestrale mais aussi pour une part de la région forestière où la reproduction de masques est la base des objets réalisés. De nos jours, les ateliers dans l'intérieur du pays se font de plus en plus rares car les artistes migrent vers Conakry avec l'espoir de pouvoir continuer à vivre de leur art.

À côté des sculpteurs sur bois traditionnels, d'autres artistes de la capitale trouvent leur inspiration dans leur environnement et créent à partir de matières et matériaux de récupération des œuvres uniques. Ainsi les pièces métalliques de toutes origines s'assemblent dans les mains de sculpteurs/soudeurs en personnages improbables et colorés ou encore les vieux papiers délaissés trouvent une énième vie se transformant en masques originaux sous la spatule de plasticiens. Vous trouverez les sculptures métalliques au bord de la route quand vous remontez vers la presqu'île de Kaloum, les œuvres en papier mâché dans un atelier à proximité du palais présidentiel. L'occasion de découvrir les artistes au travail.

Vannerie utilitaire et décorative

Essentiellement originaire du Fouta Djalon, où elle est exclusivement pratiquée par les femmes, la vannerie est avant tout une activité traditionnelle. La vannerie prend ici la forme de plateaux ronds de différents diamètres et de petits paniers où la couleur naturelle de la fibre, jaune paille, est associée au noir et à l'orange pour former des motifs géométriques simples. Les plateaux appelés léfas ont toujours servis chez les Peuls à couvrir les calebasses utilisées alors comme récipient et pouvant contenir du fonio, du riz ou encore du lait caillé. Aujourd'hui l'usage s'est diversifié. Ils servent de sous-plat, d'éléments de décorations sur les murs ou sur les plafonds traditionnels. Ils sont également souvent donnés en cadeau de bienvenue. Mais les objets réalisés évoluent peu si ce n'est dans les motifs qui les décorent. À noter quand même des variations sur les formes des paniers. Depuis quelques années sont apparus des paniers au fond plat et aux côtés moins hauts et plus arrondis, leur donnant un petit air de « modernité ». Ces modèles sont en grande majorité fabriqués et vendus dans la région de Dalaba. On les retrouve sur certains étals (notamment chez les cordonniers) des marchés et dans quelques boutiques de Conakry.

Produits naturels des terroirs

Si les objets de l'artisanat local ne vous ont pas séduit, pourquoi ne pas emporter un peu du goût ou des textures des produits naturels locaux. Des boutiques comme Consommons guinéen installée dans le Centre culturel franco-guinéen à Conakry se sont spécialisées dans ces produits venus des quatre coins du territoire. Le choix est plutôt diversifié dans une gamme de prix assez large. Acheté dans cette boutique est d'ailleurs, aussi, l'occasion d'apporter son soutien à des groupements artisanaux qui souvent dans les profondeurs du pays travaillent à mettre en valeur leur terroir et à réaliser des produits qualitatifs. Vous laisserez-vous tenter par le baume à base de karité ou le beurre de karité brut en direct de haute Guinée où il est extrait des noix du même nom, le miel du Fouta ou de haute Guinée prélevé dans les ruches traditionnelles ou kenyanes et aux saveurs puissantes, les confitures aux parfums exotiques, ananas, mangues ou bissap (fleurs d'hibiscus) ou encore quelques sachets de mangues séchées pour la douceur ou de gingembre confit pour la force du goût. Ou serez-vous plus tenté par le sel solaire extrait des marais salants de la région de Boffa posant ainsi un petit acte militant en achetant un sel qui est désormais produit dans des bassins grâce aux rayons du soleil et sans utiliser le bois de la mangrove, permettant ainsi de préserver et régénérer cet écosystème.

SPORTS ET LOISIRS

En Guinée, comme souvent en Afrique, le football est le sport roi. Les grandes rencontres internationales, comme les matchs de la sélection nationale, sont largement diffusés. Les autres sports appréciés des Guinéens sont le basket-ball, les sports de combats ou le handball. Côté activités, le pays offre quelques possibilités, principalement au niveau de la randonnée et du trekking dans la région du Fouta-Djalon. Les amateurs de pêche sportive prendront eux la mer au large des îles de Loos ou joueront du fusil harpon sous le niveau de la mer. À Conakry, entre deux cours de danse traditionnelle, les possibilités pour transpirer un peu se trouvent dans les salles de sport et dans les hôtels. C'est dans ces derniers que vous pourrez faire quelques longueurs (la mer est polluée au niveau des plages), comme au Noom Hôtel, au Riviera Royal ou au Sporting (qui possède aussi quelques terrains de tennis d'ailleurs).

Le football, le grand sport populaire

Comme partout sur le continent africain, c'est le football qui est le sport le plus populaire du pays. On ne compte plus enfants et adultes qui improvisent des matchs enflammés avec des mini-buts posés sur la plage ou dans la rue. Sinon, les grandes affiches du football européen et les rencontres internationales sont largement diffusées dans les bars du pays et, au niveau local, l'équipe nationale est évidemment très suivie. Le « Syli national », le surnom de la sélection, peine cependant à exister véritablement sur le devant de la scène footballistique africaine et internationale. Elle n'a jamais participé à une Coupe du monde, mais elle a déjà foulé plusieurs fois les pelouses de la Coupe d'Afrique des Nations (CAN). Son meilleur résultat remonte à 1976 et une flamboyante place de finaliste face au vainqueur marocain ! Les résultats ont été plus ternes par la suite, même si ces dernières années ont vu quelques jolies performances comme les places de quart de finaliste en 2006, 2008 et 2015 et de huitième de finaliste en 2019 et 2021. Lors de cette dernière édition organisée au Cameroun, la sélection va marquer les esprits en battant le grand Sénégal en phase de poules (1-0) pour atteindre les huitièmes de la compétition continentale avant de tomber contre la Gambie. Un Sénégal qui soulèvera la coupe quelques jours plus tard…

Sur terre, quelques possibilités

Randonnée. Les marcheurs en quête de sympathiques balades ou de treks plus exigeants sur plusieurs jours prendront la direction de la région du Fouta-Djalon. Avec ses innombrables possibilités au milieu de paysages uniques, le Fouta-Djalon est une escapade immanquable pour tous les voyageurs visitant la Guinée, et notamment pour les plus sportifs qui profiteront de ce massif qui culmine aux environs de 1 500 m d'altitude avec le mont Loura (p.194). C'est aussi le berceau de grands cours d'eau (Gambie, Bafing) qui donnent naissance à de superbes cascades (Kambadaga, Ditinn, la Sala) et de profondes vallées. C'est donc un spot idéal pour la randonnée, notamment entre Labé et Dalaba et également autour de Kindia.

VTT. Encore une fois, c'est dans la région du Fouta-Djalon que les amateurs de sensations fortes trouveront un terrain propice à la pratique du VTT, notamment entre le Fouta et la basse Guinée. Il convient de se renseigner auprès de l'agence Fouta Trekking Aventure. (p.189)

Et bientôt… Canyoning, rafting, escalade et varappe sont des sports et activités qui pourraient bien se développer un jour au vu du potentiel de certains spots guinéens. Mais pour l'heure, à part de timides tentatives (surtout d'expatriés), rien n'est encore vraiment mis en place. Affaires(s) à suivre !

Loisirs nautiques sur les îles de Loos

Avis aux passionnés de pêche sportive ! Pour ceux qui voudraient taquiner le poisson (et du gros !), direction les îles de Loos, là où les différents professionnels du secteur ont pris leurs quartiers pour emmener les touristes se faire plaisir au large. On pourra notamment se renseigner sur l'île de Roume (qui aurait servi de modèle à Stevenson pour son roman *L'Île au trésor*) au Villa Elijah-Guinea Fishing Camp (p.133) ou au Conakry Fishing Club pour organiser de belles sorties. Ces organismes proposent aussi à leurs visiteurs des sessions de pêche sous-marine et des balades en mer. D'ailleurs, les amateurs de snorkeling glisseront dans leurs valises palmes, masque et tuba. Sinon, préparez vos maillots de bain et votre crème solaire et place au farniente entre deux baignades !

Danseurs, en piste !

Voyager en Guinée, c'est aussi découvrir et, pourquoi pas, s'initier à la danse traditionnelle. Au son rythmé des percussions, on apprend à bouger pour vivre un beau moment entre sport et culture locale. On pourra trouver de nombreux cours et stages à Conakry, mais aussi en haute Guinée ou en basse Guinée.

GASTRONOMIE

Situé tout à l'ouest du golfe auquel elle a donné son nom, la Guinée offre un bel aperçu de la cuisine d'Afrique de l'Ouest. On y retrouve ainsi une grande diversité de féculents, comme le manioc, le maïs ou le riz avec des céréales plus rares comme le fonio, de plus en plus à la mode dans les épiceries bio françaises pour sa richesse en fibres et en protéines. Mais la cuisine guinéenne fait aussi honneur aux légumes, à la viande, à la volaille et bien sûr aux poissons, de mer comme de rivière, qui abondent notamment le long des très nombreux cours d'eau et estuaires présents tout le long de la côte guinéenne. Les voyageurs avec un palais sensible aux épices prendront leurs précautions, la gastronomie locale faisant un usage souvent généreux de piment fort. Cette gastronomie peut se découvrir dans les maquis, de petits restaurants, généralement assez sommaires et familiaux, pourtant au cœur de la vie sociale des Guinéens qui viennent se régaler pour une bouchée de pain.

Produits caractéristiques

La cuisine traditionnelle guinéenne se compose en grande partie de céréales et de tubercules, auxquels s'ajoute une multitude de légumes, viandes et poissons. Cultivé dans plusieurs pays d'Afrique de l'Ouest, le fonio blanc est par exemple un féculent largement répandu au Fouta. Très digeste notamment pour les personnes intolérantes au gluten, c'est une céréale particulièrement cultivée dans la région du Fouta-Djalon, au nord-ouest de la Guinée. Sa culture peu gourmande en eau en fait un produit agricole apprécié et adapté aux pentes escarpées des monts foutaniens. Le riz et, dans une moindre mesure, le maïs, sont présents en abondance sur les tables guinéennes, sans oublier bien sûr le manioc, dont les feuilles comme les tubercules sont largement consommés, et igname, taro, patate douce et pomme de terre, dont notamment la variété « belle de Guinée » est cultivée au Fouta et est consommée dans tout le pays. La banane plantain, largement cultivée en Guinée forestière, est également consommée partout.

Les légumes sont évidemment importants et permettent de confectionner une grande variété de recettes : chou, tomate, courge, poivron, carotte, ainsi que de nombreux légumes verts comme les feuilles de patate douce, de manioc, de taro… Également connu sous le nom de gombo, l'okra est un légume en forme de piment vert qui possède un léger goût d'aubergine et un jus très visqueux apprécié pour épaissir les plats en sauce. On consomme également la *diakatou* ou aubergine africaine, verte et bosselée, à la saveur amère, ainsi que des aubergines plus classiques, violettes ou blanches.

Oignon, ail, poivre, laurier et gingembre sont des condiments généreusement utilisés, tout comme le piment tyzon (que l'on connaît sous le nom de piment habanero), extrêmement corsé, qui rend la cuisine guinéenne parfois très piquante. La cacahuète, entière ou en pâte, est très appréciée. À noter également que, comme dans le reste de l'Afrique de l'Ouest, les locaux font un usage quotidien d'huile de palme, dont la plante est originaire du golfe de Guinée. Particulièrement décriée en Occident, l'huile de palme rouge – non raffinée – est pourtant extrêmement riche en bêta-carotène, précurseur de la vitamine A, et en antioxydants.

Dans ce pays à 85 % musulman, le porc est une viande très peu consommée. On retrouvera par contre beaucoup de poulet et dans une moindre mesure du bœuf, de la chèvre et du mouton. Les côtes poissonneuses offrent une belle variété de poissons comme la daurade, le thon, le capitaine, le maquereau, sans oublier divers fruits de mer et crustacés, dont le commando (petite langouste). Dans les nombreux estuaires, marais et rivières abondent le tilapia et la carpe, très appréciés. Les poissons et fruits de mer, souvent séchés et fumés, sont utilisés comme condiments dans les sauces et les ragoûts.

Très affectée par le virus Ebola, la Guinée – comme le Sierra Leone et le Liberia – a interdit la consommation et la vente de viande de brousse, dont certains mammifères sont des vecteurs de transmission. Toutefois, sur le terrain, il est difficile pour les autorités de contrôler la vente de cette viande et certains restaurants en proposent malgré tout. Si certains voyageurs un peu aventureux peuvent être curieux, il est toutefois fortement déconseillé de tenter l'expérience. En effet, les circuits d'approvisionnement de tels produits sont parfois assez obscurs et certaines viandes vendues dans les marchés et dans les restaurants spécialisés proviennent d'espèces menacées d'extinction, sans oublier bien sûr le risque viral.

Dans les zones rurales, la nourriture est généralement servie dans un grand plat et mangée à la main, souvent à l'extérieur. On retrouvera à Conakry divers types de restaurants à la fois de cuisine locale et étrangère. Les amoureux d'authenticité iront dans les maquis, des établissements, très populaires et rustiques, où les locaux se réunissent pour manger une cuisine simple et surtout pour socialiser. On discute, on boit un verre avec en fond les dernières chansons à la mode. Les prix des plats comme des boissons y sont généralement très abordables.

Les classiques de la cuisine guinéenne

Viandes, poissons et légumes sont de manière assez générale accompagnés par du tô, une pâte dense et nourrissante à base de farine de manioc cuite et malaxée longuement. Il peut aussi être, plus rarement, fait avec du maïs. On le sert communément avec ce qu'on appelle des sauces, qui se rapprochent parfois plus d'un ragoût. La plus connue est la sauce arachide, appelée également *tigadèguèna* ou *maffé tiga* selon les régions, qui se compose de pâte d'arachide liée dans un bouillon avec de la tomate, des oignons et des condiments. On y ajoute du poulet le plus souvent, parfois du bœuf.

La sauce feuille (bourakhè) est une sorte de compotée de légumes-feuilles locaux qui peut contenir aussi bien des feuilles de patate douce (wouré bourakhè) que des feuilles de baobab (lalo bourakhè) ou encore de manioc et de taro et que l'on fait revenir avec crevettes séchées, oignon, ail et piment. Citons également la sauce gombo. La sauce konkoé est une sauce très relevée à base de poisson fumé garni de tomate, potiron, carotte, pomme de terre, aromatisé à l'huile de palme. La sauce mangue, très commune pendant les cueillettes au cours de la saison des pluies, se compose de mangues confites dans une sauce au piment avec de l'oignon et du poisson séché.

Mais on retrouve également d'autres plats en sauce plus classiques comme le kedjennou. Originaire de Côte d'Ivoire, mais très populaire en Guinée, il se compose de poulet mijoté dans une sauce à base d'oignon et de tomate. Typiquement guinéen par contre, le yétinsé de Guinée maritime est un ragoût de poisson ou de bœuf, cuit avec gombos, carottes, tomates et piments. Le soupou tehou est l'équivalent local du bœuf aux carottes, avec parfois du chou. Enfin, le maganyi est un plat à base d'aubergines, poisson, crevettes et soumbara (pâte de fèves néré fermentées). Il est très proche du foutti ou soumbara lafidi, une recette très populaire à base de poisson fumé, de gombos, d'aubergines, de piments et de soumbara. Le tout est transformé en purée et généralement servi avec du poulet ou des boulettes de viande. Ces cinq plats sont normalement accompagnés de riz, accompagnement très prisé des Guinéens.

On retrouvera également le riz au gras, cuit dans un bouillon de viande très aromatique, puis garni de poulet et de légumes. Le kétoun (fouta) est un mélange de tubercules (manioc, patate et taro) accompagné de poisson fumé et/ou de mangues pendant la saison. Le foutti fognè, que l'on trouve majoritairement au Fouta, se compose de fonio, que l'on sert avec une compotée d'aubergines et de gombo finement épicée. Héritage français, le pain tapalapa est à base de blé. Modernité oblige, on retrouvera des restaurants proposant des hamburgers, toutefois on notera que le plus souvent un hamburger guinéen est en fait une boule de viande (sans pain) au milieu de laquelle se trouve un œuf, le tout accompagné de frites ou de salade.

Desserts et boissons

Les desserts et plus largement les sucreries ne sont pas traditionnels en Guinée, même si on retrouve quelques douceurs, sans oublier des pâtisseries plus occidentales qui apparaissent progressivement dans le pays. Citons toutefois les boules d'akassa (ou kagna), sorte de pâtisserie à base de pâte d'arachide et de semoule de maïs mélangées avec du sucre en poudre. On pétrit le tout et on le mange en buvant beaucoup d'eau. Le lakiri kossan est une recette de couscous de maïs et de lait caillé, originaire du Fouta, qui porte également le nom de cabissé. On notera également une multitude de fruits gorgés de soleil sur les marchés : mangue, bien sûr, mais aussi orange, ananas, banane, papaye, noix de coco, etc. Sans oublier quelques fruits plus méconnus comme le bôttô et le fruit du baobab, tous deux utilisés pour faire des jus et infusions.

On notera d'autres boissons fraîches comme le bissap, un jus de fleurs d'oseille de Guinée (en vérité d'hibiscus), le jus de tamarin (à boire très frais) ou le djindjian (jus de gingembre), boisson rafraîchissante et désaltérante, surtout consommée pendant la saison sèche. On la trouve en vente dans toutes les gares, aux sorties des écoles ou devant les stades de sport. En petite bouteille ou petits sachets, elle se présente un peu comme le bissap. Dans la rue, les vendeurs ambulants vous proposent également des yaourts locaux en pot ou bien du khamsa, un yaourt mélangé au sorgho en sachet bien glacé.

Partout dans le pays, vous pouvez boire la bière guinéenne Skol, vendue en bouteille individuelle de 500 ml à consommer sur place, mais aussi la Guilux, toujours guinéenne. Sans oublier sodas et jus de fruits pressés. En forêt, vous ne couperez pas, dans les villages, au traditionnel vin de palme, à l'odeur forte de fermentation. Enfin, tous les bars vous proposeront du Nescafé (attention, les Guinéens le boivent très sucré et au lait) ou du café noir, souvent très fort, ou encore du Lipton (entendez par là un sachet de thé, qui n'est d'ailleurs pas toujours de cette marque).

AGENDA

Les fêtes et célébrations traditionnelles longtemps interdites ont très largement disparu du paysage culturel guinéen. L'essentiel des manifestations organisées de nos jours est lié soit aux fêtes religieuses, soit aux dates anniversaires nationales et internationales (fête de l'Indépendance, fête de l'OUA...). S'il existe encore des fêtes traditionnelles, elles sont le plus souvent très locales et ont peu de rayonnement national. Si vous passez un peu de temps en province notamment au moment des récoltes, peut-être aurez-vous la chance d'assister à l'une d'entre elles. Par ailleurs, dans un contexte compliqué et peu porteur, créer et faire vivre un salon ou un festival culturel en Guinée relève de la gageure, du défi que seuls quelques rares acteurs tentent encore de relever. Nous reprenons donc dans notre agenda ces trop rares rendez-vous, tout en vous invitant à vous renseigner une fois sur place sur l'éventuelle émergence de nouveaux événements.

FESTIVAL L'UNIVERS DES MOTS

CONAKRY

Mois de février.

Organisé tous les deux ans, ce festival s'est imposé comme un rendez-vous majeur du spectacle vivant en Afrique francophone. Il accueille en résidence des artistes guinéens et étrangers. Si les studios Kirah en sont le véritable QG, les animations se déroulent également sur différents sites dont le CCFG. Pendant une semaine, le festival, qui se veut un espace de mise en valeur des écritures francophones, propose autour d'un thème principal des spectacles, des ateliers.

FÊTES DES MARES

BARO

Mois de mai (la date exacte est déterminée en fonction de la lune).

Fêtes traditionnelles organisées dans des villages de haute Guinée en mai, celle de Baro est aujourd'hui la plus connue. Officiellement, elle dure une nuit et une journée et est inaugurée par une cérémonie accompagnée de danses et rythmée par les joueurs de djembé. Au final, les participants réunis autour de la mare, munis de filets et de nasses se précipitent dans l'eau au signal du gardien des lieux avec l'espoir de pêcher ne serait-ce qu'un petit poisson. La fête est avant tout l'occasion pour les ressortissants de la région de communier dans une même ferveur.

LES 72 HEURES DU LIVRE EN GUINÉE

Esplanade du Palais du Peuple

Mois d'avril.

Organisée tous les ans à l'occasion de la Journée mondiale du livre (le 23 avril), cette manifestation est l'occasion de rencontrer, de découvrir les auteurs, notamment guinéens. Elle se déroule sur l'esplanade du palais du Peuple de Conakry. Chaque année, un pays et une ville sont mis à l'honneur, et un thème central choisi, autour duquel sont organisés des débats, des colloques et des ateliers. Sansy Kaba Diakité, directeur des éditions L'Harmattan est le Délégué Général de ce salon.

LA GRANDE MAMAYA DE KANKAN

KANKAN

Après la fête de Tabaski.

Pendant cette fête, plusieurs centaines de danseurs coiffés de foulards pour les femmes et de bonnets pour les hommes se retrouvent, au centre de Kankan, pour se livrer à de grands ballets au rythme lent des musiques traditionnelles, jouées par les groupes d'artistes détenteurs de la tradition. À l'origine importée du Mali voisin, la Mamaya de Kankan est devenue le rendez-vous culturel de la région et attire chaque année des centaines de ressortissants et visiteurs.

LE PÈLERINAGE DE BOFFA

BOFFA

Première semaine du mois de mai.

Le pèlerinage de Boffa est l'occasion pour des milliers de fidèles catholiques de mettre leurs pas dans les traces des premiers missionnaires catholiques. Boffa est en effet le berceau du christianisme en Guinée et le lieu où fut fondée la première église, la paroisse Saint-Joseph en 1877. Plusieurs étapes marquent ce pèlerinage : l'église Saint-Joseph de Boffa, la grotte mariale, le cimetière des missionnaires. Au final, les pèlerins (jusqu'à 20 000) se retrouvent le premier dimanche du mois de mai pour une grande célébration dans le sanctuaire marial.

FESTARD

DUBRÉKA

✆ +224 625 69 28 74

Tous les ans, vers la fin de l'année.

Fondé par le journaliste et metteur en scène Hassane Hilal Sylla, le festival de Dubréka se veut l'une des plus importantes manifestations locales des arts du spectacle vivant. Chaque année, Dubréka à travers l'Espace culturel Siba Fassou et l'Institut supérieur des arts Mory Kanté devient alors une ville-théâtre proposant aux amoureux de l'art une grande variété de spectacles (théâtre, danse, contes, cirque). Le Festard est un formidable espace d'échanges, de formation et de communion entre spectateurs et artistes/pro du spectacle venus de Guinée et d'ailleurs.

SALON DU TOURISME ET DE L'ARTISANAT

CONAKRY

Mois de mai.

La première édition du SICTA a eu lieu en mai 2022 à Conakry. Il a rassemblé des acteurs nationaux (groupements, institutionnels, tour-opérateurs, artisans…) mais aussi des délégations de pays amis dont le Burkina Faso, pays invité d'honneur. Il a permis aux acteurs du secteur et aux visiteurs de se retrouver sur une semaine pour échanger, partager et mettre en avant les richesses et les potentialités de la Guinée. Une première édition, comme un ballon d'essai, qui en appelle d'autres.

FESTIVAL LES 7 JOURS DU SEPTIEME ART

CONAKRY

Mois de décembre.

Avec quatre éditions depuis 2018, ce festival du cinéma s'installe tout doucement dans le paysage des manifestations culturelles guinéennes. Pendant une semaine, à travers la diffusion de films guinéens et étrangers, il propose au public une programmation riche et exigeante, en lien avec un thème principal. Cette manifestation est l'occasion de partages et de débats avec le public. Elle crée également un espace de rencontres professionnelles visant à dynamiser le septième art guinéen.

PASSPORT

RÉGION DE CONAKRY

À sa création à la fin du XIXe siècle, Conakry était installée sur Tombo, une île parmi d'autres au large de la péninsule. Reliée à la terre, elle a finalement colonisé peu à peu toutes les terres environnantes pour atteindre de nos jours les contreforts escarpés du Fouta Djalon. L'agglomération conakryka englobe dorénavant des villes comme Coyah ou encore Dubréka, repoussant toujours plus loin les zones agricoles et rurales. Pour qui souhaite s'échapper de la tumultueuse capitale, il faut donc parcourir toujours plus de kilomètres pour trouver le calme et la sérénité de coins de nature relativement préservés (les monts du Chien qui fume et Kakoulima, les cascades de la Soumba, le lac de Kendoumayah, le village de Maférinya et ses environs) ou alors prendre une pirogue pour rejoindre l'archipel des îles de Loos et pouvoir ainsi s'offrir une respiration sur une plage de sable blanc ou rouge, au bord de l'océan Atlantique.

Kindiadi
Bokhinènè
Kanka
Touguissouri
Arabanty
ÎLE KHONIBOMBÉ
Yatagui
Baie de Sangaréa
CONAKRY
Fotoba
ÎLE DE TAMARA
Mangué
Rogbanet
ILES DE LOOS
ÎLE DE KASSA
Tamara
ÎLE DE ROUME
5 KM

Région de Conakry
pama
Bonia
KHORIRA
Tenya
Mansombombo
DUBRÉKA
Bondökhöry
Kereba
Wayakhori (Sinfonia)
N 1
COYAH
Kouyeyah
Koulakouyah
T 3
Kalema
Kakossa

PAGES

131 ## ●● LES ÎLES DE LOOS

L'archipel comprend trois îles principales : Tamara, Kaşsa et Roume. Cette dernière aurait servi de modèle à Stevenson pour son roman *L'Île au trésor*. Le nom de Loos provient du mot *idelos* en portugais, qui signifie « idoles ». Le littoral des îles de Loos, entre roche et sable, varie sensiblement selon que l'on se trouve du côté océan, aux vagues spectaculaires (mais idéales pour pratiquer la pêche), ou du côté intérieur, où la baignade est plus facile. C'est ici d'ailleurs que vous trouverez les plages où profiter pleinement du soleil. L'histoire de l'archipel s'est partagée entre la présence des Portugais, dont quelques traces sont encore visibles, et celle des Anglais jusqu'au début du XXe siècle. L'archipel est ensuite devenu une colonie française, ce qui vaut aujourd'hui à l'île centrale de s'appeler Roume, du nom d'Ernest Roume, gouverneur général de l'AOF entre 1902 et 1907.

Pour s'y rendre, des pirogues et navettes partent du port de Boulbinet et du port du Petit Bateau, un ferry depuis le port autonome de Conakry. Pour chaque île, les modalités de transport sont spécifiques (lire ci-après les informations pour chaque île). Si vous souhaitez séjourner sur place, souvent le transport est proposé directement par les hôtels à des tarifs intéressants.

Durée de la traversée : pour Kassa 20 à 30 minutes, pour Roume environ 45 minutes et pour Tamara plus ou moins 1 heure selon les heures de traversée.

CONAKRY

Conakry est une pieuvre urbaine, dont la tête, l'île de Tombo, s'est d'abord arrimée à la presqu'île de Kaloum, avant de déployer ses tentacules et d'enserrer les communes voisines pour ne former finalement qu'une seule agglomération. Conakry est aujourd'hui une capitale s'étalant sur plus de 35 km de long. La densité de population y est très forte avec plus de 2 millions d'habitants, installés sur un bout de terre d'à peine 8 km de large. La capitale est encore relativement horizontale, elle n'est pas parée de tours qui font la fierté d'Abidjan, et cette modestie a son charme. Mais elle n'en demeure pas moins un chantier permanent. Pas toujours facile de profiter de cette ville où insalubrité et embouteillages forment un cocktail peu attrayant et où se balader à pied relève d'une aventure à l'issue incertaine. Pour la découvrir et l'apprécier, il faut prendre son temps. C'est à ce prix qu'elle offre de belles surprises et rencontres.

Pénétrante du Port Autonome de Conakry
PORT AUTONOME DE CONAKRY
Boulevard Maritime
KA 007
11e Avenue
CITY
EPI D'OR
COMPTOIR
Boulevard Diallo Telly
Avenue de la Gare
9e Avenue
Boulevard du Commerce
4e Boulevard
5e Boulevard
HOTEL M'LYS
Rue Ka. 040
GENTILHOMMIERE PLUS
GARGOTES
Avenue William Tubman
9e Avenue
KA 080
BEMBEYA
ALMAMYA HOTEL ET RESIDENCE
MARCHÉ NIGER
7e Boulevard
Avenue William Tubman
KOREAN RESTAURANT KIMCHI CAFE
L'HARMATTAN GUINEE
7e Avenue
CÈDRE
KA. 032
2e Boulevard
OFFICE NATIONAL DU TOURISME – ONT
HÔTEL KALOUM
GALAXIE HOTEL
GRAND HOTEL CENTRAL
7e Avenue
5e Avenue
Avenue de la République
1er Boulevard
AGADIR
BEIRUT
AFRICANA
RÉSIDENCE SANDERVALIA
3e Boulevard
4e Boulevard
ILES DES JOIES
5e Boulevard
4e Avenue
3e Avenue
2e Avenue
7e Boulevard
Boulevard Diallo Telly
9e Boulevard
ROCHER
1er Avenue
Rue Ka 002
OBAMA RESTO
MUSÉE NATIONAL
Corniche Sud
PORT DE BOULBINET
FOLIE'S
FOURCHETTE MAGIQUE
SACHA HOTEL
ISTANBUL RESTAURANT ET PATISSERIE

BOUTIQUE CONSOMMONS GUINÉEN
BRASSERIE DES ARTS DU CCFG
MLS
CENTRE CULTUREL FRANCO-GUINEEN/CCFG
RESTAURANT LA CASCADE CHEZ VALENTINA
JARDIN DU 2 OCTOBRE
BARON
RIVIERA ROYAL
KA 094
Autoroute Fidel Castro
Pénétrante du P. Autonome d. Conakry
énétrante du Port Autonome de Conakry
Rue Ka. 084
Rue Ka. 088
Rue Ka. 074
Corniche Sud
Route Niger
10e Boulevard
11e Bd.
11e Av.
11e Bd.
11e Bd.
10e Boulevard
Boulevard de l'Hôpital
AU
NOOM HÔTEL
Kaloum
500 M

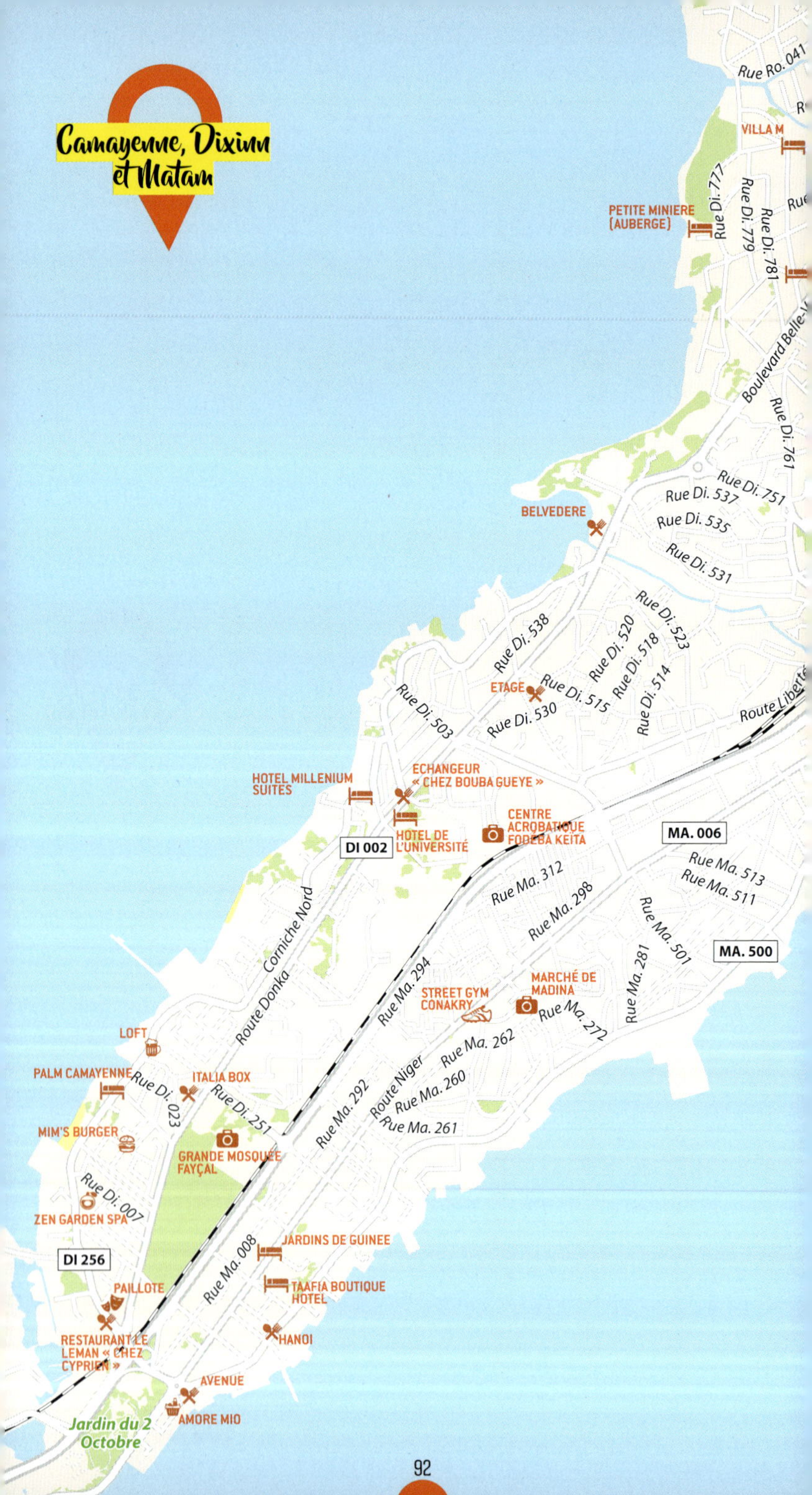
Camayenne, Dixinn et Matam
Rue Ro. 041
VILLA M
PETITE MINIERE (AUBERGE)
Rue Di. 777
Rue Di. 779
Rue Di. 781
Boulevard Belle-V
Rue Di. 761
Rue Di. 751
Rue Di. 537
Rue Di. 535
Rue Di. 531
BELVEDERE
Rue Di. 523
Rue Di. 538
Rue Di. 520
Rue Di. 518
Rue Di. 514
ETAGE
Rue Di. 515
Rue Di. 530
Rue Di. 503
Route Liberté
HOTEL MILLENIUM SUITES
ECHANGEUR « CHEZ BOUBA GUEYE »
HOTEL DE L'UNIVERSITÉ
DI 002
CENTRE ACROBATIQUE FODEBA KEITA
MA. 006
Rue Ma. 513
Rue Ma. 511
Rue Ma. 312
Rue Ma. 298
Rue Ma. 501
MA. 500
Corniche Nord
Route Donka
Rue Ma. 294
STREET GYM CONAKRY
MARCHÉ DE MADINA
Rue Ma. 281
Rue Ma. 272
Rue Ma. 262
Rue Ma. 260
Rue Ma. 261
Route Niger
Rue Ma. 292
LOFT
PALM CAMAYENNE
Rue Di. 023
ITALIA BOX
Rue Di. 251
MIM'S BURGER
GRANDE MOSQUÉE FAYÇAL
Rue Di. 007
ZEN GARDEN SPA
DI 256
JARDINS DE GUINEE
Rue Ma. 008
TAAFIA BOUTIQUE HOTEL
PAILLOTE
RESTAURANT LE LEMAN « CHEZ CYPRIEN »
HANOI
AVENUE
AMORE MIO
Jardin du 2 Octobre

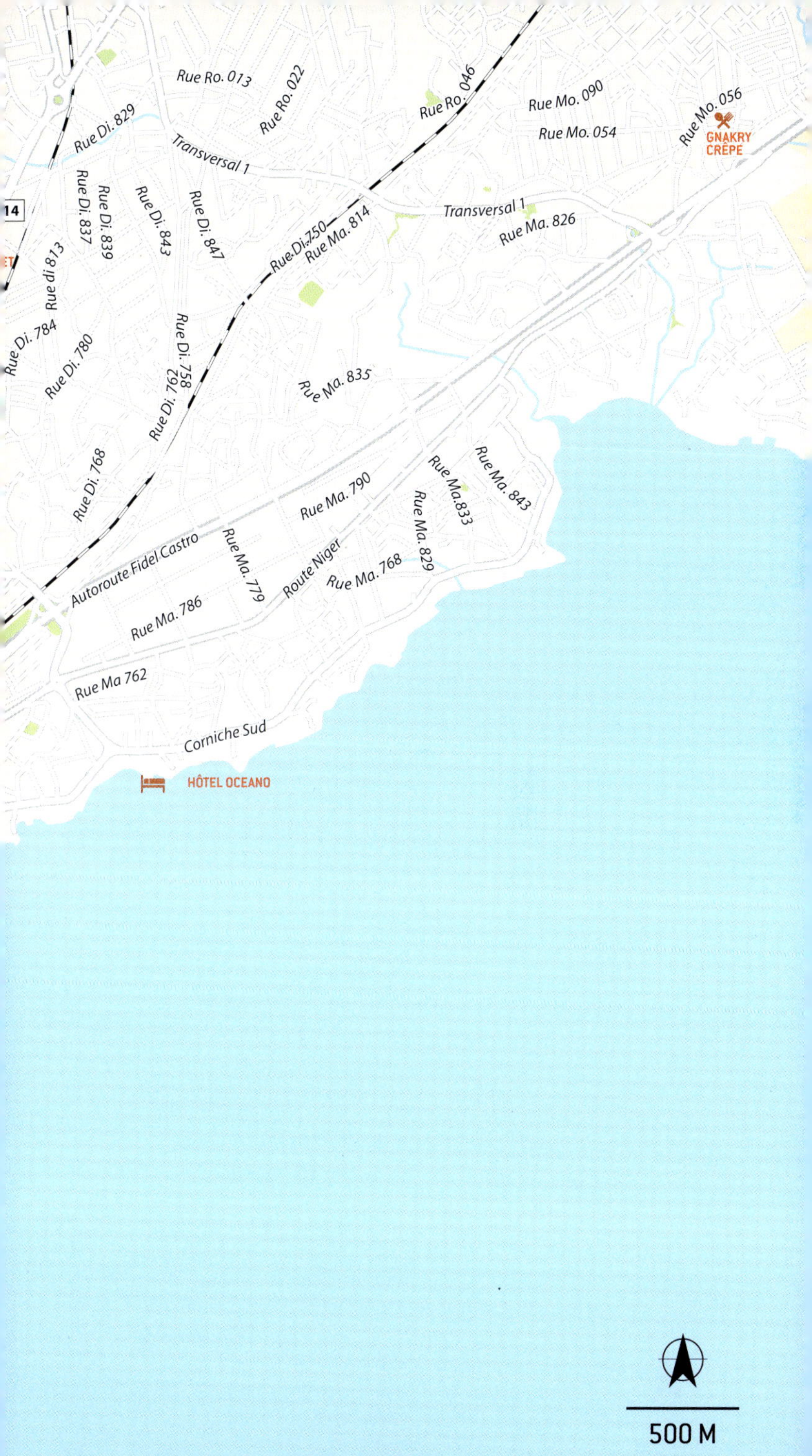
Rue Ro. 013
Rue Ro. 022
Rue Ro. 046
Rue Mo. 090
Rue Mo. 054
Rue Mo. 056
GNAKRY CRÊPE
Rue Di. 829
Transversal 1
14
Rue Di. 837
Rue Di. 839
Rue Di. 843
Rue Di. 847
Rue Di. 750
Rue Ma. 814
Transversal 1
Rue Ma. 826
Rue di 813
Rue Di. 784
Rue Di. 780
Rue Di. 758
Rue Di. 762
Rue Ma. 835
Rue Di. 768
Rue Ma. 843
Rue Ma.833
Rue Ma. 790
Rue Ma. 829
Autoroute Fidel Castro
Rue Ma. 779
Route Niger
Rue Ma. 768
Rue Ma. 786
Rue Ma 762
Corniche Sud
HÔTEL OCEANO
500 M

Matoto et Ratoma

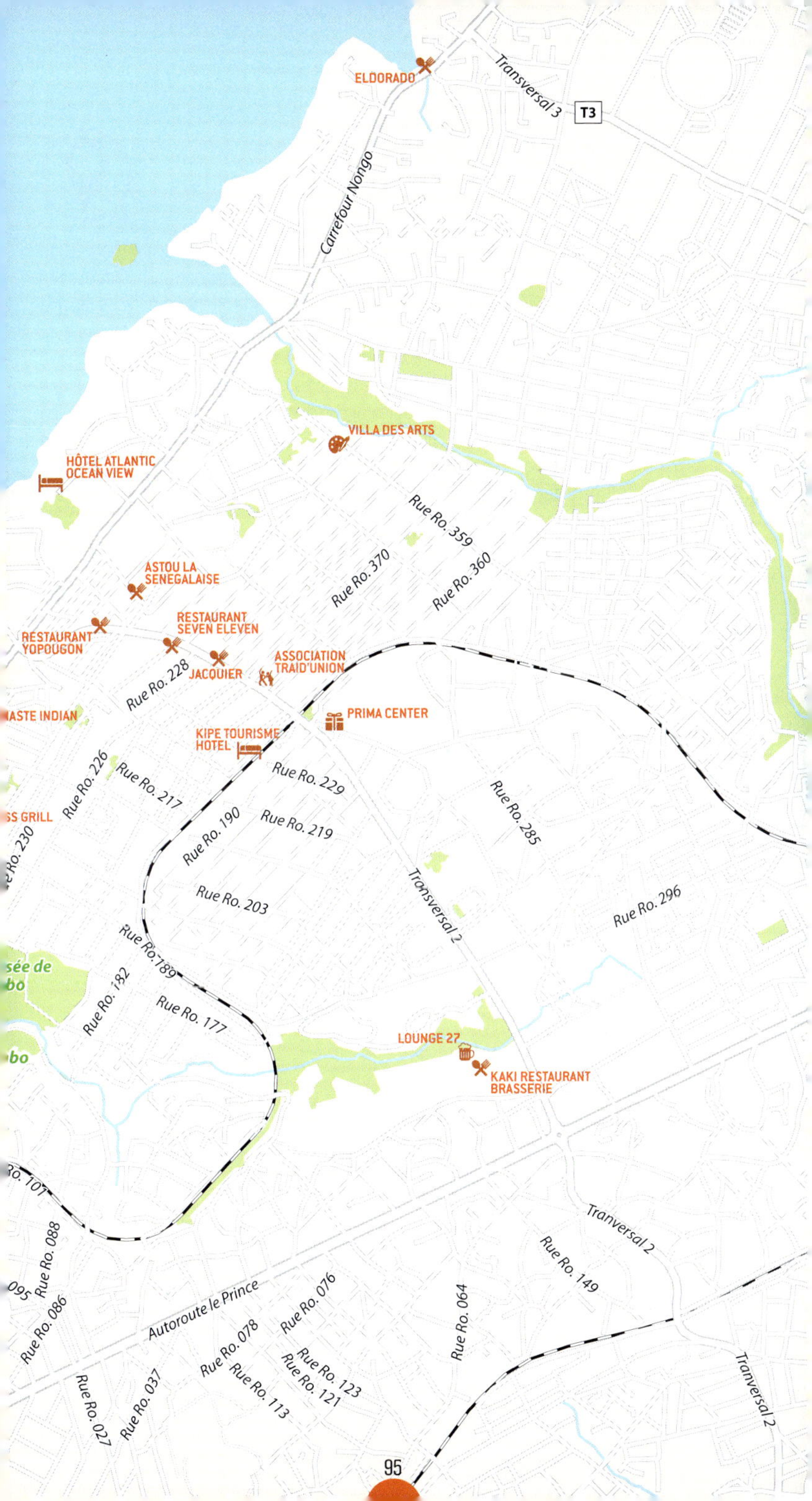

ELDORADO
Transversal 3
T3
Carrefour Nongo
VILLA DES ARTS
HÔTEL ATLANTIC OCEAN VIEW
Rue Ro. 359
Rue Ro. 370
Rue Ro. 360
ASTOU LA SENEGALAISE
RESTAURANT SEVEN ELEVEN
RESTAURANT YOPOUGON
JACQUIER
ASSOCIATION TRAID'UNION
Rue Ro. 228
ASTE INDIAN
PRIMA CENTER
KIPE TOURISME HOTEL
Rue Ro. 226
Rue Ro. 217
Rue Ro. 229
Rue Ro. 285
SS GRILL
Rue Ro. 190
Rue Ro. 219
Ro. 230
Rue Ro. 203
Transversal 2
Rue Ro. 296
Rue Ro. 189
sée de
bo
Rue Ro. 182
Rue Ro. 177
LOUNGE 27
KAKI RESTAURANT BRASSERIE
bo
Ro. 107
Tranversal 2
Rue Ro. 088
095
Rue Ro. 149
Rue Ro. 086
Autoroute le Prince
Rue Ro. 076
Rue Ro. 064
Rue Ro. 078
Rue Ro. 123
Rue Ro. 121
Transversal 2
Rue Ro. 027
Rue Ro. 037
Rue Ro. 113

SE REPÉRER SE DÉPLACER

À Conakry, les embouteillages sont fréquents et gigantesques aux heures de pointe : le matin dès 7h en direction de Kaloum, l'après-midi dès 15h dans le sens inverse. Pour vous déplacer, si vous ne craignez pas la promiscuité, vous pouvez monter à bord d'un magbana (minibus). C'est le transport le plus économique de la ville. Sinon vous aurez le choix entre les innombrables taxis jaunes (six places), taxi-moto et tuk-tuk qui envahissent les axes routiers. Depuis 2012, la société Sotragui avait mis en circulation des bus citadins qui parcouraient les axes principaux jusqu'en centre-ville. Après de multiples déboires, ne reste que quelques rares bus rouges sur les routes de la capitale. Un service ferroviaire pour les passagers appelé Conakry Express relie également Kaloum à la grande banlieue. À ce jour, le service se limite à un trajet aller-retour, une fois par jour en attendant mieux. Ainsi va la circulation à Conakry, cahin-caha.

AÉROPORT A.S.TOURE

www.aeroport-conakry.com

Pour les étrangers, un kiosque situé au niveau du contrôle des papiers permet de faire apposer la vignette définitive du visa dans votre passeport. Attention de bien conserver les talons de vos bagages car ils vous seront demandés. Les contrôles douaniers ne posent plus de problèmes et sont rares. Pour rejoindre le centre situé à 12 km ou un hôtel, le plus simple est de prendre un des taxis qui vous attendent à la sortie. Cependant, beaucoup d'hôtels proposent de venir vous chercher, dès lors que vous avez réservé une chambre chez eux : la meilleure solution !

PORT AUTONOME DE CONAKRY

✆ +224 655 80 00 80

www.portconakry.com

Le port autonome est ambitieux et se donne les moyens de ses ambitions. En effet, le concessionnaire a effectué d'importants travaux pour que le PAC puisse concurrencer les autres ports régionaux : Abidjan et San Pedro. L'agrandissement du port et l'approfondissement du chenal ainsi que l'installation de nouveaux équipements visent à faire de Conakry une unité de transbordement compétitive au niveau régional. Le fort accroissement du nombre de navires accueillis et du volume de marchandises traitées montre s'il le fallait que les investissements payent.

GARE VOITURE DE BAMBETO

La principale gare des taxis-brousse, ou gare routière, est située à Bambeto à 15 km du centre-ville. De là, des taxis, des bus ou minibus partent pour toutes les directions de l'intérieur du pays. Pour se rendre à Bambeto depuis le centre-ville ou inversement, si vous n'avez pas votre propre véhicule, il vous faudra prendre un taxi jaune (le déplacer si vous avez beaucoup de bagages). Sur place, dès votre arrivée, vous serez sollicité par les rabatteurs qui vous indiqueront le ou les prochains véhicules au départ pour votre destination.

LES TAXIS JAUNES

Ils suivent les grands axes de la capitale et s'arrêtent aux grands carrefours. Le prix de la course est fonction du nombre de tronçons parcourus. Inconvénient : le chauffeur s'arrête souvent et il faut parfois se serrer à quatre à l'arrière. Une solution alternative est de prendre un « déplacement ». Dans ce cas, le chauffeur met sa voiture à votre entière disposition, un « vrai » taxi en somme. Cette formule a l'avantage de faire gagner énormément de temps et d'aller directement à sa destination finale. Tarif à négocier à la course.

noom
HOTEL CONAKRY
LE NOUVEAU MODE DE VIE
AFRICAIN CONTEMPORAIN
TEMINETAYE,
AV. DE LA RÉPUBLIQUE, COMMUNE DE
KALOUM BP 3472.
CONAKRY
TÉLÉPHONE:
+224 626 33 33 33
INFO.CONAKRY@NOOMHOTELS.COM

À VOIR / À FAIRE

Conakry n'est pas à proprement parler une ville touristique. Peu ou pas de monuments, de bâtiments anciens, de parcs ou lieux de loisirs… Des réalisations récentes aux monuments datant de l'époque coloniale, Conakry offre une architecture assez chaotique et le peu d'édifices intéressants souffrent trop souvent d'un manque d'entretien. La ville abrite plusieurs monuments imposants : le palais du Peuple, édifié par les Chinois en 1967, qui dispose d'une salle de spectacle un peu vétuste, le palais des Nations, construit onze ans plus tard, sous l'impulsion de Sekou Touré, réhabilité en 2013. Au détour des rues, on pourra aussi jeter un coup d'œil à la Grande Mosquée de Conakry et à la cathédrale Sainte-Marie, siège de l'archevêché. Pour une petite balade dans un espace de verdure, le jardin du 2 Octobre offre quelques allées ombragées, de même que le jardin botanique de Camayenne ou encore le cimetière de Boulbinet au cœur de Kaloum.

WAKILARE

Wakilare est une entreprise sociale née en 2016 d'une idée directrice forte : « Sortir des individus en situation de handicap de la mendicité, en les accompagnant pour qu'ils puissent devenir des citoyens à part entière, acteurs de leur développement. » Elle vise à la fois une rentabilité financière (nécessaire à sa pérennisation) et une rentabilité sociale (en intégrant de façon positive, dans la société guinéenne, les personnes handicapées). Avec l'appui de partenaires comme le groupe Bolloré, Orange, le CCFG…, les activités ont pu se développer sur la base du travail du cuir. Des formations professionnelles ont pu être dispensées aux membres ainsi que des cours d'alphabétisation. Un atelier a été installé dans la BlueZone de Kaloum et une boutique ouverte sur le boulevard de la République à proximité de l'hôpital Ignace Deen. En 2022 un kiosque de vente est également installé à Prima Center vers Kipé. L'entreprise se structure donc peu à peu, mais les défis à relever restent immenses car il faut gérer à la fois les problèmes au quotidien des travailleurs handicapés et les activités de l'entreprise, dont l'objectif est de générer suffisamment de revenus pour assurer son fonctionnement dans la durée . Pour apporter votre soutien à Wakilare, c'est très simple : rendez-vous à la boutique pour acheter un ou des articles proposés. Si vous souhaitez aller plus loin, vous pouvez contacter Gervais Mutagawa ou encore Alphonse Guemou au 666 16 06 00 ou au 622 00 57 47 ou sur wakilareguinee@gmail.com.

LE PHARE DE TAMARA

✆ +224 662 69 28 11

www.conakryfishingclub.com

Devis sur demande en fonction de vos envies.

Le Phare de Tamara–Tamara Lampui est une ONG dont les actions visent à vous faire découvrir autrement la richesse naturelle et la diversité culturelle de la Guinée. S'appuyant sur un réseau de partenaires historiques et compétents, elle propose diverses formules de séjour entre stages de danse et de percussion, visite et pêche sur les îles de Loos (avec le Conakry Fishing Club) ou encore circuits nature vers Kindia ou au cœur du Fouta Djalon (avec Fouta Trekking Aventure). Le Phare de Tamara, c'est un accueil chaleureux et convivial garanti, en toute sécurité.

FOUTA TREKKING AVENTURE

✆ +224 622 91 20 24

www.foutatrekking.org

Cette association touristique a été créée en 1995 par un groupe de jeunes guides de Labé qui ont souhaité développer une forme de tourisme durable au Fouta-Djalon. Aujourd'hui, elle gère en étroite collaboration avec les villageois, le lodge de Kamawi, installé dans la vallée de la Fétoré. L'association propose par ailleurs de magnifiques randonnées ainsi que des circuits pouvant être créés à la carte, dans le Fouta mais pas seulement. Elle est en capacité de faire des propositions pour toutes les régions de la Guinée mais aussi pour les pays voisins.

LE GRAND CONAKRY

L'agglomération de Conakry s'étend sur plus de 30 km. Depuis le kilomètre 36, deux axes principaux permettent d'entrer dans la capitale : l'autoroute Fidel Castro N1 et la route Le Prince, alors que les routes transversales se succèdent tout le long de la presqu'île. La première d'entre elles, la T8, relie Cimenterie (sur la route Le Prince) à Lansanaya (sur l'autoroute).

À partir de Sonfonya et Tomboliya (environ 30 km de Kaloum), un troisième axe permet également de rejoindre le quartier Hamdalaye et plus loin Kaloum. C'est la T7 qui à ce niveau relie les trois axes.

En poursuivant sur la route Le Prince, la T4, située à Sangoyah, permet depuis le rond-point Cité de rejoindre à droite Lambagny (on domine alors la région avec une vue au sud sur le fleuve Kitéma et sa mangrove) et à gauche Sangoyah. En face direction Kaloum.

Au rond-point suivant celui de Cosa, la T3 vers la droite mène à la commune de Ratoma alors qu'à gauche, elle mène vers Matoto. En face elle redescend sur le rond-point de Bambeto.

De là, la T2 mène à droite à Kipé, où se trouve le lycée français, et à gauche rejoint l'aéroport. En face la route mène au rond-point de Hamdallaye.

Du carrefour Hamdalaye, restent deux axes principaux pour atteindre le pont du 8 Novembre, la route de Donka (prolongement de la route Le Prince) et l'autoroute Fidel Castro, dédoublée à partir de là par la route Niger. De ce rond-point, à droite on rejoint le quartier de Taouyah, où se trouvent divers hôtels et restaurants. Si on prend à gauche (un peu avant le rond-point), on part alors en direction des quartiers Dabondy et Gbessia.

Le rond-point suivant, rond-point de Bellevue, est celui du quartier Minière (où se situe le siège de la Compagnie de bauxite guinéenne). La route sur la gauche rejoint l'autoroute Fidel Castro, la route Niger et également, à partir de là, la corniche sud. Celle sur la droite continue sur Dixinn. L'embranchement qui part sur la droite plus loin est celui de la corniche nord, qui rejoint le quartier Camayenne. Les deux routes aboutissent au pont du 8 Novembre, qui marque le début de Kaloum.

En poursuivant tout droit, on passe devant le stade du 28 Septembre, la route sur la gauche rejoint Madina, devant l'université puis devant l'hôpital Donka. Enfin, on arrive au carrefour de la mosquée Fayçal puis au pont du 8 Novembre. De là reste un axe principal qui permet d'entrer dans Kaloum, et la corniche sud.

GROUPE MONDIAL TOURS

Commune de Dixinn

✆ +224 622 20 97 87

http://groupemondialtours.com/

Mondial Tours, c'est une équipe professionnelle et expérimentée, qui peut vous organiser des circuits à la carte ou prédéfinis, à travers le pays et vers les pays limitrophes. Le groupe est détenteur du site des « Eaux de Kilissi » vers Kindia, un complexe hôtel-restaurant installé aux abords des chutes du même nom. Un espace de calme et de détente accessible sur un week-end depuis Conakry. Les restaurants-traiteurs Africana à Kaloum et Aux délices d'Africana de Lambanyi font également partie de ce groupe aux multiples facettes.

INDIGO

✆ +224 628 05 88 12

https://voyageenguinee.com/

Indigo propose une gamme de voyages allant de la randonnée au séjour avec des enfants en passant par une découverte culturelle et historique du pays. Cécile, sa responsable, organise chaque voyage en s'adaptant aux demandes et en proposant le meilleur des endroits visités, avec le souci permanent de faire participer les communautés dans le respect de leurs traditions et de leur environnement. Une équipe riche de plus de dix ans d'expérience accueille les visiteurs sur place pour leur faire vivre de grandes « aventures en Guinée ».

OFFICE NATIONAL DU TOURISME - ONT

Commune de Kaloum

✆ +224 611 45 46 46

L'ONT a connu d'importants changements depuis 2021 : nouvelle identité et l'arrivée de sa nouvelle directrice très dynamique, Mme Kadé Camara avec des stratégies pour stimuler le tourisme interne et externe. Mise en avant des merveilles de la Guinée pour développer un tourisme responsable et durable. Ainsi est né en 2023 le fabuleux guide La Guinée des Merveilles disponible partout à Conakry. Pour les visiteurs en quête d'expériences uniques en Guinée, des guides qualifiés de l'ONT sont disponibles pour répondre aux besoins et offrir des conseils avisés.

Ministère de la Culture du Tourisme et de l'Artisanat

Office National du Tourisme

L'ONT GUINEE SA est l'opérateur public de la République de Guinée en matière de promotion et de développement du Tourisme. En tant que tel, d'une manière spécifique il a fondamentalement pour objet de :

- mettre en œuvre la politique du Gouvernement en matière de promotion du tourisme en République de Guinée ;
- participer au développement du tourisme conformément à la Loi relative au Fonds de Promotion et de Développement du Tourisme (FPDT) ;
- participer au recensement, à l'aménagement et à la construction des sites et infrastructures touristiques ;
- exploiter les infrastructures touristiques ;
- assurer la gestion, la promotion et la vente du produit touristique ;
- gérer le parc hôtelier placé dans le portefeuille de l'État ;

Organe technique du Gouvernement pour la promotion et le développement du tourisme, ONT GUINEE S.A. a pour mission entre autres :

- de mettre en œuvre les stratégies de promotion du Tourisme au niveau national et international ;
- de stimuler les flux touristiques et les voyages de groupes en provenance des pays émetteurs par la vente des circuits touristiques ;
- de promouvoir la diversification de l'offre touristique ;
- de Construire, rénover, aménager ou exploiter les complexes hôteliers et les sites touristiques se trouvant dans le portefeuille du Ministère et autres confiés sur une base contractuelle par l'État ou d'autres personnes morales ou physiques ;
- d'organiser et /ou de participer aux manifestations sur le tourisme au niveau national et/ou international ;
- de participer aux foires, aux foras et aux salons nationaux et internationaux sur le Tourisme ;
- d'identifier et/ou d'encourager les expériences nouvelles pour les touristes ;
- participer à la collecte, au traitement et la diffusion des informations relatives au tourisme en Guinée ;
- de faciliter la participation des professionnels du secteur aux évènements touristiques ;
- de participer à la recherche et à la mobilisation des moyens de financement pour la promotion et le développement du tourisme ;
- d'organiser des campagnes de sensibilisation au fait touristique ;
- d'être présent, à travers un Bureau d'accueil, dans tous les aéroports, les ports et les frontières terrestres et maritimes ;
- de percevoir les taxes parafiscales pour le compte du Fonds de Promotion et de Développement Touristique (FPDT) ;
- de disposer d'une police touristique pour la sécurisation des touristes et des sites touristiques ;
- de participer à l'élaboration et la mise en œuvre des textes législatifs et règlementaires régissant le secteur du Tourisme et de l'Hôtellerie ;
- de délivrer les Permis Techniques d'Exploitation des établissements d'hébergement, de restauration et de loisirs ;
- d'entreprendre toutes initiatives en matière industrielle, commerciale, mobilière, immobilière et financière se rattachant directement ou indirectement à la promotion du tourisme en République de Guinée.

+224 611 45 46 46
info@tourisme.gov.gn
www.tourisme.gov.gn

LE JARDIN BOTANIQUE DE CAMAYENNE

Situé entre l'esplanade de la grande mosquée Fayçal et le cimetière Cameroun.

Ce jardin créé en1897 par le gouverneur Ballay était à l'origine un jardin d'essai, où étaient étudiées différentes espèces de plantes tropicales. Il compte encore aujourd'hui quelques beaux spécimens d'espèces ornementales et forestières. Ces quelques hectares de verdure, relativement préservés, sont un des derniers poumons verts de la capitale. Plus ou moins entretenu, c'est malgré tout un lieu qui offre l'occasion de faire une petite balade à l'ombre de grands arbres. Plutôt rare !

CENTRE CULTUREL FRANCO-GUINEEN/ CCFG ★★

Pont du 8 Novembre, Commune de Kaloum

✆ +224 621 90 40 54 - www.ccfg-conakry.org

L'établissement comprend une salle d'exposition et de spectacle-cinéma et accueille régulièrement des manifestations de prestige. Médiathèque, cours artistiques et de langues. Le centre est aussi un lieu de création théâtrale et musicale, partenaire des événements locaux. La boutique propose une large gamme de produits artisanaux de toutes les régions du pays. La Brasserie des Arts permet aux visiteurs de prendre un repas ou boire un verre entre culture et arts de la table.

JARDIN DU 2 OCTOBRE ★

Situé juste en arrière de l'esplanade du Palais du Peuple, ce jardin abrite quelques beaux spécimens d'arbres et notamment d'immenses fromagers qui veillent sur les lieux depuis plusieurs dizaines d'années et assurent l'ombrage des principales allées. Il recèle quelques curieuses constructions pour les enfants, comme des toboggans en béton aux formes originales, des ponts suspendus, un labyrinthe, un vieux manège, des balançoires, etc. Après une réouverture au public en 2009 avec la création de nouvelles structures et l'installation d'un éclairage, cet écrin de verdure, dernier vestige d'une verte Conakry, a bien du mal à exister malgré différents projets récents de rénovation, de fait peu ou pas réalisés. En attendant des jours meilleurs, le jardin semble retenir son souffle en tentant de résister à une pression urbaine toujours un peu plus forte.

Quelques rares joggers courageux s'aventurent encore dans les quelques allées plus ou moins entretenues, le tout dans une atmosphère assez étrange et surannée. Vous pourrez sur place partager un moment d'échange et de découverte avec les artisans encore présents. Ils travaillent à l'ombre des grands arbres et réalisent, chacun dans leur spécialité, toutes sortes d'objets. Ils sont très disponibles et peuvent tout faire ! Le travail est de qualité. À noter qu'un restaurant Chez Valentina proposant entre autres des spécialités d'Europe de l'Est a ouvert ses portes dans d'anciens bâtiments rénovés, l'occasion de passer un moment hors du temps au 2 Octobre.

LE MARCHÉ NIGER

Le marché Niger est un des marchés historiques de Conakry situé dans la commune de Kaloum, à deux pas du quartier des affaires. Moins grand que la marché Madina, il peut être l'objet d'une étape dans une balade au centre-ville, avec ses étals extérieurs, ses boutiques et ateliers installés dans une structure « en dur » aux airs de souk, revus et corrigés par un architecte soviétique. Une large partie du marché est occupée par les étals des vendeuses de légumes et de produits alimentaires. Vous trouverez ici une grande diversité de produits, plus ou moins frais...

MUSÉE NATIONAL

Quartier Sandervalia, Commune de Kaloum
✆ + 224 622 16 36 94
Ouvert tous les jours sauf le lundi. Entrée à 10 000 FG pour les étrangers, 5 000 FG pour les nationaux.

Le musée abrite une collection d'objets anciens de toutes les régions du pays. Une de ses ailes a été restaurée grâce au soutien de l'ambassade du Japon, mais l'ensemble du musée aurait toujours bien besoin d'une rénovation pour une réelle mise en valeur des objets collectés. Le musée abrite régulièrement des expositions temporaires et autres manifestations culturelles. L'exposition permanente est quant à elle constituée d'objets emblématiques des principales ethnies de la Guinée et des différentes cultures, notamment quelques masques et tenues traditionnelles. La courte visite est commentée par le conservateur ou par un animateur, pas toujours très enthousiaste. Une maquette à la fin de l'expo permanente présente les structures d'habitats des différentes régions. Dommage que la salle d'exposition soit si mal éclairée et les objets si peu mis en valeur. Heureusement, elle est climatisée. À noter qu'il est normalement interdit de faire des photos à l'intérieur du musée, à moins de demander l'autorisation au directeur (sans aucune garantie). Les réserves du musée semblent assez conséquentes mais le manque de moyens plus que criant de la structure semble les condamner à rester cachées. Dans la cour du Musée ont été réunies des statues et des bustes datant de l'époque coloniale mais aussi plus récentes. Ce bric-à-brac historique est dominé de toute sa hauteur par un immense et magnifique fromager qui a dû voir passer du beau monde dans cette cour, mais également par la statue d'Eugène Ballay, gouverneur de la Guinée française à la fin du XIXe et au début du XXe siècle. Au pied de l'arbre, comme installé sous son aile protectrice, se trouve la case dite case Olivier de Sanderval (en fait, une case qui lui servait de cuisine), construite en 1896, un des derniers vestiges du passage de cet explorateur français en Guinée et de son projet fou de se créer un royaume au Fouta Djalon (lire à ce sujet *Le Roi de Kahel* par Thierno Monénembo). C'est aujourd'hui une curieuse ogive bétonnée, parfois squattée par des peintres qui y exposent leurs toiles. L'enceinte du musée abrite aussi une cafétéria tranquille et sa paillote coiffée d'un casque colonial géant qui semble finalement être un hommage en creux au colonisateur français (fermée lors de notre visite en mai 2022). À proximité également, un artisan expose des objets d'art, notamment touaregs. Le musée est en fin de compte un lieu assez étonnant à Conakry. Si vous êtes dans le coin, faites-y une petite pause. Pour une visite guidée et un point historique, demandez à rencontrer l'animatrice principale Martine Sara.

PORT DE BOULBINET

Droit de traverser : 10 000 FG par adulte.
Pirogue privatisée : 400 000 FG pour Kassa et 600 000 FG pour Tamara.

Le port est avant tout consacré à la pêche artisanale. Ici partent et accostent d'innombrables pirogues traditionnelles toutes plus colorées les unes que les autres. L'agitation est quasi permanente sur les pontons d'abordage. Même si les volumes de pêche diminuent, l'impression de ruche hyperactive demeure. À proximité, un autre embarcadère est un peu plus calme. C'est celui où les pirogues embarquent les passagers pour les îles de Loos. Pour les insulaires et visiteurs, c'est ici que se négocient les places pour l'une des trois îles de Loos au large.

SOBRAGUI SA

Route du Niger, Quartier Madina
✆ +224 628 07 18 85
www.sobragui.com
Pour une visite organisée, prendre contact avec le service commercial à l'adresse suivante : dcm@sobragui.com

La Sobragui est la brasserie historique de la Guinée. Son aventure guinéenne a débuté à la fin des années 1940 avec l'installation d'un premier site de production (embouteillage) et se prolonge encore de nos jours avec des lignes de production toujours plus modernes. Son siège social se trouve à Conakry où est implanté son principal site de production (route du Niger à Madina). Son attachement, son lien si particulier au pays ne s'est jamais démenti. Il est d'ailleurs symboliquement marqué à travers son logo, le Sily (l'éléphant, symbole de la Guinée). La Sobragui est reconnue sur toute l'étendue du territoire aussi bien à travers ses marques internationales, Skol, 33 Export,... qu'à travers des marques spécifiquement guinéennes comme Guini ou Guiluxe ; autant de produits fabriqués sur les deux sites de la société à Conakry et Kissidougou et distribués aux 4 coins du pays. Symbolisant mieux que tout autre l'entreprise, la Guiluxe ou la « Guinéenne de Luxe » en est la marque phare. Cette bière blonde et légère est la plus consommée sur tout le territoire. Au-delà de sa consommation (avec modération), il est possible d'en découvrir les secrets de fabrication sur le site de production de Conakry. Une belle occasion de pousser les portes d'une usine moderne, en constante amélioration qui s'est dotée d'une ligne de production à haute technologie, inaugurée en 2018 tout en préparant de nouveaux projets innovants. L'occasion également de faire une petite dégustation des différents produits de la gamme.

Étoles.

L'AMBIANCE DE LA CAPITALE

Se balader à Kaloum, se perdre dans les ruelles animées des quartiers, porté par les odeurs des gargotes, céder à la tentation d'un plat aux saveurs locales ou d'un bon jus de bissap : les charmes de Conakry sont multiples. Le week-end, les cérémonies de mariage, les baptêmes et autres animent la plupart des quartiers. Si vous en avez l'occasion, n'hésitez pas à vous approcher et à répondre à l'« appel du djembé ». Ambiance festive et bon enfant.

Dans l'après-midi ou à l'heure du coucher de soleil, vers le port de Boulbinet ou de Dixinn, les pirogues des pêcheurs regagnent la rive parmi les éclats de voix et la cohue joyeuse des femmes et enfants. Se mêler à la foule, inspecter les prises multicolores aux tailles parfois impressionnantes : un spectacle gratuit fort en couleurs et en odeurs.

Pour les noctambules, la nuit à Conakry se divise en deux temps. Celui du maquis, la buvette sonorisée où l'on se donne rendez-vous pour commencer la soirée autour d'un verre et de brochettes. Puis passé minuit, celui des boîtes de nuit pour « faire le mouvement ». Nombreux sont ceux qui font alors la tournée des différents night-clubs au cours de la nuit. L'animation ne commence pas avant minuit, pour battre son plein vers 3h et se terminer au petit matin.

Attention : si Conakry n'est pas une ville foncièrement violente, la promenade nocturne en solo hors des axes les plus fréquentés est proscrite, et il est globalement conseillé de se déplacer en voiture ou, à défaut, de ne pas se déplacer seul.

CENTRE ACROBATIQUE FODÉBA KEÏTA ★★

Commune de Dixinn
✆ +224 624 78 90 59

Installé dans l'enceinte du stade du 28 Septembre depuis 1998, le centre est le lieu de formation du cirque Tinafan, digne héritier du Circus Baobab créé à la fin des années 1990. Ici, les entraînements des acrobates et autres artistes ont lieu les samedis vers 11h, quasiment toutes les semaines. Un spectacle en soi, qui vaut le détour ! Ils sont ouverts au public gratuitement, mais il est de bon ton de déposer sa contribution dans les calebasses qui circulent en fin d'entraînement.

LE MARCHÉ DE MADINA

Madina est le marché le plus important de tout le pays : un vrai dédale où il est facile de se perdre. Tout et tous s'y côtoient : des objets recyclés aux glacières, en passant par les médicaments, les bijoux en or, les téléphones, les valises, les appareils électroniques, les tissus, etc. Se faire guider est indispensable pour ne pas être découragé par l'immensité du lieu qui occupe tout un quartier, dans un bouillonnement d'activités qui rend la progression lente, voire chaotique en saison des pluies. Attention aux pickpockets qui essayent d'en tirer profit.

STUDIOS KIRAH ★

Quartier Kipé, Commune de Ratoma
✆ +224 625 08 07 06

Les Studios Kirah (*kirah* signifie le chemin) sont nés en 2017 à l'initiative de l'association culturelle La Muse et de son fondateur Bilia Bah, auteur et metteur en scène. Les Studios se veulent un incubateur culturel et une résidence d'écriture. C'est un lieu de production et de diffusion pour des artistes d'horizons variés. Dans le cadre de ses activités, il a déjà organisé et inscrit dans le calendrier culturel local divers rendez-vous : le Café des conteurs (organisé deux fois par mois en saison sèche) et le Café des auteurs. Il accueille aussi tous les deux ans le festival Univers des mots, qui est devenu en quelques années un rendez-vous culturel incontournable de Conakry, où se côtoient des artistes de divers pays. Ce festival, qui s'est donné pour mission de promouvoir le spectacle vivant en Guinée, de diversifier l'offre culturelle et d'accompagner la créativité des artistes francophones tout en contribuant à leur formation et à leur professionnalisation, s'inscrit en parfaite cohérence avec la démarche de Kirah.

Il poursuit par ailleurs diverses activités culturelles, notamment à l'adresse des jeunes des quartiers environnants avec du théâtre de sensibilisation. Régulièrement, des concerts et spectacles sont organisés dans ses locaux et son espace dédié au spectacle sis quartier Kipé, en plus des rendez-vous proposés régulièrement. L'entrée est le plus souvent gratuite, mais la consommation conseillée sur place, ne serait-ce que pour soutenir l'activité du lieu. Un espace culturel unique en son genre à Conakry !

LA GRANDE MOSQUÉE FAYÇAL ★

Route de Donka, Commune de Dixinn.

Construite sous Sékou Touré, c'est la mosquée la plus grande d'Afrique de l'Ouest. Elle peut accueillir plus de 12 000 fidèles. Ses quatre minarets carrelés de vert se repèrent de loin. Elle est située en face de l'hôpital Donka. Pour y avoir accès, les femmes doivent se couvrir de la tête (foulard obligatoire et non fourni) aux pieds. L'accès est gratuit, mais on vous demandera probablement une petite contribution pour son entretien. Dans la cour se trouve le mausolée Camayenne, où sont enterrés quelques héros nationaux (Samory Touré, Sékou Touré, Alpha Yaya).

ATELIER D'IBRAHIMA BARRY

Quartier Kipé, Commune de Ratoma
✆ +224 622 02 89 94

M. Barry est un artiste peintre, amoureux des couleurs et des dessins. Comme il le dit de lui-même, « je suis devenu peintre par amour. J'aime peindre le quotidien et surtout la texture africaine et les beaux visages des femmes ». Né en 1968 à Mamou, il peint depuis plus de trente ans des œuvres, souvent très colorées, qui associent peinture et divers matériaux (tissu, carton, fibres, etc.). Son atelier est installé à Kipé chez Nadine Bari, qui est une des « marraines » de l'artiste. Il se fera un plaisir de vous y accueillir et de vous faire partager son travail.

LA PLAGE DE LAMBANYI

Quartier Lambanyi, Commune de Ratoma
L'accès à la plage est payant : 10 000 FG par personne, et le parking également : 5 000 FG par véhicule.

Étonnant lieu que cette plage constituée d'une étroite bande de sable blond coincée entre la mer et les bas-fonds, avec en toile de fond la capitale. Peu large mais très étendue, elle permet de faire une agréable balade notamment en fin de journée pour profiter du coucher de soleil. Depuis quelques années, les paillotes et autres bars-restaurants se sont installés le long de ce cordon sableux en dénaturant quelque peu le lieu, qui reste malgré tout unique en son genre. Vous pourrez donc en profiter pour vous poser et boire un verre entre amis.

LA PLAGE ET LE VILLAGE DE TAYAKI ★★

Commune de Ratoma

Une plage de sable blanc non polluée, accessible sans prendre le bateau, à Conakry ? Eh oui, ça existe encore sur la presqu'île-capitale, et cette plage s'appelle Tayaki. Non, non, ce n'est pas une île du Pacifique. Située à environ 4 km de Kobaya dans la commune de Ratoma, l'accès à cette plage se fait uniquement à pied et il faut compter environ 1h30 de marche au milieu des rizières et des marais pour atteindre le sable et le village du même nom. Idéal pour une excursion d'une journée et prendre un grand bol d'air marin aux portes de la capitale. Dorénavant sur la plage, des lieux pour vous restaurer ou boire un verre vous accueillent (restaurant Le Syli, le Blanco Beach Club). De plus, un parking surveillé vous permet de laisser votre véhicule en toute sérénité, avant de rejoindre la plage à pied.

Petite précision : pour profiter pleinement de la plage à l'ombre des palmiers, il faut marcher un peu en suivant la langue de sable et s'éloigner du village. C'est aussi l'occasion de découvrir le village et de rencontrer ses habitants. Ici, les villageois sont pêcheurs et/ou cultivateurs. Ils produisent et commercialisent également du sel. Ils vivent surtout dans un grand dénuement alors que Conakry est si proche, mais à la fois si loin. Pas d'eau, pas d'électricité, pas de route, pas de service de santé… bref, pas grand-chose, si ce n'est cette population qui se débrouille pour survivre avec ses propres moyens. C'est aussi ça, Tayaki, et ça mérite aussi de s'y attarder un peu.

LA VILLA DES ARTS

✆ +224 610 11 20 20
Entrée gratuite.

Créée par deux amoureux de l'art, Souhaib Deen Bangoura et Hicham Amin, La Villa des Arts est née du constat que les artistes guinéens ne disposaient pas d'un lieu digne de ce nom pour se faire connaître et exposer leurs œuvres. Après avoir organisé des ateliers créatifs notamment pour les jeunes, La Villa est donc finalement devenue une galerie avec une première exposition organisée en décembre 2021 : « Guinée plurielle ». Depuis les expositions se succèdent. Un lieu, dédié à la création, à visiter absolument pour découvrir l'art contemporain guinéen.

SE LOGER

Compte tenu de la difficulté à se déplacer à Conakry en raison des fréquents bouchons, le choix de votre point de chute peut se montrer déterminant pour le bon déroulement de votre séjour. Si vous y venez pour votre agrément, il est bon de s'extraire de Kaloum, le centre des affaires, pour pouvoir accéder plus rapidement à des quartiers animés comme ceux de la commune de Ratoma. Un hôtel à Dixinn ou dans les quartiers résidentiels de Camayenne, de la Minière ou de Thaouya sera alors parfait. Avec la baisse de fréquentation de ces dernières années pour cause de crise du Covid et de putsch militaire, les prix des réceptifs, qui s'étaient envolés, tendent à une relative stabilité, voire une baisse. Bon à savoir : une chambre simple dispose d'un grand lit pour deux personnes, une chambre double de deux grands lits. Pour les petits déjeuners, il en est parfois prévu un seul pour une chambre simple.

GALAXIE HOTEL €

Commune de Kaloum
✆ +224 622 08 90 26

15 chambres à 510 000 FG pour une personne. Supplément pour deux personnes.

Située juste derrière l'hôtel Kaloum, cet établissement minimaliste propose des prestations correctes, sans plus, et basiques à un prix très concurrentiel au vu de sa situation. Lors de notre passage, le restaurant n'était pas fonctionnel car en travaux. Mais dans les alentours proches, les possibilités de se restaurer sont multiples et diverses ; restaurants ou gargotes sur le trottoir offrent un choix quasi illimité. Une solution pour qui cherche une chambre simple à prix abordable dans le quartier des affaires. Pour les autres, passez votre chemin.

KIPE TOURISME HOTEL €

Quartier Kipé, Commune de Ratoma
✆ +224 664 00 59 94

30 chambres de 450 000 FG à 600 000 FG avec petit déjeuner continental offert.

À l'écart de l'agitation de la T2, de ses maquis, *lounges* et autres boîtes de nuit, mais à moins de 5 minutes à pied du carrefour du centre émetteur, cet hôtel offre un confort simple et basique dans une ambiance africaine et conviviale. Les chambres sont propres et fonctionnelles, réparties le long de coursives sur les deux niveaux. La cour dominée par des filaos est agréable. Une petite terrasse ombragée permet de se restaurer en toute tranquillité. Un rapport qualité/prix très concurrentiel pour qui cherche à se loger simplement dans ce quartier.

LES JARDINS DE GUINEE €

Quartier Coléah Lansébounyi, Commune de Matam ✆ +224 664 21 89 38

4 chambres climatisées avec TV et minibar pour 500 000 FG la nuitée avec petit déjeuner offert pour une personne.

Plus connu pour son bar et pour son restaurant sous une grande paillote verdoyante, les chambres des Jardins de Guinée offrent pourtant une belle opportunité de se loger à Coléah pour un prix raisonnable. Situées au premier étage d'un bâtiment dans la même cour que le restaurant, elles offrent l'opportunité de profiter du restaurant (une des bonnes tables de Conakry), du bar et des animations de fin de semaine. Même si les chambres manquent un peu de volume, elles constituent au vu des prestations proposées un bon compromis d'entrée de gamme à Conakry.

MAISON D'ACCUEIL DE L'ARCHEVÊCHÉ €

Quartier Koulouwondy, Commune de Kaloum
✆ +224 621 75 29 39

Chambres de 150 000 FG (ventilée) à 450 000 FG (climatisée) selon le confort et le nombre de personnes.

L'archevêché était jusqu'à présent un lieu de repos. Il est devenu au fil des années un centre d'hébergement où le respect des clients n'est plus de mise. Le cadre est superbe malgré l'austérité des chambres. La direction ne fait pas de distinguo sur les prix entre une chambre avec ou sans moustiquaire et montre une certaine désinvolture avec ses clients. Malgré tout, l'archevêché reste bien placé à deux pas du centre de Kaloum. L'hôtel offre une restauration matin, midi et soir.

PRINCIPAUX QUARTIERS ET AMBIANCES

Conakry est subdivisée en cinq communes et il est parfois difficile de se repérer dans cette capitale tentaculaire. Aussi, nous vous donnons ci-après la liste des quartiers par commune, ces noms étant bien souvent les seules indications disponibles pour se repérer.

Quartiers de Kaloum : Almamya, Boulbinet, Coronthie, Fotoba, Kassa, Kouléwondy, Manquepas, Sandervalia, Sans-fil, Témitaye et Tombo.

Quartiers de Dixinn : Belle-vue, Camayenne, Cameroun, Dixinn, Hafia, Kénien, Landréah et Minière-cité.

Quartiers de Matam : Boussoura, Bonfi, Carrière, Coléah, Domino, Hermakönon, Imprimerie, Lanséboudji, Madina, Mafanco, Matam et Touguiwondy.

Quartiers de Ratoma : Cobaya, Dar-es-Salam, Hamdalaye, Kaporo, Kipé, Koloma, Lambadji, Nongo, Ratoma, Simbaya-gare, Sonfonia-gare, Taouyah, Wanindara et Yattayah.

Quartiers de Matoto : Béanzin, Camp Alpha Yaya Diallo, Cité de l'Air, Dabompa, Dabondy, Dar-es-Salam, Gbéssia, Kissosso, Matoto, Sangoya-mosquée, Simbaya, Tanéné, Tombolia et Yimbaya.

Kaloum est le centre-ville typique d'une capitale africaine. Des quartiers très populaires où les gens vivent entassés, de grands édifices climatisés qui abritent ambassades et bureaux, des quartiers résidentiels aux allées ombragées, en passant par l'agitation des ruelles bordées de commerces, de gargotes… Camayenne est un quartier qui se situe le long de la corniche Nord. Il est, de par sa position, très prisé par les expatriés qui y retrouvent une forme de confort à l'européenne. Quelques lieux emblématiques de Conakry y sont regroupés (jardin botanique, mosquée Fayçal, camp Boiro). Dixinn a une atmosphère plus guinéenne. C'est le quartier où depuis fort longtemps de nombreux artistes se sont installés. Par conséquent, l'ambiance y est encore très animée, le jour comme la nuit. Matam est une commune très populaire, sur la rive sud de la presqu'île, où est située le non moins populaire grand marché de Madina. Le quartier est très prisé par les passionnés de musique, notamment de djembé. Ratoma s'étend après Dixinn sur la côte nord. Quartier résidentiel très arboré, il est prisé par une clientèle aisée pour ses villas et ses hôtels de luxe, mais aussi pour ses plages occupées par des bars et restaurants souvent animés. Matoto se situe à l'opposé. Il n'a aucun intérêt touristique. Articulé autour de grands axes routiers, c'est un quartier essentiellement commercial.

LA PENSION LES PALMIERS €

Chez mme Ghussein

✆ +224 622 35 25 00

www.pensionlespalmiers.com

15 chambres doubles climatisées à partir de 720 000 FG, petit déjeuner offert.

Accueil très chaleureux garanti dans ce lieu qui respire la bonne humeur. Les Ghussein, mère et fils, se feront un devoir de vous faire vous sentir comme chez vous. Leur personnel est à leur image, très avenant. Les chambres sont tout confort et bien entretenues. Le cadre verdoyant avec une piscine au bord de mer complète le tout en beauté. Quel plaisir de prendre son petit déjeuner à la table commune face à la mer. Pour vous accueillir à l'aéroport, visiter Conakry ou l'intérieur, louer un véhicule, pas de problème. Le patron a toujours une solution pour vous.

L'ALMAMYA HOTEL ET RESIDENCE €€

Quartier Almamya, Commune de Kaloum

✆ +224 624 79 16 64

Chambres avec petit salon, douche et cuisine y compris petit déjeuner.

Cet hôtel-résidence situé en plein centre-ville, dans le quartier Almamya, propose des chambres et appartements vous offrant la possibilité d'être « comme à la maison » avec les prestations d'un hôtel (ménage, linge, navette…) et à des prix raisonnables. Tout confort, les chambres disposent de la climatisation, du wi-fi et de la TV satellite. Un bon compromis pour ceux souhaitant résider pour un court ou long séjour au plus près du quartier des affaires de Kaloum.

HÔTEL OCEANO €€

Commune de Matam

✆ +224 664 58 67 58

15 chambres à 650 000 FG au rez-de-chaussée et 750 000 FG à l'étage avec petit déjeuner offert.

Ouvert en 2018, ce bel établissement, situé au calme en bord de mer, propose des chambres spacieuses, lumineuses et bien équipées. Le restaurant panoramique installé au niveau supérieur de l'établissement propose un large choix de grillades de viande, de poissons et autres produits de la mer, et également une délicieuse bouillabaisse à la mode conakryka (sur commande à partir de 6 personnes). Quant à la piscine et sa terrasse, elles offrent un bien agréable espace de détente au bord de l'océan. Pour un séjour au calme dans une ambiance familiale.

LINDA'S GUESTHOUSE €€

Quartier Ratoma Cyber
✆ +224 627 84 77 59
Chambre à 400 000 FG y compris le petit déjeuner.

Ouverte en 2020, cette magnifique maison d'hôte comprend six chambres spacieuses et lumineuses, décorées avec soin et équipées avec du mobilier de qualité. Chaque chambre dispose d'une grande salle de bains privative. Cette demeure de luxe à la déco chic comprend plusieurs espaces de vie communs pour les résidents (salons et salles à manger) et de grandes terrasses à chaque niveau. Elle est entièrement climatisée. Gérée par la propriétaire qui a le sens de l'accueil et sait réserver de délicates attentions à ses hôtes, elle ravira les plus exigeants.

LE MARIADOR PARK €€

Quartier Taouyah, Commune de Ratoma,
✆ +224 622 26 74 33
Chambres simples à partir de 700 000 FG, sans le petit déjeuner.

Petit frère du Mariador Palace qui est sur la corniche, l'hôtel est situé à proximité mais dans le quartier sur une rue passante. Il propose des prix relativement élevés au regard des prestations offertes et de la concurrence qui s'est beaucoup développée ces dernières années. Les chambres sont propres mais leur déco est quelque peu vieillotte. L'établissement propose des studios, pour des personnes en mission par exemple. Ainsi, les clients se retrouvent chez eux avec les services hôteliers. Le restaurant dispose d'une cour agréable et offre des menus complets.

LE PETIT BATEAU €€

Quartier Coronthie, Commune de Kaloum
✆ +224 657 79 80 00
http://hotelpetitbateau.com/
Chambres climatisées, équipées tout confort. Chambres à partir de 910 000 FG, suites à 1 810 000 FG avec petit déjeuner.

Une des bonnes adresses de Conakry. Les chambres du bâtiment sur 4 niveaux sont spacieuses, bien équipées et propres. L'hôtel s'articule autour d'une très agréable terrasse en plein air au bord de l'océan et d'une piscine d'eau salée. Un *cozy lounge*, le Riva, vous y accueille pour vos soirées entre amis. Au restaurant, les plats à base de poissons et de crustacés sont à recommander. Rien que la vue sur le bord de mer vaut le détour ! Signalons que l'hôtel est aussi équipé d'une marina avec des bateaux en location et des départs réguliers pour les îles de Loos.

HOTEL DU GOLFE €€

Quartier Minière, Commune de Dixinn
✆ + 224 627 60 60 09
40 chambres. Les ventilées sont à 200 00 FG la nuitée et les climatisées à partir de 500 000 FG avec petit déjeuner.

L'hôtel est idéalement situé dans un quartier résidentiel calme, à 15 minutes de l'aéroport et 15 minutes de Kaloum, le quartier administratif. Construit sur quatre niveaux, le rez-de-chaussée est occupé par la réception et le parking sécurisé. La terrasse, le restaurant et les chambres sont situés au premier et dans les étages supérieurs. Les chambres sont spacieuses et lumineuses et l'accueil cordial et avenant. La diversité de l'offre en matière de chambres avec un premier prix à 200 000 FG la nuitée pour une chambre ventilée en fait une adresse à découvrir.

LE PETIT CHALET HOTEL €€

Quartier Minière, Commune de Dixinn
✆ +224 622 00 00 24
Chambres tout confort et suites avec petit déjeuner.
Situé dans une rue calme, ce petit hôtel propre et bien entretenu offre des prestations de qualité. L'accueil y est vraiment très sympa. Les chambres sont réparties sur deux sites très proches. Elles sont tout confort avec notamment écran plat, Wifi, mini-bar. L'hôtel met à la disposition de ses clients un parking sécurisé et un pressing. Dans la cour, la piscine offre la possibilité d'un petit plongeon rafraîchissant. Un plus dans l'ambiance surchauffée de la capitale. À signaler : en mai 2022, l'un des deux sites de l'hôtel était en complète rénovation.

SACHA HOTEL €€

Commune de Kaloum
✆ +224 622 29 51 22
L'hôtel se trouve en plein centre-ville dans une petite rue assez passante, derrière l'hôtel Kaloum qui domine le quartier. De gros travaux de rénovation étaient en cours lors de notre visite, mais l'établissement proposait à ses clients un hébergement dans un autre bâtiment à quelques rues de là en attendant la réouverture. Gageons qu'après rénovation, vous pourrez de nouveau boire un verre sur la terrasse qui donne sur la rue et ainsi vous imprégner de l'ambiance du quartier ou bien profiter des espaces intérieurs climatisés, très joliment décorés.

LA PETITE MINIERE [AUBERGE] €€

Quartier Minière, Commune de Dixinn
✆ +224 622 18 18 35
10 chambres de 660 000 FG et 790 000 FG. Suite à 1 000 000 FG, avec clim, Canalsat et petit déjeuner compris.
La Petite Minière se place sur le créneau de l'auberge familiale à l'ambiance conviviale. Elle est située dans le très résidentiel et très calme quartier Minière à deux pas de la résidence de l'ambassadeur de France. La décoration intérieure est vraiment sympa avec de nombreux objets d'art africains mais aussi des tableaux très colorés. Les prestations sont correctes pour un prix raisonnable. L'accueil est sympa et compense certaines prestations qui pourraient être améliorées.

TAAFIA BOUTIQUE HOTEL €€

Quartier Coléah Lansébounyi
✆ +224 611 70 10 10
19 chambres dont 16 standard à 700 000 FG et 3 suites à 1 500 000 FG avec petit déjeuner offert.
Total renouveau pour l'hôtel Coleah qui devient Taafia Boutique Hôtel. La décoration a été totalement repensée dans un style ethnique chic et chaleureux. Les chambres très lumineuses et spacieuses offrent des prestations au-dessus de la moyenne locale. Un restaurant, un bar et un cigare *lounge* doivent venir compléter cette offre de qualité. Une adresse très attrayante de par ses tarifs raisonnables au vu des prestations proposées et de sa situation géographique, idéale pour visiter les différentes communes de la capitale. À découvrir !

RÉSIDENCE SANDERVALIA €€

Quartier Sandervalia, Commune de Kaloum
✆ +224 628 03 80 64
Chambres simples à partir de 600 000 FG avec petit déjeuner et doubles avec 2 grands lits à partir de 800 000 FG.
Situé au cinquième étage d'un immeuble du quartier des affaires, cet établissement offre des prestations d'un très bon rapport qualité/prix pour des courts ou des longs séjours. Sa situation fait que vous êtes au-dessus de l'effervescence des rues environnantes tout en étant au cœur de Kaloum. Les chambres sont spacieuses et très lumineuses, certaines avec kitchenette, d'autres avec espace séjour. La disponibilité du personnel pour répondre aux demandes des clients et la qualité de l'accueil sont un plus très appréciable. Vue imprenable !

VILLA M €€

Quartier Minière, Commune de Dixinn
✆ +224 625 86 96 88
www.lavilla-m.com
6 chambres de standing à partir de 800 000 FG la nuitée avec petit déjeuner offert.
Une décoration moderne chic pour des chambres spacieuses avec salle de bains privative et douche italienne, équipées de de télévision à écran plat, dotées du Wifi et climatisées. Ici pas de coupure d'eau ni de courant, le groupe prend automatiquement le relais en cas de besoin. Un grand séjour ouvert aux hôtes permet de regarder la télévision et de se sentir comme chez soi. La terrasse offre également un espace de détente convivial et calme, pour boire un café ou recevoir des amis. Rare ! Tarifs dégressifs selon la durée du séjour.

HOTEL M'LYS €€€

Quartier Almamya, Commune de Kaloum
✆ +224 624 29 93 69
www.hotelmlys.com/

Chambre à partir de 450 000 FG. Petit déjeuner buffet à 100 000 FG. Au restaurant, environ 120 000 FG /plat.

Ouvert depuis 2014, cet hôtel de charme à la décoration soignée, propose une belle qualité de prestations, complétée depuis par des apparts-hôtel pour les longs séjours et pour se sentir comme à la maison. En 2022, une nouvelle directrice a repris l'établissement avec le souci de maintenir le niveau des prestations hôtelières et de proposer aux gourmets une nouvelle adresse, La Diversité, servant une cuisine d'ici et d'ailleurs. Lors de notre passage, une terrasse devait voir le jour et le *rooftop* avec vue sur la ville rouvrir après la saison des pluies.

GRAND HOTEL CENTRAL €€€

Quartier Manquepas, Commune de Kaloum
✆ +224 623 80 08 00
http://ghc-guinee.com/
52 chambres avec petit déjeuner à partir de 740 000 FG. Suites avec petit déjeuner à partir de 1 250 000 FG.

Situé à deux pas de l'avenue de la République, l'artère centrale de Kaloum, ce très bel établissement, ouvert en 2014, propose des prestations de bonne qualité à des prix très concurrentiels. Les chambres à la déco moderne et sobre sont confortables et bien équipées. Le personnel avenant et très professionnel est à l'écoute de la clientèle. Un vrai plus ! Deux restaurants, le Griot et le Beirut, viennent compléter l'offre de ce complexe hôtelier de qualité. Sans oublier la pâtisserie centrale située au rez-de-chaussée de l'établissement. A découvrir.

NOOM HÔTEL €€€

Quartier Teminetaye, Commune Kaloum ✆ +224 626 33 33 33
178 chambres à partir de 1 500 000 FG. 9 suites à partir de 3 000 000 FG.

Architecture très originale en forme de bateau de croisière pour cet hôtel de grand luxe, installé au bord de la mer comme à quai. La qualité des prestations et de l'accueil font de cet établissement une référence locale dans sa catégorie. L'alliance d'une déco ethnique et moderne donne tout son charme aux chambres et suites. Le restaurant afro-fusion L'Adresse, le bar à cocktails, la salle de sport moderne et la piscine à débordement sont autant d'espaces à la disposition des clients pour se détendre et passer un séjour inoubliable au cœur de la capitale.

GRAND HOTEL DE L'INDEPENDANCE €€€

Quartier Boulbinet, Commune de Kaloum

L'ex-GHI ou Novotel est l'hôtel de luxe historique de la capitale guinéenne. Idéalement situé avec accès à la mer et une vue imprenable sur les îles de Loos, l'établissement a enfin trouvé un repreneur. Le projet de rénovation du groupe Hyatt est grandiose et devrait lui redonner sa grandeur d'antan. Il prévoit de créer une marina, une plage et bien sûr de proposer une piscine, un restaurant ainsi que des chambres, suites et appartements modernes. Ouverture prévue en 2023.

HÔTEL KALOUM €€€

Quartier Almamya, Commune de Kaloum
✆ +224 626 99 99 99
www.hotelkaloum.com
265 chambres et suites pour des nuitées à partir de 1 500 000 FG.

L'un des derniers nés dans cette gamme d'établissement de luxe à Conakry, l'hôtel Kaloum est idéalement placé au cœur de la presqu'île du même nom. Son offre est alléchante avec pas moins de six restaurants et bars dont le Sky Lounge Bar au dix-huitème étage, une piscine, un spa, une salle de fitness… Dans un contexte compliqué depuis deux ans, l'établissement trouve peu à peu sa vitesse de croisière malgré quelques soucis récurrents dans la qualité des services et prestations. Pas étonnant pour un établissement de cette dimension et de cette ambition à Conakry.

HÔTEL ATLANTIC OCEAN VIEW €€€

Quartier Kipé centre émetteur, Commune de Ratoma ✆ +224 660 77 77 71
Chambres standard à 900 000 FG et supérieures à 1 200 000 FG. Suites de 1 410 000 FG à 2 200 000 FG selon prestations.

Ouvert en 2019, cet établissement de 50 chambres a tous les atouts d'un grand. Situé en bord de mer, la décoration est très soignée et originale. Les chambres sont spacieuses et lumineuses. La piscine intégrée au milieu d'une grande terrasse, avec le bar et le restaurant à proximité, offre un cadre très agréable pour se poser. L'accueil et la disponibilité du personnel font partie de l'ADN de cet établissement, où tout est fait pour vous permettre de passer un bon séjour à Conakry.

HOTEL MILLENIUM SUITES €€€

Quartier Landréah, corniche Nord, Commune de Dixinn ✆ +224 623 62 36 23
https://milleniumsuites.com/
Suites junior de 1 600 000 FG à 1 900 000 FG, suites senior à 3 000 000 FG. Le petit déjeuner est à 100 000 FG.

L'hôtel propose des suites de haut standing et des prestations de grande qualité. Une adresse qui fait référence à Conakry ! Le personnel et l'accueil sont à la hauteur du lieu. La cour intérieure, qui s'organise autour d'une belle piscine, offre le loisir de passer d'agréables moments de détente au calme. Le restaurant, le West, propose une carte très complète de plats aussi bien africains que libanais ou européens. Savoureux ! Certainement l'une des meilleures tables de la capitale. À noter également : le *lounge*, où vous sera proposée une cuisine asiatique.

LE MARIADOR PALACE €€€

Quartier de Ratoma
✆ +224 621 56 96 29
Chambres à partir de 1 100 000 FG et jusqu'à 1 350 000 FG. Suite junior à 1 500 000 FG.

Les chambres sont spacieuses avec pour certaines une superbe vue sur la mer. Le restaurant propose des menus variés. La piscine donnant sur la mer est idéale pour se relaxer dans un environnement verdoyant. Elle est ouverte aux clients extérieurs. L'ensemble est bien situé sur la corniche Nord. Une boutique de produits artisanaux est à la disposition des clients. Mais le déficit de fréquentation se fait ici réellement ressentir et malgré les efforts de la direction, les prestations proposées souffrent de la comparaison avec la concurrence.

LE RIVIERA ROYAL €€€

Quartier Tombo, Commune de Kaloum
✆ +224 660 23 23 23
https://rivieraroyalhotel.com/
Le prix d'une chambre standard est de 1 460 000 FG, tout confort et à partir de 1 800 000 FG pour une suite.

Le nom est très évocateur du lieu. Parmi les plus luxueux de Conakry, cet hôtel de charme dispose de 102 suites et 52 chambres spacieuses. Dans un cadre de verdure apaisant, le complexe met à disposition de sa clientèle une grande piscine, deux courts de tennis, une discothèque (Le Baron), etc. Avis aux gastronomes : le restaurant Injeera situé au bord de la piscine sert une cuisine internationale avec des plats venus des quatre coins du monde. Un *lounge rooftop* et un deuxième restaurant, Siete, complètent désormais l'offre déjà très haut de gamme de l'hôtel.

ONOMO HOTEL €€€

Quartier Tombo, Commune de Kaloum
✆ +224 624 93 16 16
123 chambres standard à partir de 1 150 000 FG et 32 appartements de 1 ou 2 chambres à partir de 1 250 000 FG.

Cet hôtel de luxe inauguré en 2018 propose des prestations de qualité dans un style *african-chic*. Les chambres standards sont plutôt bien conçues et correctement entretenues. L'ensemble situé entre le bord de mer et le jardin du 2 Octobre est plutôt agréable. Dommage que le service ne soit pas toujours à la hauteur des ambitions, notamment au niveau du restaurant. La terrasse autour de la piscine et son jardin exotique offrent un espace convivial pour passer un bon moment entre amis en dégustant un délicieux cocktail dont le barman a le secret.

LE RIVIERA TAOUYAH €€€

Quartier Taouyah, Commune de Ratoma.
✆ +224 660 30 00 00
https://www.rivierataouyahhotel.com/
Comptez à partir de 1 000 000 FG pour une chambre simple et 1 400 000 FG pour une double.

Une classe en dessous du Riviera Royal, son grand frère, le Riviera Taouyah propose malgré tout de belles prestations avec des chambres propres et spacieuses, toutes dotées d'un minibar et d'un frigo. Tout le personnel de l'établissement est à l'écoute et attentif au bien-être de ses clients. Le restaurant propose une cuisine internationale et libanaise. Les repas sont servis aux abords de la piscine, avec en arrière-plan un agréable jardin verdoyant. Service de navette pour l'aéroport et possibilité de locations de voiture.

PALM CAMAYENNE €€€

Quartier Camayenne - Corniche, Commune de Dixinn.
✆ +224 656 10 10 10
www.palmcamayenne.com
Chambres à partir de 2 500 000 FG, suites à partir de 3 500 000 FG.

Anciennement Camayenne Hôtel, premier hôtel de luxe de la capitale guinéenne, l'établissement a rouvert ses portes en 2013 après d'importants travaux. En 2022, il fait partie des plus beaux établissements de luxe de Conakry. Il dispose de 123 chambres tout confort, climatisées, et au design élégant, d'une belle piscine, d'un centre d'affaires, d'une salle de fitness, d'un spa, d'une terrasse face à la mer, et pas moins de quatre restaurants et bars. Il bénéficie par ailleurs d'une très belle vue panoramique sur l'océan et les îles de Loos.

LE ROCHER €€€

Quartier Sandervalia, Commune de Kaloum
✆ +224 624 10 00 00
www.hotel-rocher.com
Chambre simple à partir de 750 000 FG pour 1 personne et chambre double à partir de 1 000 000 FG avec petit déjeuner.

Les chambres sont impeccables et calmes (double vitrage), climatisées avec télévision, tout confort, et Wifi. L'hôtel dispose d'un business-center. C'est certainement l'hôtel haut de gamme le plus familial et convivial de Conakry, avec un personnel compétent et affable. Le restaurant gastronomique offre un éventail de plats excellents pour des prix raisonnables. Une salle de sport et une piscine réservée à la clientèle complètent depuis peu l'offre de prestations. L'occasion de savourer un bon petit plat au bord de la piscine.

SE RÉGALER

Dans la capitale guinéenne, l'offre culinaire est très cosmopolite avec une forte influence de la cuisine ouest-africaine, mais aussi libanaise, française et chinoise. Ici, les tables gastronomiques sont plutôt rares et essentiellement dans les grands hôtels. L'essentiel de l'offre se concentre dans le quartier de Kaloum avec des restos pour manger au quotidien à des prix raisonnables et les immanquables gargotes installées sur les trottoirs sous des abris de fortune. Chacun y trouvera son compte. Dans tous les quartiers, les fast-foods se multiplient à grande vitesse. Les Conakrykas, chaque jour plus nombreux, viennent y manger hamburgers, chawarmas et pizzas à des prix abordables. Ils viennent concurrencer les petits restaurants de spécialités locales ou africaines qui gardent malgré tout leurs adeptes. Les amateurs de viande ne manqueront pas par ailleurs de tester les dibiteries locales très fréquentées mais de qualité variable.

Femme proposant ses beignets de maïs.

AFRICANA €€

Quartier Manquepas, Commune de Kaloum
✆ +224 621 43 37 37
Poissons et crustacés avec alokos ou atiéké, spécialités guinéennes. Chaque midi, un plat du jour africain.
Le restaurant Africana fait partie du groupe Mondial Tours, un acteur historique du tourisme et de la restauration en Guinée. Dans ce petit établissement du centre de Kaloum, l'accueil et le service sont irréprochables et l'ambiance conviviale. Chaque jour pour votre déjeuner, un nouveau plat africain vous attend pour vous faire découvrir les saveurs de la Guinée et plus globalement du continent. Le restaurant propose également un afterwork tous les soirs sauf le dimanche. L'Africana demeure une des bonnes adresses de Conakry. Chic et soignée !

AGADIR €€

Quartier Boulbinet, Commune de Kaloum
✆ +224 664 60 60 25
Plats marocains entre 80 000 FG (tajines) et 150 000 FG (couscous royal). Autres plats entre 80 000 FG et 90 000 FG.
Un restaurant où la « mama marocaine » vous propose ses bons petits plats marocains (tajines de mouton, de poulet ou de veau, couscous royal, brochettes de Keffa...) ou d'inspiration plus occidentale (pizzas, hachis Parmentier, poulets rôtis, différents filets de viande ou de poisson, fruits de mer...). Ici on ne vient pas pour le cadre mais pour les plats préparés selon les règles de l'art culinaire marocain. À noter : l'excellent couscous royal, très copieux. Le restaurant est ouvert tous les jours sauf le dimanche, midi et soir.

BRASSERIE DES ARTS DU CCFG €

Pont 8 Novembre, Commune de Kaloum.
✆ +224 662 19 35 40
Plat du jour à 80 000 FG et dessert à 30 000 FG. Formule du jour complète à 150 000 FG.
La Brasserie propose chaque jour un menu différent pour le midi (entrée, plat, dessert), élaboré avec des produits frais trouvés sur le marché. Si le menu ne vous convient pas, vous pourrez toujours déguster un des fameux burgers maison. À découvrir plus particulièrement : les jours de spectacle ou de manifestations culturelles. Tous les vendredis, c'est soirée tapas musicales, l'occasion de déguster des morceaux musicaux agrémentés de bouchées aux saveurs variées.

LE BEIRUT €€€

Quartier Almamya, Commune de Kaloum
✆ +224 623 80 08 00
Des plats copieux de 80 000 FG à 150 000 FG.
Installé sur une très belle terrasse au sommet du Grand Hôtel Central (une référence locale), vous profiterez d'autant mieux de cette situation, en soirée lorsque l'air marin apporte un peu de douceur du large. Vous pourrez choisir de vous installer autour des tables basses sur les fauteuils et banquettes ou sur des tables plus classiques pour dîner. Le Beirut propose une cuisine orientale délicieuse et authentique. L'un des tout meilleurs restaurants libanais de Conakry pour des prix plutôt raisonnables ! Seul petit bémol, pas d'alcool à la carte.

LE CÈDRE €€

Quartier Almamya, Commune Kaloum.
✆ +224 664 53 14 15
Cuisine française et libanaise. Entrées autour de 40 000 FG. Plats entre 75 000 FG et 100 000 FG.
Situé en face des éditions L'Harmattan dans une petite rue discrète du quartier des affaires de Kaloum, Le Cèdre est un des restaurants historiques de Conakry, ouvert depuis plus de vingt-cinq ans. Dans un cadre quelque peu rétro, mais entretenu, il propose de bons plats libanais ou français plutôt copieux. C'est une adresse d'un très bon rapport qualité/prix, si bien qu'il est assez fréquenté le midi en semaine par des habitués. L'hospitalité du personnel est cordiale et professionnelle, et le service plutôt rapide. Une référence locale.

© PF

© PF

© PF

LA BRASSERIE U €€

Au-dessus du supermarché U Express, COLEAH

✆ +224 611 83 38 38

Chichas disponibles en terrasse

La Brasserie U, au dessus de U Express, est une très bonne adresse à Conakry dans le quartier Coléah. Les tarifs sont raisonnables et l'ambiance sympathique. Vous aurez la possibilité de déjeuner ou dîner dans la salle climatisée à l'intérieur, ou bien en terrasse pour prendre l'air. Les plats sont variés et proposent surtout une cuisine italienne et d'autres spécialités continentales et orientales. Il y a un mélange de clientèle locale et résidents des quatre coins du monde. Enfin il y a un bar très sympa au niveau du restaurant avec un large choix de boissons.

© PF

© PF

LE COMPTOIR €€

Commune de Kaloum

✆ +224 623 57 87 87

Plat du jour à 70 000 FG. Repas complet à 110 000 FG. Menu grillades autour de 120 000 FG. Petit déjeuner à 60 000 FG.

Accueil cordial dans ce petit restaurant au décor sobre et moderne. La salle de restaurant climatisée est au premier étage. Vous y mangerez sous les regards croisés d'Aretha Franklin et Billie Holiday, entre autres. Le service est rapide, l'établissement propre. Idéal pour démarrer la journée avec un petit déjeuner gourmand ou pour une pause repas le midi ou encore pour un plat à emporter. À chaque jour son plat d'inspiration africaine ou européenne, à base de produits frais locaux. Le Comptoir propose aussi un service traiteur.

LE CONSULAT €€

5ème avenue

✆ + 224 622 84 51 51

Plats africains à partir de 50 000 FG. Viandes de 80 000 FG à 100 000 FG. Poissons de 80 000 FG à 150 000 FG (commande).

À l'ombre du grand Hôtel Kaloum, Le Consulat est installé dans un petit bâtiment de deux niveaux. La salle de restaurant lumineuse et agréablement aménagée est située au premier étage. À l'arrière, une terrasse en rez-de-jardin, où sont installés quelques parasols et fauteuils, offre un cadre calme et convivial pour partager un verre ou un repas. Un vrai plus dans le quartier. À la carte, les plats sont variés, du plus occidental burger au plus africain placali sauce graine. Tous les goûts et saveurs à portée de fourchette pour des prix raisonnables.

FAVELA €€

Quartier Cameroun

✆ +224 660 90 00 00

Farandole de viandes à 295 000 FG par personne. Ouvert le soir uniquement à partir de 18h.

Le Favela est une churrascaria brésilienne. Ici c'est « rodizio », c'est-à-dire farandole de viandes à volonté (poulet, bœuf, agneau, porc et lotte), le tout accompagné de garnitures et d'ananas rôti à la cannelle. En 2022, quelques nouveautés ont été ajoutées à la carte : des broches de pain à l'ail, d'ailes de poulet ou encore de légumes. Côté boisson : cocktails avec et sans alcool, jus locaux pressés, bières pression… L'équipe jeune et dynamique est à l'écoute de sa clientèle. Un « cocktail » où tous les ingrédients sont réunis pour passer une bonne soirée.

FOLIE'S €€

Quartier Almamya, Commune de Kaloum

✆ +224 622 61 34 74

Ouvert à midi et le soir. Spécialités africaines et grillades de la mer. Prévoir plus ou moins 150 000 FG pour un repas.

Ce petit restaurant discret est situé à l'intérieur du Cyber Mouna avenue de la République. Il faut pousser la porte du Cyber avant de pouvoir y accéder. Ici les plats proposés sont principalement d'inspiration locale ou africaine (riz sauce feuilles ou sauce arachide, poulet yassa, thiéboudiène…). On peut également y prendre un verre et retrouver du beau monde. Cet établissement est effectivement très prisé par les hommes en costume-cravate pour la pause du déjeuner, tant et si bien qu'il est souvent plein le midi en semaine.

LA FOURCHETTE MAGIQUE €€

Quartier Manquepas, Commune de Kaloum

✆ +224 627 50 91 29

Prix des plats du jour à plus ou moins 60 000 FG. Pour des gambas, compter plutôt 100 000 FG.

Ce petit restaurant situé en plein quartier des affaires offre une cuisine simple et savoureuse. Les plats sont typiques de la cuisine locale et africaine (riz sauce konkoué ou sauce feuille, émincé de poulet fonio…), mais également d'inspiration plus européenne (spaghettis à la bolognaise, brochettes de bœuf). Dommage que la salle de restaurant, certes climatisée, manque un peu de charme. On vient ici aussi pour boire un verre et profiter des animations de fin de semaine par des musiciens locaux. Il est possible de passer commande et de se faire livrer.

LES GARGOTES €

À Kaloum, vous trouverez de nombreux petits restaus le long des trottoirs. Quelques bancs, un abri de fortune, quelques marmites suffisent pour proposer aux travailleurs du quartier des plats à des prix abordables. L'occasion de découvrir les plats et les saveurs typiques de la cuisine locale traditionnelle (estomac sensible s'abstenir). À noter : une petite adresse sympa, où vous pourrez manger un bon riz sauce (sans prendre trop de risques), située juste à côté de l'ambassade de France (sur sa droite quand vous êtes face à l'ambassade) et d'une agence Orange.

GENTILHOMMIERE PLUS €€

Quartier Almamya, Commune de Kaloum
✆ +224 623 46 99 28
Entrées et plats africains à partir de 70 000 FG, filets de poisson, brochettes de viande à partir de 100 000 FG.

Spécialités européennes et africaines. Une adresse qui mérite le détour, d'autant plus qu'elle se cache dans une rue peu passante, au fond d'une cour où est construite sa paillote (juste un panneau à l'entrée sur le bord de la route). La salle de restaurant est compartimentée par des palissades de bambous. Service agréable et rapide avec un personnel avenant. Que ce soit les brochettes de lotte ou de calamar, le poulet grillé ou les poissons braisés, tous les plats sont simplement bons et copieux. La clientèle d'habitués est plutôt sélect, l'ambiance feutrée.

ISTANBUL RESTAURANT ET PATISSERIE €

Commune de Kaloum ✆ +224 655 90 90 90
www.istanbulguinee.com/
À partir de 30 000 FG pour un chawarma et de 70 000 FG pour une pizza ou un kebab. Plats autour de 90 000 FG.

Cet établissement propre propose une cuisine de qualité. La carte est variée et les plats sont copieux. Le service est rapide, la salle climatisée, le restaurant dispose d'une terrasse extérieure. Une bonne adresse en plein centre-ville avec un rapport qualité/prix très correct pour un repas en terrasse ou juste pour déguster une pâtisserie accompagnée d'un café turc. Deux autres restaurants Istanbul sont ouverts à Conakry, un au Prima Center, à Kipé, et un à Gbessia.

HEROES COFFEE €

Quartier Almamya, Commune de Kaloum
✆ +224 623 69 01 65 - www.heroescoffee.fr
Ouvert de 7h30 à minuit. Pizzas à partir de 50 000 FG, burgers à partir de 45 000 FG.

Une bonne adresse à Conakry. Pour un petit déjeuner ou un repas sur le pouce, Heroes Coffee est ouvert de 7h à minuit tous les jours (sauf samedi, ouvert de 9h à minuit et dimanche de 11h à minuit). Heroes Coffee est une chaîne de restauration rapide qui propose les grands classiques comme les burgers, chawarmas, pizzas, mais aussi depuis peu des plats africains, indiens et gastronomiques en plats du jour. Dans sa grande salle de restaurant lumineuse, le service est rapide et les produits de qualité. Heroes Coffee est aussi présent à Kipé avec une carte similaire.

ILES DES JOIES €€

Commune de Kaloum
✆ +224 622 40 23 59
Plats entre 60 000 FG (filet de capitaine), 70 000 FG (beignets de calamars) et 140 000 FG (gambas flambées).

L'entrée du restaurant constituée juste d'une porte vitrée décorée est plutôt discrète. Il faut être bien attentif pour ne pas la rater. Ce restaurant est spécialisé dans les produits de la mer, en provenance directe du port de Boulbinet tout proche. C'est une adresse historique du quartier, anciennement installée dans une arrière-cour. La salle de restaurant est vraiment quelconque, mais l'important n'est pas là. Le contenu de l'assiette est excellent. Vos papilles vous feront bien vite oublier le cadre, qui manque un peu d'ambition.

KOREAN RESTAURANT KIMCHI CAFE €€

Commune de Kaloum
✆ +224 628 76 78 89
Plats à partir de 100 000 FG.Appeler avant de se rendre sur place.

Au cœur de Kaloum, un restaurant pour goûter aux spécialités de la cuisine coréenne, c'est possible. Plutôt exotique mais savoureux. Des plats au nom imprononçable, mais que vous dégusterez avec plaisir et qui vous laisseront à n'en pas douter un souvenir gustatif agréable. Le restaurant est tenu par une femme coréenne qui par ailleurs travaille dans le cadre d'une ONG, Africa Light, impliquée dans des programmes d'appui aux personnes en situation de handicap à Conakry.

OBAMA RESTO €€

Quartier Boulbinet, Commune de Kaloum
✆ +224 657 57 67 83

Spécialités de grillades et de fruits de la mer : gambas tigre, langoustes... pour plus ou moins 150 000 FG.

Paillote sur pilotis, qui ne ressemble à « rien » de l'extérieur mais à l'intérieur, la déco de style « marin pêcheur » entre filets et coquillages, tables en bois est plutôt originale. Une bonne ambiance pour manger poissons, crustacés ou boire un verre en écoutant de la musique live en fin de semaine. Si possible, prenez une table sur la terrasse extérieure. Vraiment très agréable, surtout à marée haute quand la mer s'engouffre entre les pilotis sous vos pieds. Ouvert jusqu'au petit matin. Dorénavant le restaurant propose également la livraison à domicile.

RESTAURANT LA CASCADE CHEZ VALENTINA €€

✆ +224 655 20 17 21

Les plats variés sont entre 60 000 FG et 100 000 FG (raviolis, salades, poisson, crêpes...).

Midi et soir, Valentina vous accueille dans son petit restaurant (extension prévue) ouvert depuis 2019 dans le cadre du jardin du 2 Octobre. Sa cuisine internationale fait une part belle aux spécialités russes et d'Europe de l'Est : varenicki, plov, chebureki... Avant de passer déguster un plat de votre choix, mieux vaut appeler pour passer commande. Valentina organise des réceptions de mariage et des anniversaires. Grâce à elle, un petit îlot du jardin du 2 Octobre reprend vie.

RESTAURANT MILLE PATTES €€

✆ +224 622 63 55 55

À partir de 50 000 FG pour les plats guinéens (plats du jour) et de 120 000 FG à 150 000 FG pour les plats de poissons.

Le restaurant se revendique d'un concept « afropéen ». La déco originale est métissée. Quant à la cuisine proposée, elle est le produit d'un mélange entre traditions culinaires africaines et occidentales. Doté d'une grande terrasse de plein air au bord de l'océan, l'endroit est fréquenté par Guinéens et expatriés. C'est l'un des lieux branchés de la capitale qui est ouvert tous les jours de 11h jusqu'au départ du dernier client. Beau cadre qui propose des animations d'artistes locaux en saison ; ce qui aide à patienter quand le service est un peu long.

LE RIVIERA ROYAL €€€

Quartier Tombo, Commune de Kaloum
✆ +224 660 23 23 23
https://rivieraroyalhotel.com/

Au restaurant Injeera, le prix des plats est à partir de 150 000 FG.

Le nom est très évocateur du lieu. Avis aux gastronomes : le restaurant Injeera situé au bord de la piscine sert une cuisine internationale avec des plats venus des quatre coins du monde. Chaque dimanche, il vous propose un buffet avec une belle diversité de plats cuisinés. Un deuxième restaurant, Siete, complète désormais l'offre déjà très haut de gamme de l'hôtel. Son chef y prépare une cuisine péruvienne et japonaise unique en son genre à Conakry. Situé avec le Lounge bar sur le toit de l'hôtel, il offre par ailleurs une vue imprenable.

LE ROCHER €€€

Quartier Sandervalia, Commune de Kaloum
✆ +224 624 10 00 00
www.hotel-rocher.com

Le restaurant est ouvert de midi à 15h et le soir de 19h à 22h.

La réputation du Rocher, rattaché à l'hôtel du même nom, n'est plus à faire. Depuis de nombreuses années, ce restaurant fait profiter ses clients des cuisines du monde entier : tunisienne, française, marocaine, africaine... À chaque midi son plat du jour, travaillé avec les produits frais locaux et notamment les poissons en direct du port de pêche de Boulbinet tout proche. Profitez de la terrasse au bord de la piscine pour déguster les savoureux plats du chef : dorade grillée et ses spaghettis tunisiennes, filet de lotte gratiné et son riz oriental...

AVENUE €€€

Quartier Coléah (marché 2000), Commune de Kaloum.
✆ +224 626 30 00 80

Le prix d'un plat au menu est de plus ou moins 150 000 FG. Pour 2 ou 3 sushis, compter plus ou moins 100 000 FG.

Dans un cadre moderne avec une cuisine ouverte sur la salle principale, l'Avenue vous propose quatre cartes différentes pour autant de découvertes culinaires d'horizons variés : menu Oishii, carte Sushi Bar, carte Avenue et carte Salma's Diner. L'accueil dans ce lieu sélect est sympathique et le service rapide en général. Le Sushi Bar fait figure de curiosité à Conakry. Désormais le menu Oishii, récemment mis à la carte, propose en plus un échantillon d'une authentique cuisine japonaise. Une cuisine de qualité qui a son prix.

LE BELVEDERE €€

Pont-de-Bellevue

✆ +224 629 79 74 35

Cet espace de loisir situé en bord de mer le long de la route de Donka est idéal pour les repas de groupe ou en famille. Il propose un choix très varié de spécialités africaines, pizzas au feu de bois, etc. ; le tout servi dans la salle de restaurant largement ouverte sur le jardin ou en plein air, dans le très spacieux jardin. Animé par des groupes locaux chaque jeudi et samedi, ce lieu met aussi à disposition son espace pour diverses réceptions (mariages, anniversaires…). A conseiller plus pour le cadre que pour la cuisine.

L'ECHANGEUR « CHEZ BOUBA GUEYE » €

Commune Dixinn

✆ +224 622 26 65 27

Pour les amateurs de plats locaux et africains (sauce feuilles, yassa, placali, foutou banane…) ou pour ceux qui voudraient les découvrir, ce restaurant est une adresse sympa à l'ambiance familiale. Il est également spécialisé dans les grillades. Attention : le restaurant a changé d'emplacement, il se trouve désormais route de Donka en face de l'université Gamal Abdel Nasser. Les vendredis et samedis, concerts d'artistes locaux (concerts gratuits mais consommation obligatoire).

L'ETAGE €€€

Quartier Cameroun, Commune de Dixinn

✆ +224 627 68 81 69

En 2022, une nouvelle équipe a pris les rênes de cet établissement qui se veut un restaurant de type brasserie à la française. Le chef y propose une cuisine cosmopolite faite de spécialités internationales, avec le souci de proposer des tarifs accessibles à tous les budgets. Le cadre est résolument moderne au premier étage de l'immeuble Eban, au dessus de la Maison du livre. L'Étage, c'est aussi un bar qui propose de savoureux cocktails à partager entre amis. L'établissement est ouvert du mardi au samedi avec une ambiance *lounge* tous les week-ends.

GNAKRY CRÊPE €€

Quartier Gbessia Kondebougni, Commune de Matam ✆ +224 611 48 99 94

Crêpe sucrée à partir de 40 000 FG, crêpe salée à partir de 45 000 FG. Smoothie à 50 000 FG et milkshake à 55 000 FG.

Gnakry Crêpe est, comme son nom l'indique, une crêperie. Eh oui ! plutôt « exotique » à Conakry. Restau à la déco moderne avec une carte proposant à chaque client de composer « sa » crêpe à partir d'une grande variété d'ingrédients. Unique ! Le restaurant propose régulièrement des nouveautés à partir des ingrédients à la carte. Un exemple : la crêpe Gbessia avec jambon de dinde, merguez, Vache qui rit, œufs, pommes de terre, oignons, sauce samouraï. Rien que ça ! À la carte également, des tacos, des burgers ou encore de savoureux smoothies et milkshakes.

LE HANOI €€

Quartier Coléah.

✆ +224 621 65 63 66

Plats de 50 000 FG à 110 000 FG. Gamme de cocktails et boissons entre 30 000 FG et 60 000 FG.

Le Hanoi est un restaurant de spécialités vietnamiennes (nems, rouleaux de printemps, porc laqué…) qui propose également quelques plats de la cuisine thaïe (salades, soupe de poulet ou crevettes…) ainsi que des gambas, commandos et plats à base de poisson. Les plats sont bons et copieux avec un choix très large. La grande salle du restaurant est décorée selon des standards asiatiques. Une adresse ancienne relativement peu connue en regard de ses prestations et qui vous transporte en Asie sans les inconvénients du voyage.

ITALIA BOX €€

Quartier Camayenne, Commune de Ratoma

✆ +224 62712 55 55

https://italiaboxcky.business.site/

Pizzas de 80 000 FG à 150 000 FG. Plats (filet de bœuf, poulet ou poisson pané…) de 70 000 FG à 120 000 FG.

Restaurant Italien spécialisé dans la pizza cuite au feu de bois, mais qui propose également une gamme de plats d'inspiration italienne ou non. Au menu, entrées, plats et desserts vous permettent de vous concocter un repas complet. À noter que la carte évolue régulièrement au gré de l'inspiration du chef et de la demande de sa clientèle. Tous les plats sont à emporter et peuvent être livrés à votre domicile à la demande pour une soirée conviviale entre amis. Le restaurant est situé dans le quartier Camayenne pas loin de la route de Donka et du camp Boiro.

LES JARDINS DE GUINEE €€

Quartier Coléah Lansébounyi, Commune de Matam

✆ +224 664 21 89 38

Menu à 125 000 FG et plat du jour à 85 000 FG. Desserts de 35 000 FG à 75 000 FG.

Le restaurant est bien connu des milieux « expats » de Conakry. Installé sous une grande paillotte bien agencée et verdoyante, vous pourrez y déguster une cuisine française et africaine midi et soir. Ses menus très abordables en font un incontournable très fréquenté. Le vendredi, c'est soirée « Grillades à volonté ». Les soirs de week-end, Les Jardins accueillent des spectacles. Un plus, pour une soirée récréative à Conakry. Un fast-food, Chicken KFJ, installé à l'entrée du restaurant, propose désormais ses morceaux de poulet frits, burgers et chawarmas aux amateurs.

LE PATIO €€

Quartier Minière, Commune de Dixinn

✆ +224 622 81 85 13

Restaurant proposant un plat du jour africain à partir de 60 000 FG et un plat européen à plus ou moins 90 000 FG.

Cadre chaleureux et cosy, pour ce restaurant dont la réputation n'est plus à faire. Les tables sont installées sur une grande terrasse couverte, largement ouverte sur un jardin agréablement fleuri. Le menu varié propose diverses viandes (agneau, bœuf, veau, porc) et poissons ainsi qu'un plat du jour européen et/ou africain. Sur place ou à emporter. Le Patio, c'est aussi un service traiteur, de la restauration d'entreprise, une boulangerie-pâtisserie proposant des viennoiseries de qualité et des expositions d'œuvres d'artistes locaux. Une petite visite s'impose !

LE LOFT €€

Quartier Camayenne, Commune de Dixinn.

✆ +224 664 27 64 11

Situé à un angle de rue sur la corniche nord et à l'arrière du Camp Boiro, l'établissement ne paye pas de mine vu de l'extérieur. C'est une fois passée la porte que vous êtes transporté dans l'atmosphère feutrée du Loft : sur un côté la scène, au centre le bar et tout autour des tables qui vous attendent pour boire un verre ou partager un repas. Au menu, salades variées, viandes, poissons, plats européens et africains. Le vendredi et le samedi, le Loft organise des soirées à thème et des spectacles dans une ambiance conviviale.

RESTAURANT LE LEMAN « CHEZ CYPRIEN » €€

Quartier Cameroun, Commune Dixinn

✆ +224 622 33 32 22

Plat du jour le midi à 110 000 FG et spécialités de grillade le soir à 130 000 FG.

« Chez Cyprien » est un lieu de détente incontournable pour les amoureux d'ambiance et de bons petits plats. Tous les midis du lundi au vendredi, vous pourrez déguster de bons petits plats du jour et les soirs des spécialités de grillades (poissons, viandes, poulet). Tous les jeudis et vendredis, l'ambiance est assurée par un groupe fin connaisseur des mélodies africaines. Ici, on vient et on revient. On mange bien, l'ambiance est détendue et Cyprien toujours très attentif à ses clients.

MIM'S BURGER €

Quartier Camayenne, Commune de Dixinn

✆ +224 666 50 50 50

Burger à partir de 45 000 FG. Formule boisson + frites pour 20 000 FG. Pizzas à partir de 80 000 FG.

Une des bonnes adresses de Conakry pour manger un vrai burger fait avec des produits de qualité et de succulentes frites. La double salle du restaurant installée au rez-de-chaussée d'une résidence moderne est typique d'un fast-food avec une déco simple, pour cinéphiles (affiches de cinéma accrochées aux murs). Une terrasse extérieure donnant sur une rue calme est également disponible. Mais la clientèle semble plus habituée à passer commande et à se la faire livrer ou à l'emporter. Le service est rapide, l'accueil cordial par une équipe jeune.

CHEZ ASTOU LA SENEGALAISE €

Quartier Kipé, Commune de Ratoma

✆ + 224 622 98 25 84

Plats à 25 000 FG. Boissons locales (jus de bissap ou de gingembre) à 20 000 FG la bouteille.

Petit restaurant simple où l'on mange bien. mme Astou, la gérante du lieu, propose chaque jour quelques plats africains (riz gras, yassa, sauce tomate ou sauce arachide…) au choix. Les plats sont préparés chaque jour, sans piment et donc pour tous les estomacs (le piment est servi à part). Les employés du lycée français tout proche font partie des habitués. Une bonne adresse pour découvrir les saveurs locales. Petit plus appréciable, la salle du restaurant est climatisée.

LE BAMBOU €

Quartier Kipé, Commune de Ratoma
✆ +224 627 57 08 54
Salades (à partir de 65 000 FG), pizzas (à partir de 55 000 FG), plats de viande ou de poisson (à partir de 85 000 FG).

Situé au bord de la route en face de la galerie Fakiki à proximité du Centre émetteur, Le Bambou est une bonne adresse pour qui veut s'offrir un repas à prix raisonnable. Rien de bien original à la carte mais un choix assez large entre viandes (steak, entrecôte), poissons (lotte, gambas), pâtes (spaghettis bolognaise, penne all'arrabiata), pizzas (fruits de mer, orientale), salades (Caesar, au saumon)… Bon accueil et service correct pour cet établissement qui propose de bons petits plats. Une bonne adresse dans cette gamme de prix !

LES COPAINS D'ABORD €

Quartier Thaouya, Commune de Ratoma
✆ +224 621 36 66 66
Plats abondants de 50 000 FG à 85 000 FG. Compter 120 000 FG pour des gambas.

« Chez Natalie », l'ambiance est festive et conviviale. Le grand comptoir-bar et les tables en plein air sur une terrasse surélevée et à l'écart de la route vous attendent pour boire un verre entre « copains » ou déguster un plat local. Du hamburger frites aux assiettes africaines, c'est un lieu où on aime manger et faire la fête. Ouvert tous les jours à partir de midi, l'ambiance de fin de semaine est souvent assurée par un orchestre. Les Copains d'abord, c'est aussi une boîte de nuit dont l'entrée est gratuite avec consommation obligatoire.

ELDORADO €

Quartier Nongo, Commune de Ratoma
✆ +224 622 06 55 52
Plats à plus ou moins 30 000 FG.

Le restaurant Eldorado se propose de réinventer les plats traditionnels guinéens avec des produits 100 % locaux tout en redonnant à tout un chacun le goût de manger sainement. Ici pas de pizzas, pas de chawarmas, mais plutôt du fonio sauce arachide, du ndappa, du tô ou encore du foutti, sans oublier des jus de fruits frais et autres boissons locales (bissap, gingembre…). Goûter des plats nationaux de qualité sur une terrasse au bord de l'océan : c'est ça, le bon goût de la Guinée à l'Eldorado ! Les animations du week-end sont un plus pour qui veut s'« ambiancer ».

LE JACQUIER €€€

Quartier Kipé, Commune de Ratoma
✆ +224 625 67 53 63
Plats du jour africains le midi à plus ou moins 90 000 FG. Plats de la carte à plus ou moins 140 000 FG.

Dans une salle à la déco chic, mme Barry vous reçoit tous les jours midi et soir pour vous faire vivre une expérience culinaire unique. Elle propose à ses hôtes une savoureuse cuisine du monde, préparée avec des produits frais et qualitatifs. Comme elle aime à le dire, « manger bien, c'est le début du bonheur ». Quand vous y ajoutez l'accueil chaleureux et la convivialité, alors vous vous en approchez encore un peu plus. mme Barry est également l'initiatrice d'une école de formation en cuisine et pâtisserie. Autant dire qu'ici, rien n'est laissé au hasard.

KAKI RESTAURANT BRASSERIE €€€

Commune de Ratoma
✆ +224 610 27 10 27
www.kakirestaurant.com
Repas complet à partir de 300 000 FG.

Idéalement situé aux pieds des tours jumelles de Koloma dans un écrin de verdure agréablement aménagé, le restaurant propose à ses convives une carte gastronomique très cosmopolite avec des plats orientaux, mais aussi aux saveurs très méditerranéennes. Son chef vous propose également de découvrir les saveurs de la cuisine locale à travers des versions revisitées des plats de la Guinée. Brunch tous les dimanches et le vendredi, soirée *live*. Réservation obligatoire.

RESTAURANT SEVEN ELEVEN €€

Quartier Kipé, Commune de Ratoma
✆ +224 621 53 91 47
Entrées à partir de 60 000 FG et plats à partir de 110 000 FG.

Installé sur la T2 (transversale 2) à Kipé entre la carrefour de Centre Emetteur et le Prima Center, ce restaurant propose une cuisine internationale d'inspiration essentiellement marocaine et européenne (escalope milanaise, salade niçoise, taboulé, tajine de bœuf, filets de poisson et gambas grillés, pizzas et pâtes…). La salle à la décoration classique est aménagée en différents espaces entre coins salon et restaurant, avec la possibilité d'avoir de grandes tablées à la demande. Pour une soirée entre amis dans une ambiance détendue.

RESTAURANT YOPOUGON €

Quartier Kipé, Commune de Ratoma
✆ +224 620 52 76 17

Demi-poulet importé avec garniture à 50 000 FG, poulet entier africain à 120 000 FG. Poisson à partir de 100 000 FG.

Restaurant ivoirien spécialiste comme il se doit de l'attièké accompagnant poissons et poulets. Vous pourrez aussi y goûter aux alokos et frites maison. Les plats sont copieux, le service est rapide même si parfois un peu désinvolte. Vous pourrez manger sur place sur la grande terrasse couverte devant le restaurant et profiter de l'ambiance de la T2 (axe routier très animé le soir), ou alors partir avec votre commande servie dans une barquette pour déguster votre plat au calme. Possibilité de livraison à domicile. Pour un repas sur le pouce aux saveurs locales.

LE WAFFOU €

Quartier Kipé-Dadia, Commune de Ratoma.
✆ +224 622 33 77 58

Poulet ou poisson grillé + accompagnement de 30 000 FG à 50 000 FG. Sauce graine ou arachide de 30 000 FG à 40 000 FG.

Le restaurant est installé dans un cadre agréable et pittoresque, sous des paillotes en partie en plein air. La cuisine proposée est d'inspiration ouest-africaine avec des plats typiques tels que le kédjénou, la sauce graine ou encore la soupe de pattes de bœuf et quelques spécialités comme le foutou, le placali ou encore l'atiéké. Des plats et saveurs en direct des terroirs de Côte d'Ivoire et de Guinée. Une bonne adresse pour goûter, déguster un plat typique. Le restaurant est ouvert tous les jours à partir de midi et jusqu'à minuit.

WESS GRILL €€

Quartier Kipé Dadia, Commune de Ratoma
✆ +224 622 81 54 55

Ce restaurant, dont la salle est installée sous une grande tente, est spécialisé dans les grillades, qu'elles soient de viande (bœuf, poulet, mouton) ou de poisson (capitaine, dorade), avec également à la carte des entrées et desserts d'inspiration plus « européenne ». Par ailleurs, chaque midi le chef vous propose un plat du jour, plutôt des plats locaux et tous les dimanches, un repas « spécial barbecue ». Lors de notre passage, le restaurant était en pleine rénovation, avec la perspective d'une réouverture après la saison des pluies. À suivre, donc.

FAIRE UNE PAUSE

À Conakry, les bonnes adresses pour faire une pause entre amis autour d'un verre, d'un café ou d'un cocktail ne sont pas si nombreuses et concentrées dans les mêmes quartiers. Quelques adresses anciennes bénéficiant d'un bouche-à-oreille favorable se maintiennent et ont leurs habitués. Les grands hôtels de la place offrent souvent les cadres les plus chics mais aussi les plus chers pour passer un moment au calme, en toute sérénité. D'autres endroits plus populaires, notamment aux abords des plages, se sont multipliés ces dernières années. L'ambiance y est plus animée. Les bars *lounge* plus ou moins chics et sélects ont également le vent en poupe dans les quartiers de Conakry mais avec un fort taux de renouvellement. Il faut dire que la longue période de pandémie avec son lot de restrictions n'a pas épargné les acteurs du secteur. À noter que les soirées *live* avec des artistes locaux sont assez fréquentes, notamment les fins de semaine.

AMORE MIO

Quartier Coléah, Commune de Matam
✆ +224 625 21 37 78
Glace en pot de 20 000 FG à 60 000 FG selon la taille du pot. Glace en cornet à 20 000 FG pour un parfum.

« Le » glacier artisanal de Conakry qui propose une diversité de parfums assez unique et originale (mangue, pamplemousse, caramel au beurre salé, tiramisù, banana java…), en cornet ou en pot. Pour une pause gourmande rafraîchissante ! Amore Mio propose aussi des gaufres, crêpes et autres viennoiseries pour le plaisir des jeunes et des moins jeunes. Un deuxième magasin est implanté à Kipé, près du centre émetteur et un troisème à Nongo Tady. En fin d'après-midi en semaine et les week-ends, les boutiques sont souvent très fréquentées.

BETTY CAFE LITTERAIRE

Quartier Nongo Taady Mosquée
✆ +224 621 41 51 39

Betty Café Littéraire est certes un café (sur place sont vendus des boissons chaudes et fraîches, des sandwiches et – sur commande – des plats locaux), mais aussi et surtout un espace culturel qui œuvre pour faciliter l'accès des livres au plus grand nombre et pour offrir un espace calme, sécurisant aux jeunes qui peuvent venir y lire et apprendre en toute sérénité. Betty y organise chaque semaine des activités littéraires avec son Café des poètes et son Café littéraire alternant séances de lecture, de slams, exposés et débats littéraires, etc.

BARS DE PLAGE

Daktari, Takonko Beach (plage de Kipé), Lambaniy Beach (plage de Lambaniy), Tequila (plage de Benarès), OKLMGrill Beach (plage de Rogbané), La Jetée à Dixinn…, autant de noms évocateurs pour des bars et des maquis (débits de boisson locaux) installés sur les différentes plages de Conakry pour boire un verre dans une ambiance locale détendue ! À noter que les plages aménagées sont plus nombreuses sur la corniche Nord et qu'elles sont plus ou moins bien organisées. L'accès et le parking sont le plus souvent payants. Mention spéciale pour la plage de Lambaniy !

ECODELICES CHEZ JMJ ET MAGUY

Quartier Kipé Dadia, Commune de Ratoma
✆ +224 622 44 69 87
Les plats (brochettes de lotte ou de viande, poissons braisés, poulet bicyclette…) sont à plus ou moins 100 000 FG.

Anciennement cyber-café la journée, l'espace JMJ a été créé par Justin Morel Junior, célèbre journaliste guinéen, créateur et animateur d'émissions culturelles aussi bien à la télévision qu'à la radio. Ce lieu de loisirs et de culture installé dans un joli jardin arboré est de nos jours un lieu très convivial et couru des mélomanes car s'y produit tous les week-ends un groupe moderne. On peut par ailleurs y déguster de bons petits plats cuisinés aux épices de Guinée.

L'EPI D'OR

Quartier Almamya, Commune de Kaloum
✆ +224 628 68 60 60

Une référence à Conakry en matière de boulangerie et pâtisserie. Ici les viennoiseries sont de bonne qualité et sont proposées à des prix raisonnables (entre 15 000 FG et 25 000 FG pour les croissants, pains au chocolat et autres pâtisseries). On y trouve également de succulents sandwichs au thon ou au poulet et encore des paninis. Le salon de thé est souvent plein les matins, avec une clientèle d'habitués. À ne pas manquer pour un bon petit déjeuner à la française, tous les jours dès 7h30, le samedi dès 8h, fermé le dimanche.

LOUNGE 27

Quartier Koloma 1, Commune de Ratoma
✆ +224 629 21 49 49
https://residencekakimbo.com/lounge/

Installé au vingt-septième étage de la tour Est de la résidence Kakimbo qui domine Conakry, ce bar offre une vue panoramique imprenable sur toute la ville. Ici, la décoration est soignée. La gamme des boissons proposées est à nulle autre pareille à Conakry : du cocktail de fruits au smoothie, du cocktail classique (Bloody Mary, mojito…) au cocktail guinéen en passant par un large choix de whiskys, vins, bières et digestifs. Ouvert tous les jours de 10h à 23h, il propose aussi quelques plats, dont un plat du jour pour se restaurer. Un lieu haut de gamme à découvrir !

LE PATIO

Quartier Minière, Commune de Dixinn
✆ +224 622 81 85 13

Cadre chaleureux et cosy pour ce restaurant, dont la réputation n'est plus à faire. Idéal également pour une pause café ou un goûter autour d'une viennoiserie à la française ou d'une pâtisserie produite sur place. Les tables sont installées sur une grande terrasse couverte, largement ouverte sur un jardin agréablement fleuri. La salle du restaurant sert aussi de lieu d'exposition pour les artistes peintres guinéens ; l'occasion de découvrir des talents locaux et pourquoi pas de repartir avec une œuvre originale. Une petite visite s'impose !

OBAMA RESTO

Quartier Boulbinet, Commune de Kaloum
✆ +224 657 57 67 83

Paillote sur pilotis, qui ne ressemble à « rien » de l'extérieur, mais à l'intérieur, la déco de style « marin pêcheur » entre filets, coquillages et tables en bois est plutôt originale. Une bonne ambiance pour boire un verre en écoutant de la musique *live* en début de soirée, les fins de semaine. Si possible, prenez une table sur la terrasse extérieure. Vraiment très agréable, surtout à marée haute quand la mer s'engouffre entre les pilotis sous vos pieds. Orchestre et concerts certains soirs (jusqu'à 1h-2h du matin). Ambiance décontractée.

OCEAN'S LOUNGE

✆ +224 654 39 68 93

Tapas de 35 000 FG à 70 000 FG. Cocktails alcoolisés à 80 000 FG et sans alcool 60 000 FG.

Bel établissement que ce lounge en bordure d'océan (vue imprenable depuis la salle en surplomb de la plage de Rogbané) à l'ambiance feutrée avec musique de fond. Pour passer un moment sympa entre amis ou entre collègues autour d'une dégustation de tapas faites maison (miniburgers, minicrêpes, minipizzas, calamars, bouchées à la crevette…) et d'un cocktail alcoolisé (bloody Mary, piña colada, Moscow mule, mojito…) ou non (coconut kiss, fleur de Guinée, tropico…) ou d'un apéro. Ouvert les jeudi, vendredi et samedi de 18h à 2h du matin.

(SE) FAIRE PLAISIR

Toute la diversité de l'artisanat guinéen est représentée à Conakry. Toutefois, si vous vous déplacez à l'intérieur, attendez d'être dans la région qui les fabrique. Sinon, faites vos achats au grand marché Niger ou, encore mieux, à Madina, avec l'aide d'une personne du coin pour vous orienter. Préférez les petites boutiques de la capitale, comme celles indiquées ci-après, plutôt que les galeries des grands hôtels où les prix sont vraiment gonflés. À signaler : plusieurs boutiques vers Kaloum proposent de très jolis tissus et différents objets d'artisanat à des prix négociables, mais également l'atelier dans l'enceinte du Musée national, qui propose de l'artisanat touareg. Comme pour tout, à Conakry, il n'y a pas de prix fixe. De plus, un étranger se voit souvent proposé des prix revus à la hausse. Il faut savoir que les Guinéens ont l'habitude de marchander. C'est une coutume locale bien ancrée ! C'est préférable de s'y conformer.

PRIMA CENTER

Quartier Kipé/Kaporo rails, Commune de Ratoma
✆ +224 625 00 01 11
https://www.primaconakry.com
Ouvert du lundi au samedi de 9h à 23h et le dimanche de 11h à 23h.

Centre commercial unique en son genre à Conakry, qui regroupe une trentaine de boutiques (mode, services, bien-être, loisirs), un supermarché de 2 000 m² bien achalandé, plusieurs restaurants et une grande salle de réception. Le Prima Center organise vos cérémonies et séminaires à la demande. Il crée aussi l'événement avec des concerts, des festivals. À noter que l'association Wakilare dispose d'un stand dans l'enceinte du centre commercial. Cet espace de shopping, loisirs et divertissements attire de nombreux Conakrykas chaque semaine.

SYSTEME U

Belle Vue ✆ +224 610 01 11 11
lina.merhi@systeme-u.fr
Du lundi au samedi 9h-20h, dimanche 10h-15h.

Trois magasins à travers le pays : deux au centre de Conakry et un à Kamsar, le groupe Continental a importé les magasins Système U. Le groupe propose des boutiques éclairées avec des produits européens et locaux accessibles en rayonnage. Vous trouverez votre bonheur parce que les Système U disposent d'un très large choix grâce à leur liaison directe avec des fournisseurs européens. Le groupe offre l'opportunité aux artisans de promouvoir l'artisanat guinéen lors des journées événements dans les magasins et sur des présentoirs leurs étant réservés.

BOUTIQUE CONSOMMONS GUINÉEN

Pont du 08 Novembre, Commune de Kaloum
✆ +224 623 02 67 94

Cette boutique, installée au cœur du CCFG, propose une large gamme de produits de l'agriculture guinéenne (fonio précuit, huile de palme, confitures, sel solaire…) et de l'artisanat. Créée par des entreprises et groupements locaux, elle se veut une vitrine du *made in Guinea*. Petit à petit, le réseau s'élargit et l'offre de produits se diversifie. Pour qui souhaite consommer guinéen, ou tout simplement pour qui veut avoir un aperçu des productions locales, une visite s'impose.

VILLAGE ARTISANAL DE BELY (VAB)

✆ +224 666 04 59 82
Idées de prix : Kerdeli de 3,80 m à 150 000 FG, Leppi à 300 000 FG, Forêt sacrée à 150 000 FG, sac femme à 250 000 FG.

Le Village artisanal de Bely est une entreprise guinéenne qui fait la promotion du savoir-faire des artisans, notamment ceux en milieu rural. VAB propose des produits faits main à base de tissus teints selon les techniques des différentes régions (Kerdeli de Kindia, Leppi du Fouta ou Forêt sacrée de Guinée forestière). Les produits vont des accessoires pour la table aux sacs à main et à dos, en passant par les tenues pour hommes ou femmes. VAB propose également des articles en cuir.

BOUTIQUE D'ART AFRICAIN

Quartier Minière, Commune de Dixinn
✆ +224 626 04 42 43

M. Adama Sidime, plus connu sous le nom de « Hakuna Matata », a ouvert cette boutique d'expo-vente d'art africain en avril 2022. Ancien du Petit Musée, un espace culturel fermé depuis 2020, il travaille dorénavant à son compte dans ce lieu où il a rassemblé quelques belles pièces de l'art guinéen, notamment baga, et des pays voisins (Liberia, Mali). Également artiste sculpteur et peintre, il travaille à la rénovation de certaines pièces et réalise ses propres toiles. Si vous passez dans le quartier Minière, n'hésitez pas à lui faire une petite visite.

BOUTIQUES D'ARTISANAT

Quartier Camayenne, Commune de Dixinn

Des objets de toutes tailles et à tous les prix.

Une succession d'échoppes s'aligne le long de la route juste en face de l'hôtel Camayenne. Ces boutiques proposent toutes sortes d'objets : des sculptures et masques plus ou moins anciens, des bijoux, de la maroquinerie, des peintures sur toile… Certains artisans, notamment les sculpteurs et cordonniers, travaillent sur place, mais la plupart sont de simples vendeurs qui attendent le chaland. Vous serez donc sollicité par les uns et les autres. Prenez le temps de faire le tour, en gardant le sourire. Ici, vos capacités de négociation déterminent le prix.

BOUTIQUE WAKILARE

Quartier Sandervalia, Commune de Kaloum
✆ +224 625 89 52 44
https://wakilare.com

Articles à partir de 50 000 FG. Sacs à main à partir de 100 000 FG, sacs fourre-tout à 250 000 FG. Ouvert de 8h30 à 19h.

Cette petite boutique, totalement rénovée en 2021, est la vitrine de l'association du même nom. Elle propose à la vente des articles de maroquinerie (sacs de différentes tailles), de cordonnerie (chaussures, sandales,…), ainsi que des vêtements et divers accessoires. Tous les produits exposés sont réalisés par des personnes en situation de handicap et membres de l'association Wakilare. Du très bel artisanat aux finitions soignées. Acheter chez Wakilare, c'est l'assurance de se faire plaisir et de soutenir les membres de l'association. Une petite visite s'impose !

GALERIE FAKIKI

Quartier Kipé, Commune de Ratoma
✆ +224 622 04 62 71

Cette galerie est un lieu d'exposition et de vente d'objets d'art africains de grande qualité.

Ici masques toma, bagas et mandingues se côtoient comme autant de cousins très différents mais ayant tous une histoire commune : celle de la tradition et des rites ancestraux. Dans les deux pièces de sa galerie d'expo-vente, M. Dabo vous reçoit au milieu d'un incroyable mobilier en bois : de magnifiques fauteuils de nobles, des tables basses avec plateau de jeux d'échecs, des tabourets de toutes origines. Les couleurs de peintures modernes d'artistes guinéens viennent apporter à l'ensemble une touche de couleur qui fait de cette galerie un lieu unique à découvrir.

L'HARMATTAN GUINEE

Quartier Almamya, Commune de Kaloum. ✆ +224 657 20 85 08
https://guinee.harmattan.fr/

De 9h à 17h, du lundi au samedi.

La librairie de référence avec un large choix de livres de l'éditeur couvrant toute la palette des sciences humaines, de la littérature, des essais historiques et politiques. En mai 2022, on compte 741 livres publiés de 448 auteurs. Gérée par une équipe énergique et en phase avec les manifestations culturelles de la cité, la librairie est un point de passage obligé pour qui veut être au fait de ce qui se fait dans le domaine culturel à Conakry. A noter que la librairie organise également chaque année le salon Les 72 heures du livre de Conakry.

LA MAISON DU LIVRE

Quartier Cameroun, Commune de Dixinn
✆ +224 664 24 83 50

Ouvert du lundi au vendredi de 9h à 18h et le samedi de 9h à 16h.

Librairie généraliste (littérature classique, africaine, beaux livres…), scolaire et universitaire, qui dispose par ailleurs de différents rayons : papeterie, presse, loisirs créatifs et jeux éducatifs. Les différents espaces sont organisés sur trois niveaux, où il est agréable de déambuler, à la recherche d'un bon livre (possibilité de commander, si besoin). La librairie organise régulièrement des rencontres dédicaces avec des auteurs locaux. Un atelier de loisirs créatifs est proposé régulièrement aux plus jeunes. La librairie de référence à Conakry.

Faire du sport à Conakry relève un peu du parcours du combattant : il est délicat, voire dangereux de courir dans les rues de la capitale et rares sont les parcs ou espaces verts où il est possible de s'adonner au jogging. Quant à faire du vélo, c'est vraiment dangereux. Globalement, Conakry dispose de peu d'infrastructures sportives et il faut souvent composer avec l'existant pour faire un sport. Quelques piscines privées, cinq BlueZones, quelques salles de sport, peu ou pas d'activités en lien avec la mer pourtant si présente, sauf peut-être sur les îles avec la pêche sportive. Reste le football, qui est le sport national. Vous pouvez y jouer n'importe où : dans la rue, sur la plage et même sur un terrain de football. Il est très fréquent de voir des joueurs occuper un morceau de route pour disputer un match avec des « petits bois ». Dans la plupart des quartiers populaires, les voitures feintent les joueurs entre deux dribbles.

BLUE-ZONES

Les Bluezones sont au nombre de cinq à Conakry (Kaloum, Dixinn, Sonfonia, Kagbelen et Yattaya). Elles se veulent un lieu de vie au sein des quartiers avec de l'électricité 24h/24 grâce à des solutions novatrices développées par le groupe Bolloré et l'accès à l'eau potable. Les différents équipements qu'on y trouve sont voués à l'éducation (salle de classe), à la formation (salle informatique), aux loisirs (cinéma) et au sport (terrains extérieurs). Des espaces de détente et de loisirs pour la jeunesse conakryka, accessibles à tous.

LES PISCINES PRIVÉES

Les piscines privées et notamment celles des hôtels sont souvent ouvertes au public. Il faut évidemment payer un droit d'entrée qui va de 60 000 FG à 150 000 FG, mais c'est un peu la seule solution pour nager à Conakry (pas de piscine municipale et mer très polluée au niveau des plages). Citons entre autres la piscine du Noom Hôtel (piscine à débordement), celle du Riviera Royal (idéale pour faire des longueurs), celle du Sporting (plus conviviale et familiale avec la possibilité de pratiquer d'autres sports sur place) ou encore celle de l'Atlantic Ocean View.

MOOV'ON FITNESS CLUB

✆ +224 621 46 11 59

Une salle pour garder la forme ou se remettre en forme, c'est selon vos besoins ou vos envies. Les activités proposées vont du fitness (seul ou en groupe) à la musculation en passant par la relaxation avec des coachs professionnels et attentifs, et des équipements de qualité. Des cours de taekwondo et de karaté sont également organisés sur place, le tout dans le cadre calme et sécurisé du Prima Center. Le club est ouvert tous les jours de 9h à 18h30 y compris le dimanche et il propose des abonnements mensuels ou des forfaits à la journée.

LE SPORTING

Quartier Taouyah

✆ +224 622 66 12 51

Journée piscine : 60 000 FG et pour tous les sports : 90 000 FG. Possibilité de prendre un abonnement.

Le Sporting propose des activités sportives pour toute la famille. Le club est ouvert 7j/7 de 8h à 21h pour passer une journée seul ou en famille, pour fêter un anniversaire, et met à votre disposition trois terrains de tennis éclairés, une piscine de 20 m, une petite piscine pour les plus jeunes avec des toboggans gonflables, un squash, un badminton, une salle de remise en forme, une table de ping-pong, un billard, un Baby-foot. Par ailleurs, le club est doté d'un restaurant qui propose grillades et pizzas au feu de bois, pour reprendre des forces après l'effort.

STREET GYM CONAKRY

Quartier Coleah, Commune de Matam

✆ +224 625 15 06 00

Hicham M, le fondateur de la salle, est un passionné et il a le souci de former son personnel pour toujours mieux véhiculer les valeurs du sport en lien avec la santé. Toute l'équipe vous accueille tous les jours route du Niger dans un espace climatisé où vous trouverez tous les équipements adaptés à la remise en forme et à la musculation. Ici se forment par ailleurs de véritables athlètes, dont certains se présentent à des compétitions internationales continentales. L'accès à la salle est soumis au paiement d'un abonnement mensuel.

ASSOCIATION TRAID'UNION

Quartier Kaporo

✆ +224 623 11 10 89

Créée en 2013, Traid'Union est une association tradi-moderne, qui promeut les arts et les cultures d'Afrique. Ses fondateurs, Maude et Mbady, croient en la pérennité des valeurs de ce secteur d'activité pour l'avènement d'un monde plus durable. Traid'Union organise des manifestations artistiques aussi bien en France qu'en Guinée. À Conakry, elle propose des concerts « Kora Live » mais également des stages de danse et des ateliers périscolaires. Sur demande, elle organise des excursions culturelles à la rencontre des danses et musiques de Guinée.

VILLA ELIJAH - GUINEA FISHING CAMP

ÎLE DE ROUME

✆ +224 631 38 19 45

www.villaelijahguineeconakry.com

Devis sur demande sur le site.

Jeannot, le capitaine de pêche et manager du camp, accueille les amateurs de pêche sportive sur l'île de Roume. Il organise les sorties autour de l'archipel de Loos, mais aussi sur des spots de pêche au large. Il propose tous les types de pêche selon vos préférences (jigging, popping, traîne…) et du matériel en location. Si vous préférez la pêche sous-marine, pas de problème, il suffit de demander. Séjours à la journée, sur le week-end ou à la semaine, organisés tout compris.

TINA KHAFE

✆ + 224 625 78 05 86

Cette association basée à Conakry a été créée en 2020 par deux musiciens pédagogues, A. Raymond Sylla et Lucille Moine, qui aiment avant tout transmettre leur art à tout le monde dès le plus jeune âge. Vous les trouverez dans de nombreux projets au sein des écoles, mais aussi au Centre culturel franco-guinéen et dans les maisons des jeunes. Ils proposent des cours, des stages, des visites de lieux culturels et collaborent avec de nombreux artistes locaux. Si vous souhaitez participer à des ateliers, découvrir des rythmes et des danses, contactez-les sans hésiter.

ZEN GARDEN SPA

Quartier Camayenne, Commune de Dixinn.

✆ +224 628 68 88 68

www.zengardengn.com/

Massage 300 000 FG les 30 minutes, pose ongulaire à partir de 50 000 FG, coupe de cheveux femme à partir de 250 000 FG.

Centre de bien-être et de beauté proposant une offre complète de prestations pour se faire du bien et passer un agréable moment de détente. Zen Garden Spa, c'est en un même lieu : un sauna, un hammam, un salon de coiffure, un salon de manucure et d'épilation et un espace de massage. Différents types de massages vous seront proposés, source de relaxation et de bien-être : massage à la bougie, aux pierres chaudes, tonique aux huiles essentielles ou encore de détox. Ce lieu, situé à deux pas de la Cour suprême, vous accueille tous les jours de 10h30 à 19h30.

SORTIR

« Faire le mouvement » à Conakry est à prendre littéralement au pied de la lettre : nombreux sont ceux qui font la tournée des différents night-clubs dans une même nuit. L'ambiance en club est toujours lâchée. Elle ne commence pas avant minuit, pour battre son plein vers 3h et se terminer au petit matin. La palette musicale est très ouverte : des standards maliens ou guinéens au coupé-décalé en passant par les dérivés de la rumba congolaise, la musique guinéenne actuelle, le R'n'B, le reggae et l'électro. En sus des adresses phares que tout le monde connaît, tout quartier héberge des établissements moins connus mais pas moins « ambiancés ». La curiosité est payante car ils sont nombreux et le « mouvement » des quartiers n'a rien à envier à celui du centre-ville ; au contraire, c'est sans doute encore plus authentique. Attention quand même à ne pas vous aventurer seul la nuit et/ou à pied. L'ambiance n'exclut pas la prudence.

LE BARON

Hôtel Riviera Royal
✆ +224 660 70 00 00

Ambiance musicale de 19h à 23h. Discothèque de 23h à l'aube.

Dans l'enceinte de l'hôtel Riviera Royal à proximité du palais du Peuple, Le Baron est une des discothèques les plus branchées de la ville et l'endroit idéal pour se divertir entre amis en fin de semaine. En raison de sa popularité, il est nécessaire de réserver à l'avance. L'entrée est gratuite mais la consommation obligatoire. Cette boîte chic est réservée à une clientèle aisée. *Afterwork* à partir de 18h et jusqu'à 23h tous les jeudis. Ouvert vendredi et samedi de 23h à 6h. Le Baron peut être privatisé pour vos fêtes en semaine.

LE MLS

Carrefour du 8-Novembre, Commune de Kaloum.
✆ +224 655 88 88 11

Accolé à l'ancien cinéma Liberté et au jardin du 2 Octobre, le MLS affiche clairement sa volonté de se positionner dans la catégorie « classieuse » des night-clubs. Bois, tentures, volumes habilement aménagés, éclairage bien dosé, grands canapés et banquettes, Le MLS est une référence à Conakry ; une lieu branché où se croisent fils de ministres, golden boys guinéens et expats de tous horizons. Après une longue fermeture pour cause de pandémie, Le MLS rénové a rouvert ses portes en 2021 avec en projet un nouveau restaurant. *Afterwork* tous les jeudis.

LE BEMBEYA

Rue de la poste, quartier Almamya
✆ +224 622 28 52 59

Ce night-club est un des établissements « historiques » de Conakry. Il est installé 4e avenue à Kaloum en face du Heores Coffee et à côté de la poste. Ici la piste de danse est au centre de l'établissement, les tables disposées tout autour et le bar en retrait sur un côté. D'autres tables sont installées sur un balcon situé au premier niveau, là où se trouve également le DJ. L'animation est assurée tous les jours à partir de 22h, mais comme souvent à Conakry, mieux vaut arriver un peu plus tard pour ceux qui cherchent la chaude ambiance des nuits conakrykas.

LA PAILLOTE

Quartier Camayenne, Commune de Dixinn
✆ +224 664 98 07 22

Cet ancien centre culturel (qui demanderait un petit rafraîchissement) fut par le passé un lieu de passage obligé pour tous les grands artistes et orchestres nationaux du pays. De nos jours des groupes se produisent en *live* tous les samedis soir. Ils proposent un retour nostalgique vers l'âge d'or de la musique guinéenne (Bembeya jazz, Amazones de Guinée, etc.). Dans ce grand espace ouvert, l'ambiance est assurée par les jeunes et surtout les moins jeunes. Ce berceau historique de la musique guinéenne est à la musique ce que la veille marmite est à la bonne sauce.

ÎLE DE KASSA ★★★

À moins d'une demi-heure de Conakry en pirogue, l'île est la plus proche du continent et peut constituer une excursion d'une journée. On peut se rendre directement au village de Kassa (plage de Lounde) ou à Sorro, la plage située du côté opposé où est installé le Bamana, ou bien débarquer à Kassa et rejoindre l'autre bout de l'île en seulement 45 minutes de marche.

Une belle balade permet de faire le tour de l'île et de découvrir quelques curiosités : les ruines des bâtiments de la cité socialiste, les installations des anciennes mines de bauxite ou encore le lac situé dans les hauteurs de la partie sud de l'île.

Transports

Chaque jour le ferry dessert le village de Kassa (le plus proche depuis Conakry), en allers-retours réguliers, depuis le port autonome de Conakry, à un tarif très concurrentiel. Le projet d'embarcadère sur la corniche du quartier Sandervalia n'était toujours pas opérationnel en juillet 2022. Des pirogues et vedettes partent également toutes les heures du port de Boulbinet en direction du village de Kassa. Il faut s'acquitter d'un droit pour la traversée et bien sûr payer sa place dans la pirogue. Il faut parfois être patient car la pirogue ne part que si son quota de clients est atteint. Attention aux insolations dans la pirogue !

Le week-end en saison, les structures hôtelières organisent des départs en bateau ou en pirogue pour l'île en aller-retour depuis le port de Boulbinet (hôtel Bamana). Départ vers 10h, retour vers 17h.

PLAGE DE SABLE ROUGE

Cette grande plage de sable rouge (sans doute lié à la présence importante de bauxite rouge dans la zone) est propice à la baignade car elle est située vers l'intérieur de l'archipel, là où la mer est moins agitée. Elle est entretenue par des jeunes de Kassa. Des buvettes et des petits cabanons permettent de boire un verre et de se restaurer dans une ambiance détendue et locale, et pour un budget plutôt raisonnable (au vu des tarifs en vigueur ailleurs sur les îles). Attention, les week-ends notamment, l'affluence est parfois forte sur ce lieu apprécié des jeunes.

PLAGE DE SORRO ★★

Située au nord de l'ile de Kassa, cette belle plage de sable blanc offre un lieu privilégié de farniente et de baignade. Ici, la mer est calme car la plage est située vers l'intérieur de l'archipel et donc pas de danger pour en profiter. C'est sur cette plage qu'est situé le village touristique Le Bamana, encore appelé Chez Abou. Vous pourrez donc au choix profiter des équipements du Bamana ou simplement de la plage en vous éloignant un peu de l'hôtel. Attention, le lieu étant bien connu, il est donc souvent très fréquenté, notamment le week-end. Ambiance assurée.

KASSA KOUNKI €€

✆ +224 624 62 84 63

https://kassakounki.com

Tarifs haute saison : chambre avec 1 lit double entre 350 000 FG et 490 000 FG y compris le petit déjeuner.

Sis au bord de l'eau, cet écolodge niché au cœur des palmiers est un véritable petit éden. Les hébergements installés sur la colline en arrière-plan sont tout confort. Ils jouissent d'une vue exceptionnelle sur la plage et les autres îles au large. Le restaurant en terrasse sur la plage offre un large éventail de grillades et de spécialités locales à base des produits de la mer (poissons, gambas, calamars…) et son bar des cocktails alcoolisés ou non. Pour compléter le tout, l'hôtel propose diverses activités (excursions, pêche, cours de danse…).

VILLAGE TOURISTIQUE LE BAMANA €€

Plage de Sorro

✆ +224 620 28 76 43

Cases traditionnelles et chambres en annexe de 500 000 FG (1 lit) à 600 000 FG (2 lits) la nuit, petit déjeuner compris.

En direct sur la plage de Sorro, le Bamana jouit d'une position idéale. Le propriétaire, Abou, natif de l'île, a su créer un village de charme, aux couleurs guinéennes, simple et chaleureux. La plage est aménagée pour se restaurer et se baigner en toute sécurité. Pour les randonneurs, un guide natif du coin pourra vous faire découvrir tous les charmes de son île. Des sorties « pêche » en pirogue traditionnelle sont également proposées. Idéal pour s'évader des bruits de la capitale.

LE PÉNITENCIER DE FOTOBA ★

Si vous visitez le lieu, pensez au gardien et à ceux qui entretiennent le lieu.

Il s'agit de l'ancien pénitencier colonial, construit au début du XXe siècle et fermé en 1957. Dans une grande cour entourée de hauts murs, vous y verrez les anciens bâtiments des cellules, qui ont fait l'objet d'une remise en état récente. Désormais une plaque et un portail marquent l'entrée du lieu. Il vous faudra demander le gardien pour y accéder. Posée en 2005, une plaque témoigne du pacte franco-britannique qui fut scellé ici en 1904. De nos jours, l'ancien pénitencier est entretenu et nettoyé par les villageois. Un lieu à découvrir pour son histoire !

ÎLE DE TAMARA ★★★

C'est l'île la plus à l'ouest, la plus grande, la plus sauvage aussi. Une seule structure hôtelière est installée sur l'île en mai 2022, qui reste encore peu connue. L'île est par ailleurs encore peu visitée. Elle constitue pourtant un lieu de promenade agréable, notamment le long de l'allée ombragée par de vénérables manguiers, qui relie les deux villages de l'île et permet de se rendre au phare. Apaisant ! Des deux versants opposés, celui côté mer interne, offre une eau calme, propice à la baignade, depuis des plages de galets ; côté océan, le coucher de soleil depuis la plage de sable, frappée par les vagues, est inoubliable.

Balade

Dans le village de Fotoba, au nord de l'île, il y a une église anglicane (n'oublions pas que les îles étaient anglaises jusqu'en 1905). Fotoba fut un lieu de traite parmi d'autres sur la Basse-Côte. Il abrite également les ruines de l'ancien pénitencier, qui ont fait l'objet d'un nettoyage et d'une remise en état partielle depuis quelques années (visite possible). À l'extrémité sud de l'île se trouve le phare, qui domine tout l'archipel.

Transports

Au départ du port de Boulbinet, des pirogues des villages de Fotoba et Rogbané, dont celles de transport des villageois, desservent l'île. Pour se rendre sur l'île depuis Boulbinet, il faut compter plus ou moins 1 heure selon les heures de traversée et le lieu d'accostage.

LE PHARE DE TAMARA ★

Situé à l'extrémité sud de l'île, le phare de Tamara est un lieu à visiter. Construit par les Français au début du XXe siècle, il offre une vue spectaculaire sur l'archipel de Loos et sur Conakry au loin. Le phare domine une petite forêt constituée notamment de majestueux manguiers. Vous trouverez sur place le gardien du phare qui vous proposera de déchiffrer le livre d'or, comportant quelques vieilles signatures, dont les premières datent de 1915. L'accès au site est gratuit mais si vous voulez monter dans le phare, il faut désormais payer un droit d'entrée.

HOTEL WOULIYA €

✆ +224 626 36 70 56

Chambre dans des cases ou dans le bâtiment principal à 200 000 FG avec petit déjeuner.

Le seul hôtel de l'île de Tamara avec une vue imprenable sur la mer intérieure de l'archipel. Dommage que les constructions et le bétonnage la gâchent quelque peu : piscine (non fonctionnelle), salle de conférence, boîte de nuit… Les chambres sont simples avec un équipement de base. Le gérant est à l'écoute de ses clients et se mettra en quatre pour répondre à leurs attentes. Sur commande, il vous fera préparer un plat local (sauce konkoé, riz gras, sauce feuille). Il propose également de vous faire découvrir son île et pourra pour cela organiser vos déplacements.

CONAKRY

ÎLE DE ROUME ★★★

C'est l'île la plus au sud de l'archipel. On débarque sur les plages du côté nord où se rangent les pirogues. Arrivé à terre, vous trouverez des petits maquis où vous pourrez manger du poisson, boire un soda ou un verre de bandji (vin de palme). Du côté sud, se trouve la plage du Gouverneur, d'accès gratuit (aucune plage privée en Guinée). Il vous faudra cependant donner quelque chose aux jeunes pour qu'ils vous attribuent un coin d'ombre où vous pourrez poser vos affaires qu'ils surveilleront. Certains vous proposeront des paillotes à louer. Vous avez aussi celle de l'hôtel Sogué. Ces deux plages sont plus exposées que sur l'autre rive et la mer y est plus agitée avec des vagues et des courants dont il faut se méfier (notamment en fonction de la marée). Renseignez-vous. Elle sont aussi plus ensoleillées.

Transports

Au quotidien, les pirogues partent de Conakry à heures très variables mais plutôt l'après-midi, en fonction des besoins de la clientèle locale. Pour pouvoir choisir vos horaires, vous devrez « déplacer » une pirogue, ce qui revient à louer la pirogue et son pilote. Ce dernier choix est évidemment plus cher, mais permet de faire l'aller-retour dans la journée et de choisir vos horaires. Des navettes régulières partent également depuis le port du Petit Bateau avec des tarifs plus élevés mais avec des horaires plus réguliers et notamment des départs dans la matinée. Comptez environ 45 minutes pour rejoindre l'île.

VILLA ELIJAH - GUINEA FISHING CAMP €

✆ +224 631 38 19 45

www.villaelijahguineeconakry.com

Chambre simple à 300 000 FG. Chambre double à 400 000 FG et bungalows privatisés à 500 000 FG.

Camp de pêche mais également maison d'hôte, la villa est nichée sur une colline ouvrant un magnifique panorama : agréable et apaisant. Jeannot, le propriétaire, capitaine et guide de pêche, vous accueillera chaleureusement. Il organise des séjours de pêche sportive et de chasse sous-marine, en partenariat avec le Guinea Fishing Camp. Au cœur d'un enchanteur jardin arboré et fleuri, ce lieu est une escale idéale pour qui cherche à se reposer de Conakry la tumultueuse.

CONAKRY FISHING CLUB €€

✆ +337 86 67 02 59

www.conakryfishingclub.com

Tarif par personne (6 personnes au minimum), 300 000 FG la journée et 600 000 FG en pension avec nuitée.

Le CFC est un centre de pêche sportive et de chasse sous-marine, mais aussi et surtout un lieu de détente pour qui souhaite s'échapper de Conakry. Le centre propose des sorties pêche à la journée et des séjours pêche tout compris, mais il offre également l'opportunité de passer en famille quelques jours au calme pour se détendre face à l'océan Atlantique. Pour les séjours longs, l'hébergement est assuré dans une belle demeure de 5 chambres avec terrasse en bord de mer. Le CFC propose aussi des stages de danse et/ou de percussions. Il suffit de demander !

GITE KONKOBA €

✆ +224 661 55 10 12

Chambres avec douche à 500 000 FG avec petit déjeuner. Plats à plus ou moins 150 000 FG.

Situé sur une belle petite plage de sable blanc de l'île, cet endroit est vraiment sympathique et agréable pour qui souhaite se détendre et s'éloigner du chaos de la capitale en toute simplicité. Les chambres sont spartiates et la déco « originale ». Ambiance locale et conviviale. Gilles, le gérant, propose plusieurs formules à la journée, pour le week-end, la semaine ou plus… et diverses activités sur place (concerts, spectacles, excursions à la découverte de l'île, baignade, feux de camp…). Restauration à la demande avec des plats à base de produits de la mer.

HOTEL SOGUE €€€

✆ +224 664 27 64 11

Chambre simple ventilée avec eau et électricité à environ 700 000 FG avec petit déjeuner. Chambre double à 800 000 FG.

Les quatorze chambres sont réparties dans sept bungalows installés au milieu d'une végétation luxuriante et fleurie en surplomb d'une merveilleuse plage de sable blond. Les chambres ont tout le confort nécessaire à un séjour reposant. Un bar-restaurant panoramique installé sous une grande paillotte propose une cuisine métissée afro-européenne, très largement basée sur les produits de la mer, et de délicieux cocktails maison. Un petit havre de paix exotique et tranquille pour une clientèle assez aisée. Atmosphère détendue afro-européenne.

PASSPORT

GUINÉE MARITIME

La Guinée maritime fait partie d'une région naturelle qui dépasse les frontières nationales : la région des Rivières du Sud. Cette appellation fut officiellement adoptée en 1845, puis abandonnée à la fin du XIXe siècle. Formé d'immenses estuaires, le littoral guinéen est un paradis pour les riziculteurs et les agriculteurs, mais également les pêcheurs. Aujourd'hui, la région est essentiellement tournée vers Conakry, la capitale, avec ses plus de 2 millions d'habitants. Pourtant, hors Conakry, elle contribue pour une large part à la création de la richesse nationale à travers l'exploitation de la bauxite, mais aussi dans une moindre mesure avec les activités liées à la pêche, artisanale ou industrielle, et à l'agriculture (rizières et plantations diverses). Au niveau du tourisme, la Basse-Côte a des atouts forts encore peu mis en valeur, que la mise en exploitation à ciel ouvert de nouvelles mines semble quelque peu hypothéquer.

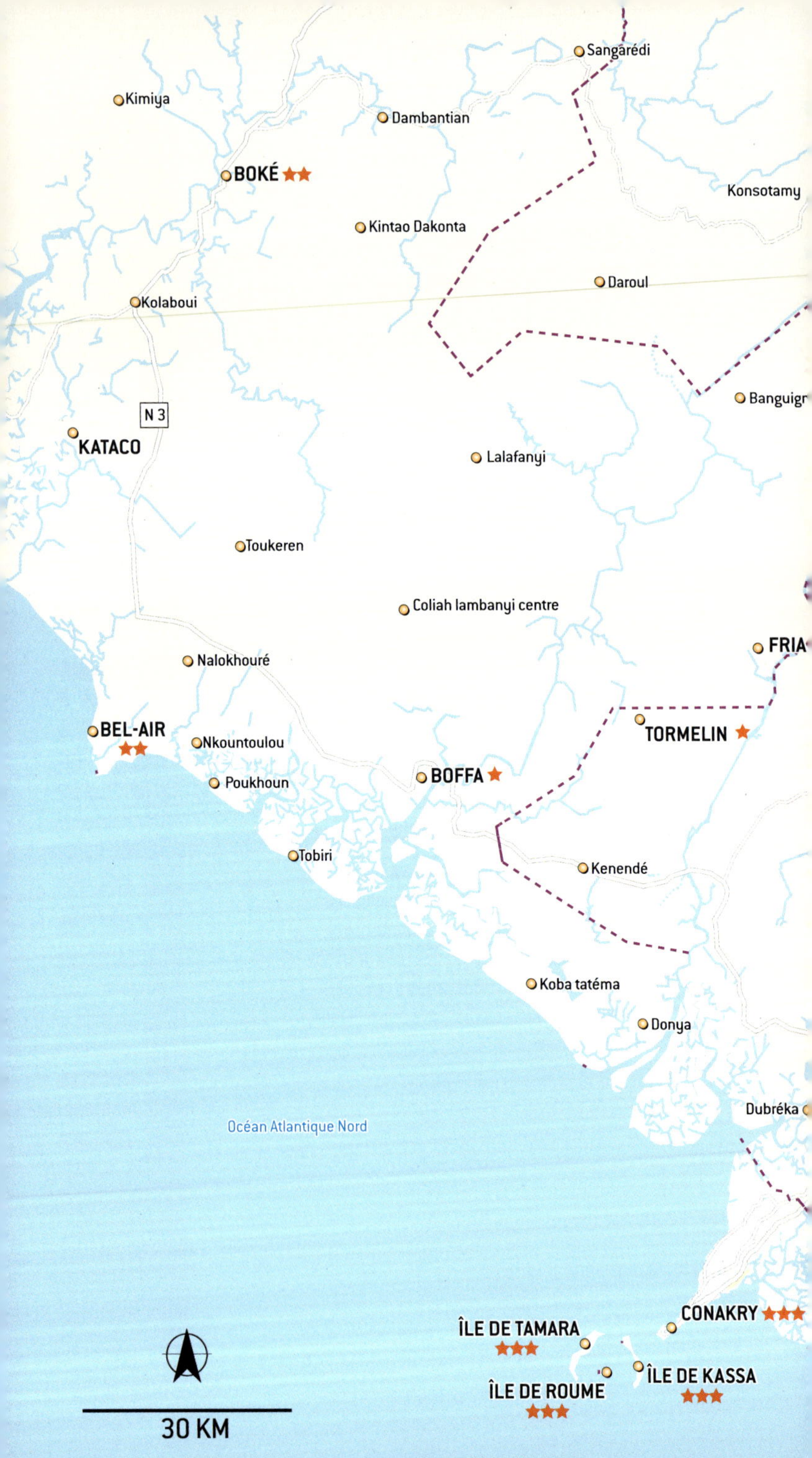
Sangarédi
Kimiya
Dambantian
BOKÉ ★★
Konsotamy
Kintao Dakonta
Daroul
Kolaboui
Banguigr
N 3
KATACO
Lalafanyi
Toukeren
Coliah lambanyi centre
FRIA
Nalokhouré
BEL-AIR ★★
TORMELIN ★
Nkountoulou
Poukhoun
BOFFA ★
Tobiri
Kenendé
Koba tatéma
Donya
Dubréka
Océan Atlantique Nord
CONAKRY ★★★
ÎLE DE TAMARA ★★★
ÎLE DE ROUME ★★★
ÎLE DE KASSA ★★★
30 KM

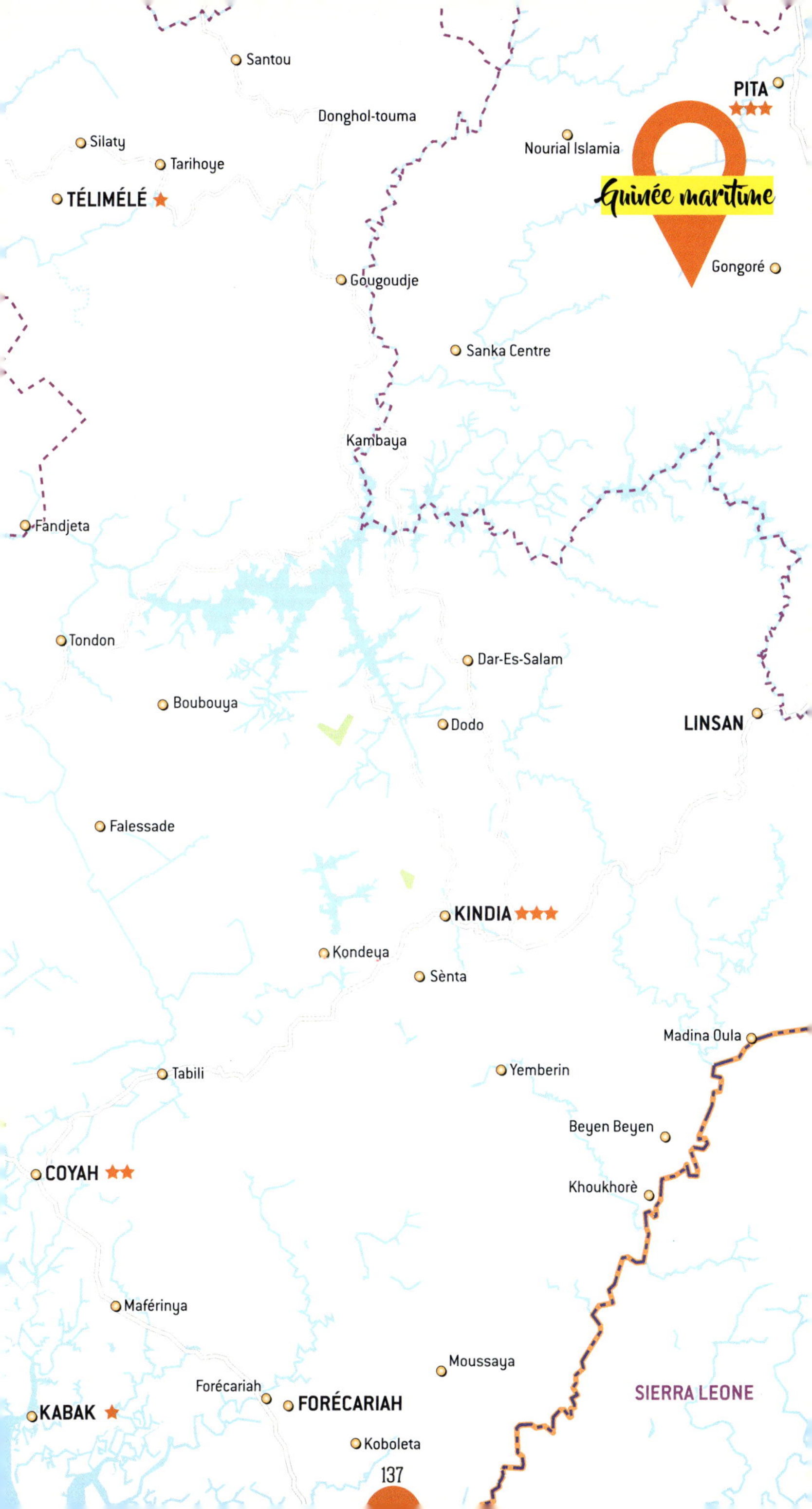
Santou
Donghol-touma
PITA ★★★
Silaty
Tarihoye
TÉLIMÉLÉ ★
Nourial Islamia
Guinée maritime
Gougoudje
Gongoré
Sanka Centre
Kambaya
Fandjeta
Tondon
Dar-Es-Salam
Boubouya
Dodo
LINSAN
Falessade
KINDIA ★★★
Kondeya
Sènta
Madina Oula
Tabili
Yemberin
Beyen Beyen
COYAH ★★
Khoukhorè
Maférinya
Moussaya
Forécariah
FORÉCARIAH
SIERRA LEONE
KABAK ★
Koboleta

PAGES

139 ● ● GUINÉE MARITIME

BOKÉ ★★

139 Ville chargée d'histoire, celle des comptoirs commerciaux et de la traite négrière, Boké est devenue en quelques années le carrefour des routes de la bauxite mais aussi des crispations liées à l'intensification de son exploitation. Le fort de Boké et les abords du rio Nunez n'en demeurent pas moins des lieux essentiels pour venir toucher du doigt les terribles réalités de la traite.

BEL-AIR ★★

141 Une plage de sable blond bordée de quelques cocotiers avec au large quelques pirogues colorées de pêcheurs : Bel-Air, c'est une invitation au *farniente* loin de l'agitation de la capitale. C'est aussi l'assurance de pouvoir déguster quelques délicieux poissons et crustacés, tout juste sortis de l'eau.

142 **KAMSAR**

144 **KATACO**

144 **BOFFA ★**

146 **TORMELIN ★**

FRIA

147 Fria, ville historique de la bauxite en Guinée, s'ouvre peu à peu au tourisme depuis quelques années. Encore largement inexplorée, la région offre de belles surprises comme les grottes de Ciréyah à proximité de Tormelin, un terrain d'exploration pour les aventuriers d'un jour.

150 **TÉLIMÉLÉ ★**

150 **DUBRÉKA ★★**

152 **COYAH ★★**

155 **FORÉCARIAH**

155 **KABAK ★**

KINDIA ★★★

156 Cascades, montagne, lacs et villages typiques, Kindia et ses environs offrent une diversité de sites et de paysages qui en font une destination incontournable de la région. Avec la réfection de la route depuis Conakry et une offre d'hébergement diversifiée, c'est une destination idéale pour quelques jours de villégiature.

161 **LINSAN**

BOKÉ ★★

Boké tient une place importante dans l'histoire coloniale du pays. Située sur les bords du Rio Nunez, elle a très tôt vu l'implantation de comptoirs commerciaux européens, avant d'être le siège de la rivalité franco-portugaise. En 1865, le général Faidherbe, qui vient alors du Sénégal, s'y installe ; il se servira de la ville comme point de débarquement de la flotte française pour envahir le pays, à la fin du XIXe siècle. Aujourd'hui, seul le fort dominant le fleuve témoigne de ce passé. Il se visite, comme peuvent se visiter les environs qui sont riches de nombreux villages de pêcheurs et de plages désertes, bordées par la mangrove (n'hésitez pas à vous rendre dans les villages et demandez à voir le chef pour organiser votre séjour). Boké est plus que jamais le carrefour des routes de la bauxite. Les problèmes liés à l'exploitation de ce minerai dans la région sont au cœur de son actualité, agitée. Des émeutes y ont éclaté fin 2021 faisant plusieurs victimes. Au centre-ville, les coupures d'électricité sont récurrentes, l'eau qui sort des robinets est rouge, comme sont au rouge tous les voyants sociaux et environnementaux. Les emplois créés par les sociétés minières, toujours plus nombreuses, compensent difficilement les retombées négatives de cette exploitation à marche forcée. Les défis à relever restent immenses.

Balade

Porte d'entrée de la colonisation sur le fleuve Rio Nunez, la ville garde en elle les traces visibles de cette époque. Ne pas rater : en bas du fortin, le point de départ de la traite négrière où l'on voit encore les vestiges du ponton, ainsi que les bâtiments coloniaux en ruine où étaient enfermés les esclaves ; l'ancienne école (aujourd'hui l'école du centre) à côté du fortin, construite en 1901, la première de la Basse-Côte ; l'église (une des premières, après celle de Boffa) dont il reste deux bâtiments de l'époque : les annexes et la maison du clergé.

Transports

La ville est située au bout du bout de la route goudronnée qui la relie à la capitale. Cette route est dans l'ensemble en très bon état ; presque trop, vu la vitesse des véhicules l'empruntant alors qu'elle n'a que deux voies… Cet axe se prolonge par une piste abîmée par le temps et les pluies, en direction de Gaoual et de la frontière sénégalaise (compter une journée pour l'atteindre) mais également de la frontière avec la Guinée-Bissau.

LES MINES DE BAUXITE ET AUTRES

Depuis quelques années, toute la région de Boké est soumise à un grand remue-ménage. Les permis d'exploitation de la bauxite, mais également du granit et autres ressources minérales se sont multipliés. Les sociétés minières de toutes origines, notamment chinoises (les plus visibles), sont présentes partout. De belles pistes de latérite s'ouvrent dans tous les sens, la moindre colline semble peu à peu grignotée par les pelleteuses et la valse des camions sur les principaux axes routiers est permanente. Plusieurs infrastructures importantes sont en cours de réalisation sur la côte pour l'exportation de toutes ces matières premières. Bref, la Guinée maritime ressemble dans cette partie à un vaste chantier où les bases de vie se multiplient. Les ressources tirées des mines sont certes importantes pour l'économie de la Guinée, et leur multiplication peut donc être considérée comme une bonne chose. Cependant, les contreparties de ces mises en exploitation sont loin d'être toujours positives, notamment en termes de destruction de la nature et de pollution. De ce point de vue, les inquiétudes des populations et de certaines associations semblent légitimes. Par endroit, la vie devient impossible du fait des poussières dégagées dans et autour des lieux d'extraction. Un vrai défi pour l'avenir : rendre compatible l'exploitation intensive des ressources minières et l'amélioration des conditions de vie des populations (que ce soit en termes de niveau de vie ou de préservation de l'environnement).

LE FORT DE BOKÉ (DEVENU MUSÉE) ★★

Boké est célèbre pour son fort, construit en 1878, devenu musée en 1971, restauré en 1982 par l'association des amis du musée. Le célèbre Almamy Alpha Yaya Diallo (1840-1912), roi de Labé, y fut enfermé tout comme le roi Nalou (1840-1897), le premier roi de la région à se convertir à l'islam. Les amoureux des arts pourront y admirer quelques pièces d'époque : des objets bagas tels que des tam-tams de communication, des tambours à cariatides pour les femmes initiées, le serpent baga pour l'initiation des garçons, des guenzés (monnaie toma) et des masques nimba, symboles de fécondité. Le sous-sol, occupé par de sinistres salles d'interrogatoire, témoigne des « entretiens » musclés que l'administration coloniale faisait subir à ceux qui allaient devenir tirailleurs sénégalais. Vous y trouverez aussi quelques cellules où les prisonniers étaient enchaînés : non moins sinistres…

Dans le jardin, les bustes des héros guinéens érigés sous Sékou Touré (Samory Touré, Alpha Yaya, Dinah Salifou le roi des Nalou, etc.) trônent au milieu de vieux canons, ainsi qu'une stèle commémorant le départ de René Caillié le 19 avril 1827 en direction de Labé, dans son voyage vers Tombouctou.

L'intérêt majeur de ce fortin réside en réalité dans la visite guidée proposée par le charismatique « conservateur » Mamadou Baïlo ou son fils Mamadou Oury Traoré (qui seconde son père quand il est là). Tous deux vous raconteront bien plus que des histoires, aussi bien à l'intérieur qu'aux abords du musée !

COMPLEXE FILAO PLUS €

Situé à l'entrée de la ville, après la gare routière à droite.

✆ +224 625 06 06 13

25 chambres climatisées de 250 000 FG à 600 000 FG y compris le petit déjeuner.

Les chambres plutôt basiques offrent des prestations dans la moyenne, mais sans plus. Grâce au courant disponible 24h/24, elles sont toutes climatisées et disposent de l'eau courante. Pour prendre un repas, il vous faudra de préférence passer commande une fois sur place. Le cadre est relativement agréable avec une cour aménagée et verdoyante, mais globalement les services proposés restent quelque peu inégaux et la déco un peu surannée. Une boîte de nuit, L'Aiglon, une salle de conférence et une pâtisserie complètent l'offre de prestations du complexe.

HOTEL LE SAPIN €

À la sortie de la ville, direction Sangarédi.

✆ +224 621 29 77 46

Chambres et suites climatisées de 300 000 FG à 500 000 FG avec petit déjeuner. Au restaurant, plats sur commande.

L'hôtel propose 38 chambres et suites réparties d'une part dans un grand bâtiment sur deux niveaux et d'autre part dans des petites maisons de plain-pied. Toutes les chambres sont climatisées et équipées de télévision avec Canal+. L'accueil est sympa. Si vous souhaitez visiter Boké et les environs, vous trouverez sur place un guide connaissant bien la région. Pour le reste, les prestations sont dans la moyenne des standards locaux. Une solution parmi d'autres, si vous devez passer une nuit à Boké, avant de continuer votre route.

HOTEL RESIDENCE DIOP €€

✆ +224 622 87 36 63

Chambre à 700 000 FG la nuitée.

Situé à Sangarédi centre, cet établissement récent propose des prestations de qualité (courant 24h/24), qui en font une référence locale. Dans un écrin de verdure magnifiquement entretenu, les 16 chambres réparties dans des bâtiments de plain-pied vous offrent tout le confort nécessaire pour un séjour agréable. La grande salle de restaurant-bar ouverte sur les jardins verdoyants vous accueille pour vos repas et vos moments de détente en toute tranquillité, à moins que vous ne préfériez les quelques tables disposées à l'ombre des palmiers.

HÔTEL RIO NUNEZ €€

✆ +224 624 67 23 67

52 chambres et suites entre 600 000 FG et 1 500 000 FG tout confort et petit déjeuner compris.

Imposant bâtiment sur cinq niveaux, l'hôtel Rio Nunez, ouvert depuis 2019, se veut une référence dans sa catégorie à Boké et plus largement dans la région. Depuis sa terrasse panoramique, la vue est imprenable notamment sur le Rio Nunez et les alentours de la ville. Les chambres sont lumineuses et fonctionnelles, mais sans âme. L'absence de courant dans la journée est quelque peu gênante pour un hôtel qui se veut de haut standing. Un salle de sport, une piscine et une salle de conférence complètent l'offre de l'établissement.

BEL-AIR ★★

Bel-Air est avant tout une très longue plage de sable fin au bord de l'océan. Un lieu de *farniente* et de repos, mais qui offre aussi la possibilité de découvrir les villages environnants et les activités liées à la pêche artisanale. Cette excursion peut se faire sur une journée grâce à l'excellent état de la route. Mais la meilleure solution est de prévoir de passer au moins une nuit sur place dans un des établissement installés sur ou à proximité de la plage et qui accueillent les visiteurs à la recherche de tranquillité et d'authenticité. L'embranchement pour Bel-Air est situé à 45 km après Boffa sur la gauche ; restent alors 25 km jusqu'à la plage.

PLAGE DE BEL-AIR ★★★

Une plage à perte de vue ! Le week-end, elle est souvent un peu plus fréquentée mais en semaine complètement déserte. Avec les plages des îles de Loos, c'est une des plus belles de Guinée et sans doute la plus grande, avec ses cocotiers, son sable blond et ses eaux claires. Attention toutefois car, à marée basse, l'eau se retire assez loin et la baignade devient compliquée. L'accès à la plage au niveau de l'hôtel du même nom est payant, mais totalement libre et gratuit si vous vous en éloignez plus vers l'ouest, notamment vers le village de Koukoudé.

VILLAGE DE KOUKOUDÉ ★★

A proximité de la plage de Bel Air (à l'autre extrémité de la plage par rapport à l'hôtel Bel Air), Koukoudé est un ravissant petit village de pêcheurs. On l'atteint depuis le dernier hameau juste avant Bel-Air, en prenant à droite à l'embranchement (il reste environ 20 minutes pour y arriver). Les cases des habitants les plus pauvres sont en paille. L'essentiel de l'activité locale est tourné vers la pêche (activité exclusivement masculine) et le fumage des poissons (domaine réservé aux femmes) qui seront expédiés sur Conakry. Des pirogues peintes de couleurs chatoyantes sont échouées sur la grève ou amarrées dans le port. Des étalages de poissons sèchent au soleil ou exhalent leur fumée sous la chaleur des braises. Ici, sous des hangars de fortune couverts de tôle, elles ne s'éteignent jamais ! À l'arrivée des pirogues commence la valse des bassines pleines de poissons que des jeunes ramènent sur leur tête chez leur propriétaire. La danse semble quelque peu anarchique mais somme toute efficace. Attention, chaud devant ! L'extraction de l'huile de palme et la production de sel sont également des activités largement pratiquées localement. À noter : un projet mené par Univers-sel, une association de paludiers français qui a permis le développement de la production de sel solaire en remplacement de la production utilisant le chauffage et donc beaucoup de bois de palétuviers ; la pression sur la mangrove locale est ainsi un peu moins forte. Autant d'occasions de rencontres et de découvertes dans les villages environnants !

ASSOCIATION DJEMBÉ-LIANE

Association reconnue d'intérêt général. Dons déductibles.

Cette association a pour but de « soutenir localement des projets de vie par le biais d'échanges dans les domaines artisanal, artistique et éducatif ». Suite à la crise sanitaire, l'association a connu un ralentissement de ses activités. Malgré tout en 2021/2022, elle a pu apporter son soutien à des jeunes pour créer une fabrique de briques, à un mécanicien par des dons de matériels, à une jeune fille pour sa scolarisation… L'idée sous-jacente est dorénavant d'orienter son aide davantage sur des projets de création d'activités génératrices de revenus.

LE DAUPHIN DANKELEKELE €

✆ +224 622 29 72 02

Hébergement de 200 000 FG à 350 000 FG la nuitée selon confort recherché. Plats du jours à 60 000 FG.

Généralement désigné comme étant « Chez Fredo et Mariam », ce gite est idéalement situé sur le plage de sable blond de Dankelekele, entre l'embouchure du fleuve et l'océan. Les chambres réparties dans des cases sont simples et fonctionnelles, mais l'essentiel n'est pas là. Vous êtes sur la plage, entourés de cocotiers face à l'océan Atlantique et aux magnifiques couchers de soleil que les fins de journée ne manquent pas de vous offrir : magique ! Ici les repas sont préparés avec les productions locales et les produits de la mer, poissons et crustacés : excellent !

TOMBOLIYA VILLAGE €

✆ +224 620 27 21 64

Chambres ventilées de 250 000 FG à 350 000 FG petit déjeuner non compris. Chambres à 150 000 FG dans un case.

À proximité du village de Koukoudé, un petit village de pêcheurs, et à quelques mètres de la magnifique plage de Bel-Air, Joëlle et son équipe réservent un accueil chaleureux et authentique à leurs visiteurs, pour un séjour entre farniente, baignade, loisirs (volley-ball, pétanque...) et danse au son des djembés avec l'association Djembé-Liane. Entre deux activités ou visites dans les environs, rien de mieux qu'une boisson bien fraîche à l'ombre des palmiers et/ou un bon petit plat concocté par la maîtresse des lieux avec crustacés et poissons frais.

LES JUMELLES €€

✆ +224 623 51 74 62

26 chambres à plus ou moins 400 000 FG la nuitée avec petit déjeuner. Courant assuré par un groupe de 18h30 à 6h.

Cet établissement installé sur la plage est articulé autour d'un bâtiment central composé d'une grande terrasse couverte qui fait office de salle de restaurant et de bar, et d'une discothèque. En retrait par rapport à la plage, les chambres sont notamment dans des cases indépendantes avec chacune leur douche/toilettes. Sur la plage, quelques paillotes permettent de se prélasser face à l'océan. Ici la mer est calme en saison sèche mais se retire loin à marée basse. Un lieu de loisirs et de détente où l'ambiance est assurée tous les jours ou presque.

VILLAGE TOURISTIQUE SOBANE KARAF €€

Route de Bel Air

✆ +224 625 94 00 00

18 chambres à 350 000 FG la nuitée pour les ventilées et 400 000 FG pour les climatisées, petit déjeuner compris.

Ce « village » inspiré des villages-vacances bénéficie d'une position exceptionnelle au bord de l'océan avec un accès direct à une « petite perle » de sable blond. Paradisiaque ! Les cases, dispersées sur un vaste terrain non clôturé, sont correctes. Dommage que l'entretien y fasse un peu défaut ! Le site est un lieu idéal pour se reposer en se laissant bercer par le bruit des vagues et/ou se baigner en toute sécurité, voire déguster une bonne grillade de poisson sur la plage.

HOTEL BEL-AIR €€€

Sur la RN3 en direction de Boké, prendre au grand carrefour à gauche. Voir panneau.

✆ +224 628 27 24 85

Impressionnant complexe hôtelier situé en bord de mer en retrait d'une très belle plage et desservi par une route goudronnée. Bâti par un entrepreneur italien dans les années 2000, tout a été vu en grand. Sans doute un peu trop... Aujourd'hui, l'État guinéen, à travers le ministère du Tourisme et de l'Hôtellerie, gère l'établissement et espère toujours trouver un groupe hôtelier privé susceptible de le reprendre et de lui redonner son lustre d'avant. Quelques chambres sont encore accessibles aux visiteurs mais avec un service minimal.

KAMSAR

Kamsar ne serait pas Kamsar sans la Compagnie des bauxites de Guinée (CBG), qui y exploite la bauxite depuis près de soixante ans. Tant est si bien qu'il existe aujourd'hui deux Kamsar : d'un côté la cité populaire, qui s'étire tout en longueur entre la mangrove et la voie ferrée, et de l'autre la cité minière située vers l'estuaire du Rio Nunez et le port minéralier. Le contraste est frappant entre la cité populaire assez anarchique qui souffre d'un manque de services publics de qualité et d'infrastructures et la cité « CBG » aux larges avenues bordées de pelouses où tout est bien entretenu et propre, et où tous les services de base sont disponibles. Vivre à Kamsar peut donc être plutôt agréable, mais pour le visiteur de passage, pas grand-chose à voir qui mériterait de s'y attarder.

Transports

Après avoir franchi le porche de béton qui signale l'entrée de la ville, vous remontez la route principale en un long travelling qui contourne les bras de mer et suit la voie ferrée pour aboutir au port exploité par la CBG (non accessible aux personnes étrangères à la CBG). Au-delà du stade et de la barrière commence la fameuse cité CBG. 30 km de bonne route séparent Kamsar de l'embranchement de Kolaboui où l'on rejoint la route principale de Conakry, vers la droite. En continuant tout droit, la route mène à Boké et plus loin à Sangarédi (site d'extraction de la bauxite de la CBG) ou encore Gaoual au bout d'une longue piste de plus de 180 km souvent dégradée.

Le village rural de Kamsar.

ILE D'ALCATRAZ

L'île est située au large de Kamsar. Sauvage et encore quasiment intacte, elle accueille une grande concentration d'oiseaux marins (notamment des fous bruns). Pour les passionnés d'oiseaux, elle peut constituer l'objectif d'une excursion depuis la côte. La traversée est certes longue et difficile (environ 5 heures de traversée), mais quel enchantement une fois sur place ! On peut s'embarquer au port passager de Kamsar. Mais il faut demander à la capitainerie un laissez-passer et négocier le tarif d'une pirogue. Il faut être patient et très motivé.

HÔTEL LE KAMSAR €€

✆ +224 625 42 91 24

Chambre double à partir de 450 000 FG, hors petit déjeuner. Chambres dans les caravanes à 350 000 FG.

Bel établissement confortable et propre qui dispose de 22 chambres au design soigné et spacieuses dans le bâtiment principal auxquelles viennent s'ajouter 13 chambres dans des bungalows indépendants. Le Wifi est opérationnel et la télévision disponible dans toutes les chambres. Il est possible de louer des véhicules sur place et l'hôtel organise à la demande des visites touristiques dans les environs. De par ses qualités, il est souvent pris d'assaut par les compagnies minières et autres missions fréquentes dans la région. Pensez donc à appeler pour réserver.

HOTEL LA CORNICHE €€

✆ + 224 611 15 15 17

www.lacorniche-hotel.com

Situé au cœur de la cité minière au bord de l'embouchure du rio Nunez, l'hôtel a ouvert ses portes en 2022. Cet établissement, qui se veut de haut de standing tout en respectant l'environnement, comprend 33 chambres, dont 9 suites et 24 chambres standards, réparties sur trois niveaux. La décoration des chambres est moderne et soignée et les équipements à la hauteur des ambitions. Ce complexe hôtelier dispose également de deux restaurants, d'une piscine extérieure et d'un bar pour rendre votre séjour agréable. Il fournit une connexion Wifi gratuite pour ses clients.

HOTEL OCEANE MANGROVE €€

✆ +224 625 25 79 79

Situé à l'entrée de Kamsar sur la droite de la route en arrivant, l'hôtel est installé au bord de la mangrove. Il a rouvert ses portes en 2017 après d'importants travaux de rénovation. Les 25 chambres sobres et propres sont dotées des équipements essentiels avec douche et toilettes. Connexion Wifi gratuite. Une grande terrasse extérieure ouverte sur la mangrove voisine permet de prendre ses repas à l'air libre. Salle de restaurant intérieure également. L'ensemble, doté d'une grande piscine, propose des prestations de bonne qualité.

RESTAURANT BAR LE RONIER €€

Dans la cité, quartier Bruxelles
✆ +224 625 10 01 00
Plats du jour le midi à plus ou moins 100 000 FG. Plats de viande, volaille à partir de 80 000 FG.

Une bonne table de Kamsar, qui se renouvelle régulièrement avec un plat du jour tous les midis et sinon un menu offrant un large choix de viandes, poissons, volailles et fruits de mer. Ouvert midi et soir. A l'extérieur, un bel espace en semi-plein air (canapés, fauteuils, tables basses) accueille souvent des animations musicales, autour du bar, en fin de semaine. Derrière une petite porte insonorisée, la discothèque climatisée est toujours le rendez-vous des fêtards du week-end. Un lieu à découvrir si vous êtes de passage dans le coin.

KATACO

Kataco est au cœur du Bagataye, le pays baga. Entouré de rizières et de palmeraies et non loin de la mangrove, ce petit village aux cases de terre situé à l'est de Kamsar, vers Bintimodia, réserve un accueil chaleureux aux promeneurs intrépides qui s'y aventurent. Il n'y a aucun problème pour loger sur place, il suffit de s'adresser au chef du village ou au père de la mission catholique. La journée peut y être consacrée à des promenades à l'ombre des palmiers ou aux abords du fleuve pour y découvrir les activités des habitants. Le soir venu, mélangez-vous à la vie du village. Vous aurez peut-être la chance d'assister à une cérémonie traditionnelle, le pays baga étant une région où les masques sont encore présents lors de moments importants de la vie de la communauté. Rappelons que le masque Nimba si célèbre en Guinée est d'origine baga, de même que les tambours à cariatides.

Transports

L'accès à Kataco se fait depuis Kamsar en prenant à droite à la sortie de la ville (direction Conakry). On franchit la voie ferrée au niveau du panneau du projet Kapatchez puis on suit la piste jusqu'au village, et l'on peut rejoindre la route de Conakry à hauteur de Sangueya. Inversement, si vous venez de la capitale, à 100 km de Boffa, après les villages de Kolia Sanamato et de Sangueya, il faut prendre la piste qui part sur la gauche vers Bintimodia, qui se trouve à 11 km. Puis, on poursuit la piste jusqu'au carrefour Tamouyah, où l'on prend la piste de gauche qui mène à Kataco.

BOFFA ★

À la suite d'une défaite contre Soundiata Keïta, fondateur de l'empire du Mali, les Sosso, autrefois vassaux de l'empire du Ghana, durent fuir leur royaume. Dans leur fuite vers le sud, ils suivirent le Rio Pongo. Coincés sur la rive droite du fleuve, sans jamais pouvoir la franchir, ils fondèrent le village devenu aujourd'hui Boffa. Petit port dans l'estuaire du Rio Pongo, la ville fut l'un des tout premiers sites négriers de l'Afrique de l'Ouest et s'est développée grâce à l'activité de traite. L'administration coloniale, dont le premier poste remonte à 1874, s'y installa, suivie de missionnaires, des « prêtres pionniers » qui furent enterrés sur place. Boffa est célèbre pour son église catholique Saint-Joseph, la plus vieille de Guinée. Un amphithéâtre d'une capacité de plusieurs milliers de personnes a été construit à proximité pour accueillir les fidèles qui se rendent à Boffa chaque année lors du pèlerinage marial. De nos jours, la ville a perdu de son activité surtout depuis que la route ne passe plus par le centre-ville avec la construction d'un pont sur la Fatala et la fermeture du bac. À noter : la présence de l'association Charente-Maritime Coopération qui, depuis plusieurs décennies, apporte son soutien au développement local. Par ailleurs, Boffa est entourée de forêts de palmiers impressionnants qui abritent des villages baga très typiques et traditionnels, de plages de sable blond, de petites îles encore sauvages, de ports de pêcheurs, de plantations à perte de vue, etc. À proximité du centre dans le village de Dominia se trouve également la première église anglicane de Guinée. Ce village peut être le but d'une belle balade au milieu des rizières pour finalement découvrir les vestiges du port négrier.

Transports

La route depuis Conakry est entièrement goudronnée et plutôt en bon état. Elle passe par Dubréka, pas loin des chutes de la Soumba. Vient ensuite la traversée de la plaine du Konkouré (fleuve que l'on traverse sur trois ponts) et de la Fatala (que l'on traverse également sur deux ponts) avant d'entrer dans Boffa centre. Attention ! certains de ces ponts ont une unique voie de circulation, ce qui peut par moment provoquer de longues files d'attente. Au grand rond-point, à droite vous prenez la direction Boké/Kamsar et à gauche celle du centre de Boffa. Avant que la route et les ponts ne soient réalisés, l'entrée dans Boffa (en venant de Conakry) se faisait par un bac qui, par conséquent, a perdu tout son intérêt !

ÉGLISE SAINT-JOSEPH

L'église est située sur les bords du Rio, à droite avant d'arriver à l'ancien bac.

Coulon Katty, roi du Rio Pongo, avait confié à Faidherbe le soin de convertir ses trois fils vivant au Sénégal. Coulon Katty décédé, ceux-ci cédèrent à Faidherbe un terrain, où il fit construire une église en 1877. Après qu'un incendie l'eût ravagée, elle fut reconstruite, en pierre cette fois, en 1897. Toutefois, vous ne verrez aujourd'hui que l'église construite en 1934. Le cimetière témoigne de l'histoire de ce lieu. Sur le parvis est aménagé un amphithéâtre qui permet dorénavant d'accueillir les fidèles lors du pèlerinage annuel de Boffa, à Pâques.

ILES DE MARARA ET DARY ★

Se renseigner au port de Boffa.

Une visite en pirogue sur ces îles est l'occasion de découvrir l'écosystème si particulier de la mangrove, constitué essentiellement de palétuviers, des arbres capables de supporter à la fois l'eau et le sel. À marée haute, seuls dépassent les troncs et les feuillages. Quand la mer se retire, apparaît alors l'enchevêtrement de racines prises dans la vase. Il est possible de faire une excursion sur la journée mais également de passer une nuit sur place. Pour Dary, l'accès se fait par le port de Walia (entre Boffa et Boké), pour Marara, depuis le port de Boffa.

ÎLE DE KITO

Petite île très sauvage dotée par la nature de magnifiques plages de sable blond. Si vous logez à l'Auberge du Lac, c'est une excursion à faire absolument en tenant compte des marées. La traversée ne peut se faire qu'à marée haute. On embarque au port de Taboriah situé à 5 km de Koba, un des ports de pêche importants de la zone. La traversée dure à peine 5 minutes. Prévoir de prendre avec vous ce dont vous aurez besoin, notamment pour vous restaurer car vous ne trouverez rien sur place. Renseignements au port ou à l'Auberge, qui pourra organiser votre excursion.

VILLAGE DE FARENYA ★

Au nord de Boffa, ce village établi sur une rive du Rio Pongo est un ancien port négrier. Niara Bely, célèbre femme d'affaires, y avait installé un comptoir commercial florissant au XIXe siècle. L'endroit a gardé des traces de ce douloureux passé. Dommage que rien ne soit organisé sur place pour les découvrir. Les recherches menées pendant plusieurs années pour essayer d'en découvrir un peu plus n'ont pas abouti à de grandes découvertes. Reste qu'une excursion dans ce village reculé vous permettra peut-être de percer le mystère de la pierre magique à trois pieds.

GUINÉE MARITIME

Eglise de Boffa.

LAC DE KOBA ★★

À une heure de route du centre de Boffa, le lac de Koba est une étape à ne pas manquer pour les amateurs de nature tropicale et de traditions. Certes, cette étendue d'eau n'est pas naturelle. Elle a en effet été créée par Sékou Touré grâce à la construction d'un barrage ayant pour vocation d'irriguer les bas-fonds environnants (rizières).

Mais depuis, le lac s'est totalement intégré à l'environnement et constitue un des lieux de villégiature très apprécié des Conakrykas. Lansana Conté, l'ex-président, y avait fait construire, sur sa rive nord, une grandiose demeure. Certes, elle tombe en ruines, mais elle vaut le détour, ne serait-ce que pour sa position au bord de l'eau et la démesure des lieux. L'ex-président est d'ailleurs enterré sur place. Peu à peu, autour du lac émergent de-ci, de-là de nouvelles constructions, confirmant l'attrait de cet endroit calme et reposant. L'Auberge du Lac est, elle, construite sur la rive plus au sud. Le lac offre à tous ses visiteurs et résidents l'opportunité de belles balades en bateau à pédales ou en pirogue, mais aussi de baignades rafraîchissantes. Pour les amoureux de la pêche, ils pourront quant à eux y lancer leur ligne avec de bonne chance de faire une pêche miraculeuse (silures, tilapias…). Peu de pêcheurs s'intéressent à ce lac d'eau douce, la mer étant toute proche, les poissons y prospèrent donc tranquillement. À noter que le niveau du lac varie assez peu au cours de l'année et on entre donc facilement dans l'eau même en fin de saison sèche.

AUBERGE DU LAC DE KOBA €€

District Konibale ✆ +224 628 27 80 90

Chambres en case à 500 000 FG les simples et 650 000 FG les doubles avec petit déjeuner. Autres chambres à 350 000 FG.

Environnement familial et intime pour cette auberge dirigée par madame Adama qui a créé ce petit coin de paradis au bord du lac. Les habitations, cases aux toits de paille, sont dispersées au cœur d'un domaine de 4 ha verdoyants. La grande paillote restaurant, la plage, les lieux de loisirs sont autant d'endroits où il fait bon passer d'agréables moments de détente. Avec les excursions et activités nautiques sur le lac, tous les ingrédients sont là pour un séjour inoubliable. L'accueil chaleureux est « la cerise » qui donne à l'ensemble « son goût inimitable ».

HOTEL LE PAVILLON BOFFA €€

✆ +224 666 12 66 66

Chambres à 500 000 FG par nuit et suites à 700 000 FG par nuit avec petit déjeuner.

Nouvel établissement qui a ouvert ses portes en février 2022 dans un quartier calme de la ville, aux abords du fleuve Fatala. L'établissement propose 10 chambres dont 6 de type suite et 4 de type standard avec pour chacune une petite terrasse privée. Chaque chambre est climatisée et dispose d'un grand lit, d'une armoire de rangement, d'une table et d'une télévision avec Canal+. L'hôtel dispose d'un grand restaurant avec une terrasse couverte, d'une salle de réunion et d'une salle des fêtes. Pas d'équivalent à Boffa, s'il n'est pas privatisé par les « miniers ».

TORMELIN ★

Tormelin est une sous-préfecture de Fria, située à mi-chemin entre le carrefour de Tanéné (où est installée une statue de Lansana Conté) et Fria centre (environ 30 km dans chaque direction). Plusieurs sites autour de ce village valent le détour, comme les grottes de Cireyah et le lac Binton, pour ne citer que les plus connus. Les trajets passent au milieu de falaises impressionnantes et de paysages vallonnés, mais aussi traversent des villages typiques, l'occasion de découvrir le quotidien des habitants de la basse côte. La région, pourtant proche de la capitale, reste encore peu explorée d'un point de vue touristique. Mais les choses changent petit à petit.

LAC DE BINTON

A quelques kilomètres du village de Wouloumkobi

A environ 20 km de Tormelin (village où l'on quitte la route vers la gauche, en venant de Tanéné) et à l'ouest de Fria, deux bras du Rio Pongo donnent naissance au lac. Ce lac naturel n'est pas propice à la baignade car l'eau y est stagnante (attention à la bilharziose, maladie des eaux stagnantes). C'est par contre un endroit idéal pour les amoureux des oiseaux. Un peu de patience et un bon appareil photo vous permettront sans aucun doute de faire de belles « prises ». Par le passé, le lac était un lieu où se déroulait une fête de la mare, abandonnée depuis.

GROTTES DE CIREYAH ★★★

Un dédale de rochers immenses aux allures de dolmen, des grottes aux voûtes soutenues par d'énormes piliers comme autant de pattes de pachydermes pétrifiées, au milieu d'une végétation luxuriante qui se confond avec la roche : les site des grottes est incroyable et unique en son genre ! Une partie des grottes est facile d'accès et on s'y promène sans aucun problème comme dans une galerie. Mais elle semble appartenir à un réseau de cavités rocheuses encore largement inexploré. Un monde en soi, un lieu idéal pour les campeurs et les explorateurs. Attention quand même de bien se signaler au chef du village, voisin du site. Il vous fera accompagner par un jeune du village contre un petit pourboire. Les grottes sont situées à 30 km de Fria et 6 km de Tormelin. Depuis Tormelin, on prend une piste à droite (en venant de Tanéné, au niveau d'un ralentisseur). On traverse alors un premier village et au deuxième village, on gare la voiture. Le site est situé à 10-15 minutes à pied du village.

Depuis Ciréyah, il est également possible de partir à la découverte des chutes de Bolondé. Il faut alors continuer en véhicule jusqu'au village de Kansatah à quelques kilomètres. La fin du chemin se fait à pied. Après 2 km à travers la brousse, on gravit une colline par un sentier quelque peu escarpé pour finalement atteindre le site. L'arrivée aux chutes vous fera bien vite oublier la difficulté de cette petite « ascension ». En prime, le site offre une très belle vue panoramique sur la vallée. À voir surtout en période de pluies !

© PATRICK MADELAINE

FRIA

Fria est née avec les mines de bauxite. On aperçoit l'usine d'alumine, ainsi que les immeubles de la cité, une dizaine de kilomètres avant d'atteindre la ville. Construites dans les années 1950, ces trois barres d'une dizaine d'étages, qui rappellent étrangement les cités HLM des banlieues françaises, sont une originalité de cette ville. Après une période difficile marquée par la grève de 2012 et l'arrêt complet de la production d'alumine, la reprise partielle des activités de l'usine Rusal a redonné en 2018 un peu d'espoir et de dynamisme à la ville. Fria demeure une ville à part. Anciennement appelée « petit Paris », règne ici un esprit de fraternité et une grande ouverture d'esprit, mais aussi un sentiment très fort de fierté d'être friaka. Le potentiel touristique de Fria est réel. Au-delà de l'intérêt historique de la ville, il se trouve essentiellement dans des sites naturels situés à quelques kilomètres du centre, notamment vers Tormelin.

Shopping

Le marché se niche derrière la route principale, en montant sur la gauche. En rentrant à Fria, sur le côté droit dans la montée, une « usine artisanale » produit des tongs en cuir (ou « repose-pieds » comme disent les Guinéens). À l'intérieur du marché, les artisans bijoutiers et les tailleurs créent et vendent bijoux originaux et habits sur mesure à des prix imbattables.

Sortir

Plusieurs boîtes de nuit se disputent les ambianceurs de la ville, et ils sont nombreux. Leurs noms sont aussi divers que leurs ambiances : Le Petit Paris, Le Pélican, Le complexe Maison blanche, Le Pym's. Les lieux les plus ambiancés sont sans nul doute le 224 mais aussi le Club FMI où les noctambules friakas se donnent volontiers rendez-vous les fins de semaine, mais pas seulement.

Transports

La route est entièrement goudronnée depuis la capitale (160 km). Attention : au niveau des ponts avant Tanéné, l'attente est parfois un peu longue car il n'y a qu'une seule voie pour les deux sens de circulation. Après les ponts pour rejoindre Fria, il faut prendre à droite à l'embranchement au niveau de Tanéné. La route est très correcte, dans l'ensemble. On passe par le village de Tormelin, point de départ des excursions vers les grottes de Ciréyah. Puis à l'approche de Fria, on ne peut pas rater la célèbre usine d'alumine et ses hautes cheminées.

GUINÉE MARITIME

CASCADE DE PAGO PAGO ★

Facilement accessible à pied, éventuellement à vélo, cette sympathique cascade offre un lieu de détente pour les amoureux de la nature. Le bassin à son pied est idéal pour faire quelques brasses. Dommage qu'en fin de saison sèche (vers mars-avril) l'eau tarisse complétement ici aussi, ne laissant que quelques flaques d'eau stagnante. Le parcours d'accès au site, qui traverse divers cours d'eau et le village de Touba, est idéal pour une petite balade découverte (environ 4 km depuis le centre-ville). La cascade se trouve en contrebas de la station d'épuration.

CHUTES DE BOGORO

Belle balade pour accéder à ce lieu, entre traversée de cours d'eau, marche au milieu d'une végétation très dense ou sur un bowal dénudé (espace rocheux) et découverte de villages isolés (Wawaya, Bogoro). Il est préférable de faire appel à un guide local pour s'y rendre. À noter qu'il est prudent de porter des vêtements longs pour cette excursion au cœur de la brousse friaka. C'est quand enfin la végétation se fait moins dense que l'on arrive à la cascade. Le bassin dans lequel les eaux se jettent y forme une piscine naturelle, à l'abri de tout regard.

LES PLAGES DU KONKOURÉ ★

Le fleuve, qui prend sa source dans le Fouta, passe à moins de 5 km du centre-ville. On y accède à pied ou en voiture par une piste très sinueuse. Mieux vaut prendre un guide depuis Fria qui vous amènera aux bons endroits (contacter M. Gnimassou). Une fois au bord de l'eau, plusieurs choix s'offrent aux promeneurs : se prélasser sur les rochers, se jeter à l'eau pour rejoindre une des îles au milieu du cours d'eau, monter à bord d'une pirogue pour une traversée de rive à rive. Quel que soit le choix, c'est l'assurance de passer un agréable moment, hors du temps.

NOEL GNIMASSOU GUIDE TOURISTIQUE

✆ +224 622 51 93 63

Arrivé à Fria à l'âge d'un an de son Bénin natal, Noel a passé toute sa vie dans la « cité de l'alumine ». Autant dire qu'il connaît bien la ville et sa région. Pour lui, qui est devenu guide un peu par hasard, l'aventure a commencé par des visites qu'il organisait pour des amis de passage. C'est sur les conseils répétés de ces derniers qu'il a tenté l'aventure en 2016, accompagnant ses premiers clients vers les berges du fleuve Konkouré et les grottes de Ciréyah. Cette même année, il a apporté sa contribution à la mise à jour du *Petit Futé* Guinée, apportant ses connaissances pour enrichir et actualiser les données de Fria, qui était alors encore peu connue et encore moins fréquentée par les touristes. En plus de connaître la plupart des sites locaux et grâce à sa proximité avec les villageois, il a à son actif l'identification de plusieurs sites, notamment les chutes de Foto ou de Bolondé, et il ne compte pas s'arrêter là. Maîtrisant aussi bien les langues locales que l'anglais, celui qui se définit comme un « Guinénois » (en référence à ses racines béninoises) ne se limite pas qu'à sa région. Il a plusieurs fois emmené des touristes visiter d'autres régions de Guinée et plusieurs pays de la sous-région (Guinée-Bissau, Sénégal, Bénin, Mali, Burkina Faso). Si vous êtes tenté par de tels voyages, n'hésitez pas à le contacter. Son rêve est de faire mieux connaître sa région et surtout de transmettre à la nouvelle génération la passion du voyage et l'amour de la nature.

HOTEL BOWAL €

✆ +224 628 93 50 50

14 chambres à 200 000 FG et 15 suites de 250 000 FG à 350 000 FG avec climatisation, électricité et eau froide.

Ce grand complexe, à proximité de l'aéroport de Fria (en fait surtout de la piste car il n'y a plus vraiment d'aéroport !), est constitué de plusieurs constructions de plain-pied, avec véranda. Certes les chambres sont climatisées et spacieuses mais elles sont très visiblement peu utilisées faute de clients. Cela se ressent sur l'entretien. L'ensemble a certainement connu des jours meilleurs et dégage une impression d'endormissement qui dure depuis trop longtemps. Un établissement pour passer une nuit au calme et continuer sa route.

HOTEL SAYON €

✆ +224 623 64 02 25

12 chambres climatisées à 250 000 FG avec eau courante, électricité, frigo et télévision. Petit déjeuner à 35 000 FG.

Le Sayon compte parmi les meilleurs réceptifs de Fria, la ville étant par ailleurs assez pauvre en offre d'hébergement qualitatif. Situé dans un quartier très au calme, l'établissement propose 12 chambres simples réparties sur trois niveaux avec des prestations correctes pour le prix demandé. Tant et si bien qu'il vaut mieux appeler avant de s'y rendre pour s'assurer qu'il y a des chambres libres (les personnes en mission viennent souvent prendre une chambre ici) et, si vous souhaitez y prendre un repas, pour passer commande.

MOTEL LE PLAY €

✆ +224 622 75 49 07

19 chambres dont 5 suites à 150 000 FG, 200 000 FG et 250 000 FG. Contact : M. Diouf.

Ce petit motel est installé dans un cadre agréablement verdoyant. Il propose des chambres plutôt basiques (eau dans des seaux), correctes (au regard du prix et de l'offre locale peu développée) mais sans plus. Tous les équipements, climatiseurs, téléviseurs et ventilateurs, sont quelque peu anciens. Pour les petits budgets qui veulent passer une nuit à Fria, faute de mieux ! Le week-end, le maquis accolé à l'hôtel est plutôt animé, l'occasion d'aller goûter quelques grillades locales et de boire un coup en plein air. Ambiance conviviale !

HOTEL PAVILLON FRIA €€

✆ +224 610 34 00 17

9 chambres à 400 000 FG et 500 000 FG et 1 à 600 000 FG avec petit déjeuner.

Cet établissement ouvert en mars 2021 propose des chambres sobrement décorées et bien équipées. Les chambres toutes climatisées disposent d'un grand lit, d'une armoire de rangement, d'une table et d'une télévision avec Canal+. Les plus spacieuses ont en plus un canapé. Le cabinet de toilettes comprend une douche avec eau chaude et des WC. Le restaurant propose un menu varié alliant plats locaux et internationaux avec des prix moyens autour de 100 000 FG. Parking sécurisé. Un bel ensemble qui rehausse l'offre jusqu'ici assez limitée de la ville de Fria.

RESTAURANT FAST-FOOD DAKHLALLAH €

✆ +224 629 11 11 62

Chawarma à partir de 20 000 FG. Hamburger à 50 000 FG. Pizza à partir de 60 000 FG. Demi-poulet grillé à 65 000 FG.

Ce restaurant fast-food propose quelques plats classiques (riz sauce, spaghettis, grillades...) et de la restauration rapide (chawarma, burger, fataya) ainsi que des pizzas. Il est ouvert tôt le matin pour vos petits déjeuners et il propose également un service de livraison à domicile. Ouvert 7j/7, c'est un des lieux fréquentés de Fria. La boulangerie adjacente propose notamment de bons petits croissants et quelques pâtisseries. Plutôt rare dans la région.

RESTAURANT CHEZ CLOCLO €

✆ +224 629 13 48 24

Ce petit restaurant en bord de route ne paye pas de mine, mais c'est l'une des plus anciennes adresses de Fria. Créé dans les années 1980 par Sylla Oumou Dabo, le restaurant a traversé les années en suivant une recette simple : peu de choix, ici c'est poisson ou poulet et on choisit son accompagnement (frites, alokos, haricots, athiéké, etc.), mais du copieux et du bon, et c'est bien l'essentiel. La petite salle aménagée derrière la cuisine, permet de passer un début de soirée au calme, dans une ambiance locale et conviviale.

RESTAURANT LE MARRAKECH €

✆ +224 622 79 46 01

Ouvert tous les jours de 8h à minuit. Plats à plus ou moins 50 000 FG.

Ce restaurant-bar propose une véritable carte avec une grande diversités de plats de tous horizons culinaires : pizzas, tajines, chawarmas, filets de poisson, riz sauce feuilles..., pour des prix raisonnables. Très certainement l'une des meilleures adresses de la ville pour ce qui est de se restaurer. La fréquentation des lieux par une clientèle cosmopolite (sans doute pour partie les employés de l'usine Rusal) semble en tout cas un bon indicateur. Petit plus pour les amateurs, l'établissement sert une vraie bière pression. Unique en son genre !

TÉLIMÉLÉ ★

Située sur les hauteurs occidentales du Fouta, Télimélé est le chef-lieu de la préfecture du même nom. Géographiquement et historiquement, la ville est liée au Fouta Djalon, mais administrativement elle est rattachée à la basse Guinée. Depuis Kindia, une belle piste vous conduira jusqu'au pied du mont Loubha, qu'il vous faudra franchir par quelques virages en épingles à cheveux : c'est un passage délicat pour de nombreux véhicules souvent contraints à une petite pause le temps de refroidir leur moteur fatigué. Plus généralement, les pistes qui rayonnent depuis la ville sont de toute beauté avec une mention spéciale pour celle en direction de Pita. Vu sa position géographique, Télimélé devrait être un noeud de communication entre la basse et la moyenne Guinée, mais l'absence de route bitumée en limite à ce jour l'importance.

Tourisme

Quant aux sites à visiter, la région reste encore largement à explorer. Si vous aimez la marche à pied, ce ne sont pas les chemins et pistes qui manquent. Il y a bien quelques plages sur les bords de la rivière Samankou ou encore la grotte de Ley-Legguel, mais pour le reste, c'est à vous de découvrir.Ici les établissements susceptibles d'accueillir des touristes ne sont pas légion. À noter quand même l'hôtel Petit Palais pour passer une nuit et continuer, et, côté restauration, le restaurant L'Amitié chez Landho, près de la maison des jeunes, ou encore, près du marché central, Le Gousta pour manger un plat local.

Transports

Depuis Pita, la piste passe près de la chute de Kinkon, puis celles de Kambadaga, avant de bifurquer vers les falaises de Doucky en quittant la piste de Timbi Madina. Puis elle passe par Timbi Touni, Wansan et Donghol Touma. Pour la halte pique-nique, vous n'aurez que l'embarras du choix (mais prévoyez un repas si vous ne comptez pas manger du riz chez l'habitant).Puis la route descend dans un décor magnifique vers le village de Ley Miro, laissant au passage quelques cascades et gorges creusées par la Kakrima. Pour franchir cette rivière, véhicules et voyageurs montaient à bord d'un bac qui était actionné manuellement ; mais avec la construction d'un pont achevé en 2020, le bac n'a plus aucun intérêt. Dommage pour les visiteurs d'un jour, mais quel gain de temps appréciable pour les usagers quotidiens de cette piste. Ce parcours peut se faire en voiture, mais l'idéal serait de le parcourir en vélo, voire à pied pour les aventuriers.Pour continuer vers Kindia, tournez à gauche à l'embranchement 7 km avant Télimélé (à droite direction Télimélé) : vous traverserez un vieux pont métallique pour franchir le Konkouré. Les kilomètres qui précèdent Kindia sont de toute beauté : la piste serpente entre des collines et des falaises de granit, longe la vallée du Konkouré, traverse des bananeraies et des rizières, avant de remonter sur la ville de Kindia. Avec la mise en service de la centrale hydroélectrique de Souapiti, le tracé de cette piste a été quelque peu modifié par la montée des eaux, mais elle reste ouverte à la circulation. Dans le même temps, une autre piste passe plus à l'est par le barrage puis par Dubréka avant de rejoindre la capitale. Un itinéraire plus court mais aussi plus escarpé.

DUBRÉKA ★★

Rattachée administrativement à la région de Kindia, Dubréka, avec l'extension très rapide des faubourgs de Conakry, fait dorénavant partie de la même conurbation. Elle reste en partie séparée de la capitale par une zone de mangrove plus ou moins préservée et est coincée entre le mont du Chien qui Fume et les méandres de la Soumba. La ville est d'ailleurs surtout connue pour la cascade sur ledit fleuve et située au nord de la ville. Le petit port de Dubréka est essentiellement un port de pêcheurs. La proximité de quelques îles intéressantes pour le tourisme a incité le syndicat à organiser des balades en pirogue. À voir une fois sur place.

MONT DU CHIEN QUI FUME ★

Le « Chien qui fume », cette fameuse montagne qui domine Dubréka peut se gravir depuis l'auberge du même nom. Il faut compter environ 3h30 pour l'aller-retour, l'ascension étant relativement facile. Au sommet, le panorama sur les plaines et les Rivières du Sud est tout simplement exceptionnel avec vue sur la baie de Sangareya et les îles de Loos. Le départ pour l'ascension peut se faire depuis l'auberge du Chien-qui-fume, qui propose des guides (50 000 FG par personne). Attention de ne pas laisser vos véhicules sans surveillance !

CHUTES DE LA SOUMBA ★★

✆ +224 622 51 61 99

A 70 km de la presqu'île de Kaloum, ce site constitue une agréable sortie pour la journée (en sortant tôt de Conakry pour éviter les embouteillages) ou une escale sur la route de Bel-Air. Depuis un mur de rochers de quelques dizaines de mètres de large et environ 15 mètres de haut, les flots de la rivière se déversent en rebondissant sur les marches naturelles en contrebas. Spectacle éblouissant quand le soleil l'illumine en pleine journée. Pendant quelques mois, la baignade dans les vasques naturelles et les douches revigorantes sont garanties. Prudence quand même pour ne pas vous faire surprendre par la puissance des flots, qu'il faut prendre le temps de jauger avant de se lancer. En fin de saison des pluies (septembre/octobre), l'eau recouvre l'ensemble des rochers ; il est alors impossible ou en tout cas difficile d'accéder au cours d'eau. Mieux vaut alors profiter du spectacle depuis la terrasse. À partir des mois de mars/avril par contre, l'eau se fait rare. Bien souvent il ne reste plus qu'un mur d'escalade en lieu et place des cataractes. Les possibilités de baignade se limitent alors à quelques vasques d'eau…

Une large terrasse couverte domine le cours d'eau et ouvre une vue panoramique sur les cascades. L'accès à la terrasse est payant pour les clients extérieurs et coûte 20 000 FG. Il est gratuit pour les personnes logeant à l'hôtel et coûte 5 000 FG pour les personnes souhaitant manger sur place. Avant de vous rendre sur le site, il est prudent de prendre des renseignements en appelant au préalable le gérant.

AUBERGE DU CHIEN QUI FUME €

Au rond-point de la Colombe Blanche, dit « km 5 », prendre à droite. ✆ +224 621 10 20 30

Chambres climatisées à 350 000 FG, sans petit déjeuner, et suites climatisées à 500 000 FG petit déjeuner compris.

L'auberge traverse jusqu'à présent une période de crise. Le manque de clientèle se fait fortement ressentir sur l'entretien des lieux. Dommage. Le site est calme, agréable avec la grande terrasse au bord de la piscine naturelle, qui invite à piquer une tête depuis le plongeoir. À éviter en saison sèche car l'eau devient stagnante et de fait beaucoup moins attrayante. L'auberge organise des sorties sur le « Chien qui fume » pour 50 000 FG par personne. Pour prendre un peu de hauteur.

HB HÔTEL €€

Au rond point du km 5, prendre à gauche direction Dubréka centre puis suivre les panneaux rouges indiquant l'hôtel. ✆ +224 629 96 86 86

Chambres climatisées sans eau chaude à 400 000 FG et celles avec eau chaude de 550 000 FG à 600 000 FG avec petit déj.

Très bel établissement tout confort, installé dans un écrin de verdure agréablement aménagé, avec « le Chien qui fume » en perspective. Les chambres, bien équipées et propres, sont réparties dans des cases et un bâtiment sur deux niveaux. La salle de restaurant donne sur une terrasse qui borde la piscine. La carte est réduite mais les plats sont disponibles et très bons. L'accueil est convivial et chaleureux. Un bar américain permet de passer une soirée détente entre amis. Une valeur sûre de la région et un point de départ idéal pour en découvrir les richesses.

Dubréka.

HOTEL LA SOUMBA €€

✆ +224 622 51 61 99

Chambres à 500 000 FG avec petit déjeuner et courant de 18h à 6h. Plats de 35 000 FG à 85 000 FG sur commande.

L'hôtel est aménagé aux abords des cascades du même nom. Une grande terrasse panoramique offre une vue imprenable sur le site (peu d'intérêt de mars à juin car il n'y a plus d'eau). Idéal pour boire un verre ou déguster des grillades en saison. Les chambres qui se trouvent dans des bungalows un peu à l'écart et surtout à l'abri du bruit des flots (impressionnant en fin de saison des pluies) sont malheureusement peu entretenues. Certains jours fériés et week-ends, les lieux sont très fréquentés par la jeunesse guinéenne, parfois un peu turbulente.

MAF VILLAGE €€

✆ +224 620 46 46 46

https://mafvillage.net/

21 chambres dans des cases à 600 000 FG pour 2 personnes sans petit déjeuner et 3 suites indépendantes à 1 850 000 FG.

MAF village fait figure d'ovni dans le paysage touristique local de par son concept original et son offre de prestations diversifiées. MAF est un complexe écotouristique fonctionnant en lien étroit avec une coopérative fermière et agricole. Les chambres, sises dans des cases, et le restaurant, sous une grande paillotte, sont intégrés dans un ensemble de 15 ha constitué d'espaces de détente et de loisirs (piscine, salle de jeux avec pistes de bowling, billard, quad et minikolanta...), d'un potager bio, de bâtiments d'élevage (volailles, lapins, porcs...). Unique !

COYAH ★★

Ville carrefour où se croisent les véhicules en provenance de toutes les régions de la Guinée. Depuis que la route deux fois deux-voies est achevée, la ville est un peu devenue la grande banlieue de Conakry. Située au pied du mont Kakoulima, elle marque le début de la « brousse », après 50 km d'agglomérations bruyantes et encombrées, depuis la presqu'île de Kaloum de Conakry. C'est à Coyah qu'est mise en bouteille l'eau minérale qui porte le même nom (la première eau de source à être mise en bouteille en Guinée et qui reste une référence) et qui est distribuée dans presque tout le pays. Vous trouverez le long de la route aux abords de l'usine d'innombrables revendeurs de bouteilles de 0,5 l ou 1,5 l et des si polluants mais si pratiques sachets de 33 cl (sachets contenant 33 cl d'eau, thermosoudés et à usage unique, que l'on retrouve malheureusement un peu partout au sol en ville et en brousse) ; l'opportunité de faire des réserves avant d'affronter les routes de l'intérieur.

Transports

La ville est située à 50 km de Conakry et de Forécariah, et à 80 km de Kindia. La route, qui va à Kindia et gravit les contreforts du Fouta Djalon, est de toute beauté de par ces paysages. En travaux depuis plusieurs années, elle est quasiment terminée, un immense soulagement pour les usagers qui vont enfin pouvoir voyager plus sereinement. La route vers Forécariah, également neuve, longe des falaises sur les trente premiers kilomètres. Beaux points de vue.

CASCADE DE KOURIYA

Si vous n'êtes pas pressé en remontant vers Kindia, vous pouvez aller voir la petite cascade d'une dizaine de mètres de haut qui se jette dans une vasque d'eau claire près de Kouriya, à 15 km au nord de Coyah. Pour cela, suivez la piste qui part dans le village, sur la gauche en venant de Coyah, pendant environ 4 km (demandez au niveau du village de Kouriya sur la nationale). Puis suivez le chemin qui mène à la rivière et longez-la en aval sur une centaine de mètres. L'occasion d'une petite pause fraîcheur en pleine brousse !

COOPÉRATIVE DE MAF VILLAGE

À MAF village, on consomme bio et autant que possible les produits de la ferme implantée sur les 12 ha du domaine. Cette ferme intégrée est dotée d'une part de plusieurs espaces d'élevage : porcherie, poulaillers, clapier, bassins de pisciculture, et d'autre part d'un magnifique potager où sont cultivés des produits typiquement locaux (gombo, hibiscus, aubergines) et d'autres plus classiques (tomates, carottes, salade...). Un modèle du genre à découvrir.

COMPLEXE ÉCO TOURISTIQUE
MAF VILLAGE
RESTAURANT
LODGE
FERME
ACTIVITÉ
RÉSERVATION
MAf Village
Maferebyah
(+224) 620 46 46 46
mafvillage.info@gmail.com
MAF VILLAGE
SEUL, ENTRE AMIS, OU EN FAMILLE
vivez une expérience unique
CHEZ MAF VILLAGE
WIFI
CLIMATISATION
maf village
maf_village

LAC DE KENDOUMAYAH

Le lac de Kendoumayah fait partie d'un ensemble de plusieurs lacs de barrage situés dans un périmètre de quelques kilomètres à proximité de Coyah. Idéal pour une petite excursion d'une journée au départ de Conakry avec au programme baignade (surtout après la fin de la saison des pluies) et farniente. Pour les plus courageux, balade avec en toile de fond de belles falaises, appartenant aux contreforts du massif du Fouta Djalon. Une fois sur place, vous êtes également à proximité de MAF Village, où vous pouvez aller profiter du restaurant et des activités proposées.

COMPLEXE ZION-CITY €

✆ +224 626 30 30 46

8 chambres à 300 000 FG avec climatisation et petit déjeuner. Plats à partir de 30 000 FG (à chaque jour son plat).

Zion City est avant tout un espace dédié à la musique. Créé par Takana Zion, célèbre reggaeman guinéen, ce complexe organisé autour d'une grande cour (qui sert d'espace de spectacle) et de la piscine est constitué de deux bâtiments principaux, l'un abritant les 8 chambres et l'autre le bar-restaurant et à l'étage le studio d'enregistrement. À Zion City, des artistes viennent régulièrement se produire en *live*. La cour s'ouvre par ailleurs sur un bras de mer et de mangrove, qui offre un cadre apaisant pour se poser et partager un verre à l'ombre des palmiers.

MONT KAKOULIMA

Cette imposante montagne est aisément visible depuis Conakry. Elle s'élève à 1 107 m directement au-dessus du niveau de la mer. Le mont Kakoulima est situé un peu à l'est du mont dit « du Chien qui fume », dans une chaîne qui démarre vers Dubréka et se poursuit après Coyah. L'ascension peut se faire à pied ou en voiture, mais certaines parties sont inaccessibles du fait de la présence d'une base militaire au sommet. Vous pouvez commencer l'excursion à Manéah, avant Coyah et faire une belle balade dans la vallée entre les deux chaînes principales à pied ou à vélo.

PARC MILLY MAMOUDOU €

Au-delà de la sortie de la ville de Coyah sur la droite de la route en remontant vers Kindia.

✆ +224 664 53 50 70 - www.mamoudou.nl

11 chambres dont 6 dans des cases traditionnelles avec électricité et eau courante : de 200 000 FG à 250 000 FG.

Un endroit bucolique, un établissement respectueux de l'environnement avec différents espaces de détente, au bord de la rivière, avec une piscine naturelle de 3 m de profondeur. L'alimentation en eau courante est assurée par un forage et l'électricité par des panneaux solaires. A noter que ce site est bien loin d'être juste un lieu d'hébergement, c'est aussi un espace culturel géré par l'ONG Sarinka et un espace de cultures... biologiques. Possibilité d'excursions dans la forêt avoisinante avec un guide local (50 000 FG par personne). Idéal pour une pause.

ONG SARINKA

✆ +224 664 53 50 77

www.mamoudou.nl

Visites possibles sur rendez-vous.

Initiée par Alice, une Néerlandaise, elle a pour vocation de donner aux populations locales les voies et les moyens de mieux satisfaire leurs besoins. L'ONG a fait sienne la devise « au lieu de donner tous les jours un poisson à quelqu'un, mieux vaut lui apprendre à pêcher ». Depuis 2009, une maison sociale a vu le jour pour l'éducation et l'alphabétisation des enfants. L'ONG soutient des projets agricoles (création d'un centre) et de reboisement. L'équipe de Sarinka a lancé deux unités expérimentales de production de charbon vert près de Coyah. A découvrir.

HOTEL MAISON BLANCHE €€

Coyah Somayah

✆ +224 621 19 45 83

Chambre simple à 500 000 FG et 700 000 FG avec le petit déj. Chambre simple VIP à 850 000 FG et double à 1 050 000 FG.

Bel ensemble hôtelier bien situé, avec une magnifique vue sur le mont Kakoulima et les contreforts du Fouta. Les chambres à la déco originale sont grandes et confortables. La piscine entourée d'une grande terrasse est située juste au-dessus d'un bras de mer. La salle de restaurant ouverte sur l'extérieur permet de prendre ses repas dans un espace aéré. Depuis le ponton, vous pourrez partir faire un tour en mer à bord de la vedette à moteur de l'hôtel ou une virée en jet-ski. Au retour le billard et la table de ping-pong vous attendront pour un moment de détente.

FORÉCARIAH

Forécariah est une ville paisible dont l'histoire nous replonge au temps des colonies. Sur place, on en retrouve encore les traces à travers la place centrale, la maison du gouverneur et les plantations alentour. Le vieux pont métallique qui enjambe le fleuve marque l'entrée de la ville. L'ancienne maison du gouverneur est devenue l'actuelle résidence du préfet. Son entrée est marquée par deux canons anciens. Sur la route de Forécariah, après Maféréniah, le village de Fanyé est la terre natale de nombreux intellectuels guinéens. Le village vaut le détour avec son joli marché et ses appétissants étalages de fruits : cocos, bananes, ananas et fruits sauvages.

Balade

Outre une promenade le long du fleuve ou en pirogue dans la mangrove (s'adresser au port), vous pouvez faire un tour à l'ancienne maison du gouverneur. Dans les environs, la forêt de Kounounkan peut aussi être un but de promenade avec en toile de fond toujours les mêmes superbes falaises.

Transports

Depuis Conakry, la route goudronnée qui permet de rejoindre Forécariah part sur la droite de la N1 au niveau de l'embranchement principal de Coyah après l'hôpital. C'est également la route de la Sierra Leone dont la frontière se trouve à 80 km de là et 30 km de Forécariah. Elle longe une véritable muraille de falaises, constituée par les contreforts du massif du Fouta Djalon. Vraiment magnifique.

LES PLANTATIONS

Forécariah et ses environs sont historiquement une région de grandes plantations agricoles. Avant l'indépendance déjà, les colons avaient créé de grands domaines dont il reste encore quelques traces, notamment à travers d'anciennes maisons. Forécariah faisait alors partie du triangle bananier s'étendant de Benty à Mamou en passant par Kindia. De nos jours, les terres ont été reprises par de nouveaux exploitants avec plus ou moins de succès, se concentrant plus sur la culture de l'ananas et de l'anacarde, filières définies comme prioritaires par les autorités.

PORT DE BENTY

Situé à 70 km de Forécariah, Benty est à l'origine un port négrier qui a connu une certaine prospérité grâce au commerce d'esclaves. Il est devenu dans les années 1950 un port bananier. Les planteurs de la région, ayant bien compris tout l'intérêt de l'exportation de bananes, utilisèrent les aménagements portuaires. Avec l'avènement de la Ire République et la nationalisation des plantations privées, les activités déclinèrent rapidement. Aujourd'hui, le port pourrait renaître de ses cendres en devenant un port minéralier, notamment pour l'export du minerai de fer.

KABAK ★

À mi-chemin entre Forécariah et Coyah, une piste parfois délicate part sur la droite depuis le village de Maféréniah (en venant de Conakry). Elle traverse différents villages et plantations, avant d'entrer dans une zone de marécages et de mangroves. On traverse un simple pont pour se rendre sur l'île de Kabak, charmant village de pêcheurs, mais également sous-préfecture. Comptez deux bonnes heures depuis Maféréniah. Vous pouvez vous adresser à l'un des pêcheurs sur place pour vous emmener en promenade en pirogue dans les marais. De nombreux hérons, aigrettes, pélicans et quelques flamants les habitent.

D'autres villages et des plages sont à visiter aux alentours, mais il faut avoir une bonne voiture et quelqu'un du coin pour vous guider. Près de Matakan notamment, vous verrez une des plages de sable noir du coin (attention à la vase !), surtout à marée basse. Le site de Benty, anciennement négrier, premier port d'exportation de bananes en direction de l'Europe et futur terminal d'exportation de minerai, est plus loin. Il est intéressant de pousser la visite jusqu'à Salatou, à la frontière avec la Sierra Leone toute proche. Pour accéder à Benty mais également à Matakan, il est possible de prendre une pirogue depuis le port de Boulbinet à Conakry. Comptez minimum 1h30 de navigation pour rejoindre Matakan. Un bon moyen d'éviter les embouteillages de la capitale et de découvrir autrement la côte guinéenne.

KINDIA ★★★

Située à 135 km de la capitale (depuis la presqu'île de Kaloum), Kindia s'est développée avec l'ouverture de la ligne Conakry-Kankan à partir de 1905. C'était alors une localité prospère, produisant des tonnes de bananes exportées depuis la capitale. Aujourd'hui le train ne passe plus, mais Kindia est toujours au cœur d'une région agricole, grande productrice de fruits (notamment l'ananas) et de légumes, ce qui lui vaut encore aujourd'hui le nom de « cité des agrumes ». Le centre de recherche de Foulayah ainsi que différents groupements de producteurs locaux témoignent, s'il en était besoin, du dynamisme du secteur dans la localité et les environs. En direction du Fouta depuis Conakry, Kindia est située sur les contreforts du massif foutanien. La route bordée de loin en loin par des falaises qui pleurent les larmes du ciel en saison des pluies est magnifique. La ville en elle-même possède un charme indicible avec de beaux endroits à découvrir à proximité. Passer quelques jours à Kindia repose le corps et l'esprit de l'animation suffocante qui règne à Conakry.

Balade

Le centre-ville de Kindia est toujours très animé et mérite vraiment une petite promenade. Le promeneur intéressé par l'histoire pourra y partir à la recherche des bâtiments anciens datant d'avant l'indépendance : la gare ferroviaire, l'église Sainte-Croix, les entrepôts de la CFAO, l'Institut Pasteur ou, un peu plus loin vers Foulaya, les bâtiments de la station centrale de l'Institut des fruits et agrumes coloniaux. Il pourra également se faufiler au milieu des allées du grand marché, aller voir les sculpteurs sur bois près de l'ancienne gare, ainsi que les tisserands, derrière la gare routière, ou encore les teinturières.

Transports

Avec la rénovation de la RN1, Kindia bénéficie d'une route d'accès goudronnée en bon état et très jolie. Depuis la capitale, en arrivant à l'entrée de l'agglomération, un embranchement sur la droite (station Total) permet d'éviter le centre-ville et de continuer directement sur Mamou, si vous êtes pressé. Autrement, en continuant tout droit, la route passe par la place ombragée de l'Indépendance, puis, descendant sur le marché, vous conduit dans un dédale de petites ruelles. En ville, les taxis-motos règnent en maître. Ils vous emmènent partout. Le prix dépend de la distance à parcourir et également de votre capacité à négocier.

CASCADE DE TABOUNA ★★

Un petit coin de paradis terrestre à un jet de pierre de Kindia. Après 30 minutes, on laisse la voiture et après à peine 5 minutes de marche, l'Eden est là : à vos pieds la cascade dégringole au milieu des rochers, dont certains sont occupés par d'aventureux arbres ; face à vous une vallée de verdure bordée de collines aux pentes douces qui accompagnent votre regard dans un long travelling apaisant. Pour une vue d'ensemble sur la cascade, il faut faire une petite marche de 30 minutes environ en longeant le cours d'eau par la gauche avant d'arriver dans la vallée.

CHUTES DE KILISSI ★

Pour arriver sur le site, prenez le carrefour de Kilissi, à l'entrée du village de Foulaya, et suivez la piste sur 4 km. ✆ +224 627 27 49 20

8 chambres double à 360 000 FG avec petit déjeuner. Plats à partir de 40 000 FG. L'accès au site est payant.

Un lieu de détente construit dans le respect du cadre qui l'entoure. Plusieurs cases et bâtiments abritent les chambres bien aménagées et bien équipées, le restaurant, le bar et une salle de conférence. La cascade au pied de laquelle se forme une piscine naturelle est toute proche. On y accède par un petit chemin entrecoupé de quelques marches et par un ponton. Ici – et c'est rare – l'eau coule sans discontinuer. En saison diverses activités sont proposées aux visiteurs : cours de danse, de musique (djembé, balafon…), espace de loisirs avec table de ping-pong…

INSTITUT DE RECHERCHE

✆ +224 655 22 15 34

Cet établissement, souvent appelé localement Institut Pasteur car installé dans ses anciens locaux, a pour vocation première l'étude des maladies bactériennes, virales et parasitaires sévissant en Guinée. Actuellement il se visite essentiellement pour sa collection de reptiles. Une salle présente dans des bocaux les 105 espèces de serpents identifiées et collectées en Guinée ; une autre présente dans des cages un certain nombre d'individus vivants. L'occasion de pouvoir identifier des reptiles qu'il n'est pas rare d'apercevoir sur le territoire guinéen.

FABIK FERME INTEGREE

✆ +224 622 46 87 06

Fabik est une des premières expériences d'agritourisme en Guinée, développée sur un domaine agricole de 72 ha à Kondéyah-Samaya dans la préfecture de Kindia. Il s'agit d'une entreprise agricole (Ferme intégrée Fabik) qui combine les pratiques de l'agroécologie et celles plus conventionnelles pour la culture de l'ananas, des bananiers, des tomates, des palmiers à huile, etc. Elle permet aux visiteurs de consommer les produits de la ferme ainsi que ceux produits par les paysans des environs. Fabik, c'est également un centre de formation agricole pour les jeunes diplômés, mais aussi déscolarisés ou non scolarisés. Les formations dispensées portent sur l'agriculture durable avec une approche agroécologique, sur les modes de production conventionnels, sur l'élevage et le machinisme agricole. Dans le cadre de ses activités, la ferme reçoit des étudiants en stage pratique, des *woofers* venus partager leurs expériences, des touristes intéressés par l'agriculture pour des week-ends de détente et d'initiation, et de jeunes migrants rapatriés ou aspirants migrants pour les soutenir dans leur insertion socio-économique. Idéales pour les visiteurs recherchant une expérience d'immersion dans la nature, les activités proposées sont centrées sur la nature environnante avec notamment la possibilité de faire du camping et de la randonnée pédestre, du *birdwatching* ou encore des excursions dans différentes localités de Samaya (en pirogue) et de Kindia. Chaque visiteur peut, s'il le souhaite, donner un coup de main dans les champs.

LAC DE SAMAYA ET VILLAGES ★★★

A environ 1 heure de Friguiagbé. La piste part de la route principale, au niveau de la station Total de Friguiagbé.

Ce lac de barrage, avec en toile de fond les falaises du mont Gangan, est entouré de nombreux petits villages, isolés les uns des autres par les bras du lac. Le dimanche, jour de marché hebdomadaire, tous les villageois des environs se donnent rendez-vous à Samaya pour échanger leurs productions et marchandises. Le lac est alors le théâtre d'une valse de pirogues convergeant vers le marché. L'accueil dans les villages est chaleureux et amical, notamment à Walyah. Y rester quelques jours pour partager le quotidien des habitants est l'assurance de passer des moments uniques et inoubliables, en toute simplicité. On s'y rend le plus souvent en pirogue. Il y a aussi un village caché dans un canyon avec d'anciens bâtiments, vestiges d'une base agronomique de l'époque coloniale. La zone est idéale pour des randonnées avec de nombreuses chutes d'eau et piscines naturelles où se rafraîchir. On peut se baigner bien sûr dans le lac et faire des plongeons depuis les nombreux rochers qui bordent ou émergent du lac. Un Eden à quelques heures de Conakry ! Il y a également deux monastères dans les environs, un créé par des sœurs bénédictines qui accueille les visiteurs de passage (hébergement et restauration), un autre par des frères. A noter qu'il y a plusieurs lacs très proches les uns des autres dans la zone. En logeant au monastère Sainte-Croix, vous pourrez les découvrir ainsi que les villages environnants au cours de balades faciles et apaisantes.

MONT GANGAN ★★

L'ascension du mont qui domine de ses 1 116 m toute la région de Kindia se fait en 2h environ pour les bons marcheurs. Le départ se situe au carrefour Tafouri, à l'entrée de la ville sur la gauche en venant de Conakry, un peu avant le camp militaire. Le plateau intermédiaire offre déjà une très belle vue, si vous ne vous sentez pas le courage de gravir le mont jusqu'à son sommet. Pour vous ouvrir la voie, demandez un guide dans les hôtels de Kindia ou contactez Mohamed Camara, de l'agence Kindia Voyage Tourisme. Un réel plus pour profiter de cette excursion.

KINDIA VOYAGE TOURISME

✆ +224 623 11 50 54

Prévoir 100 000 FG par personne et par jour.

Kindia offre de multiples opportunités d'excursions, de randonnées, de rencontres… Pour accompagner les visiteurs et les aider à ouvrir en grand les portes de Kindia, l'agence KVT se propose de répondre à toutes les demandes. Son gérant Mohamed Camara se fera un plaisir et un devoir d'y répondre et d'établir un programme correspondant au mieux à vos attentes. Possibilité de louer des véhicules par son intermédiaire (motos ou voitures). Avec KVT, partez à la découverte des chutes et cascades autour de Kindia, du centre-ville et de ses artisans, du lac de Samaya…

LE VOILE DE LA MARIÉE ★★

L'embranchement pour la chute se trouve à 13 km de Kindia, sur la droite de la route en direction de Mamou.

Ici seul le « Voile » est préservé. Il se déploie sur environ 60 m de hauteur, dans un écrin de verdure constitué de quelques beaux arbres et pieds de bambous géants. Les gestions successives ont malheureusement choisi de bétonner tout l'espace autour de la chute. L'allée de tecks majestueux, qui ouvrait l'accès à la chute, se régénère peu à peu, lentement. Quant aux bungalows, construits à l'époque de Sékou Touré, ils sont toujours à l'abandon. L'entrée du site est payante. Sur place, un sculpteur sur bois propose quelques belles pièces ; à négocier, bien sûr.

HOTEL BUFFET DE LA GARE €

Après la gare routière et la station, sur la gauche de la route en direction de Mamou.
✆ +224 628 40 46 83

Chambres ventilées de 80 000 FG à 150 000 FG. Chambres climatisées avec eau chaude à 200 000 FG et 250 000 FG.

Un des plus anciens hôtels de la ville, qui a connu ses heures de gloire au temps où la gare était opérationnelle et surtout lorsque les trains circulaient encore. La gare est toujours là mais les trains sont à l'arrêt depuis des années. Après quelques travaux de rénovation notamment des peintures, l'hôtel poursuit son activité et propose des chambres ventilées ou climatisées assez basiques. Pour les petit budgets de passage à Kindia, dans leur découverte du pays. Le courant est assuré de 19h30 à 6h si celui de la ville fait défaut.

MONASTÈRE SAINTE-CROIX €

Le monastère est un prieuré de sœurs bénédictines fondé par l'abbaye de Maumont (France), sur l'appel de l'Église de Guinée. Les sœurs vivent principalement de la transformation des fruits (vins, sirops, confitures) et de la culture de bas-fonds ; petite boutique de cierges, bougies, objets et livres religieux. Une hôtellerie reçoit les visiteurs et amis du monastère dans le respect des usages de la communauté : horaires, tenue correcte, table commune à l'hôtellerie et lieux de vie silencieux. Possibilité de partager la prière des sœurs (liturgie catholique).

COMPLEXE GRAND SYLI €€

✆ +224 622 54 95 95

16 chambres à 500 000 FG climatisées avec eau chaude et froide, écran plat, y compris petit déjeuner.

Au-delà d'un simple hôtel, le complexe Grand Syli se veut un espace de loisirs et de détente. Cet établissement ouvert en 2021 est résolument moderne. Réparties sur les quatre niveaux du bâtiment principal, les 16 chambres climatisées sont propres et bien équipées. Le complexe propose pour le plaisir de ses clients un espace détente autour de la piscine et un night-club. Régulièrement des manifestations culturelles sont organisées sur place (concert, défilés, danses traditionnelles…), l'occasion de découvrir le sens de la fête des Kindiaka.

HOTEL MARCICA €€

Quartier Komorya plateau
✆ +224 622 17 17 52

33 chambres de 250 000 FG à 500 000 FG avec petit déjeuner. Restauration avec des plats à partir de 70 000 FG.

Dans une cour verdoyante et calme, cet établissement situé non loin de la contournante de Kindia et à proximité de la gare routière compte parmi les adresses de référence de la ville. Les chambres de plain-pied dans des bungalows sont toutes climatisées avec écran plat, eau chaude et froide et électricité 24h/24. L'hôtel est propre et bien entretenu et donne une image rassurante de professionnalisme (service de sécurité 24h/24). Une salle de conférence de 100 places est disponible à la location avec tout l'équipement nécessaire.

HOTEL MASABI €€

Sur la Nationale 1 ✆ +224 622 69 24 98
www.masabihotelguinee.com

Chambres tout confort à 330 000 FG (1 grand lit), 380 000 FG (1 grand et 1 petit lit) et 400 000 FG, 1 petit déj inclus.

Un peu hors de la ville et de son agitation, l'hôtel est construit dans une grande cour où le jardin luxuriant et ombragé occupe une belle place. Très agréable pour se reposer et prendre un repas en saison sèche. Les chambres à la déco soignée sont bien équipées et correctement entretenues. Un vrai plus ! 14 nouvelles chambres sont venues compléter l'offre d'hébergement dans un bâtiment neuf construit en 2022. Le restaurant, installé dans une très agréable salle, propose de très bonnes spécialités locales et européennes, ce qui en fait l'une des meilleures tables de Kindia.

HOTEL MORINGA €€

Quartier Damakania-centre
✆ +224 622 67 19 54
www.hotel-moringa.com

32 chambres standard à 300 000 FG petit déjeuner compris et 3 suites à 500 000 FG. Plats entre 50 000 FG et 70 000 FG.

L'hôtel est installé dans une grande cour pavée, agrémentée de nombreux arbres et arbustes dont les fameux moringas. Les différents bâtiments de plain-pied, comme autant de maisons individuelles abritent des chambres spacieuses, agréablement aménagées et décorées. Les tables du restaurant sont installées sur une grande terrasse partiellement couverte. Vraiment très agréable pour un repas convivial en fin de journée. Au menu, des plats de la cuisine européenne mais aussi de la cuisine africaine traditionnelle, au choix. Un bon rapport qualité/prix.

HOTEL RESIDENCE CISSE €€

Quartier Damakanya
✆ +224 628 87 47 39

30 chambres de 250 000 FG, 300 000 FG et 500 000 FG tout confort avec petit déjeuner inclus.

Dans une jolie cour aménagée, à proximité de la contournante, cet hôtel bien entretenu propose des prestations dans la moyenne de sa catégorie à Kindia. L'essentiel est là pour vous assurer un séjour agréable. Les chambres climatisées disposent de l'eau chaude et sont équipées de la télévision et d'un frigo. L'hôtel propose des sorties touristiques pour les groupes souhaitant découvrir les sites de Kindia et des environs. Grâce à sa capacité d'hébergement et à ses trois salles de réunions, l'établissement accueille régulièrement des séminaires.

HOTEL SOOLI CHAINE MANGROVE €€

Quartier Kalia Khory
✆ +224 625 11 43 13

30 chambres à partir de 300 000 FG. Petit déjeuner à 50 000 FG pour 2. Au restaurant, menu à partir de 100 000 FG.

Loin de la route, ce complexe hôtelier vous accueille dans une très grande cour verdoyante au décor coloré avec quelques fresques murales originales. Les chambres climatisées sont au calme, spacieuses et bien équipées. Vous pouvez profiter de différents espaces pour vous prélasser, notamment au bord de la grande piscine ou boire un verre en écoutant de la musique sous la grande paillotte. Atmosphère détendue, loin de l'agitation du centre-ville !

KANYAH HÔTEL €€

✆ +224 622 81 89 89

11 chambres de 250 000 FG à 400 000 FG climatisées, y compris petit déjeuner. Plats de 50 000 FG à 70 000 FG.

Accueil sympa et calme garanti pour ce petit hôtel situé près du camp militaire de Kindia. Ici, le propriétaire a repris les rênes depuis juin 2019. Peu à peu, la qualité des prestations des chambres s'améliore avec une meilleure literie et l'ajout de frigos et de télévisions à écran plat, dans un réel souci du propriétaire d'accueillir le mieux possible ses hôtes. Installé sur deux étages, l'ensemble est propre et décoré sobrement dans une grande cour fermée. Pour la restauration, il vous faudra passer commande ou vous rendre au centre-ville.

LA GARGOTE €

✆ +224 610 94 44 10

Pizza à 70 000 FG. Spaghettis à 50 000 FG. Riz sauce à 40 000 FG. Chawarma à partir de 30 000 FG

Située en plein centre-ville, La Gargote n'en a que le nom car elle n'en est pas vraiment une. La salle de restaurant n'est certes pas très grande mais elle est propre et climatisée avec des téléviseurs à écran plat diffusant notamment les matchs de football. Quelques tables dans le corridor à l'entrée du restaurant permettent d'être plus au calme. Ici pas de plats très originaux et pas de grande cuisine, mais on mange correctement pour un prix raisonnable (spaghettis à la viande, poulet/poisson braisé, pizzas, riz sauce, omelette et chawarma).

RESTAURANT SÉNÉGALAIS €

✆ +224 628 65 69 83

Spécialités africaines : comptez 25 000 FG à 40 000 FG le plat en moyenne. Boissons locales pour 5 000 FG le verre.

Le carrefour Mamou est un endroit connu des voyageurs locaux pour faire une pause repas en venant de Conakry. A côté des gargotes habituelles, le restaurant de Mariama Cissé offre de bons petits plats copieux, au rang desquels bien évidemment le thiéboudiène sénégalais tient une bonne place. Vous pourrez choisir de manger à l'intérieur ou bien de regarder le va-et-vient sur sa terrasse aérée. Service rapide et sympa. L'occasion aussi de goûter aux saveurs des boissons locales à base de fleurs d'hibiscus, de gingembre ou de fruits du baobab. Exotique !

COOPÉRATIVE DES TEINTURIÈRES

✆ +224 623 87 65 46

Un pagne coûte plus ou moins 100 000 FG.

Les femmes de la coopérative travaillent dans un atelier, essentiellement en extérieur au bord de la rivière, qui fournit l'eau nécessaire à leur activité. Elles réalisent différents types de teintures, dont la teinture indigo, mais aussi et surtout le modèle Kindali, très en vogue. Il s'agit d'une teinture pour laquelle vous choisissez le ou les motifs et les couleurs. Un véritable pagne personnalisé ! Contacts : Diallo Adama Oury Sow au 623 87 65 46 ou Bambe Soumah au 623 33 88 02.

GROUPEMENT KINDIAKA

✆ +224 621 45 03 66

https://kindiaka.org

Indications de prix : sac de plage à partir de 180 000 FG, kimono à partir de 420 000 FG, pagne à partir de 200 000 FG.

KindiaKa est une initiative solidaire menée à Kindia par un groupe d'artisans (teinturières et couturiers) qui produit des articles textiles en vue de faire connaître les techniques traditionnelles de teinture en Europe et ailleurs. Kimonos, pagnes, linge de maison, sacs de plage... Pas de boutique à proprement parler à Kindia, mais la possibilité de rencontrer l'équipe à l'origine du projet et notamment grâce à Chantal G. qui vous accueillera avec grand plaisir pour vous présenter les acteurs, vous donner un aperçu des savoir-faire et des articles réalisés.

KANIA DONSE FANYI

✆ +224 622 42 29 62

Groupement féminin (présidente mme Abiba Diallo).

KDF est avant tout une ONG créée en 1995 et qui a pour vocation la formation des femmes en milieu rural aux techniques de transformation et de conservation des produits locaux (sauvages ou cultivés). L'ONG dispose d'une petite unité de production à Kindia qui lui permet de transformer, emballer et vendre les produits qu'elle achète aux productrices. Elle a ainsi développé une gamme de produits séchés, transformés par les femmes du groupement : mangues, bananes, ananas, fruits du baobab..., ainsi que des confitures et des jus de fruits. Pour une halte gourmande !

SCULPTEUR SUR BOIS

✆ +224 620 12 12 71

Ousmane Camara, le maître sculpteur des lieux, vous accueille dans son petit atelier quartier Yéolé. Son espace de travail, qui est d'ailleurs davantage un lieu d'exposition, est une vraie caverne d'Ali Baba, où se « côtoient » quelques œuvres monumentales et des statuettes de personnages ou d'animaux de toutes tailles.

Ses apprentis quant à eux travaillent à l'extérieur, différents bois, dont du bois d'ébène en provenance du Mali et des bois rouges de Guinée. Le large choix de pièces exposées, dont quelques figurines originales, vaut vraiment le détour.

LES TISSERANDS

✆ +224 620 76 85 41

Vente de lots de 2 ou 3 pagnes à partir de 200 000 FG.

Comme leurs homologues de Pita, les tisserands de Kindia travaillent au rythme du claquement des navettes, sur leurs métiers artisanaux. Ils tissent inlassablement de longues bandes de cotonnades, avec du fil provenant du Burkina Faso (plus de fil de coton en Guinée depuis bien longtemps) ou du Mali. Ils réalisent des modèles originaux, qui changent du traditionnel pagne noir et blanc, en associant des fils de différentes couleurs (vert, bleu, doré, cuivre...). En vente sur place. Contacts : Khalifa Diallo au 620 76 85 41 et Amadou Benté Diallo au 624 00 22 15.

LINSAN

La ville de Linsan située sur la N1 entre Kindia et Mamou marque la frontière entre la Guinée maritime et la moyenne Guinée. C'est une commune bien connue des voyageurs locaux car elle constitue une étape quasi obligatoire de tous les taxis en quête d'un plat de riz sauce. Depuis l'entrée de la ville et jusqu'à sa sortie, les gargotes et autres restaus se succèdent en chapelet tout le long de la route. Vous aurez donc l'embarras du choix. Pour les voyageurs souhaitant poursuivre leur route au plus vite, une déviation permet depuis mai 2022 d'éviter le centre-ville souvent congestionné. Un gain de temps appréciable pour les voyageurs au long cours.

HÔTEL MARIADOR €

✆ +224 628 49 87 90

Les chambres ventilées sont à 150 000 FG, les climatisées à 200 000 FG et 250 000 FG avec eau courante et électricité.

Rien de bien attrayant dans cet hôtel qui a connu des jours meilleurs. Les chambres vieillottes offrent un confort très basique. Dommage car la cour de l'hôtel est plutôt agréable et verdoyante. Le principal intérêt de cet établissement est qu'il peut offrir un point de chute au cas où, entre Kindia et Mamou, pour éviter de rouler de nuit. Pas de restauration proposée dans l'enceinte de l'hôtel mais une fois passé le portail, vous trouverez tout ce qu'il faut pour un petit déjeuner à la mode locale, un bon plat de riz avec sauce ou encore une boisson bien glacée.

PASSPORT

FOUTA-DJALON

Le Fouta-Djalon est la région de Guinée la plus convoitée par les vacanciers et pour cause. On l'appelle également « le château d'eau » de l'Afrique de l'Ouest. En effet, ce massif qui culmine aux environs de 1 500 m d'altitude (le mont Loura) est le berceau de grands cours d'eau. C'est ici que naissent la Gambie (au nord du Fouta), le Bafing (près de Mamou), au milieu de vallées profondes et de cascades généreuses. Ces dernières sont innombrables et chacune d'elles a son charme particulier : Kambadaga est la plus majestueuse, Ditinn est la plus haute et la plus sauvage, Kinkon la plus apprivoisée, la Sala la plus fréquentée par les singes. C'est encore au Fouta que vous pouvez admirer la Dame de Mali, les échelles de Lélouma, le travail des tisserands, les tissus indigo et plus encore ! Avec ses innombrables balades et treks au milieu de paysages singuliers, le Fouta-Djalon est une région incontournable pour quiconque passe en Guinée.

SARÉBOIDO
KOUNDARA
YOUKOUNKOUN
Guingan
VERS PARC NATIONAL
NIOKOLO-BADIAR
Kiffaya
Bensane
GUINÉE-BISSAU
Kounsitel
Koumbia
GAOUAL
Sebetere
Touba
Moto
Wendou M'Bour
Kakony
Sand
Tyindoye
LÉLOUM
Koba
Sangarédi
Santou
Hafia
Do
Tarihoye
Konsotamy
Télimélé
Daroul
Gougoudje
Banguigny
Site de réinstallation
Kambaya
Fandjeta
Tondon
Dar-Es
30 KM

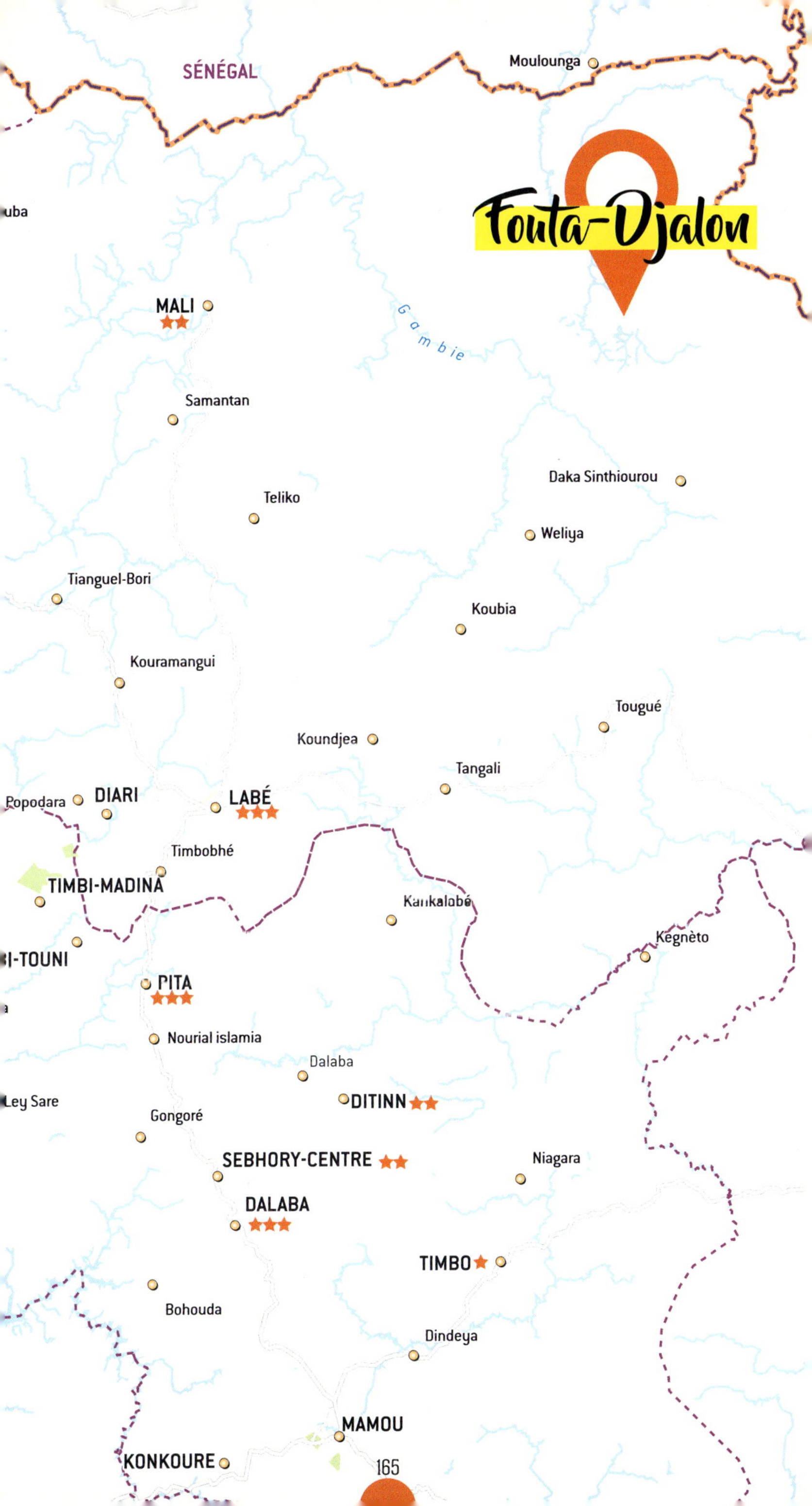

Fouta-Djalon
SÉNÉGAL
Moulounga
uba
MALI
Gambie
Samantan
Daka Sinthiourou
Teliko
Weliya
Tianguel-Bori
Koubia
Kouramangui
Tougué
Koundjea
Tangali
Popodara
DIARI
LABÉ
Timbobhé
TIMBI-MADINA
Kankalabé
Kegnèto
I-TOUNI
PITA
Nourial islamia
Dalaba
Ley Sare
DITINN
Gongoré
SEBHORY-CENTRE
Niagara
DALABA
TIMBO
Bohouda
Dindeya
MAMOU
KONKOURE

PAGES

168 ## ●● FOUTA-DJALON

Routes et pistes se dégradent au cours du temps et trop rares sont celles régulièrement entretenues. Certains axes constituent de véritables épreuves, qui mettent à mal les véhicules et les passagers. Mais ils sont le plus souvent les seuls pour accéder aux sites, à moins que vous n'ayez du temps pour parcourir la région à pied ; alors, au diable les mauvaises pistes. Quel bonheur de parcourir les monts du Fouta au rythme de ses pas ! Du point de vue de l'hébergement et de la restauration, les possibilités sont variées avec des hôtels de qualité. Pour la découverte des principaux sites, n'hésitez pas à faire appel aux guides locaux. Des associations basées à Labé et à Dalaba proposent différents circuits et prestations. Un réel plus ! Du point de vue du climat, les températures peuvent être proches de 10 °C la nuit, donc n'oubliez pas vos pulls (un sweat léger en saison chaude, un gros pull en saison des pluies), vos impers en hivernage, vos maillots de bain, de bonnes chaussures de marche et, comme partout, des réserves d'eau car les journées restent chaudes. Attention à la baignade : quelques alertes à la bilharziose ont été signalées dans les eaux stagnantes. Se renseigner auprès des guides. Et par principe éviter les eaux trop immobiles ! Pour toute demande de renseignements, pour préparer votre séjour ou tout simplement pour une immersion virtuelle au Fouta, rendez-vous sur www.foutadecouverte.com.

© PATRICK MADELAINE

Mosquée de Timbo.

PAGES

© PATRICK MADELAINE

Aïnguel.

185 **AÏNGUEL**

Vivre une expérience hors du temps d'immersion totale en terre peule au cœur d'une vallée des merveilles, c'est la promesse que vous fait Aïnguel, petit village tranquille installé sur les rives de la Fétoré. Ici, pas besoin de montre, ce sont le soleil et le coq du village qui rythment votre séjour. Au programme : baignades, balades, rencontres et partages.

185 **TIMBI MADINA**

186 **LÉLOUMA ★★**

Grimper sur une échelle : mais quel intérêt ? Il faut se retrouver au creux de la falaise à l'aplomb de celles de Lélouma pour comprendre qu'elles ne sont pas de simples échelles et qu'elles méritent un détour. Sensations garanties ! En chemin, différents sites attendent les curieux pour d'autres émotions (points de vue depuis Ley Holo, cascade de Taïti, rocher de Tounti Maladhé...).

188 **LABÉ ★★★**

192 **MALI ★★**

Se rendre à Mali, c'est prendre de la hauteur, atteindre les sommets du massif du Fouta Djalon et s'offrir une belle rencontre avec la grande Dame de Mali, figée pour l'éternité dans les falaises du mont Loura, sans oublier une vue panoramique sur de magnifiques paysages.

194 **YOUKOUNKOUN**

194 **KOUNDARA**

195 **SAREBOIDO**

195 **PARC NATIONAL NIOKOLO-BADIAR ★**

Loin des parcs d'Afrique de l'Est et de leurs hordes de touristes, le Niokolo Badiar offre l'opportunité de découvrir la faune ouest-africaine dans une ambiance calme et sereine. Ici, il faut prendre le temps pour partir sur la piste des animaux. Les rencontres n'en sont que plus fortes et émouvantes.

197 **GAOUAL**

MAMOU

Mamou ne serait pas Mamou sans la construction en 1908 d'un chemin de fer, reliant la capitale guinéenne à Kankan. Située sur la rive droite du Bafing, la ville s'est développée en devenant une étape de la voie ferrée. Devenue le chef-lieu du cercle de Timbo, elle a profité de la baisse du rayonnement de l'ancienne capitale du Fouta théocratique et fut de fait choisie pour l'installation du dernier Almamy (chef religieux). Carrefour entre les routes de la haute Guinée, du Fouta et de la région forestière, elle est également un lieu de brassage où se côtoient toutes les ethnies guinéennes. Sans arrêt se croisent sur ses routes taxis et camions acheminant passagers, produits agricoles et artisanaux. Vous pourrez y acheter de quoi manger.

Faune et Flore

Tout le long de cette route, vous pourrez constater en de trop nombreux endroits les effets du déboisement. Pour les besoins de la culture sur brûlis ou tout simplement pour faire du charbon ou des fagots de bois (souvent disposés au bord du goudron pour la vente), les populations locales coupent année après année des arbres de plus en plus jeunes. Conséquence, les grands arbres se font de plus en plus rares. Inquiétant pour l'avenir. Les quelques plantations de tecks ou de mélinas aperçues de-ci, de-là semblent bien dérisoires face à l'ampleur des dégâts.

Se loger

Après quelques années fastes où les sociétés minières et leurs sous-traitants privatisaient des établissements entiers, les temps sont devenus plus durs pour les hôtels de la place. Certains établissements ont d'ailleurs été construits ou agrandis dans cette période favorable aux bonnes affaires. Aujourd'hui, le manque de clientèle se fait durement ressentir et la plupart espèrent un retour rapide des « miniers ».

Transports

En venant de Kindia, la route goudronnée, toute neuve serpente de plus en plus entre les falaises du massif du Fouta-Djalon et les étonnants blocs de granit recouverts de mousse en saison des pluies.

Vous remarquerez qu'à presque chaque tournant gît une carcasse de taxi, de bus ou de camion – dont le chauffeur a plutôt mal négocié son virage ou dont le moteur a connu un « léger malaise »... Soyez très prudent, cette route est particulièrement dangereuse, et d'autant plus que le revêtement étant tout neuf, les chauffeurs ont tendance à rouler à des vitesses excessives.

BARRAGE ET LAC DU BAFING

Le lac de barrage est une réserve d'eau douce qui alimente les plaines cultivées environnantes. C'est un lieu calme pour une balade apaisante loin de l'agitation du centre-ville et pourquoi pas pour une petite baignade rafraîchissante. Attention les jours de fête, les jeunes Mamounais s'y rejoignent en nombre et le lieu est alors beaucoup plus animé. Pour les voyageurs au long court, les abords du barrage offrent un espace idéal pour installer le bivouac d'un soir et continuer leur route. Mamou étant un carrefour, toutes les directions sont alors possibles.

LE CENTRE KONKOURÉ

Mamou Boulevard
✆ +224 664 30 38 76
www.guineesolidarite-ck.org/

Le centre a été créé en 2006 par l'ONG Guinée Solidarité Provence, une association qui œuvre dans le domaine de la réinsertion socioprofessionnelle de personnes en situation de handicap. Il propose ainsi à des jeunes handicapés âgés de 15 à 35 ans des formations de deux ans en mécanique, couture ou layette. En plus de se former à un métier pouvant s'exercer localement, ces jeunes prennent conscience, par le biais de leur formation, de leurs capacités et de leur valeur. Leur autonomisation professionnelle participe aussi à changer le regard de leur famille et de la société guinéenne sur le handicap. Depuis 2021, quelques places ont été ouvertes pour des personnes en situation de vulnérabilité, comme des jeunes qui subissent des violences au domicile ou des femmes ayant subi un mariage forcé. Le Centre coordonne également les groupements d'anciens élèves et sert de relais pour la vente de leurs productions qui se fait notamment sur place. Installé dans ses nouveaux locaux à la sortie de Mamou vers Dalaba, il est ouvert aux visites du lundi au vendredi d'octobre à juin, l'occasion pour les visiteurs de toucher du doigt la réalité des jeunes porteurs de handicap et de découvrir le travail réalisé au sein du centre. Pourquoi ne pas acheter un des articles proposés sur place (tenues de femme et chemises hommes en wax, layette, couverture en laine, objets réalisés avec des « sachets d'eau » recyclés...) et/ou d'apporter son soutien ? Le mieux est d'appeler avant de passer au 664 30 38 76 ou au 622 34 77 93.

LES CHIMPANZES DE PINSELI ★

Forêt de Pinselli

Pour cette excursion, contacter Fouta Trekking Aventure au +224 622 91 20 24.

Au départ de Mamou, l'association Fouta Trekking Aventure propose une excursion dans les forêts de Pinseli, Soyah et Porto Fita, pour observer les derniers groupes de chimpanzés de la région. Ce trek prévu sur minimum 2 jours conduit les randonneurs au cœur du massif forestier. Et même si les primates ne sont pas au rendez-vous, cette randonnée est l'occasion de rencontrer les populations locales et de partager quelques moments inoubliables de leur quotidien.

CHUTE DE KONKOURÉ

De Mamou, prenez la route de Kindia jusqu'au village de Konkouré à environ 20 km. Dans le village, tournez à gauche au niveau de la mosquée, en direction du village de Dhepol. Après les dernières maisons du village, prenez une petite piste à gauche et vous arrivez alors à un espace où vous pouvez garer votre véhicule.

Le fleuve Konkouré qui s'écoule entre des empilements anarchiques de rochers au milieu d'une végétation plus ou moins dense selon la saison, forme ici une charmante cascade d'une trentaine de mètres de haut et à peu près autant de large. Pas très facile à observer dans son ensemble, il faut un peu chercher le meilleur point de vue parmi les rochers. Vous pouvez aussi descendre au pied de la cascade, même si cela reste un peu aventureux notamment en saison des pluies, car alors les rochers sont glissants. Agréable lieu pour un pique-nique.

CHAMBRES D'ACCUEIL ENATEF €

✆ +224 621 95 36 77

Chambres individuelles à partir de 60 000 FG. Chambres avec 3 lits à 90 000 FG.

L'École nationale des agents techniques des eaux et forêts dispose de chambres le plus souvent occupées lors de séminaires organisés sur place, mais l'école reçoit également les visiteurs de passage. Longtemps fréquenté par les volontaires des Peace Corps de passage dans la région, ce lieu d'hébergement est intéressant avant tout pour les prix proposés et pour le site, très calme au milieu d'un espace boisé. Réservé aux voyageurs peu exigeants et en quête d'un hébergement pas cher.

HOTEL AFRICA €

✆ +224 622 47 72 74

29 chambres dont 8 climatisées à 300 000 FG et 21 ventilées à 200 000 FG. Petit déjeuner en supplément.

L'hôtel, constitué d'un bâtiment sur trois niveaux, offre des prestations correctes au regard des prix pratiqués. Les chambres propres demanderaient à être un peu rafraîchies, mais l'essentiel est là : eau courante, électricité et en bonus télévision avec chaînes internationales. La cour fermée et surveillée permet de garer votre véhicule en toute sécurité. Dommage que certaines chambres soient un peu bruyantes. Préférer celles situées à l'étage. Pas de restauration sur place mais le Point Zéro situé juste en face propose des plats locaux à prix abordables.

HOTEL RAMA €

✆ +224 622 55 15 64

25 chambres dont 18 ventilées à 130 000 FG et 150 000 FG et 7 climatisées à 250 000 FG, petit déjeuner en supplément.

L'hôtel, l'un des plus anciens de la ville, est en rénovation depuis juin 2019. Il était encore partiellement en travaux en 2022. Cependant l'essentiel des chambres connaît une seconde jeunesse. Situé en retrait de la grande route dans le quartier près du « Carrefour de la faune », l'endroit est plutôt calme mais assez impersonnel et les prestations restent basiques. Pour les petits budgets de passage en ville. Cour fermée pour garer son véhicule. Il est possible de se restaurer sur place. Plats à partir de 40 000 FG sur commande.

MAISON D'ACCUEIL DES SŒURS DE CLUNY €

✆ +224 626 66 12 90

4 chambres disponibles. 50 000 FG la nuitée pour une personne et 100 000 FG en pension complète.

En plein cœur de Mamou, les sœurs de la communauté de Cluny accueillent volontiers les gens de passage, mais il est impératif de les appeler avant d'arriver sur place. Les chambres sont basiques, ventilées avec eau et électricité garantie jusqu'à 22h. Dans le respect des règles de vie de la communauté, vous pourrez ici passer une nuit au calme avant de poursuivre votre route. Sur demande à l'avance, vous pourrez également prendre vos repas sur place.

HÔTEL BALY'S €€

Quartier Pétel
+224 664 74 14 00
Chambres de 300 000 FG (ventilées) à 500 000 FG (climatisées) y compris petit déjeuner. Suites à 700 000 FG.

Le Baly's est l'un des meilleurs hôtels de la ville où se croisent hommes d'affaires, cadres et expatriés. Il accueille très régulièrement des séminaires d'organisations nationales et internationales, qui trouvent sur place tous les équipements et services adéquats (salle de conférence équipée de 75 places, restaurant, et même discothèque pour la détente après le travail). Dommage que le Wifi ne soit pas assuré dans les chambres. Le restaurant-bar propose un grand choix de plats africains et européens de 60 000 FG à 130 000 FG (sur commande).

HOTEL LE RELAIS DE MAMOU €€

Quartier Tambassa +224 622 98 20 54
31 chambres climatisées de 300 000 FG à 400 000 FG avec petit déjeuner. 4 suites à 500 000 FG.

L'hôtel est situé au bord de la route de Faranah, ce qui peut en faire une étape intéressante pour les voyageurs au long cours de la région forestière et qui souhaitent optimiser leur temps. Dans ce bâtiment massif construit sur plusieurs niveaux, toutes les chambres sont équipées de la climatisation, d'un téléviseur et bénéficient de l'eau chaude. Les prestations sont dans la moyenne. Les suites sont équipées d'un canapé et d'un bureau. Le restaurant propose des spécialités africaines (sur commande) et européennes (poisson, steak ou poulet avec frites).

WHITE HOUSE ACACIA €€

Sur la droite de la route en venant de Dalaba un peu au-delà de l'hôtel Baly's. Un panneau au bord de la route indique l'hôtel. +224 622 36 76 53
14 chambres, les ventilées sont à 250 000 FG et les climatisées à 300 000 FG et 350 000 FG petit déjeuner compris.

Sans aucun doute le meilleur rapport qualité/prix de Mamou, cet hôtel tenu par un Ghanéen installé de longue date au Fouta propose un bon niveau de prestations. Sur les quatre niveaux de cette grande villa, les chambres bien équipées sont propres et très lumineuses. L'accueil y est vraiment sympathique et professionnel. Le propriétaire est à votre écoute et vous fait sentir comme chez vous : pas si fréquent. Pour vos repas, préparés par le frère du gérant, il vous faudra commander et compter environ 50 000 FG pour un plat à base de poulet ou de poisson.

CANTINE OUVRIERE DE MAMOU €

Plat de riz sauce à 7 500 FG et riz sauce viande à 12 000 FG.

Créé par le Syndicat des transporteurs de Mamou, le restaurant est fréquenté par des habitués, dont bien évidemment de nombreux chauffeurs. Dans une grande salle, les tables sont alignées comme dans une cantine. Chacun passe commande au comptoir de la cuisine et retourne s'asseoir pour déguster son plat à base de riz ou de fonio accompagné de différentes sauces (feuille, arachide, tomate...) et de viande pour ceux qui le demandent. Ici, les plats préparés chaque jour sont copieux.

LE POINT ZERO €

Sur la gauche de la route en venant de Dalaba en face de l'hôtel Africa. Voir panneau de l'hôtel.
+224 628 19 35 00
Plats africains entre 15 000 FG et 40 000 FG.

Ce petit restaurant de quartier très simple propose des petits déjeuners à la mode locale : café/thé au lait, pain mayonnaise et omelette. Situé juste en face de l'hôtel Africa, il permet donc de démarrer sa journée par un repas copieux avant de reprendre la route. Le midi et le soir, les plats de riz accompagnés de différentes sauces sont au menu, généralement un ou deux plats par jour. Les assiettes sont généreuses, l'occasion de découvrir une bonne cuisine locale. Pour d'autres plats, il vous faudra passer commande à l'avance.

RESTAURANT PIEDS DANS L'EAU €

Sur la route de Faranah, à droite et un peu en-dessous de la station Total.
Plats de 15 000 FG à 25 000 FG (pâtes, omelettes, sandwichs...). Compter 25 000 FG pour un petit déjeuner copieux.

Ce petit restaurant sans prétention, situé au bord de la route mais pas vraiment « les pieds dans l'eau », est très fréquenté. Il faut parfois patienter un peu pour trouver une place où s'asseoir. Ici, rien de bien original, mais c'est le lieu idéal pour une pause déjeuner et surtout petit déjeuner, en passant sur la route de Faranah et de la Guinée forestière. Vous en repartirez rassasié et prêt à affronter la route un peu délicate qui s'ouvre devant vous.

MARCHÉ

Ici vous trouverez de tout, et notamment les produits frais locaux en provenance des jardins maraîchers environnants. Ce marché situé au cœur du quartier commercial de Mamou est bien achalandé et très animé. Vous pourrez donc à la fois découvrir les petits étals du marché même et les innombrables échoppes des rues adjacentes. L'animation est permanente, parfois même un peu oppressante. Attention, comme sur tous les marchés dans les grandes villes, soyez attentifs à vos sacs et autres affaires personnelles. Évitez d'exposer vos appareils high-tech !

MARCHÉ DE FELLO SORE

De beaux fruits et légumes toute l'année ! 5 km avant Mamou, en venant de Conakry, ce petit marché de brousse fait de quelques étals bien présentés est un point de vente permanent des productions locales de fruits et légumes. Destiné notamment aux passagers qui transitent vers la haute Guinée, largement dépourvue de pareilles richesses, il peut être l'occasion d'une petite pause. Si l'envie vous prend de succomber à un bel étal de mangues, tomates ou avocats, n'oubliez pas que les prix sont souvent fonction de l'acheteur. Alors n'hésitez pas à négocier !

RANDONNÉES AUTOUR DE MAMOU

✆ +224 625 45 60 91

Découvrir les environs de Mamou avec un ancien chasseur, ça vous dit. Vous pouvez contacter M. Al Housseiny (voir numéro de téléphone ci-dessus), qui connaît par cœur la brousse et les forêts de la région. Au cours de randonnées pédestres, il vous guidera à travers villages, forêts sur les hauteurs et les alentours de la ville. Si vous avez un peu de temps (au moins deux jours), il pourra également vous accompagner sur la piste des derniers chimpanzés. Sensations garanties !

TIMBO ★

Ce qui aujourd'hui n'est plus qu'un village parmi d'autres fut la capitale politique du Fouta théocratique. C'est de Timbo que les Almamys dirigeaient ce puissant État. De cette puissance passée, il ne reste pas grand-chose. La mosquée datant du XVIIIe siècle et dans laquelle de nombreux Almamys sont venus faire leurs dévotions a été remplacée par une construction moderne, inaugurée en 2016. Reste le cimetière européen dans lequel dorment pour l'éternité de téméraires colons (situé sur la piste indiquée « Niagara et Gongore » à 1 km). À noter à la sortie de Timbo le pont sur le Bafing qui constitue un joli point de vue sur le fleuve.

LES BRODEURS DE KOUFOUNES

Sur la route en direction de Mamou, à quelques kilomètres de Timbo, arrêtez-vous au village de Diara Timbo. C'est ici, au bord de la route et en face de la mosquée du village, que des hommes brodent les fameux koufounés ou plus précisément les pouttôs, bonnets peuls portés par les hommes, à l'origine surtout pendant les cérémonies. Ces artisans brodeurs vous proposeront leurs articles pour 50 000 FG à 150 000 FG. Entre artisanat et tradition peule !

MOSQUÉE ET FONDATION KARAMOKO ALPHA

La mosquée, de facture moderne, a remplacé la mosquée originelle en paille. Ces quatre minarets blanc et bleu qui s'élancent majestueusement vers le ciel dominent toute la ville.

Juste à côté, la fondation Karamoko Alpha accueille les visiteurs qui voudraient mieux connaître l'histoire de l'ancienne capitale du Fouta théocratique. Moyennant le prix de la cola, comme on dit par ici, le descendant du dernier almamy ou un des anciens de Timbo relate à qui veut l'entendre ce passé glorieux.

DALABA ★★★

Nichée au cœur du massif foutanien, Dalaba est une des communes les plus agréables de Guinée. Son climat, la nature environnante, son histoire font de cette préfecture un lieu incontournable pour qui souhaite découvrir cette région. Par monts et par vaux, à Dalaba, pas le temps de s'ennuyer. De balades dans les forêts de pins et les jardins maraîchers, pour déguster de succulentes fraises, en randonnées à pied ou en VTT vers le pont de Dieu et sa bambouseraie ou les chutes de Garaya pour une baignade rafraîchissante, de promenades dans le quartier du Chargeur pour visiter la case à palabres et la maison de Myriam Makeba ou en ville les cordonniers en *farniente* sur la terrasse de l'hôtel du Fouta aux derniers rayons du soleil, un séjour à Dalaba se savoure et laisse toujours un arrière-goût très agréable de « revenez-y » !

Histoire

Historiquement, la ville prend son essor à la fin des années 1930 de par la volonté des autorités coloniales qui en vantent les qualités aussi bien du point de vue du climat que des paysages. L'hôtel des Chargeurs réunis, actuel hôtel du Fouta, est construit à cette époque, puis la villa Jeannine et la case à palabres. Avec la Seconde Guerre mondiale, une forme de « tourisme sanitaire » se développe. Les malades ou blessés des colonies de l'AOF, ne pouvant être rapatriés en France, viennent se reposer ici, dans l'Établissement des convalescents (Étaconval), installé en lieu et place de l'actuel quartier du Chargeur. Quelques maisons et bâtiments (cases autour du bureau du tourisme, long bâtiment dans l'enceinte de l'Institut vétérinaire, maisons d'habitation…), héritage de cette période, sont encore visibles au milieu des nouvelles constructions.

Transports

La route goudronnée depuis Mamou se dégrade au fil du temps et des saisons des pluies. Quelques kilomètres ont été réparés en 2022. Mais la route reste difficile. Il vous faudra nettement plus d'un heure pour couvrir les 50 km qui séparent ces deux villes. Attention aux virages, aux trous béants et aux véhicules en panne qui sont autant d'obstacles sur le parcours ! La gare voiture de Dalaba est située en dessous de la mairie. En direction de Pita, la route est relativement moins abîmée mais subit également les effets du temps. Comme partout sur les routes de Guinée, il vous faudra faire preuve de vigilance et adopter une vitesse modérée.

CHUTES DE GARAYA ★

Cette chute, ou plutôt ces chutes, situées à 2h30 à pied de Dalaba, s'écoulent au milieu d'une forêt galerie et dégringolent en escalier d'une hauteur d'environ 50 mètres. Dans les cimes alentours, les singes viennent souvent chercher leur repas. Le circuit, pour accéder aux chutes, donne l'occasion de traverser des villages typiquement peuls et donc de découvrir la vie dans les tapades. Par ailleurs différents points de vue permettent d'apprécier les paysages vallonnés de la région. Une belle balade pour une journée à la rencontre du Fouta.

COOPÉRATIVE DES CORDONNIERS DE DALABA OU COCODAL

✆ +224 628 57 05 02

La Coopérative a été créée en 1932. Ici le savoir-faire se transmet de génération en génération. Depuis 2015, un nouvel atelier a été construit à quelques mètres de l'ancien. Il est indiqué par un panneau sur le bord de la route. À l'intérieur, les cordonniers ont chacun leur espace disposé tout autour de la pièce. Installé sur de simples bancs, ils travaillent le cuir à l'aide d'outils basiques. Vous pouvez donc les observer dans leur travail de confection, tout en détaillant les produits finis exposés juste à côté. Les phases de préparation des peaux et de teinture se font quant à elles dans l'arrière-cour de l'atelier. Tous les objets fabriqués sont exposés sur des tables au centre de l'atelier, mais également sur les murs. Les artisans de Cocodal ont une réputation qui dépasse les frontières de Dalaba. Ils réalisent essentiellement des sandales et nu-pieds pour hommes et pour femmes en utilisant différentes teintures pour colorer les peaux (vert, rouge, jaune, bleu…). On trouve donc des modèles très classiques et anciens, mais également des modèles plus modernes réalisés par les plus créatifs. Ils fabriquent également des sacs à main ou à dos, des portefeuilles, des ceintures, des porte-clés, des bouteilles décorées (associant cuir coloré et raphia dans un travail très minutieux) et des sets de sous-verre… Il faut passer un peu de temps sur place pour tout découvrir. Pour ce qui est des prix, ils dépendent beaucoup de la capacité et/ou de l'envie de chacun de négocier.

JARDIN CHEVALIER ★

À quelques kilomètres du centre-ville de Dalaba, sur la route de Labé, prendre la piste de Ditinn sur la droite, l'entrée du jardin est un peu plus bas sur la droite.

Créé par le botaniste français Auguste Chevalier en 1908, le jardin avait au départ un caractère expérimental. M. Chevalier y testa différentes espèces d'arbres, certaines européennes et d'autres plus exotiques, et notamment des pins d'Indochine, des caféiers, des théiers… Mais la guerre de 1914-1918 l'obligea à s'absenter. Il ne reviendra que bien plus tard, dans les années 1930. Après la guerre cependant, le constat sera fait, par le chef du service de l'agriculture d'alors, que la brousse a plus ou moins repris le dessus et que seuls les pins d'Indochine et quelques autres espèces ont pu malgré tout se développer ! Ce sont ces pins qui, avec quelques caféiers, bambous de Chine, canneliers et autres eucalyptus, constituent aujourd'hui une véritable forêt ! Une pépinière a été créée dans le jardin par les agents des Eaux et Forêts. Après quelques années où elle a plutôt bien fonctionné, cette pépinière semble en perte de vitesse. En tout cas, les quelques plants de pins qu'on y trouve auront bien du mal à compenser les arbres abattus dans les forêts environnantes. Malheureusement, le business lié au bois est très lucratif et rien ne semble pouvoir arrêter le recul des surfaces boisées. L'interdiction totale de la coupe des pins régulièrement décrétée par les autorités locales n'est jamais totalement respectée. L'accès au jardin est libre et se fait à partir de la route goudronnée. A ce jour, la plaque qui indiquait l'entrée du jardin gît sur le sol, dans l'attente d'une âme charitable pour la remettre sur pied.

© PATRICK MADELAINE

FOUTADECOUVERTE.COM, UN BLOG TOTALEMENT FOUTA !

Pour toujours plus d'infos, de photos, de vidéos et de témoignages sur le Fouta d'hier, d'aujourd'hui et de demain, rendez-vous sur le blog foutadécouverte.com. À signaler : deux cartes de la Guinée en lien sur le blog permettent pour l'une de situer et de visualiser les principaux sites touristiques du Fouta et plus largement de la Guinée, pour l'autre d'avoir des informations actualisées sur les routes et pistes du pays. L'auteur de ce blog, Koto Mamadou Patrici (Patrick), comme on l'appelle à Dalaba, est un ancien résident de la ville et membre fondateur du bureau du tourisme, quartier du Chargeur. En permanence à l'écoute des questions et des contributions sur le Fouta pour les partager avec le plus grand nombre, vous pouvez le contacter à l'adresse foutadecouverte@yahoo.fr ou directement sur son blog. Vous pouvez également le joindre *via* sa page Facebook « Fouta Djalon Découvertes ». Il se fera un plaisir et un devoir de répondre à vos questions et si besoin de vous faire des propositions ou de vous donner des contacts pour organiser votre séjour dans la région ou plus largement dans le pays. N'hésitez pas à l'interroger ! Si vous souhaitez enrichir le blog, vos contributions sont les bienvenues. Adressez-les à foutadecouverte@yahoo.fr. Les meilleurs ambassadeurs de la région sont souvent ceux qui ont eu l'opportunité de la visiter. Alors à vos claviers ! Pour quelques vidéos en lien avec le Fouta et la Guinée, rendez-vous sur la chaîne Youtube « Patrick Foutadecouverte » pour une pré-immersion.

PONT DE DIEU ★

Cette belle promenade peut se faire à pied ou en VTT et en voiture, uniquement en saison sèche. Si vous êtes à pied, comptez 3h30 de marche. Le pont de Dieu est un charmant pont naturel de 4 m à 5 m de long, creusé par la Ténée. N'hésitez pas à traverser le pont et à remonter un peu au-dessus sur les rochers qui offrent un super spot à pique-nique où il est fréquent d'observer des singes. Au retour, vous pouvez traverser la bambouseraie qui s'est développée sur les terres autrefois occupées par l'IFAC (Institut des Fruits et Agrumes Coloniaux). Majestueux !

La case des palabres de Dalaba.

MAISON DE MYRIAM MAKEBA ★★

Quartier du Chargeur

« Quand le président Sékou Touré m'a demandé : Si vous deviez venir vous installer en Guinée, où souhaiteriez-vous rester ? Je lui ai répondu que je choisirais la région de Dalaba, car elle me rappelle beaucoup mon pays quand je suis là. » Telles sont les paroles de Myriam Makeba lors d'une interview réalisée dans sa maison de Dalaba en 1981. Cette maison qui, aujourd'hui encore témoigne, de cet amour que portait la chanteuse à Dalaba est malheureusement en grand danger. Livrée à elle-même, elle est dans un état pitoyable, lézardée de partout, grignotée par le temps et par l'humidité. Pourtant cette case – car la maison a la forme ronde des cases du Fouta – pourrait et même devrait être un lieu de mémoire et de culture, où les nouvelles générations pourraient apprendre à connaître qui était « Mama Afrika », son histoire et son héritage musical. De nos jours, la maison se visite encore malgré son état. Quelques bénévoles essayent de préserver l'essentiel, notamment en remplaçant les tôles du toit abîmées ou encore en nettoyant de temps en temps la pièce principale. Un gardien, qui entretient plus ou moins le jardin, ouvre les portes aux visiteurs de passage. L'occasion de découvrir quelques meubles, objets et bibelots laissés par la chanteuse, et surtout la décoration unique en son genre de son intérieur. Pour combien de temps encore, nul ne le sait. Alors si vous passez par là, n'hésitez pas à y faire un petit arrêt car même si son état fait de la peine à voir, s'en dégage une atmosphère singulière !

CASE TOURISTIQUE

Quartier du Chargeur

✆ +224 669 41 96 16

Ouverte depuis 1996, la case est aujourd'hui gérée par l'Association ALDET et principalement par Daymou Diallo, membre fondateur de ladite association. Ce dernier a acquis une grand expérience dans l'accompagnement de groupes à travers le Fouta. Il travaille en partenariat avec des agences de voyages en s'appuyant sur une équipe de guides locaux, qu'il a contribué à former. Il propose des excursions en ville et dans les environs, mais également des treks pour découvrir les plus beaux sites naturels de la région. N'hésitez pas à l'appeler aux numéros précités.

VILLA SILI ET CASE A PALABRES

Quartier du Chargeur

▸ **La villa Sili ou villa Jeannine** est un long bâtiment de type colonial, peint en blanc à l'origine, mais qui s'est paré de rose lors de sa rénovation en 2014. Depuis le salon de la villa, on a une vue panoramique sur les monts et vallées environnants. Le plafond en léfas (plateaux ronds en vannerie) décorant une partie de cette pièce a été refait lors des travaux ; par contre tous les meubles et éléments de décoration anciens ont disparu, faisant perdre à l'ensemble beaucoup de son charme. La villa Jeannine, rebaptisée villa Sili à l'indépendance, a été construite en 1936 par le gouverneur Blacher. Par la suite, cette demeure est devenue la résidence des gouverneurs successifs de l'Afrique-Occidentale française (AOF). Après l'indépendance, le président Sékou Touré y recevait ses hôtes de marque. Aujourd'hui, la villa et les cases attenantes (cases rondes abritant des chambres, également rénovées en 2014) devraient accueillir les hôtes de la préfecture. Mais à ce jour, il y a peu de visiteurs. En mai 2022, un opérateur privé s'intéressait à ce site au potentiel incroyable, souhaitant lui redonner son faste d'antan et en faire un véritable lieu de villégiature pour de futurs visiteurs.

▸ **La case à palabres** (située derrière les pins à l'entrée du site sur la droite) est un bâtiment de forme ronde réalisé sur le modèle des cases traditionnelles peules en terre et recouvertes de paille. Ici plus de paille mais des tôles : moins typique, mais ça résiste mieux au temps. Heureusement, l'intérieur a été préservé et même rénové (dommage, les climatiseurs n'étaient pas vraiment nécessaires) : les murs et le sol sont couverts de motifs et de bas-reliefs en terre, très originaux. Cette case a été construite pour donner un cadre solennel aux réunions entre les chefs traditionnels et abritait, semble-t-il, des rencontres avec le gouverneur avant l'Indépendance. Il se raconte que c'est en ce lieu qu'ont été prises ou avalisées de grandes décisions, comme celle d'abolir la chefferie traditionnelle. Difficile à confirmer ou infirmer, mais reste un bâtiment unique en son genre qui mérite une visite.

Pour vous rendre sur le site, prenez la route qui passe devant l'hôtel Tangama et descend en direction du village de Yomou. Arrivés sur place, vous croiserez certainement l'un des gardiens, qui viendra vous ouvrir et vous faire une petite visite commentée. Il vous proposera également quelques articles de l'artisanat local. Le tarif de la visite est à négocier sur place.

TIBOU BAH, GUIDE TOURISTIQUE AU FOUTA

✆ +224 625 70 07 45

En constante recherche d'informations, de lieux, de savoirs à partager, Tibou organise des circuits dans toute la Guinée avec une préférence pour le Fouta. Il propose des itinéraires thématiques sur la botanique, la cuisine, l'architecture et l'artisanat local. Il encourage la pérennité des savoir-faire locaux et se fait défenseur de la nature. Randonnées douces, balades à sensation forte, pèlerinage à Fougoumba, baignade dans les cascades, il s'adaptera à vos envies !

HOTEL TANGAMA €

Quartier du Chargeur

✆ +224 624 10 85 10

10 chambres à 100 000 FG et 150 000 FG. Petit déjeuner à 30 000 FG.

Situé dans une vaste cour ombragée, l'hôtel de plain-pied dispose de 10 chambres spacieuses qui ont toute douche et toilette internes. L'établissement est également doté d'un restaurant, d'un bar américain à la mode locale, d'une terrasse aménagée pour boire un verre et d'un espace dancing avec animation les vendredis et lundis. Ambiance garantie ! Il est possible de prendre ses repas sur place (brochettes, poulet ou poisson braisé), mais il vous faudra passer commande à l'avance. Pour les petits budgets pas trop exigeants, de passage à Dalaba.

AUBERGE SEIDY 2 €

Quartier du Chargeur

✆ +224 622 50 94 29

4 chambres à 120 000 FG, avec douche (eau froide) et toilettes. Restaurant matin, midi et soir.

Située sur un flanc boisé du mont Tangama, l'auberge Seydi est installée dans une maison d'habitation construite sur deux niveaux. Installé à Dalaba depuis plus de vingt-cinq ans, M. Koffi le gérant, originaire du Togo, vous y accueillera chaleureusement. Ici pour un prix très raisonnable, le confort est familial et sans fioritures. Mais l'essentiel n'est pas là. Toujours disponible et à l'écoute de ses clients, M. Koffi fera le maximum pour rendre votre séjour agréable. Un réel plus ! N'hésitez pas à le solliciter, il connaît bien la ville et ses habitants.

HÔTEL SAFITEL €€

Quartier du Chargeur

✆ +224 627 88 77 55

14 chambres climatisées entre 400 000 FG et 550 000 FG, petit déjeuner compris.

L'hôtel Safitel est l'établissement le plus récent de Dalaba. Il propose des chambres tout confort (eau courante chaude/froide, télévision, climatisation), réparties sur les deux niveaux d'un bâtiment construit en arrière-cour. Une salle de conférence, une grande salle de restaurant avec terrasse et une boîte de nuit (sise dans un bâtiment annexe de l'autre côté de la rue) complètent son offre de bon niveau. Pas d'équivalent à Dalaba et surtout pas si fréquent dans la région. Une bonne base de départ pour découvrir les sites environnants.

CENTRE NOTRE DAME €

Quartier du Chargeur

✆ +224 622 76 11 72

Nuitée de 60 000 FG à 120 000 FG par personne. Repas complet à partir de 40 000 FG. Petit déjeuner à 20 000 FG.

Situé quartier du Chargeur, le centre est géré par la communauté des Petites Sœurs de Notre-Dame de Guinée. Le confort y est spartiate mais l'essentiel est là (eau courante, électricité). Surtout, l'accueil est convivial dans un cadre calme et reposant. Différents types de chambres sont proposés : d'un à trois lits avec ou sans douche interne. Vous pourrez prendre vos repas sur place à la demande ; une bonne occasion de goûter les produits bio du jardin potager. Il est important de toujours prévenir à l'avance de votre venue en appelant au numéro susmentionné.

HOTEL SIB €€

Quartier du Chargeur

✆ +224 622 27 82 80

Chambres à 300 000 FG, 350 000 FG et 400 000 FG pour celles disposant de 2 lits, y compris petit déjeuner.

L'hôtel historique de Dalaba, construit dans les années 1930 et géré alors par la société des Chargeurs réunis, il a retrouvé son élégance d'antan en 1995, alors qu'il était tombé en ruines. Les chambres sont spacieuses. La salle du restaurant-bar-salon est magnifique avec vue sur les monts foutaniens au loin. Depuis la terrasse à l'ombre d'un immense kouratier, les fins de journée sont magiques avec des couchers de soleil uniques sur un panorama à 180 degrés. Même si les prestations ne sont pas toujours à la hauteur du cadre, l'établissement vaut le détour.

MAISON D'HÔTES €€

Quartier du Chageur
✆ +224 622 48 70 28
Location de la maison à plus ou moins 650 000 FG par jour et 100 000 FG pour le ménage.

Cette petite maison récente est dotée de deux chambres et d'une salle de bains, avec un salon/salle à manger et un coin cuisine. Dans chaque chambre, vous trouverez un lit double et un lit simple ainsi qu'une armoire. La maison est équipée de tout le nécessaire pour rendre agréable votre séjour. Elle dispose de l'eau courante et du courant de la ville, les panneaux solaires prenant le relai en cas de coupure pour assurer l'éclairage et alimenter les prises. Elle est située au calme dans le quartier résidentiel du Chargeur à deux pas de la villa Sily.

RESTAURANT ROYAL FAST FOOD « CHEZ RAMA » €

Sur la route principale traversant Dalaba.
✆ +224 628 78 39 97
Plats de 15 000 FG à 35 000 FG (riz gras, riz sauce, poulet, spaghetti, fonio...).

Situé sur le bord de la route goudronnée, juste en dessous de la gare routière, ce petit restaurant propose chaque jour un plat de riz sauce. Idéal pour manger sur le pouce en passant, tout en observant l'effervescence de la vie locale depuis la petite terrasse où sont installées les tables. Le restaurant propose aussi des fatayas sur commande et des boissons locales rafraîchissantes (bissap, gingembre, pain de singe ou jus de baobab) pour 5 000 FG le verre.

RESTAURANT MODERNE €

Quartier du Chargeur
✆ +224 628 28 58 62
Plats le midi autour de 20 000 FG (riz sauce) et plats de 20 000 FG à 40 000 FG le soir (spaghettis, ragoût...).

Les propriétaires, M.et mme Sow, proposent une bonne cuisine traditionnelle, l'occasion de découvrir des plats et goûts locaux. Le restaurant a été totalement rénové en 2019 et dispose désormais d'une belle terrasse en plein air. L'ambiance ici est calme et conviviale à l'exception peut-être des jours de match (de football) où leur diffusion sur l'écran de la salle du restaurant assure une animation bon enfant, le temps d'une soirée. Pour choisir votre plat du jour, le mieux est de passer commande 24h à l'avance en appelant le numéro indiqué ci-dessus.

AUBERGE SEIDY 2 €€

Quartier du Chargeur
✆ +224 622 50 94 29
Plats à partir de 65 000 FG.

M. Koffi, gérant de l'auberge, propose un menu inédit dans la région. Cuisinier de formation, il excelle dans l'art culinaire africain. Il confectionne à la demande toutes les grandes spécialités de l'Afrique de l'ouest : yassa sénégalais, kedjenou ivoirien, riz sauce feuille, adjenkoumé togolais... Pour déguster votre plat préféré ou découvrir de nouvelles saveurs, l'idéal est de l'appeler la veille de votre arrivée pour passer commande. Il propose également un excellent poulet « bicyclette » grillé et de succulentes brochettes de bœuf. Un incontournable de Dalaba.

SÉBHORY ★★

Ce village, situé à 11 km de Dalaba sur la route de Pita, n'a *a priori* rien de bien extraordinaire surtout quand on l'observe depuis la fenêtre d'un véhicule lancé à pleine vitesse sur la longue ligne droite qui le traverse. Pourtant, si vous prenez le temps d'y faire une pause, vous découvrirez un village plein de ressources aux multiples facettes. En premier lieu, comme une évidence, vous pourrez gravir les pentes du mont Sébhory, la sentinelle du lieu qui offre depuis son sommet une vue panoramique sur les monts environnants (privilégier si possible la fin de journée au moment du coucher de soleil) ou encore déambuler dans les larges allées sillonnant la forêt de pins, héritage d'une époque révolue. Pour aller plus loin dans la découverte des lieux, Diouma Fleurs, qui en détient quelques clés, se fera un plaisir de vous guider tout en vous faisant déguster le miel de ses abeilles. Délicieusement sauvage !

Se loger

Pour un repos bien mérité, vous pourrez profiter de la maison de Nadine Bari (si elle n'est pas présente), une magnifique case ronde inspirée des cases traditionnelles peules et décorées avec goût. Nadine Bari ouvre les portes de sa demeure aux visiteurs de passage moyennant une contribution pour l'ONG Guinée Solidarité. Le mieux est de prendre contact directement avec Etienne Mané, le gardien de la maison, sur place ou encore en l'appelant au 624 58 66 42. C'est lui qui gère, en relation directe avec Nadine, les réservations de chambres (2 chambres disponibles).

LA CHUTE DE LABBHI ★

Cette chute d'une trentaine de mètres de hauteur fait en réalité partie d'un ensemble de plusieurs cascades qui se succèdent sur quelques centaines de mètres sur le même cours d'eau, dans un environnement encore relativement préservé. À son pied, entouré d'une haute falaise où s'accrochent quelques arbres téméraires, un bassin profond d'eau claire et un peu fraîche vous tend les bras ! Une petite plage ombragée sur la rive gauche permet de se reposer et éventuellement de camper, pour les personnes équipées. Ce site est accessible depuis Sébhory au terme d'une ou deux journées de marche selon la forme de chacun (également possible de faire un trek de plusieurs journées reliant divers sites des environs et traversant des villages isolés). Il est également possible de s'approcher en véhicule au plus près du site. Reste alors une marche d'environ deux heures pour descendre au bord de la rivière (rive droite) et atteindre le pied de la chute et le bassin. Attention, la descente est délicate et nécessite une bonne forme physique et de bonnes chaussures ! Ne peut se faire qu'en saison sèche. Dans les alentours, il n'est pas rare de voir, ou tout au moins d'apercevoir et d'entendre des singes (colobes, chimpanzés, vervets...). Depuis la chute, le village d'Aïnguel n'est qu'à quelques kilomètres à travers la brousse et les champs (environ une heure de marche). Les habitants de ce village se sont spécialisés dans la culture de plants d'arbres fruitiers (citronniers, orangers...) et d'ananas (succulents !). Un éden vert !

JARDINS MARAÎCHERS ET LAC DE DOUNKIMAGNA

Les jardins sont accessibles à pied ou en voiture depuis Sébhory mais aussi depuis la piste en direction de Ditinn. Grâce au lac de barrage du même nom et aux canaux aménagés en aval, ils sont arrosés toute l'année. Ils sont bien connus dans les environs et au-delà notamment du fait des fraises qui y sont cultivées. Chaque semaine, des produits frais issus de ces jardins sont expédiés par camion vers Conakry, pour répondre aux commandes de quelques consommateurs avisés. Malheureusement, à ce jour le transport se fait toujours dans des camions non frigorifiés, entraînant une perte importante de marchandises mais aussi une cueillette précoce pas toujours optimale pour la qualité des produits.

En fin de séjour, une petite visite de fin d'après-midi permet de découvrir de la meilleure des façons cet endroit calme et relaxant, d'en apprécier la mosaïque de textures et de couleurs et de faire le plein de tomates, carottes, choux, petits pois, haricots (selon la saison)... L'assurance d'acheter des produits frais !

Le lac de barrage, tout proche, offre par ailleurs aux amateurs de baignades, l'opportunité de passer dans le même temps, un moment de détente et de farniente. Quelques pins poussés sur les rives du lac permettent de trouver un peu d'ombre ; ce qui est bien agréable en janvier et février quand la saison sèche bat son plein. Attention : à partir de mars, le niveau de l'eau étant très bas, les baignades sont moins agréables car les berges vaseuses sont largement découvertes.

VILLAGE DE POUKÉ

Ce village, situé entre Dalaba centre et Sébhory (voir le panneau), est renommé pour sa vannerie. Ici les femmes réalisent les fameux léfas (plateaux ronds en fibres naturelles dont les plus grands font environ 30 cm de diamètre), mais aussi des paniers de différentes formes et tailles avec ou sans couvercle. N'hésitez pas à faire une petite pause sur place pour apprécier leur travail. Elles se feront un plaisir de vous présenter un large éventail de leur production, l'occasion d'acheter un souvenir typique de la région et de tester vos talents de négociation.

DIOUMA BARRY, DIT « DIOUMA FLEURS »

✆ +224 666 11 62 41

Pour une journée, compter 150 000 FG pour une personne et 50 000 FG par personne supplémentaire.

Pour découvrir Sébhory, contactez Diouma Barry, dit Diouma Fleurs. Originaire du village, il vous ouvrira les portes de sa concession, de sa pépinière et de ses ruchers. Guide de randonnées expérimenté, il pourra vous conduire sur les pistes et chemins, de cascades en collines, de champs de fonio en forêts-galeries à la découverte de la faune et de la flore locales. Vente sur place de miel et de vannerie (léfas et paniers), mais aussi de plantes (pins, agrumes, anacardiers, rosiers...).

DITINN ★★

Cette petite sous-préfecture est de nos jours connue pour sa chute, véritable trait d'union entre ciel et terre. En d'autres temps, René Caillié traversa le village dans son voyage vers Tombouctou. Une plaque, malheureusement bien abîmée car peu entretenue, témoigne de son passage le 8 mai 1827. N'hésitez pas à lire son récit *Voyage à Tombouctou*.

Mais Ditinn est surtout au cœur d'une zone agricole historiquement dynamique. Créée en 1920 et nationalisée sous Sékou Touré, une ferme y travaillait à l'amélioration de la race bovine locale avec entre autres l'importation de taureaux de Russie. Aujourd'hui il ne reste pas grand-chose de cette ferme d'État si ce n'est quelques vieux bâtiments, dont certains ont été repris pour créer une ferme avicole privée. Même si cette dernière a perdu de son envergure, elle continue à approvisionner en œufs les grandes villes voisines. Le jour du marché (le jeudi), des taxis et camions partent de Dalaba vers Ditinn centre. Restent tout de même 6 km à parcourir pour atteindre la chute. Vous pouvez choisir de les faire à pied ou demander à un taxi-moto de vous déposer sur place.

Se restaurer

Pas facile de trouver à manger sur place sauf le jour du marché, le jeudi, où quelques femmes préparent du riz sauce pour les nombreux chalands. Il est donc préférable de prévoir de l'eau et un pique-nique avant de partir. Vous trouverez cependant sur la route ou à Ditinn centre les éternelles boutiques qui vendent un peu toutes les mêmes produits de base, dont certains peuvent dépanner au cas où (boîtes de sardines, fromage fondu, corned-beef, sachets d'eau potable…).

Transports

La piste pour accéder à Ditinn – et donc à la chute – est fortement dégradée, rarement entretenue. Il faut être patient et si possible avoir un véhicule 4 x 4 pour s'y rendre. Par endroit, notamment dans la descente vers la vallée, la roche est à nu et il faut bien choisir sa trace pour ne pas abîmer son véhicule. À d'autres endroits, ce sont les écoulements non dirigés de l'eau qui ont creusé des ornières. Bref, il vous faudra presque 2 heures pour parcourir un peu plus de 30 km. Belle moyenne !

Préférez l'accès à la chute par le haut en bifurquant vers Kaala (voir panneau). La piste n'est pas très bonne non plus mais elle est beaucoup moins longue.

CHUTE DE DITINN (PAR LA VALLÉE) ★★

Avec une hauteur de 100 mètres, elle est la plus haute de Guinée. La chute se niche au creux d'un immense cirque aux falaises de grès. Le site lui-même est magnifique et fréquenté par de très nombreux singes et survolé par de nombreux rapaces, qui vivent sur les parois verticales. Les eaux se jettent du haut de la falaise dans une piscine qui peut servir de baignoire rafraîchissante, après la marche. Très rafraîchissante car le pied de la chute est le plus souvent à l'ombre et donc peu réchauffé par le soleil. Elle se situe à 37 km au nord-est de Dalaba. On y accède par une piste très fortement dégradée (2 heures en 4 x 4), qui descend quasiment tout le long jusqu'au village de Ditinn. Quelques beaux points de vue permettent d'y apprécier des paysages typiques du Fouta. À l'entrée de Ditinn, au niveau de la ferme avicole, il faut prendre la piste sur la droite. De là, on suit un sentier qui part à droite, traverse trois villages pour arriver à celui de Ley Fita, après 6 km. Vous y trouverez un campement à l'origine construit par Fouta Trekking Aventure, et composé de quelques cases de passage. Il est dorénavant impossible de dormir dans ces cases dont certaines n'ont même plus de toit. Vous pouvez cependant vous garer à proximité et y installer votre bivouac pour passer la nuit. Il faudra alors vous acquitter d'une petite contribution auprès des villageois qui géraient le campement. A partir du campement, il reste 20 min de marche pour atteindre le pied de la chute.

© TELLYVISION - SHUTTERSTOCK.COM

FOUTA-DJALON

CHUTE DE DITINN (PAR SON SOMMET) ★★★

Depuis le haut de la falaise, il est possible de se rendre au point précis où l'eau de la Ténée se jette dans le vide pour poursuivre son cours 100 m plus bas. Pour rejoindre cet endroit, il faut dévier depuis la piste menant à Ditinn, au niveau d'une fourche indiquant Kaala sur la droite (environ 5 km depuis le début de la piste). On se rend alors jusqu'au village de Kaala que l'on traverse pour aboutir au dernier village avant la falaise. De là, il faut continuer à pied pendant environ 1 heure. Quand l'horizon s'éclaircit enfin, la vue est époustouflante ! Vous avez devant vous un panorama à 180 degrés sur toute la vallée et à vos pieds l'eau qui se précipite vers cette même vallée, depuis le bord de la falaise. Attention, car il n'existe aucun aménagement à cet endroit ! à éviter en saison des pluies car l'eau s'écoule alors partout et les roches sont très glissantes. À noter que depuis le village de Kaala, il est également possible d'accéder à pied au bas de la chute au cours d'une très belle randonnée passant au milieu des falaises. De beaux points de vue sur la chute et quelques arbres majestueux agrémentent cette descente vers la vallée. Compter 4 à 5 heures de marche aller-retour pour les bons marcheurs, hors pauses et baignades. Pour les plus courageux, vous pouvez, une fois arrivé dans la vallée, continuer votre chemin en direction du village de Ditinn et au-delà vers la chute de Bomboli et le mont Maci. Il vous faudra alors une journée de marche supplémentaire.

VILLAGE DE FOUGOUMBA ★

À 8 km de Ditinn, Fougoumba est un petit village très similaire à bien d'autres dans la région, écrasé de chaleur en saison sèche. Mais il se distingue des autres par son histoire. Il abrite en effet une des plus anciennes mosquées du Fouta. Aujourd'hui de facture moderne, elle était à l'origine construite sur le modèle des cases peules avec les matériaux locaux (paille, bois et terre). Dès le XVIIIe siècle, Fougoumba était la capitale religieuse du Fouta théocratique (État musulman), lieu du couronnement des almamys (chefs religieux). On peut encore y voir la magnifique case (régulièrement entretenue) où avaient lieu les cérémonies officielles, à proximité de la mosquée. C'est une case typique des constructions locales, avec un porche d'accès à la cour adjacente. Le futur almamy était ceint dans cette case de neuf turbans blancs, qui correspondaient aux neufs diwés (ou provinces) de son futur territoire. Puis, il devait rester neuf jours en méditation dans la case. Chaque jour, on lui enlevait un turban jusqu'à ce qu'il ne lui en reste plus qu'un, qu'il conservait comme signe de sa royauté. L'almamy déménageait alors avec sa cour à Timbo, la capitale administrative et politique du Fouta théocratique, distante d'environ 50 km. Sur place, vous rencontrerez des anciens qui sauront vous conter les hauts faits de ce lieu chargé d'histoire. Pour en connaître un peu plus sur Fougoumba, vous pouvez aussi lire l'article « Fougoumba, capitale religieuse du Fouta théocratique » sur *www.foutadecouverte.com*.

FOUTA-DJALON

Chute de Ditinn depuis le chemin menant à son sommet.

PITA ★★★

Créée en 1905, Pita est une ville sans grand charme qui constitue une étape entre Dalaba et Labé. Elle est cependant le point de départ de nombreuses excursions intéressantes, comme les chutes de Kambadaga et de Kinkon, et un peu plus loin les falaises de Douccky ou encore le village d'Aïnguel et ses environs. Elle est aussi un des hauts lieux du tissage traditionnel du coton. Pita et surtout Timbi Madina, une de ses sous-préfectures, sont très réputées pour leur production de la pomme de terre appelée « belle de Guinée ». Le barrage hydroélectrique de Kinkon, réalisé par les Chinois en 1966, alimente encore à ce jour les grandes villes des environs.

CHUTE DE KINKON ★★

Cette chute, d'environ 80 m de hauteur, est située au cœur d'un impressionnant défilé rocheux. En amont, les roches de couleur ocre forment des terrasses et des marches qui, en saison sèche, donnent accès à d'agréables baignoires naturelles. En aval, 80 m plus bas, le défilé étroit ouvre une perspective sur la vallée du Kokoulo. En saison des pluies, le souffle de la chute projette d'immenses nuages de gouttelettes qui obstruent la vue vers le fond du canyon. Un petit belvédère, situé plus bas sur la piste, permet de mieux apprécier le spectacle. En continuant le chemin, vous trouverez la centrale construite par les Chinois. Elle alimente en électricité les agglomérations de la région. Pour accéder au site, à 1 km à la sortie de Pita vers Labé, prenez la piste qui part à gauche, indiquée Timbi Madina et Kinkon. A l'embranchement suivant, à quelques kilomètres, prenez la piste de gauche, indiquée Kinkon et Kambadaga. Un barrage contrôlé par des hommes en tenue est situé à environ 8 km de la route. Arrêt obligatoire ! Malheureusement à cet endroit, les visiteurs sont souvent victimes de demandes « farfelues » pour accéder au site. Le mieux est de vous procurer avant de venir un laissez-passer délivré au commissariat central de Pita contre une somme modique et si possible de faire appel aux guides touristiques locaux (depuis Dalaba ou Labé) qui pourront vous faciliter le passage. Depuis le barrage, le chemin de droite mène au vrai barrage, tandis que celui de gauche descend sur la chute, après avoir traversé le village.

LES PEULS

Les Peuls sont un peuple nomade qui possède une tradition d'élevage légendaire. C'est ainsi qu'ils vinrent s'installer sur les plateaux du Fouta Djalon. En 1725, le Fouta voit naître un État musulman théocratique peul qui, sous l'impulsion des chefs religieux, va imposer l'islam aux peuples de la région. Mais les conflits entre le NGabou (région entre la Guinée-Bissau et le Sénégal) et le Fouta, ainsi que des rivalités locales entre chefs religieux, vont finalement aboutir à la signature d'un traité de protectorat français en 1888. Aujourd'hui, partagés entre l'élevage, l'agriculture et le commerce, les Peuls demeurent majoritaires dans la région. Chez les Peuls, le conte a un rôle initiatique fondamental, quasi rituel, et leur ignorance revient à remettre en question l'appartenance de l'individu à ce peuple nomade. L'écrivain Amadou Hampâté Bâh, d'origine malienne mais surtout peule, s'est évertué à recueillir puis retranscrire ces traditions orales, que le temps ne saurait balayer. Ainsi, dans les contes initiatiques peuls, l'écrivain retranscrit-il des contes majeurs de la tradition peule. Le plus fabuleux est peut-être celui de Njeddo Dewal, qui incarne le combat du bien contre le mal. L'écrivain vous emmène au pays de Wolo, véritable paradis sur terre où vivaient les Peuls. L'être divin y envoya une sorcière du nom de Njeddo Dewal, véritable incarnation du mal que seule la pureté et la bonté d'une âme innocente seraient capables d'éliminer… Les Peuls vous raconteront certainement la suite !

HOTEL BARRY VOYAGES €€

Quartier Bendougou

✆ +224 628 48 00 84

Chambres ventilées dont les tarifs sont compris entre 200 000 FG et 300 000 FG, petit déjeuner non compris.

L'hôtel est situé à l'entrée de Pita, juste au bord de la route. Dans une grande cour fermée, les bâtiments s'organisent autour d'une piscine (normalement fonctionnelle) et d'un night-club. Les lieux sont plutôt fréquentés les fins de semaine. Ambiance locale ! Lors de notre passage seules quelques chambres sur les 36 étaient fonctionnelles et d'importants travaux de rénovation étaient en cours, dans la perspective d'une réouverture complète après la saison des pluies. À confirmer donc, si vous passez dans le coin.

CHUTES DE KAMBADAGA ★★★

Chutes les plus larges (une centaine de mètres en hivernage) et sans nul doute les plus belles du Fouta. Elles se trouvent à 15 km en aval de celle de Kinkon, sur la rivière Kokoulo, et sont formées en fait de trois chutes successives, dont les deux premières sont les plus impressionnantes, surtout en hivernage, depuis le point de vue rive gauche. L'accès au haut de la première cascade est facile à pied ou en voiture (à vous de voir si votre véhicule pourra remonter, la pente étant plutôt raide). Idéal pour une pause pique-nique au bord de l'eau mais également pour une baignade un peu en amont de la chute. Vous y trouverez un pont de « lianes » (en fait, en câbles métalliques) qui enjambe la rivière. L'occasion de tester vos talents d'équilibriste.

L'accès au bas de la première cascade est délicat mais possible. Une petite plage de sable y attend les courageux pour un bain de soleil improbable. Une grotte située sur la gauche de la cascade permet également de se poser à proximité de la chute. En hivernage, la baignade est inenvisageable mais la douche est assurée par le souffle provoqué par la force du courant incroyablement puissante.

Pour les bons marcheurs, la troisième cascade est également accessible, au terme d'une marche de 1h30 à 2h au milieu d'une végétation dense et de parois rocheuses abruptes. Très sauvage ! Une belle piscine naturelle s'est formée à son pied avec des rochers comme autant de plongeoirs. Il y a 2 accès possibles au sommet de la première chute.

- **Le premier,** qui permet d'accéder à la rive gauche, part de la route à Brouwal Tapé. La piste est dans l'ensemble correcte jusqu'à la rivière. Au dernier village avant les chutes (Hakoundé Mitty), des enfants vous suivront certainement pour vous proposer leurs services. Ils sont parfois un peu insistants, voire agressifs. Le mieux est alors de discuter avec eux pour qu'ils vous accompagnent jusqu'au point de vue, mais aussi en bas de la première chute et de leur laisser un pourboire. Vous pouvez aussi demander à voir Bachir, un chasseur du village qui pourra « gérer » les enfants pour vous.

- **Le second accès se fait par la route Pita-Télimélé (rive droite),** en suivant le plan édité par l'hôtel Tata de Labé. Au dernier village traversé, celui de Saran Pamé, il faut laisser la voiture sur le parking aménagé et marcher une vingtaine de minutes pour rejoindre le point de vue et l'espace aménagé (à l'abandon) juste au-dessus de la première cascade. Les rencontres avec les singes sont très fréquentes, car ils affectionnent les rives encore boisées et sauvages du Kokoulo.

LES FALAISES DE DOUCKY ET L'INCROYABLE HASSAN BAH ★★★

✆ +224 622 45 75 53

Difficile de dissocier les falaises de Doucky de Hassan Bah, intimement liés depuis 1962, date de naissance de ce dernier à Doucky. Il grandit cependant en Sierra Leone. En même temps qu'il fait ses études secondaires, il suit une formation professionnelle de mécanicien. À 19 ans, il quitte la Sierra Leone pour travailler à l'ambassade du Zaïre en Mauritanie pour un an. Il embarque par la suite pour les îles Canaries, où il passera sept ans comme mécanicien sur les bateaux, avant de rejoindre la Norvège, puis le Maroc. Ce n'est qu'en 1992 qu'il décide de rentrer en Guinée et de se réinstaller à Doucky. Il y devient alors agent communautaire de santé, apprenant par lui-même la médecine des plantes et les moyens de prévention contre le paludisme. En 1998, il rencontre un volontaire américain des Peace Corps avec lequel ils construisent la première case du campement qui héberge depuis les visiteurs.

Alors certes Hassan n'est pas grand ni très imposant, mais il est devenu incontournable pour qui veut goûter aux richesses naturelles locales ! Avec lui, pas de temps mort : balades thématiques style grand canyon, trekking, découverte des grottes aux pieds des falaises, baignade dans les piscines naturelles dans un décor à la *Indiana Jones*, recherche des chimpanzés, ascension des échelles de bambous… Sensations garanties !

Pour se remettre de ses émotions, de la fatigue accumulée, Hassan propose donc l'hospitalité de cases et chambres qu'il a aménagées petit à petit au sein de sa concession familiale.Il dispose de 3 cases avec mezzanine (si, si, c'est vrai !) et de plusieurs chambres dans une annexe de sa maison. Sa famille participe aujourd'hui activement à l'accueil chaleureux réservé aux visiteurs, ainsi qu'à la cuisine. Il propose un forfait tout compris pour 450 000 FG par personne, comprenant le logement avec eau de forage et électricité (panneau solaire), trois repas, le guide pour les excursions. Le plus grand plaisir d'Hassan est de voir ses visiteurs se sentir chez eux et de leur faire partager l'incroyable nature environnante.

Doucky est situé sur la piste reliant Pita à Télimélé. À la sortie de Pita à gauche (en venant de Dalaba), prenez la piste pour aller à Kinkon, traversez Timbi Touni, passez à proximité de Wansan puis Gaya : vous voilà à Doucky. Environ 35 km de piste délicate. Comptez entre 2 et 3 heures en voiture. N'oubliez pas d'appeler Hassan pour planifier votre séjour (voir numéros ci-dessus).

Doucki Canyon, Fouta Djalon.

LE MONT MACI ★★

Culminant à 1 264 m, le mont Maci est un remarquable plateau dominant les villages environnants. Il est facilement visible et reconnaissable depuis des kilomètres à la ronde, surtout par temps clair. Il est possible de grimper au sommet en passant dans un dédale de rochers : c'est par endroit un peu délicat mais ce n'est pas très long (compter environ 45 minutes pour atteindre le plateau). Une fois « les pieds sur la table », la vue est incroyable ! A perte de vue quand le temps s'y prête ! Les abords du mont sont occupés par d'immenses rochers colonnaires. Certains semblent d'ailleurs, suspendus entre ciel et terre ! Les imaginations fertiles y verront certainement de multiples et étranges personnages. Le mont Maci peut être le but d'une balade en voiture sur une journée, depuis Dalaba. Sur la piste menant au mont, la cascade de Mittywol est un lieu idéal pour faire une halte rafraîchissante et pourquoi pas piquer une tête. La piscine naturelle au pied de la cascade est « ouverte » à partir de novembre et jusqu'en mars (en saison des pluies, trop d'eau et de fraîcheur et à partir d'avril plus assez d'eau, pour se baigner). Le mont Maci constitue également une étape d'un trek de 5 ou 6 jours, partant de Dalaba-centre, rejoignant Doucky voire Aïnguel (plus au nord) et passant par le pont de Dieu, la chute de Ditinn, les chutes de Kambadaga. Si vous passez quelques jours au Fouta et si vous avez de bonnes chaussures, ce trek est pour vous ! N'hésitez pas à contacter les guides locaux pour vous ouvrir le chemin.

LES TISSERANDS

Corporation exclusivement masculine, les tisserands ont installé leurs métiers à tisser au bord de la route, à l'entrée de la ville à droite en venant de Dalaba. Ils y travaillent en famille, le savoir-faire se transmettant de génération en génération, dans la pratique quotidienne. Les métiers faits de bois, de poulies et de quelques lanières, actionnés par deux pédales sont assez rudimentaires. Les seuls éléments plus techniques sont les peignes utilisés pour maintenir les fils lors du tissage. Pour le reste, c'est le savoir-faire et l'expérience du tisserand qui font toute la différence. À peine abrités du soleil par quelques vieilles bâches élimées, certains maintiennent un rythme impressionnant pendant des heures. Au seul son du choc des navettes de bois sur les barres des métiers, ils tissent inlassablement de longues bandes de tissu qu'ils enroulent sur leurs genoux après avoir déroulé leurs bobines de coton blanc et bleu sur plusieurs mètres devant eux. Ces rouleaux, d'une largeur de 30 cm, seront ensuite découpés et assemblés en pagnes, puis cousus et éventuellement teintés pour en faire des boubous ou d'autres habits. De plus en plus, les tisserands utilisent des fils synthétiques de différentes couleurs (vert, doré, rouge...). Un petit écart par rapport à la tradition mais qui leur permet de diversifier les modèles proposés et de laisser libre cours à leur créativité. Les tisserands proposent à la vente sur place quelques pagnes non cousus, une manière aussi de soutenir l'artisanat local.

Chutes de Kambadaga.

HOTEL CHEZ SISTER €€

En entrant dans Pita, en provenance de Dalaba, prendre la piste à droite au niveau du panneau. Puis la première à gauche et l'hôtel est un peu plus loin sur la gauche. ✆ +224 628 17 65 28
10 chambres ventilées à 300 000 FG, petit déjeuner compris. Plats de 50 000 FG à 80 000 FG.

De plain-pied, les chambres sont disposées de part et d'autre d'une grande cour verdoyante. Elles sont spacieuses avec un petit balcon et une entrée privative. Des panneaux solaires y assurent un minimum de courant permanent en cas de défaut du courant de la ville. Un restaurant et un bar américain, situés en contrebas à l'écart des chambres, sont à la disposition des clients pour partager un repas ou une bière en toute tranquillité, l'occasion également de goûter aux différents produits du potager et du verger selon la saison.

LODGE KAMAWI €

À 1 heure de piste depuis la route Labé Pita, en passant par Timbi Touni. ✆ +224 622 91 20 24
www.foutatrekking.org
L'hébergement dans les cases coûte 150 000 FG par personne, 75 000 FG par jour pour un emplacement de camping.

Ce lodge situé au bord de la rivière Fétoré dans le village d'Aïnguel est géré par la famille de Fatou Bah avec l'appui de Fouta Trekking. Un paradis pour trekkers et amoureux de la nature. Il dispose de 4 cases avec sanitaires individuels, eau courante et électricité solaire, et de plusieurs emplacements pour installer des tentes avec douches et WC communs. La restauration est assurée par Fatou, qui concocte aux visiteurs une goûteuse cuisine locale. Avant de vous rendre sur place, prenez contact avec Cellou au numéro ci-dessus pour réserver votre hébergement.

AÏNGUEL

Le village d'Aïnguel sert de cadre au lodge Kamawi ; très certainement l'un des plus agréables du Fouta sur les rives de la Fétoré. Ici, vous pouvez passer plusieurs jours à vous balader, à vous baigner et à observer le va-et-vient des habitants vaquant à leurs tâches quotidiennes. Un vrai petit coin de paradis. Dans les environs, Fouta Trekking propose des balades et circuits de découverte : excursion vers les trois cascades que sont Djourougui, Kamawi et Donsowol, autant d'occasions de s'émerveiller et de se baigner (4h de marche), balade vers le pont naturel qui enjambe la Fétoré (45 minutes de marche), vers les carrières de sable à 1h et le long de la rivière et ses multiples piscines naturelles.

Tourisme

Quand le tourisme contribue au développement et à l'amélioration des conditions de vie des populations, alors Fouta Trekking porte une attention particulière aux populations locales partout où il passe. Vous verrez sur place l'adduction d'eau réalisée pour le village, ainsi que les actions menées en matière de pépinière et de reboisement. Après des années compliquées liées à la pandémie de Covid, l'une des priorités de l'association est de reprendre l'installation d'adduction d'eau potable pour les villages de la vallée de la Fétoré. Un défi de taille ! Vous pouvez contribuer à le relever à travers l'association FTA ou un de ses partenaires (l'association Ko in goto [On est ensemble] et La Balaguère voyages).

TIMBI MADINA

Petite commune tranquille rattachée à la préfecture de Pita, Timbi Madina est la première productrice nationale de pommes de terre, la belle de Guinée, mais aussi une grande productrice d'oignons qui sont vendus en Guinée mais également exportés vers les pays voisins. Elle est située au cœur d'une région où les sites naturels remarquables et les circuits de trekkings qui les relient sont nombreux et variés. Vous n'aurez que l'embarras du choix entre la chute de la Salaa et les échelles de Lélouma au nord et au sud, Aïnguel et la vallée de la Fétoré, Doucki et ses environs, et les chutes de Kambadaga et de Kinkon, un peu plus loin. À explorer !

FORÊT DE PINS

Cette forêt est la digne héritière des premières plantations de pins du Fouta tout autour de Dalaba, plus au sud. Elle est une réelle satisfaction pour la jeunesse locale, puisqu'elle est le fruit de son travail et représente un investissement pour l'avenir, le pin étant très recherché pour faire des chevrons utilisés notamment pour les toitures. La pinède mène à un petit ruisseau bien agréable pour une petite pause « parfumée » à la sève de pins. C'est un lieu où les jeunes de Timbi aiment à se retrouver lors des différentes fêtes qui rythment l'année.

LÉLOUMA ★★

Lélouma est située à 60 km de Labé, le chef-lieu de région. Elle est accessible par une piste d'environ 40 km plus ou moins praticable selon la saison. Prendre cet axe, c'est donc un peu l'aventure, mais c'est surtout l'occasion de découvrir de superbes paysages et sites naturels tout le long du trajet : cascade de Taïti, rocher de Tounti Maladhé, échelles de Djinkan… Si vous avez l'âme aventureuse et un bon véhicule, c'est une zone encore largement à explorer. Pour profiter au mieux de votre séjour, prévoir au moins trois jours, l'occasion aussi de partager la vie des habitants dans des villages comme Holo et Ley Pètel : loin de tout, mais riche de l'essentiel.

Se loger

À Lélouma centre, on peut trouver de quoi manger à proximité de la place des Martyrs, dans des gargotes locales. Pour l'hébergement, il faut se débrouiller avec l'habitant, par ailleurs très accueillant. Vous pouvez aussi vous rapprocher du maire qui pourra vous aider si besoin.

Transports

La piste empruntée actuellement est la route du Nord, qui est relativement meilleure que celle du Sud. En sortant de Labé, on prend la route de Koundara sur 20 km, puis à Popodara on tourne à gauche. La piste grimpe alors quelques collines boisées avant d'atteindre un plateau qui s'étend sur une quarantaine de kilomètres jusqu'à Lélouma. Le jour de marché est le samedi.

CASCADE DE TAÏTI

Taïti en Guinée ! Non, ce n'est pas une île au large des côtes, mais bien plutôt un îlot de fraicheur au milieu d'un écrin de verdure au cœur du Fouta. La cascade de Taïti s'écoule dans une déchirure de la falaise : un lieu encore peu connu, et donc préservé, qui mérite un petit détour, une petite baignade. Sensation de fraîcheur garantie !

Elle est située sur la gauche de l'axe menant de Popodara à Lélouma. Il faut bifurquer vers le kilomètre 27, puis laisser la voiture et poursuivre à pied sur quelques centaines de mètres avant de profiter des lieux.

LES ÉCHELLES ★★★

Ces curieuses échelles, constituées de bois et de bambous assemblés par des lianes qui tiennent lieu de marches, ont été construites en d'autres temps pour permettre aux villageois de la plaine, souvent des captifs, d'accéder plus rapidement aux villages des nobles peuls sur les plateaux. Avec ces échelles, ils évitaient ainsi un long détour dans leur quotidien de labeur. Captifs, vendus par suite de guerres ou du fait de la pauvreté de leurs familles, ils se devaient d'effectuer les tâches que leur demandaient leurs maîtres, en échange de dons en nature. Au début du XXe siècle, ces échelles ont été fréquemment utilisées par les Peuls pour se cacher et échapper à la réquisition de troupes pour l'armée coloniale d'alors, mais aussi pour soustraire leurs enfants qu'on obligeait à aller à l'école « des Blancs ».

Pour vous rendre jusqu'aux échelles, le mieux est de faire appel à un guide local. Pour cela, adressez-vous au village de Ley Holo, situé sur la piste principale environ 6 km avant Lélouma ou alors à Djinkan, le dernier village où vous devrez laisser votre véhicule et continuer à pied vers les échelles. Si vous n'avez pas de guide, demandez à un petit sur place de vous accompagner, car il est impossible de trouver le chemin soi-même.

Il existe deux échelles : la première, qui est la plus fréquentée, permet l'accès au village de Ley Langué, dans la vallée. On l'atteint après une marche en descente d'une petite demi-heure. L'échelle très rudimentaire, que les habitants franchissent allègrement pieds nus et chargés de paquets, est nichée au creux d'une anfractuosité de la falaise. Il y a en fait deux échelles d'une quinzaine de mètres chacune avec un palier intermédiaire. Une fois en bas de la deuxième échelle, il faut encore descendre au milieu d'un dédale de rochers pour atteindre la plaine. Si vous devez repartir par le même chemin, n'oubliez pas qu'au retour, ça monte ! Mieux vaut éviter d'escalader les échelles trop fatigué. Les premiers secours sont loin… La seconde échelle, que l'on atteint après une marche de 45 minutes, offre un panorama d'une beauté sauvage à couper le souffle et donne accès au village de Keïlin. Ici vous verrez peu de passage car, la falaise étant beaucoup plus haute et la piste plus longue, les habitants ne l'empruntent plus guère. Les échelles sont en surplomb sur la falaise, et leur descente est encore plus impressionnante que les précédentes. En hivernage, l'eau ruisselle de partout le long des parois rocheuses et rend toutes les échelles assez glissantes et donc dangereuses. A éviter !

Echelle de Djinkan vers Lélouma.

ROCHER DE TOUNTI MALADHÈ ★★

Pour aller en taxi à Ley Holo, se rendre à la gare voiture de Lélouma à Labé et demander un chauffeur pour Ley Holo. Sur la route vers Ley Holo, vous traverserez les villages de Popodara, Diountou et Korbé.

Situé sur la piste de Lélouma, à 2h de Labé en voiture et à côté du village de Ley Holo (20 minutes à pied du village), ce bien curieux « champignon de pierre » poussé au milieu de nulle part semble défier toutes les lois de la pesanteur. Constitué d'un rocher massif aplati sur deux faces, d'environ 2 m d'épaisseur, et d'un frêle pied sur lequel il est posé en équilibre, ce monumental assemblage semble « planté » là pour l'éternité. À la saison du fonio (après les pluies), le contraste entre ces roches massives et les brins de céréales ondulants est saisissant.

LABÉ ★★★

Fondée après l'occupation peule du Fouta par le marabout Karamoko Alpha, la ville fut le chef-lieu de la province (ou *diwal*) du même nom). Elle constituait alors l'une des neuf provinces que comportait le Fouta théocratique. Importante par son étendue, elle s'est aussi révélée comme un important centre d'échanges national et sous-régional, ouvert directement sur les marchés des pays limitrophes : Sénégal, Gambie, Guinée-Bissau, Mali et bien audelà. Labé, capitale régionale, a tous les atouts d'un grand chef-lieu du Fouta. La préfecture compte un peu plus de 350 000 habitants. Elle accueille une branche de l'université de Conakry et constitue un carrefour commercial important. Son célèbre marché, Kouroula, est le deuxième du pays, après celui de Madina dans la capitale. À noter qu'à partir du mois de mars et pour quelques semaines, la ville est comme embrasée par des milliers de flammes rouges allumées aux branches des flamboyants. Magnifique spectacle encore rehaussé par les touches violettes des fleurs de jacaranda. En venant du Sénégal ou de Guinée-Bissau, Labé est par ailleurs la première ville dotée de structures d'hébergements susceptibles d'accueillir les touristes venus découvrir les monts et merveilles de la région. Dommage que la route vers le Sénégal ne soit pas totalement achevée. En 2022, il restait encore et toujours une trentaine de kilomètres de mauvaise piste entre Labé et Kounsitel. Cela favoriserait pourtant grandement les échanges et la venue de visiteurs depuis Dakar, Bissau ou encore Banjul.

Sortir

Les boîtes de nuit sont légion à Labé et témoignent de l'amour des Guinéens pour la danse. Citons entre autres le Faningo Plus, l'Albatros et le Saala Plus, très branché (nightclub de l'hôtel du même nom). Dans le quartier Ndiolou, vous trouverez de nombreux maquis ou bars américains pour goûter aux ambiances détendues et festives de la ville. En repartant en direction de Pita, après la station Total à gauche, le Bendé-Kouré propose au moment des fêtes (Tabaski, ramadan…) plusieurs espaces intérieurs ou extérieurs pour écouter des artistes en *live*, danser ou boire un verre accompagné de grillades africaines.

Transports

La ville se situe à 400 km de la capitale par la N1 puis la N5. En 2022, la N1 entre Conakry et Mamou était en cours de finition. Par contre la N5 malgré des réparations sur certaines portions, notamment entre Mamou et Dalaba, est encore dégradée en de trop nombreux endroits avec des nids-de-poule qui par endroits ont la taille de cratères. Il y a trois gares-voitures à Labé : la principale, à côté de l'hôtel de l'Indépendance, dessert Pita, Mamou, Conakry, Koundara et le Sénégal. La gare-voiture de Mali se trouve sur la route de Mali après la station. Vers Mali, la piste est entretenue, de temps en temps. En mai 2022, elle a été totalement reprofilée pour acheminer sur la ville du matériel électrique lourd ; une occasion à saisir pour découvrir la Dame avant que cet axe soumis au ravinement soit de nouveau quasi impraticable pour tous les véhicules. La gare-voiture de Tougué quand à elle se trouve sur la route de Tougué, à côté d'une station essence.

CARRIÈRE D'ARDOISES

À quelques kilomètres de Labé et de Tyalakoun vers Tougue se trouve un gisement d'ardoises, unique en son genre dans la sous-région. Il a été ouvert et exploité avant l'indépendance par un entrepreneur français du nom de L. E. Krieger. L'ardoise extraite de cette carrière a servi à couvrir divers bâtiments, aussi bien à Labé que dans d'autres villes du pays. Mais son exploitation a été abandonnée à la fin des années 1980. Il reste encore quelques bâtiments administratifs à Kouroula couverts de ces ardoises ainsi que le siège de la préfecture et la poste.

CHUTE DE LA SALAA ★★★

Cette chute d'eau est constituée par un affluent du Konkouré, la Kakrima, et se niche dans un cirque naturel aux rives boisées et peuplées de singes. Peut-être aurez-vous la chance d'y entendre et/ou d'apercevoir des chimpanzés ou des babouins qui sont encore régulièrement à la recherche de nourriture le long du cours d'eau bordé d'une forêt galerie. Située à environ 1h30 de Labé (environ 40 km, mélange de route et de mauvaise piste), elle constitue un magnifique spot de pique-nique et de baignade et pourquoi pas un lieu de bivouac, notamment dans l'ancien campement (aujourd'hui à l'abandon). L'eau ici coule toute l'année, mais la période garantissant le plus beau spectacle est très certainement celle s'ouvrant avec la fin de la saison des pluies en octobre/novembre. L'accès au site se fait par la route sud qui mène à Lélouma ; l'embranchement vers la cascade est sur la gauche environ 20 km après avoir quitté la route goudronnée et 3 km avant le village de Diari. La route de droite mène au point de vue sur la cascade principale (1 km) ; la route de gauche mène en amont de la chute, au site de baignade. Ne manquez pas de remarquer le long de la route les nombreux anacardiers qui sont les arbres à noix de cajou. La noix pousse sur un gros fruit grenat et jaune dont la chair est aussi comestible.

Si vous avez quelques jours disponibles, prenez le temps de découvrir les autres sites de la zone en reprenant la piste de Lélouma, mais aussi celle plus au nord qui passe par Popodara. La piste sud est vraiment très difficile.

FOUTA TREKKING AVENTURE

Quartier N'Diolou
✆ +224 622 91 20 24
www.foutatrekking.org

Cette association touristique a été créée en 1995 par un groupe de jeunes guides de Labé qui ont souhaité développer une forme de tourisme durable au Fouta-Djalon. Aujourd'hui, elle gère en étroite collaboration avec les villageois, le lodge de Kamawi, installé dans la vallée de la Fétoré. L'association propose par ailleurs de magnifiques randonnées ainsi que des circuits pouvant être créés à la carte, dans le Fouta mais pas seulement. Elle est en capacité de faire des propositions pour toutes les régions de la Guinée mais aussi pour les pays voisins.

ROCHES DE BAMBAFANGUE

A une quarantaine de kilomètres de Labé, ce site est aux abords du village de Balaki (à 1 km du centre plus au nord). Cet endroit est connu des habitants pour être un lieu dédié au culte de la fertilité. Les femmes, notamment djallonké (anciens habitants de la région), ayant des problèmes d'enfantement venaient et semble-t-il viennent encore y invoquer les esprits afin d'avoir l'enfant de leur choix. Il y a deux cailloux sur les lieux, représentant soit le mâle, soit la femelle. A découvrir avec les femmes du village pour mieux en comprendre la portée.

ROCHES-VALISES ET LA CHAÎNE DE NYELOY

Sur la route de Tougué, vers Gadhawoyndou, se trouvent des roches impressionnantes qui font penser à des empilements de valises qui auraient été abandonnées là par des voyageurs étourdis (12 km du centre du village).

Au niveau de Fafaya, à environ 8 km, la chaîne de Nyeloy (« dents espacées » en peul) est un site grandiose qui donne une vue panoramique exceptionnelle. Un des sommets de ce cette chaîne ressemble fortement à une mâchoire humaine, aux dimensions gigantesques.

PETIT MUSÉE DU FOUTA ★

+224 628 26 79 32

20 000 FG par personne la visite guidée.

Inaugurée le 9 juin 2001, cette enceinte est un véritable plongeon dans l'univers des Peuls du Fouta-Djalon. Des objets usuels locaux de la vie quotidienne mais aussi des armes, des livres, etc. dans trois pièces bien remplies d'histoire. Une excellente initiative qui s'enrichit de l'éloquence de mme Koumanthio Zeinab Diallo, directrice du musée et première poétesse de Guinée. La visite en elle-même dure environ 30 minutes mais mme Diallo, si elle est disponible, se fera un plaisir de vous accorder un peu plus de son temps pour répondre à vos questions et vous faire découvrir la culture peule. Cet espace est un lieu incontournable de Labé et de sa vie culturelle. Régulièrement le musée accueille des soirées à thème : contes, théâtre, spectacles de danse traditionnelle et/ou moderne. En partenariat avec les écoles de Labé et le Centre culturel franco-guinéen de Conakry, il organise aussi des expositions itinérantes, des clubs de lecture pour les scolaires autour de thématiques sur les arbres et la protection de la nature. L'équipe du musée propose par ailleurs des visites des sites historiques de Labé tels que le mausolée de Karamako Alpha (fondateur de la ville de Labé), la pierre de Mangalabé, les champs de pierre Sarah… Enfin, dernière bonne raison de visiter ce lieu : l'espace Ka Wouro (« À la ferme ») pour les gourmets qui leur permettra de déguster un repas traditionnel peul ou des produits locaux tels que le miel du Fouta.

N'hésitez pas à appeler le musée avant votre passage pour organiser au mieux votre visite !

COMPLEXE ALIZEE PROVINCIAL €

Quartier Ndiolou

+224 622 95 50 39

Chambres à 200 000 FG et 300 000 FG avec eau (dans seaux) et électricité (groupe électrogène si besoin).

À l'entrée de Labé sur la gauche de la route (voir panneau en venant de Pita), cet établissement est une solution plutôt basique d'hébergement, si vous voyagez avec un petit budget et/ou si vous ne trouvez rien d'autre en ville. D'importants travaux de rénovation étaient en cours en avril 2022, impulsés par la nouvelle propriétaire des lieux qui souhaitait donner un nouvel élan à ce complexe comprenant, en plus des chambres, un night-club et un restaurant. À suivre, donc.

RESIDENCE GALAXIE €

Quartier Kouroula, proche de l'ENI

+224 622 05 50 39

10 chambres ventilées pour 200 000 FG et 300 000 FG.

L'hôtel, installé dans un quartier calme, occupe une petite résidence sur deux niveaux. L'établissement a fortement souffert de l'absence de touristes pendant de longs mois. En avril 2022, il était totalement occupé par les employés d'une société privée. Une belle opportunité pour le propriétaire de pouvoir faire des travaux de rénovation pour préparer l'avenir. À visiter pour savoir s'il aura donc retrouvé son niveau correct de prestations d'avant la crise. Lors de notre passage, le restaurant n'était de nouveau plus fonctionnel.

Cascades près de Labé.

HOTEL DJAMTUM €€

Quartier Mbalbhé

✆ +224 620 02 55 30

https://www.djamtum.com/blank

4 grandes chambres dans des cases rondes individuelles à 250 000 FG la nuitée hors petit déjeuner.

L'hôtel provisoirement fermé lors de notre visite se préparait à redémarrer ses activités pour la saison 2022/2023. L'existant étant déjà bien agencé, décoré et entretenu, restait à remettre en route les équipements et à redonner vie aux lieux (restaurant et hôtellerie). Situé dans un quartier calme, au cœur d'une cour aménagée où les essences locales ont toute leur place, cette petite structure familiale apporte vraiment un plus à l'offre locale. Idéale pour se poser et visiter le Fouta autour de Labé. À découvrir ou redécouvrir.

HOTEL SAFATOU €€

L'hôtel se situe à l'entrée de la ville, en venant de Pita, sur la droite de la route.

✆ +224 622 23 73 65

26 chambres climatisées à 300 000 FG pour les simples et 350 000 FG pour les doubles.

Cet établissement, l'un des plus anciens de Labé, est situé à l'entrée de la ville en venant de Pita. Il offre des prestations plutôt au-dessus de la moyenne locale pour le prix demandé. Les chambres sont correctement équipées et entretenues. Les coupures de courant étant encore fréquentes à Labé en 2022, un groupe électrogène assure l'électricité de 19h à 2h du matin et de 5h à 7h. Cet établissement, du fait de son standing et de son nombre de chambres, est souvent occupé par des missions. Pensez à appeler pour réserver avant de passer, au cas où.

TREKKER INTELLIGENT

Alors que les concepts de « développement durable » ou de « tourisme responsable » sous-tendaient toujours plus de projets, Fouta Trekking Aventure s'est inscrite dès sa création dans une démarche de fond qui mérite d'être saluée. L'association a été fondée par deux jeunes Guinéens qui ont commencé leur activité en étudiant de possibles parcours sur des cartes d'état-major avant de les valider sur le terrain ; le début d'une démarche participative englobant le désir des randonneurs de sortir des sentiers battus, la volonté de créer les conditions d'une vraie rencontre entre les marcheurs et les villageois et le souci d'appuyer des projets d'intérêt collectif dans les villages. Cette approche ayant séduit les premiers randonneurs, l'association attire alors l'attention de l'ambassade de France, de l'Office national du tourisme et de « La Balaguère » qui épaulent et promeuvent ce projet d'écotourisme solidaire. Petit à petit, des cases de passage ont ainsi été construites dans plusieurs villages, dont Aïnguel. Des gérants de campement ont été nommés, des cuisiniers et des guides formés. Si la crise sanitaire de ces dernières années a mis à mal certains campements, FTA n'en a pas moins continué à mener des actions auprès des villages partenaires. Ainsi des adductions d'eau ont été installées à Deylo Hafia et Aïnguel pour apporter l'eau potable au cœur des villages et soulager les femmes dans leurs tâches quotidiennes. D'autres sont prévues pour les villages de Youmito et de Banking en 2023 et 2024.

HOTEL SALAA + €€

Quartier Ndiolou

✆ +224 628 40 40 74

28 chambres ventilées de 160 000 FG à 200 000 FG et 12 chambres climatisées à 300 000 FG.

Au bord de la route goudronnée sur la droite en direction de Pita, l'hôtel de plain-pied est facile d'accès. Sa capacité d'accueil est désormais de 40 chambres avec quelques chambres climatisées. Les prestations sont correctes mais sans plus. Le restaurant propose des plats classiques (poisson ou poulet braisé, steak frites salade…), mais aussi des plats plus locaux à base de riz (riz sauce arachide, sauce feuille…). La discothèque du même nom située juste à côté, constitue un des lieux branchés de la ville (entrée gratuite pour les clients de l'hôtel).

HÔTEL SALAA RELAIS €€

Sur la gauche à l'entrée de Labé, en arrivant de Pita.

✆ +224 611 35 24 84

18 chambres ventilées de 200 000 FG et 250 000 FG avec eau courante (forage) et 1 chambre climatisée à 500 000 FG.

Hôtel ouvert en 2019, qui n'aura pas eu le temps de trouver sa clientèle. Les chambres sont correctes dans la moyenne des standards locaux et l'accueil des visiteurs, pas rodé en 2019, s'est depuis amélioré. Le bar de la réception vous permettra d'étancher votre soif. Par contre l'établissement n'offre toujours pas de service de restauration sur place. Pour manger, il vous faudra vous rendre à l'hôtel Salaa +, le « grand frère », situé plus loin vers le centre-ville. Une offre parmi d'autres dans cette gamme de prix pour passer une nuit et continuer sa route.

HOTEL TATA €€

Quartier Pounthioun, rue de la poste
✆ +224 624 58 25 37
www.hoteltata.com

Les chambres low cost sont à 200 000 FG. Les chambres avec grand lit (salle de bains privée) sont à 300 000 FG.

Un cadre ravissant pour un séjour reposant. Créé par un Italien et son épouse originaire de Labé, vous profiterez dans cet établissement d'un confort largement au-dessus de la moyenne locale. Les chambres sont bien équipées et agréables. Vous trouverez sur place de nombreux renseignements et prestations pour vos excursions dans les environs : fiches directives, mise à disposition de guides, etc. Quant aux repas, mélange de recettes traditionnelles africaines et italiennes (les pizzas sont un *must*), ils raviront les plus exigeants. Ouvert d'octobre à juin.

RESTAURANT MUSEE DU FOUTA €

✆ +224 628 23 78 43

Riz sauce à partir de 15 000 FG. Poulet frites à partir de 45 000 FG.

Situé à proximité du carrefour Sassé, le restaurant vous offre la possibilité de goûter aux plats typiques du Fouta, notamment ceux à base de fonio, la fameuse céréale cultivée à flanc de montagne un peu partout dans la région. Le restaurant est ouvert midi et soir. Il propose des plats du jour le midi et le soir, c'est plutôt brochettes, poulet, steaks… Vous pourrez vous installer sous la petite paillotte pour manger ou y siroter un bon jus de bissap ou de gingembre.

RESTAURANT TOP CALEBASSE SASSÉ €

✆ +224 611 87 52 87

Yassa, riz gras, poulet braisé : comptez entre 30 000 FG et 35 000 FG pour un plat.

Situé à proximité de l'hôpital régional et du carrefour Sassé, ce restaurant sénégalais propose de bons plats, abondants et plutôt bon marché. Vous pourrez choisir parmi les plats du jour : yassa (poulet mariné dans une sauce à l'oignon et au citron), riz gras poulet ou poisson et autres spécialités. À accompagner d'un bon jus glacé de bissap ou de gingembre. Une bonne adresse pour un repas réparateur après une journée d'excursion sur les chemins et les pistes du Fouta !

GRAND MARCHÉ DE LABÉ

C'est l'un des marchés les mieux achalandés de Guinée de par sa proximité du Sénégal, ainsi que l'un des plus agréables. Il est en plein centre-ville et comme souvent entouré de plusieurs rues très commerçantes. Ici vous trouverez de tout : aussi bien des légumes frais que des chaussures, des mèches de cheveux ou toutes sortes de matériel high-tech. Dans l'espace dédié aux tissus, vous trouverez les fameux lépis du Fouta. Ces cotonnades de couleur naturelle ou teintées en bleu indigo, par les teinturières du quartier Dongora, sont réputées dans tout le pays.

TISSERANDS ET TEINTURIERES

Vous pourrez rencontrer les tisserands dans le quartier de Daka, dans les environs de la gare-voiture pour Mali. Il vous faudra demander les Saniobés (tisserands en poular). Quant aux teinturières, naguère rassemblées en coopérative, elles exercent maintenant leur activité chacune dans leur concession, notamment dans le quartier Dongora. Demandez à voir les Firsinaïbés (teinturières en poular). En 24 heures, elles peuvent vous teindre en indigo (bleu profond) un pagne, des nappes, etc.

MALI ★★

En Afrique, chaque lieu ayant une histoire la puise souvent dans une légende. On raconte qu'il existait, dans la vallée de la Tantou, une case qui contenait tous les biens des défunts n'ayant pas d'héritiers légaux. Interrogé sur les raisons de sa venue, un homme déclara en langue arabe : « Je vais visiter Baitoul-Mali », autrement dit « la case de tous les biens ». Ainsi, ceux qui l'entendirent prirent Baitoul-Mali pour le nom de la contrée. Aujourd'hui, Baitoul a disparu et Mali est resté. La ville est la commune la plus élevée de la Guinée avec 1 400 m d'altitude et les températures y sont les plus froides avec souvent moins de 10 °C en décembre.

Pratique

Mali est une ville du bout du monde. Ici, il n'y a pas grand-chose au niveau commercial. Il y a bien une station essence, mais pour le reste… Le jour de marché est le dimanche. Pour tout renseignement ou demande, s'adresser à M. Souaré, au 628 89 16 84, le référent local en matière touristique.

Transports

117 km de piste relient Labé à Mali. Compter entre 2 et 3h pour les parcourir selon la saison. La piste ayant été totalement rénovée en 2022, elle était encore en bon état quelques mois plus tard. Mais malheureusement ça ne dure jamais très longtemps. La saison des pluies est souvent synonyme de dégradations plus ou moins importantes selon l'intensité des pluies et du trafic automobile. 11 km après la sortie de Labé, remarquez le sentier qui indique les sources de la Gambie (village Khoredimma). Quelques kilomètres avant Yambéring, dans le village de Pellal, un curieux « arbre antisida » attire l'œil des passants. Des pancartes sont en fait clouées pêle-mêle sur le tronc, avec de lugubres ou drôles expressions. Après Yambéring, la piste escalade les collines, ménageant de beaux points de vue, avant d'atteindre le plateau rocailleux et pelé de Mali. La ville est également accessible depuis le côté sénégalais, à partir de la ville de Kédougou. Mais seuls les véhicules « adaptés » sont en mesure de parcourir cette piste très, très délicate. Pour les plus aguerris ! À noter qu'une fois sur place, à Mali, eh bien ce n'est pas mieux, voire pire. Les voies de circulation sont catastrophiques !

LES GROTTES DE MADINA KOUTA ET KANAYA

Dans le massif du mont Loura, nombre de grottes sont dissimulées de-ci, de-là. La plus connue est celle de Madina Kouta, à 35 km de Mali. C'est une véritable mosquée naturelle découverte par les premiers Peuls islamisés du Fouta, mais aussi ancien lieu des féticheurs Djalonkés. La légende raconte que quiconque demande la grâce divine dans ce lieu voit son vœu exaucé. La grotte de Kanaya quant à elle servit de refuge aux Djalonké pendant la guerre sainte menée par les Peuls musulmans.

LA DAME DE MALI ★★★

Sculptée par la nature dans l'abrupt d'une falaise du mont Loura, cette belle dame est célèbre dans toute la Guinée. Depuis les abords du village de Dongol Loura, elle offre son profil au regard des visiteurs. Son visage et son buste se détachent très nettement sur la partie haute de la montagne alors que le bas de son corps semble se draper dans un immense pagne rocheux. Un peu à l'image d'une mère de famille veillant sur sa descendance, elle semble depuis ces hauteurs porter son regard bienveillant sur toute la Guinée et ses enfants, à moins qu'elle ne s'abîme dans une contemplation silencieuse et sans fin des plaines et montagnes environnantes suite à une malédiction. C'est en l'occurrence ce que laisse supposer le mythe de la Dame raconté par Sadio Souaré, ressortissant de Mali (la ville) et guide touristique à ses heures perdues : « Dans un village, vivait une fille à la beauté rare et captivante. À la fleur de l'âge, elle devait se marier. Beaucoup de candidats se pressèrent. Parmi eux, elle accepta seulement un jeune marabout d'une grande réputation. Ils se marièrent et se promirent fidélité pour la vie. Mais un autre jeune homme au charme dévastateur utilisa son pouvoir de séduction pour troubler la jeune femme. Celle-ci, hésitante, lui demanda quelques jours de réflexion. Mais après plusieurs nuits où son âme la torturait, elle se dit : "Si fidélité devait durer éternellement, alors l'eau n'aurait jamais trahi le poisson auquel elle a donné la vie" (car on fait bouillir le poisson dans l'eau). Elle décida donc de céder aux avances du jeune homme.

Dans la nuit du jeudi au vendredi, elle prépara un plat succulent pour celui-ci et demanda à son mari si elle pouvait l'apporter à ses parents. Son époux ne fut pas dupe et refusa catégoriquement. Par désespoir, elle quitta tard dans la nuit le domicile conjugal pour les ténèbres. Lorsque le marabout se réveilla, il se rendit compte de l'absence de sa femme et partit seul chercher l'eau pour ses ablutions. Furieux, avant d'aller à la mosquée, il consulta l'un de ses livres coraniques les plus néfastes, écrit au sang de caméléon. Alors il implora Dieu de châtier sa femme pour sa trahison lors d'un vendredi saint. Le marabout demanda au Tout-Puissant que le monde puisse observer cette pécheresse nue dans son déshonneur. Sa prière fut exaucée et sa femme transformée en la Dame de Mali, destinée à contempler avec désolation les plaines environnantes jusqu'à la fin des temps. »

Ayant fait le malheur de son mari, la Dame fait depuis le bonheur des ressortissants et visiteurs de la région.

LE MONT LOURA ★★

Le mont Loura avec ses 1 515 m est le point culminant du Fouta Djalon. Il est situé à quelques kilomètres de la préfecture de Mali, aux abords du village de Dongol Loura d'où part le sentier vers le sommet (1 km plus loin). Une fois dépassée l'antenne, vous arrivez sur de grandes dalles de roches nues qui marquent le sommet. Vous ne pourrez aller plus haut, et pour cause. La vue, notamment en fin de saison des pluies quand le temps est plus clair, est à couper le souffle. Au nord, le Sénégal, plus à l'est le Mali, et tout autour le massif du Fouta Djalon.

AUBERGE INDIGO €

✆ +224 622 47 08 68

4 chambres disponibles à 80 000 FG la nuit. Repas sur commande.

M. Diallo propose 4 chambres très basiques à deux pas du centre-ville. L'auberge est un des rares lieux de Mali susceptible d'accueillir des visiteurs. Pour ceux qui le souhaitent, il est possible de passer commande pour vos repas, mais il vous faudra discuter avec le gérant sur place pour voir ce qu'il peut vous proposer. Malheureusement, ici encore plus qu'ailleurs, les visiteurs se font rares depuis quelques années déjà et il vous faudra faire preuve d'une certaine indulgence. Le mieux est de prévenir à l'avance de votre arrivée.

TISSERANDS ET TEINTURIERS

C'est de Mali, dit-on, que proviennent les meilleurs lépis de la Guinée. Et pour cause, ici pas de recours à des matières premières autres que naturelles et notamment pour la teinture, tirée d'une plante poussant sur les pentes des mont foutaniens. L'indigotier, c'est son nom, est un arbuste assez quelconque mais dont les feuilles macérées permettent d'obtenir la fameuse couleur indigo, ce bleu profond parfois désigné comme la septième couleur de l'arc-en-ciel.

YOUKOUNKOUN

Youkounkoun est au cœur du pays Coniagui, une ethnie minoritaire de Guinée mais aussi du Sénégal. C'est un petit village aux larges allées de fromagers, à 23 km à l'est de Koundara. Plus à l'est, en direction de Termesse, on trouve d'autres villages similaires perchés sur des hauteurs et habités par une ethnie très proche des Coniagui : les Bassari. Les cases sont alors très resserrées les unes par rapport aux autres, ce qui change des villages traditionnels peuls, et les soubassements des maisons sont en pierre et non en terre. Installés dans la région depuis le XIIIe siècle, les Coniagui et les Bassari sont deux groupes ethniques cousins, d'origine diallonké et apparentés selon certains historiens, aux Bantous d'Afrique centrale. Ils ont résisté aux razzias esclavagistes, aux vagues de migration peule et à l'islamisation du XVIIe siècle, en se retranchant dans des zones arides et escarpées de la région. Ce sont des agriculteurs, chasseurs et cueilleurs. Leur société est organisée en classes d'âge, dont les rôles sont définis selon les circonstances. Influencés par le christianisme au XXe siècle, ils perpétuent malgré tout, coiffés de leurs immenses masques de plumes, leurs cérémonies de rites initiatiques. Leurs coutumes et leurs habits traditionnels témoignent encore de nos jours de leur éloignement relatif de l'ère moderne. Les festivités dans les villages ont traditionnellement lieu en avril et en mai, mais les dates varient d'une année sur l'autre.

KOUNDARA

Koundara peut rivaliser avec Mali en tant que ville du bout du monde, située à l'extrême nord de la Guinée, mais les températures y sont à l'opposé, atteignant facilement les 45 °C au mois d'avril quand, à Mali, elles dépassent rarement les 30 °C ! Ville carrefour, un trafic important y passe quotidiennement, en route pour le Sénégal ou la Guinée-Bissau. La ville peut être un point de départ pour partir à la découverte du parc du Niokolo-Badiar plus au nord (surtout dans sa partie sénégalaise) ou encore des villages bassari et coniagui vers Youkounkoun.

Balade

Koundara n'est pas vraiment une région touristique à proprement parler. Mais quelques lieux valent malgré tout le détour : les plages

Assalamalékou et Inguinor sur les rives du fleuve Koliba, les plages Djourdé et Mayahoun, dans la forêt de Saréboido.

Transports

Vers Labé, une route sinueuse de 270 km monte depuis Koundara vers les hauts plateaux foutaniens. Cet axe bitumé jusqu'à Kounsitel offre une succession de magnifiques panoramas sur les montagnes du Fouta. À partir du pont de Kounsitel, il reste environ 25 km de piste fortement dégradée. Puis la route est de nouveau goudronnée jusqu'à Labé. Il faut entre 4 et 5 heures pour joindre les deux villes. Pour quitter Koundara pour Boké en passant par Gaoual, comptez plus de 10 heures de trajet essentiellement sur une piste très abîmée.

SAREBOIDO

Ce village est le dernier village guinéen avant la Guinée-Bissau. C'est ainsi un formidable lieu d'échanges de marchandises de toutes sortes. Le jour de marché, qui est le dimanche, est particulièrement haut en couleurs et en sensations. La route, qui traverse le plateau, ménage quelques jolis points de vue sur les environs. Un des plus intéressants se situe un peu au-delà du village de Kabendou, au bout d'une petite piste au milieu des rochers. D'autre part, si vous avez une âme de randonneur, vous pouvez grimper sur la corniche du Badiar. Au village de Marou, demandez un guide. Comptez environ 4 heures pour les bons marcheurs.

MONT BADIAR

Ce mont est le point culminant du parc national du même nom (environ 500 m), qui fait partie intégrante du parc transfrontalier, du Niokolo Badiar. Appelé aussi « la grande montagne », il se caractérise par sa forme de haut plateau tout en longueur dont les flancs sont recouverts de végétation jusqu'aux pieds de falaises en grès. Pour partir à la découverte du Badiar, de sa faune (encore quelques chimpanzés, gazelles, phacochères) et de sa flore, le long des cours d'eau et plages naturelles, vous pouvez contacter M. Boiro, guide local à Koundara au 622 78 52 28.

HOTEL SAMBAILO €

✆ +224 627 79 82 80

Des chambres simples à 100 000 et 150 000 FG. Restauration sur place uniquement sur commande.

Si vous devez vraiment dormir à Koundara, le Sambaïlo est un des établissements acceptables (selon les standards locaux) avec eau de forage et panneaux solaires dans cette zone qui est par ailleurs très pauvre en matière d'offre d'hébergements. Le gérant allume le groupe électrogène à partir de 5 clients et le prix des chambres est alors de 150 000 FG. Si vous êtes seul dans l'hôtel, il faudra vous contenter de la lumière fournie par les panneaux solaires et le tarif sera alors de 100 000 FG. Pas forcément idéal dans une des régions les plus chaudes de Guinée.

PARC NATIONAL NIOKOLO-BADIAR ★

Inauguré en avril 1996, le complexe écologique du Niokolo-Badiar est à cheval entre le Sénégal et la Guinée, et forme une vaste étendue de plus de 1,5 million d'hectares. Le noyau central est constitué par le parc transfrontalier du Niokolo-Badiar (950 000 ha) et par les forêts classées de N'Ddama et du Badiar Sud. Ici, plus de 80 espèces de mammifères ont été recensées, parmi lesquelles les chimpanzés, le lycaon, le lion ou encore l'éland de Derby. Jusqu'à présent le Badiar, côté guinéen, n'est pas très riche en animaux. Il faut dire que les bœufs des éleveurs y broutent, les pêcheurs et les chasseurs y séjournent fréquemment, et les amateurs de vin de palme extraient des rôniers la sève nécessaire à la création de leur breuvage.

Avec tout cela, les animaux se font rares et méfiants et donc très difficiles à observer. Le parc comporte toutefois un circuit touristique intéressant d'environ 2 heures. Ce circuit passe par la montagne de Sow, d'où l'on a un beau point de vue, longe la rivière Koulountou (qui marque la frontière avec le Sénégal) et traverse une belle rôneraie. Mais le meilleur circuit est assurément celui qui rejoint Simenti en 3 heures, au cœur même du parc du Niokolo-Koba (la partie sénégalaise). Ce parc offre le meilleur échantillon de la faune de l'ouest de toute la région. De plus, son ambiance familiale et tranquille en fait un site encore préservé, loin des foules des parcs d'Afrique de l'Est. On conseille de visiter le côté sénégalais, car du côté guinéen il n'y a pas de route ni d'hébergement.

Pratique

Formalités. Pas besoin de visa pour passer de Guinée au Sénégal, cependant une autorisation du conservateur guinéen du parc vous sera demandée du côté sénégalais. Cette autorisation est délivrée à l'entrée même du Badiar, 3 km après Sambaïlo. Elle n'est plus gratuite.

Argent. Si vous comptez passer une nuit ou vous restaurer à l'hôtel Simenti, ou au campement « le Camp du Lion » (tous les deux au Sénégal), il faut vous munir soit de francs CFA, soit de liquidités en euros ou dollars, car les francs guinéens ne sont pas acceptés.

Commodités. À l'intérieur du parc, il n'y a aucune station-essence, prévoir en conséquence. Les dernières « stations-service » se trouvent à Koundara, pour le côté guinéen, et à Dar Salam, pour le côté sénégalais. Prévoyez toujours quelques provisions et une quantité d'eau potable pour plus d'une journée. Réglementation interne du parc : il convient de la respecter. Rouler à 30 km/h maximum (20 km/h est la vitesse idéale pour l'observation de la faune), ne pas rouler de nuit, pas de descente de voiture en dehors des aires aménagées, toute chasse est prohibée bien sûr, de même que tout ce qui peut effrayer les animaux (Klaxon, appels de phare, etc.). Avant chaque excursion, vérifiez l'état de votre véhicule et assurez-vous d'avoir une roue de secours avec le matériel nécessaire pour la changer et une réserve de carburant suffisante, signalez à l'hôtel ou au poste de garde l'itinéraire choisi et surtout l'heure prévue de votre retour. Cela leur permettra de partir à votre recherche en cas de retard. Ultimes recommandations : la nourriture et l'eau attirent les insectes. Vérifiez toujours l'intérieur de vos chaussures, le matin – scorpions ou serpents ont pu s'y glisser. C'est le respect de la nature et le comportement écologique qui sont, de toute façon, les mieux adaptés. N'oubliez pas que la nature est en état de « légitime défense ». Observez, calmement. Les mouvements brusques effrayent toujours. Couper le moteur fait parfois fuir les animaux. Soyez extrêmement vigilant avec le feu. Il vous est demandé de ne pas jeter d'ordures, de ne rien prélever, ni flore, ni vestiges de faune, ni échantillons minéraux. Prenez plutôt une photo.

Quand partir ? Le parc est officiellement ouvert toute l'année. Mais la saison sèche est la période la plus favorable pour découvrir la faune, qui se regroupe autour des points d'eau et des mares. Votre guide saura vous mener aux bons moments aux bons endroits et notamment sur les miradors d'observation qui ont été installés à différents endroits « stratégiques » du parc. Pendant le reste de l'année, vous pouvez également vous y rendre, mais les pistes sont mauvaises, les bourbiers fréquents et les animaux plus dispersés. Un petit conseil pour mieux apprécier la faune : n'oubliez pas vos jumelles.

Se loger

Un campement a été aménagé au sommet de la montagne de Sow. Mais le manque de visiteurs l'a transformé en campement fantôme. Préférez le bivouac sous tente, en attendant des jours meilleurs…

Sinon, plusieurs réceptifs existent au cœur du parc, côté sénégalais. Signalons, entre autres, l'hôtel Simenti, le Campement du Lion et le tout récent Nioko Lodge.

Tourisme

Étant donné l'étendue du parc et les caprices des animaux, mieux vaut prévoir un minimum de deux jours pour profiter pleinement de la faune et de la flore. Si vous comptez simplement vous promener dans le Badiar, vous pouvez demander les services d'un des jeunes des villages aux alentours ou contacter M. Boiro, guide vivant à Koundara, au 622 78 52 28, qui vous aidera à organiser votre excursion selon vos souhaits, et dans le respect de la nature environnante.

Pour rejoindre le Niokolo depuis le Badiar, vous franchirez la Koulountou à gué, puis le Mitji. Observez, prenez le temps de vous arrêter pour regarder autour de vous. À l'orée des forêts-galeries, vous ne manquerez pas de voir ou d'apercevoir de timides céphalophes, d'impressionnants calaos casqués d'Abyssinie, et des hordes de cynocéphales aboyants ! Une dizaine de kilomètres plus loin, vous arriverez à Dalaba, où une plaque commémore l'inauguration du Niokolo-Badiar. Puis, après quelques détours par des mares ou des points d'observation (les différents sites sont fléchés aux points d'intersection), vous arriverez à Simenti.

L'hôtel est construit dans un petit paradis, niché vers une mare, où tous les animaux viennent se désaltérer en saison sèche. Vers le mois de mars, la faune est tellement assoiffée que vous pouvez observer depuis le mirador de l'hôtel des troupeaux entiers de cobes de Buffon, des hippopotames, des céphalophes et des guibs harnachés aux côtés des phacochères, cynocéphales et échassiers (grues couronnées, jabirus du Sénégal, oies de Gambie et autres anatidés…). Si vous êtes matinal, vous verrez également les buffles venir se rafraîchir dans cet éden, avant l'heure de pointe !

Il existe quatre écosystèmes différents dans le parc :
– celui des mares et des bas-fonds, comme la mare de Simenti, la mare Damiel ou la mare Nétéboulou. Les animaux sont regroupés dans ces espaces verts au cœur de la saison sèche ;
– celui des rives de la Gambie et de la Koulountou. De très nombreux oiseaux la fréquentent, ainsi que des hippopotames, des crocodiles et des antilopes sous les forêts-galeries des berges ;
– celui de la rivière Niokolo Koba, qui ne ressemble plus guère qu'à quelques trous d'eau en fin de saison sèche. Ses rives sont bordées de falaises ;
– enfin, celui du mont Assirik, qui présente des forêts peuplées de chimpanzés et des plateaux fréquentés par l'une des plus grandes antilopes du monde : l'éland de Derby.

Pour visiter le parc, il est obligatoire de prendre un guide. Celui-ci présente l'immense avantage de savoir où se cachent tels ou tels animaux, suivant la période à laquelle vous vous trouvez. Se renseigner à l'hôtel pour les horaires exacts. Les visites sont prévues tôt le matin ou en fin d'après-midi.

Il y a même possibilité de faire un safari en Zodiac sur le fleuve Gambie et ses affluents, ou de visiter les villages Coniaguis et Bassaris dans le nord de la Guinée. Les sites les plus intéressants, à part Simenti et ses alentours (Badi), sont le pont suspendu et la mare aux hippopotames, près du campement au Lion, Niokolo, et le mont Assirik qui, du haut de ses 300 m, constitue le point culminant du Sénégal et abrite des familles de chimpanzés dans ses forêts.

Transports

Depuis la Guinée, l'accès au parc se fait par le Badiar à Sambaïlo et/ou Koundara. Depuis le Sénégal, le principal poste d'entrée est celui de Dar Salam au nord du parc, mais l'accès est aussi possible par les postes de Mako (en venant de Kédougou au sud-est), de Koulountou, de Tiankoumbani ou le gué de Médina Gounass, à l'ouest. Depuis le Sénégal, l'entrée du parc est payante. Il faut s'acquitter d'un droit d'entrée par personne et par jour (environ 5 000 CFA) et par véhicule (environ 10 000 CFA). Le guide sénégalais est également obligatoire. Compter environ 10 000 CFA la journée.

GAOUAL

Jusqu'à récemment encore il n'y avait rien de bien intéressant à Gaoual, si ce n'est son pont sur la Koumba, sa longue allée de caïlcédrats et ses quelques forêts galeries abritant encore quelques singes, antilopes… Mais depuis l'année 2021, la découverte de filons aurifères dans la zone a créé une réelle ruée vers l'or. Plusieurs centaines d'orpailleurs sont venus s'installer provisoirement dans la région, se déplaçant au gré des découvertes. Un vrai défi pour les autorités locales et une réelle catastrophe pour l'environnement. Pour le reste, cette petite ville peut servir de halte en se rendant de Boké à Koundara ou encore de Labé au Sénégal.

CAMPEMENT LE FROMAGER €

À la sortie de la ville, à gauche.
✆ +224 628 43 62 71
Cases à 50 000 FG.

Très rustique et vraiment pas cher, le Fromager propose quelques chambres dans de petites cases au confort spartiate. Cet établissement, qui relève plus du campement que de l'hôtel, est situé au bord du fleuve Koumba dans Gaoual. Il fait aussi office de café et de restaurant, l'occasion de goûter le café noir (souvent très noir…) et un plat typique aux saveurs locales. M. Kanté, son propriétaire, forgeron de son état, et sa famille vous y garantissent un accueil très sympathique dans la simplicité de leur quotidien. Réservé aux voyageurs cherchant l'authenticité.

HOTEL KALTAMBA €

✆ +224 625 93 16 16
26 chambres à 250 000 FG et 300 000 FG, ventilées. Petit déjeuner à 50 000 FG.

L'hôtel est un des rares établissements qui propose des prestations correctes mais sans plus, dans une région par ailleurs peu touristique et peu favorable au développement de l'offre d'hébergement. Il faudra vous contenter de la ventilation dans les chambres, dans une région par ailleurs très chaude en saison sèche. Actuellement les climatisations des chambres ne sont pas opérationnelles du fait de l'absence de courant de la ville, le groupe ne permettant pas de les faire fonctionner. Pour vous restaurer, vous pourrez passer commande sur place.

PASSPORT

HAUTE GUINÉE

Délimitée à l'ouest par le Fouta-Djalon, à l'est par les frontières malienne et ivoirienne, et au sud par la forêt, la haute Guinée constitue un ensemble homogène de savane arbustive, dans laquelle sont éparpillés les villages malinké, aux huttes en terre rondes, chapeautées de paille. Cette région recouvre le plateau du Mandingue, qui offre de nombreuses possibilités agricoles. Région des grands fleuves par excellence, la haute Guinée abrite la source du fleuve Niger, dans la préfecture de Faranah. Au hasard des pistes qui sillonnent le territoire entre Faranah, Dabola et Kouroussa, vous croiserez peut-être quelques animaux sauvages, notamment des singes, des phacochères et des céphalophes. La haute Guinée est également une région où les traditions mandingues sont toujours très vivaces. Ainsi, par exemple, même dans des zones plus urbanisées, les Malinké aiment à préserver l'habitat traditionnel à côté des bâtiments en béton.

Kakama
SIGUIRINI
Daka Sinthiourou
Missira Djallonké
Kobédara
DINGUIRAYE
Kokoun Tmobè
Sourougambe
Ba Bara
Bamiko Tounkaya
Dinguiraye
Sélouma
Toureita Foula
Fadou-Saba
BISSIKRIMA
Sanguiana
DOGOMET
DABOLA
Banko
PARC NATIONAL DU HAUT NIGER
Kindoyé
Sérékoroba
Passayah
Marella
Banfélé
Kamako
FARANAH
Ganya
Gnaléah
Marnadi
Tiro
Héréko
Gaumbali
SIERRA LEONE
Bendugu
Niafouando
Siriadou
Bumbunkoro
Bambaya
50 KM
Kissidougou

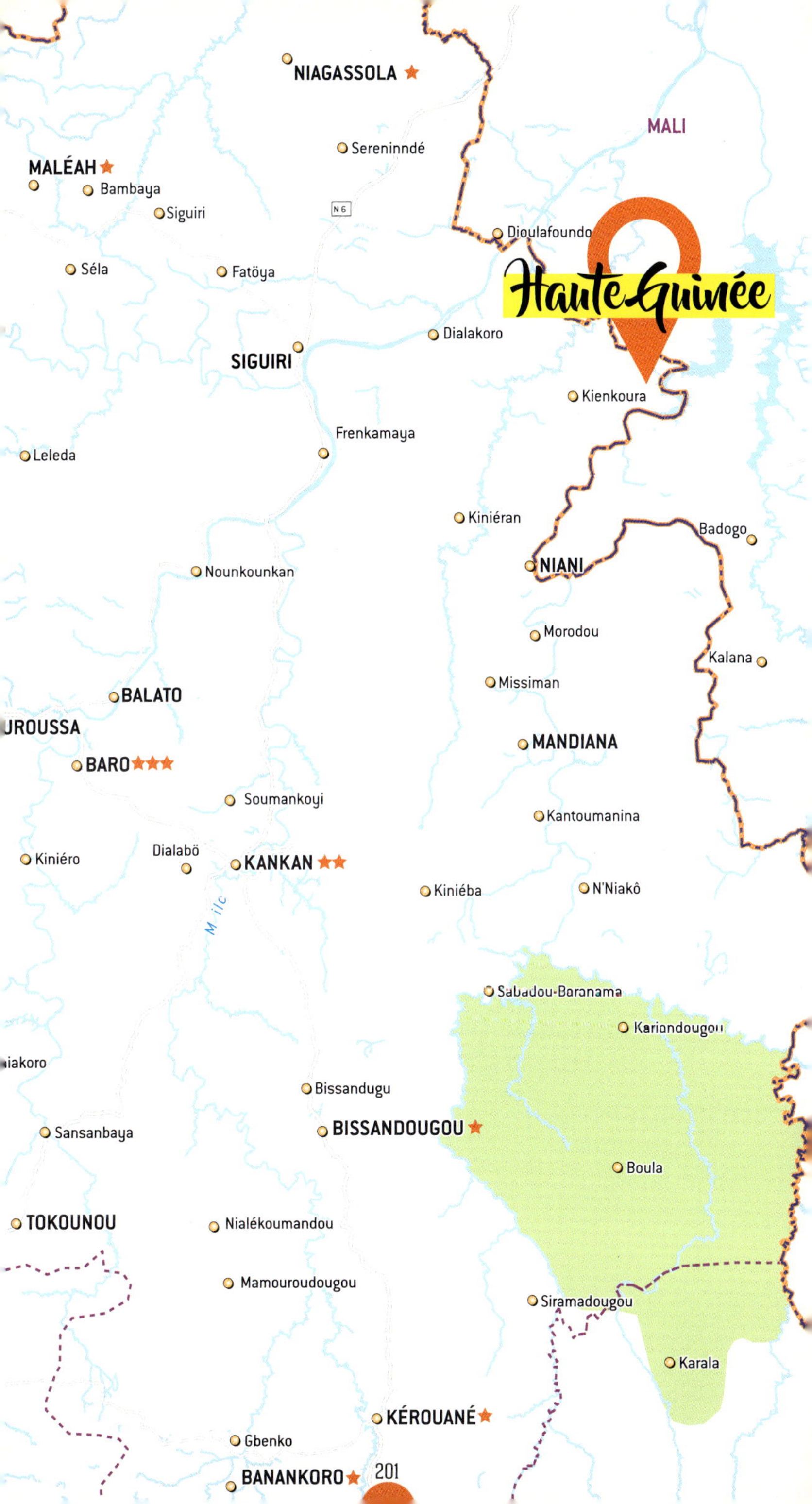

NIAGASSOLA
MALI
Sereninndé
MALÉAH
Bambaya
Siguiri
N6
Dioulafoundo
Haute-Guinée
Séla
Fatöya
Dialakoro
SIGUIRI
Kienkoura
Frenkamaya
Leleda
Kiniéran
Badogo
NIANI
Nounkounkan
Morodou
Kalana
Missiman
BALATO
JROUSSA
MANDIANA
BARO
Soumankoyi
Kantoumanina
Kiniéro
Dialabö
KANKAN
Kiniéba
N'Niakô
Sabadou-Baranama
Kariandougou
iakoro
Bissandugu
BISSANDOUGOU
Sansanbaya
Boula
TOKOUNOU
Nialékoumandou
Mamouroudougou
Siramadougou
Karala
KÉROUANÉ
Gbenko
BANANKORO

DABOLA ★

Située à proximité du centre géographique du pays, Dabola est une jolie préfecture au pied de falaises granitiques et peut constituer une halte sur la route de Kankan. Ancienne ville coloniale, il en reste encore des traces dans les bâtiments situés autour de l'ancienne gare. La ville était célèbre pour sa production d'huile d'arachides, cultivées dans les environs. Malheureusement, aujourd'hui encore, l'huilerie ne fonctionne que par intermittence. Et les champs de riz supplantent peu à peu ceux d'arachides en attendant une réelle relance de l'activité.

Histoire

Dabola a longtemps fait partie des rares villes de Guinée à bénéficier de l'électricité 24h sur 24 grâce à la construction d'un barrage hydroélectrique sur le Tinkisso dans les années 1970. De nos jours, la centrale fournit de l'électricité toute l'année, certes, mais en saison sèche, seulement une partie de la nuit, à cause de périodes de sécheresse de plus en plus longues et d'une demande croissante.

Transports

Dans la région, le bitumage des axes routiers progresse, mais malheureusement, comme un peu partout dans le pays, quand un axe est rénové, dans le même temps un autre devient délicat, voire impraticable. Ainsi alors que l'axe Mamou-Dabola était rénové courant 2022, la route de Dabola à Kouroussa quand à elle se dégradait fortement avec de nombreux trous.

CENTRE GÉOGRAPHIQUE DE LA GUINÉE

Au beau milieu de la brousse à proximité du village de Diabakagna, une borne matérialise le centre géographique de la Guinée. Ici, rien de bien extraordinaire, juste une borne en béton entourée de deux cercles en briques, au pied d'un arbre et en bord de piste, mais vous pourrez dire être passé au cœur même de la Guinée ! Un lieu plus symbolique qu'autre chose, si vous passez dans le coin. Un panneau métallique indique le lieu depuis la piste principale.

SAMORY TOURÉ, LE NAPOLÉON DU SOUDAN

Samory Touré est né vers 1830 en haute Guinée. Roi cruel, insoumis et stratège militaire doué de génie, il lutta jusqu'à la mort et mit en déroute de nombreux adversaires, notamment plusieurs officiers français. D'après la légende, les génies qui choisirent Samory Touré proposèrent d'abord leurs services à Karamoko Daye, un puissant marabout. Mais ce dernier fut privé de leurs forces par la faute de sa femme préférée, trop curieuse. Ils se tournèrent donc vers Samory, qui quant à lui tint ses engagements vis-à-vis des diables. Il eut donc le choix de devenir soit riche, soit chef religieux ou encore chef militaire. Samory demanda à devenir chef militaire. Au-delà de cette légende, avant de devenir stratège, il fut d'abord un commerçant travaillant au service de son père puis à son compte propre, vendant et achetant bétail, armes et sel. Plus tard, pour sauver sa mère, esclave de Sory Birama, il se mit aux ordres de ce dernier et de l'armée des Sise, qu'il servit pendant plus de sept ans. Grâce à son courage et à son dévouement au combat, il obtint finalement la libération de sa mère. C'est alors qu'il commença à constituer une armée en enrôlant tout d'abord des Sofa de Sory Birama. Il prêta également allégeance à la religion musulmane et en prit le titre d'almamy (roi musulman). Progressivement, il chercha des alliances avec les villages les plus redoutables en bras et en forces occultes. Il partit alors s'installer à Sanankoro, où il fonda sa propre résistance et l'organisa en trois groupes : l'un pour la conquête des nouvelles terres, l'autre pour l'administration et le troisième pour la collecte des impôts. En 1881, Samory rencontra pour la première fois les Français. De là jusqu'en 1890, il usa de la diplomatie avec ces derniers et signa deux traités, qui seront peu respectés. C'est alors qu'il mit au point sa terrible stratégie de la terre brûlée, qui lui valut le surnom de Napoléon du Soudan. Devant l'ennemi, il fit le vide par le feu, emportant tout et laissant béante une brèche où les assaillants s'engouffraient. Au bout de la route, son armée était là pour les massacrer. Insaisissable, jamais il renonça et il combattit avec ferveur pour la liberté de son peuple face à l'oppresseur. Mais au fil du temps, son armée s'affaiblit après tant d'années de combat et de migrations. Il fut finalement fait prisonnier par les Français en 1898 et déporté au Gabon où il trouva la mort en 1900.

CHUTE DE TINKISSO

5 km avant d'arriver à Dabola, en venant de Mamou, un panneau indique le barrage du Tinkisso, sur la droite. Après avoir traversé une petite forêt de tecks (qui peut fournir un agréable site de pique-nique), la piste permet d'accéder directement au barrage et au lac artificiel attenant. Au niveau de la barrière, un garde contrôle l'accès au site, dit « stratégique » du fait de la centrale électrique qui alimente en courant toute la région (quand il y a suffisamment d'eau), mais ici pas de droit de passage à acquitter. Depuis le sommet du barrage, la vue sur la plaine verdoyante (en saison des pluies et juste après) arrosée par le Tinkisso plus au sud est magnifique. Quant au panorama sur la cascade, le plus joli se trouve à mi-hauteur de la pente, au niveau d'une petite tourelle. On y accède par une piste partant sur la gauche juste avant le barrage. Les eaux du Tinkisso plongent depuis le déversoir au milieu de blocs de granit découpés et empilés en escaliers improbables. Le fleuve poursuit son cours quelques dizaines de mètres plus bas avant de se jeter dans le Niger, plus loin. À partir du mois de mars (parfois même avant selon la pluviométrie de l'année) et jusqu'à la saison des pluies en juillet-août, la chute est à sec, pas la moindre goutte d'eau ne se déverse du lac de barrage lui-même à l'étiage. Le point de vue vaut malgré tout le petit détour et les abords de la retenue d'eau offrent un coin de pause agréable, au calme et en retrait de la route. Peut-être même que le gardien du site vous proposera un petit café.

AUBERGE DU LAC €

✆ +224 624 87 63 96

8 chambres. Celles dans la maison sont à 200 000 FG, climatisées avec eau froide et celles dans l'annexe à 150 000 FG.

Dans un quartier calme, l'auberge est installée dans une villa dotée d'une annexe. Elle propose 8 chambres avec un confort basique. Le courant est généralement assuré par la ville mais le groupe prend le relais en cas de besoin. Un grand salon permet d'y regarder la télévision mais pour la restauration, il vous faudra vous déplacer vers la gare voiture ou un autre établissement de la ville. Il est cependant possible de prendre un petit déjeuner sur place pour environ 25 000 FG. Pour les voyageurs à petit budget, pas trop exigeants.

CAMPEMENT HAFIA €

✆ +224 621 42 90 69

Chambre à 200 000 FG pour 1 personne et 250 000 FG pour 2 personnes avec petit déjeuner. Prévenir avant d'arriver.

Ce réceptif ouvert en 2022 est constitué de quelques cases abritant les chambres et différentes commodités. Une terrasse couverte offre un agréable espace pour se poser et se restaurer. Le campement situé en pleine brousse est autonome en eau (forage) et en électricité (panneau solaire et groupe). Lors de notre passage de nouvelles cases étaient en cours de construction. Les environs sont propices à de belles excursions (rivière, cascade, forêt) et notamment pour essayer d'observer des chimpanzés régulièrement présents dans le coin.

HOTEL LE MONT SINCERY €

Suivre le panneau à droite à l'entrée de la ville, en venant de Mamou.

✆ +224 622 3529 00

22 chambres de 100 000 FG et 150 000 FG + suites à 200 000 FG. Petit déjeuner à 30 000 FG. Plats à partir de 50 000 FG.

L'hôtel plutôt modeste a bénéficié d'un rafraîchissement, récent lors de notre passage. Autour de la grande paillote centrale qui abrite la réception et la salle à manger/bar, les 22 chambres se répartissent dans plusieurs bâtiments sur le pourtour de l'enceinte. Les chambres à petit prix sont vraiment basiques et les équipements ont connu des jours meilleurs. Mais si vous cherchez avant tout une chambre pas chère pour passer une nuit et continuer, vous trouverez ici une solution parmi d'autres à Dabola. Pour les autres, s'abstenir !

HÔTEL SINCERY PLUS €

Quartier Foundeng

✆ +224 621 32 58 87

4 chambres climatisées à 250 000 FG et 10 à 200 000 FG.

Installé dans un bâtiment construit sur deux niveaux, cet hôtel assez récent est situé à l'écart du centre-ville dans un quartier très calme. Les chambres sont correctes avec une originalité : les structures de lit sont en béton. Un bon rapport qualité/prix pour Dabola. Vraiment « plus » par rapport à son cousin, le Mont Sincéry. Dommage que le projet de restaurant initié en 2019 soit toujours à l'arrêt du fait du manque de clientèle, suite notamment à la crise du Covid. Pour passer une nuit tranquille à Dabola et continuer.

HOTEL TINKISSO €

✆ +224 621 86 96 68

16 chambres de 200 000 FG à 350 000 FG, climatisées avec eau chaude.

Sur un grand terrain verdoyant, ombragé par de magnifiques manguiers, cet hôtel dispose de chambres correctes et entretenues qui font de cet établissement le meilleur rapport qualité/prix de la ville. Les chambres sont toutes climatisées et équipées d'une télévision. Le courant est assuré par un groupe de 19h à 6h quand le courant de la ville fait défaut. Le restaurant est ouvert de 7h30 à 22h30 mais mieux vaut prévenir si vous souhaitez manger sur place. Un bar/dancing un peu à l'écart complète les prestations de l'établissement.

RESTAURANT JD DABOLA €

À la sortie de la ville en direction de Mamou.

✆ +224 628 08 98 05

Plats à partir de 50 000 FG.

Dans une vaste cour, plusieurs terrasses couvertes ou non accueillent les visiteurs en quête d'un bon repas ou d'une bière fraîche. Rien de très singulier au menu, mais ici on mange bien pour un prix abordable, dans une ambiance conviviale. Une boîte de nuit située dans la même enceinte offre l'opportunité après s'être rassasié de prolonger la nuit. Régulièrement des artistes viennent se produire dans cet espace de loisirs et notamment des représentants de la musique pastorale encore appelée *poda*. Pour une soirée de détente à Dabola.

BISSIKRIMA ★

Bissikrima est située sur la route entre Dabola et Kouroussa, au nord du parc du Haut Niger. Dans le village, pas grand-chose à voir, mais dans les environs, de belles excursions attendent les plus audacieux qui disposent d'un peu de temps, entre cascades, rivières, montagnes et découverte de la faune locale (dont des chimpanzés). Vous pouvez contacter « Baldez » (son téléphone : +224 660 23 93 78), un guide local expérimenté qui vit dans la brousse non loin de la route et qui accueille chez lui les visiteurs de passage. Il propose un hébergement dans une case traditionnelle, l'occasion de se confronter aux réalités de la vie loin du confort de la ville.

FORÊT CLASSÉE DE BALAYAN SOUROUMBAN ★

Cette forêt est accessible dans le cadre d'un trek de deux ou trois jours que peut vous organiser Baldez. Il vous donnera l'occasion de traverser des villages malinkés et d'y partager des moments de la vie locale, de suivre la trace des chimpanzés et autres singes, et peut-être de les apercevoir, de découvrir la chute de Gibiko et les grottes à proximité et pourquoi pas de partager une partie de pêche à la mare (généralement organisée au mois de mai).

VILLAGE DE TOUMANYA ★

Ce village fondé par l'Almamy Toumany a gardé des traces de son passé glorieux. On peut y voir quelques pans de murs et restes de cases du Tata de ce dignitaire du temps de Samory. Selon les habitants, ce dernier y résida dans sa jeunesse et devint un protecteur du village. La tombe d'un certain lieutenant Ardouin, mort en 1895, témoigne par ailleurs du passé quelque peu agité de la région. Aujourd'hui, les villageois sont cultivateurs mais aussi pêcheurs. Ils exercent leur activité dans les mares des environs ; l'occasion de fêtes pour la population.

DOGOMET

L'élevage des bovins et des petits ruminants (chèvres et moutons) est la source d'importants revenus. À côté de ces activités, il faut ajouter l'artisanat et la pêche traditionnelle qui sont également pratiqués par certaines populations. À Dogomet centre se tient un marché tous les dimanches dont le plus grand est bimensuel et prédominé par la vente de bétail. Son parc à bétail est l'une des plus importantes sources de revenus de la sous-préfecture. Il a été construit depuis plus d'un demi-siècle et a connu d'importantes modifications dans les années 1990. C'est aussi le troisième marché à bétail de la Guinée. Une institution !

FARANAH ★

La ville est construite le long du fleuve Niger entre deux collines. Une allée de fromagers vous accueille aux deux extrémités de la ville, ainsi qu'un pont métallique à une voie (à l'entrée en venant de Mamou). Faranah est célèbre avant tout pour être le lieu de naissance de Sékou Touré. À ce titre, elle a connu une certaine prospérité et a été longtemps privilégiée sous la Ire République. Mais aujourd'hui, elle est retombée au rang de simple préfecture. Elle est dorénavant plus connue pour son Institut agronomique et vétérinaire, qui est localement assez actif, notamment à travers l'aménagement de zones de cultures expérimentales le long du fleuve.

Transports

Depuis Conakry, la route est goudronnée mais avec beaucoup de trous depuis Mamou. Depuis la Guinée forestière, et notamment depuis Kissidougou (135 km), une belle route goudronnée vous permet de retrouver la savane de haute Guinée en 2 heures de trajet. En direction de Dabola, la piste est plutôt dégradée mais praticable surtout avec un véhicule 4 x 4. Quant à la piste vers Kouroussa, elle est vraiment très délicate. La gare routière de Faranah est aussi le point de départ de taxis pour la Sierra Leone. Si l'aventure vous tente, vous devrez passer à la douane locale pour faire un laissez-passer. Ensuite, en route pour Freetown en passant par Hermakono en Guinée et Kabala en Sierra Leone.

CENTRE DE CONSERVATION POUR CHIMPANZÉS (CCC) ★★

✆ +224 627 15 09 66
www.projetprimates.com

Le projet a été créé en 1997 grâce à des aides de l'Union européenne et il existe dans sa gestion actuelle depuis 1999. Le CCC est soutenu par deux ONG étrangères et est représenté au niveau guinéen par l'ONG Projet Primates Guinée. L'équipe du centre est formée de travailleurs locaux et de volontaires qui viennent apporter bénévolement leur soutien aux premiers, essentiellement dans la réalisation des tâches quotidiennes (repas, sorties, entretien du centre…). Le centre se situe au cœur du parc du Haut Niger, à plusieurs heures de piste de Faranah. Il recueille des chimpanzés orphelins, victimes de trafics illégaux. Le centre s'occupe de ces orphelins pour leur redonner des conditions de vie les plus naturelles possibles avec l'objectif de relâcher les plus aptes dans la nature. Certains individus ont déjà pu bénéficier du programme de relâcher dans une zone spécifique du parc. Ils sont suivis à distance par des soigneurs grâce à des colliers. En 2019, un bureau d'information et sensibilisation, qui sert aussi de base arrière et logistique au centre, à été ouvert à Faranah. L'équipe y travaille avec les populations locales et notamment les plus jeunes pour les sensibiliser aux conséquences du trafic et de la disparition des chimpanzés de Guinée. Vous pouvez les rencontrer sur place ou les contacter au numéro indiqué ci-dessus pour plus d'informations sur les actions menées et pourquoi pas pour leur apporter votre soutien. À ce jour, le centre ne peut se visiter.

MAISON NATALE DE SÉKOU TOURÉ

Pas grand-chose à voir dans l'ancienne habitation de la famille Touré, si ce n'est la bâtisse en elle-même. L'imposant bâtiment de trois étages, largement défraîchi, reste un point de repère en ville. Il abrite dorénavant le siège de l'antenne locale du PDG-RDA, ancien parti de Sékou Touré. Quant à l'ancien bureau de l'ex-président à côté de la préfecture, il peut se visiter. Il faut alors se rendre à la préfecture voir si quelqu'un peut vous ouvrir les portes. Pour les nostalgiques…

PLAGES AU BORD DU NIGER

En quittant Faranah en direction de Kissidougou, la route longe pendant quelques kilomètres les méandres du fleuve Niger. L'eau ici s'écoule en toute saison, mais avec plus ou moins de force et d'intensité. En saison sèche, les berges du fleuve se découvrent plus largement en offrant quelques beaux bancs de sable propices à une petite pause farniente ou un pique-nique ; l'occasion aussi d'observer l'avifaune locale et notamment différentes espèces de martin-pêcheurs, attirés par des eaux apaisées et limpides. Calme et sérénité garantis.

PARC NATIONAL DU HAUT NIGER

✆ +224 628 35 52 16

https://pn-haut-niger.net/

Créé en 1997, le parc est né autour de la forêt classée de la Mafou puis de Kouya ; il couvre une superficie de plus de 110 000 ha au nord et à l'est de Faranah. Ce site est d'une importance capitale. Tout d'abord, y vivent des espèces animales et végétales nécessaires au maintien de la diversité biologique ouest-africaine, et ensuite il est situé dans le couloir de migration des grands mammifères entre la Guinée et les autres pays limitrophes. Un excellent endroit pour le tourisme. Même si l'organisation et les infrastructures d'accueil pour recevoir les visiteurs sont encore à améliorer, il y a tout de même la possibilité d'être hébergé sur place et accompagné par les guides du parc, à la recherche des antilopes, singes, hippopotames, crocodiles… Les tarifs se négocient sur place. En saison sèche, les animaux rassemblés autour des mares sont plus faciles à voir. Reste que, d'une manière générale, pour les observer, il faut avoir du temps et un peu de chance. C'est le cas pour les hippopotames, qui sont souvent dans une même zone du parc mais reculée.

Depuis 2019, Aboubacar Samoura a été nommé conservateur en chef pour le parc et quelques moyens supplémentaires ont été alloués, ce qui a permis quelques avancées au niveau de l'organisation interne du parc. En 2022, nommé directeur général de la Stratégie nationale de protection de l'environnement, il attendait la nomination de son remplaçant, mais vous pouvez toujours le contacter au +224 628 35 52 16.

SOURCE DU NIGER

Les sources en elles-mêmes n'offrent aucun intérêt, si ce n'est celui de se prendre pour Mungo Park, l'explorateur écossais qui a découvert dans quel sens coulait le fleuve à la fin du XVIIIe siècle. Mais la région est magnifique. Des pains de sucre de granit émergent de la terre et des forêts de géants verts bruissent de cris d'oiseaux et d'insectes. L'expédition prend environ 2 jours. L'idéal est d'être en voiture 4x4, l'état des pistes dans cette région évoluant très rapidement selon la saison et les années. La piste part sur le tronçon Kissidougou-Faranah, à mi-chemin, dans le village de Nianfourando.

Normalement, il faut demander à la préfecture de ce village l'autorisation d'aller visiter les sources. On laisse la voiture après 20 km de mauvaise piste à Forokonia. Là, il faut chercher un guide pour vous indiquer le sentier des sources. Compter environ 3 heures de marche pour arriver sur le site, où vous verrez simplement sourdre quelques filets d'eau peu impressionnants. Mais la balade vaut surtout pour le symbole et l'imaginaire associé à la source d'un grand fleuve comme le Niger. Rappelons que ce dernier se jette dans l'océan atlantique 4184 km plus loin après avoir traversé la Guinée, le Mali, le Niger, bordé le nord du Bénin et enfin le Nigeria.

Il est possible de se rendre à Forokonia depuis Kissidougou ou Faranah par taxi-brousse, notamment le jour du marché du village qui est le jeudi. Mais il faut alors être motivé et patient car cela reste une vraie expédition à la durée incertaine.

RÉGION APICOLE

Dans le Sankaran en direction de Kankan, toute une région est reconnue pour être une zone apicole majeure de la haute Guinée et plus largement du pays. Ruches traditionnelles et kenyanes accueillent les abeilles sauvages qui produisent un miel vendu un peu partout au bord des routes (dans des bouteilles de récupération). La visite des ruches sans tenue est risquée, mais vous pouvez faire un arrêt ou un petit détour pour voir comment travaillent les apiculteurs locaux et avec quels matériels. L'occasion aussi de goûter leur miel au goût puissant et sauvage.

VILLAGE DES KEYRAS

Le village de Tamboya, dans la sous-préfecture de Gbeleya, est bien connu des habitants pour être celui des chasseurs de serpents, mais surtout des guérisseurs en cas de morsure. Si une personne est mordue, on fait appel à la famille des Keyras pour lui procurer les premiers soins et surtout pour entrer en contact avec « l'auteur » de la morsure afin de comprendre le pourquoi et voir ce qu'il y a lieu de faire. Une case du village héberge d'ailleurs des reptiles conservés dans une caisse. L'occasion de voir des serpents, si vous n'en avez pas déjà croisé ailleurs.

HOTEL BIBISH €

Quartier Abattoirs
✆ +224 624 91 56 11
Chambres ventilées de 150 000 FG à 200 000 FG et climatisées de 350 000 FG à 450 000 FG, avec eau chaude, télévision.

Situé pas loin du centre-ville, cet hôtel de plain-pied propose des chambres quelque peu sombres mais d'un rapport qualité/prix honnête surtout pour celles ventilées. Préférez celles situées au fond de la cour. Malheureusement il n'y a pas de restauration sur place. Pour le petit déjeuner et vos autres repas, il vous faudra chercher un restaurant/café en ville. Par contre la boîte de nuit Le Babylone située de l'autre côté du mur d'enceinte de l'hôtel assure l'ambiance des nuits de fin de semaine (du jeudi au samedi). Entrée gratuite pour les clients de l'hôtel.

HOTEL FIRYA €

Au carrefour de l'aéroport.
✆ +224 621 21 82 45
19 chambres simples à 100 000 FG (ventilées) et 8 suites à 250 000 FG (ventilées) et 350 000 FG (climatisées).

L'hôtel est situé à l'extérieur de la ville vers l'aéroport (sur la gauche en arrivant de Mamou). Installé dans une grande cour verdoyante, l'hôtel est constitué de petits bungalows qui abritent des chambres au confort basique. Même si l'entretien laisse parfois à désirer, à ce tarif-là, il n'y a pas d'équivalent ! Le restaurant propose des plats classiques à partir de 35 000 FG, quand il est ouvert. La boîte de nuit attenante à l'hôtel a fermé ses portes en attendant des jours meilleurs. Un plus pour la tranquillité des clients de l'hôtel.

HOTEL DEL NIGER €€

À l'extérieur de la ville, sur la route de Dabola.
✆ +224 664 22 45 72
53 chambres à 300 000 FG avec petit déjeuner et tout confort. Au restaurant : plats à plus ou moins 50 000 FG.

L'hôtel est situé à quelques kilomètres du centre de Faranah sur la piste de Dabola. L'accueil est toujours cordial dans cet établissement dont le propriétaire d'origine espagnole est très à l'écoute de ses clients. Les chambres sont réparties dans des cases rondes construites autour de la piscine et dans des villas. Elles sont toutes bien équipées et correctement entretenues. Ici loin de la ville, le calme est garanti. La piscine, opérationnelle lors de notre passage, est un vrai plus pour la région. La meilleure adresse pour séjourner à Faranah.

PARC NATIONAL DU HAUT NIGER ★★

Créé par décret présidentiel en 1997, il est né autour de la forêt classée de la Mafou puis de Kouya, couvre une superficie de plus de 110 000 ha et est à cheval entre les préfectures de Kouroussa, de Dabola et de Faranah. Ce site est d'une importance capitale. Tout d'abord, il abrite des espèces de poissons menacées d'extinction, ensuite y vivent des espèces animales et végétales nécessaires au maintien de la diversité biologique ouest-africaine, et enfin il est situé dans le couloir de migration des grands mammifères entre la Guinée et les autres pays limitrophes. Un excellent endroit pour le tourisme, même si rien n'est réellement mis en place pour recevoir les visiteurs. Il y a tout de même la possibilité d'être accompagné par les guides des eaux et forêts qui vous mèneront dans le parc, à la recherche de pintades, singes, hippopotames, crocodiles, etc. Les tarifs se négocient sur place. En saison sèche, les animaux rassemblés autour des mares sont plus faciles à observer mais, d'une manière générale, il est difficile de les trouver. En tout état de cause, si vous voulez pénétrer à l'intérieur du parc, il vous faudra être autonome pour le logement et la nourriture. En 2022, un conservateur pour le parc a de nouveau été nommé, l'ancien ayant été promu. Souhaitons que le renouveau entamé puisse se poursuivre après toutes ces années difficiles. Pour plus d'informations, contacter Samoura Sidakaro au +224 628 35 52 16.

TOKOUNOU

À plus de 2h de voiture de Kankan (117 km) sur la piste dégradée de Kissidougou, ce petit village au pied d'une colline n'a en lui-même que peu d'intérêt. Cependant, il se distingue d'autres villages par une étonnante spécialité culinaire : le ragoût d'agouti, un gros rongeur. Avec la crise Ebola de 2013, cette spécialité a certes largement disparu des maquis locaux. Malgré tout, certains jours, vous en trouverez encore au bord de la route. Âmes et estomacs sensibles s'abstenir, car la saveur et l'odeur de cette viande sont très fortes. Certains en raffolent, d'autres en sont écœurés, à vous de tester… et peut-être de détester !

Histoire

Tokounou est également un lieu où s'inscrit l'histoire de Nadine Bari, retranscrite dans

Chroniques de Guinée. En effet, c'est à 1 km de l'entrée du village en venant de Kankan, au niveau de l'embranchement de la piste de Kowan Nafadji, que se trouvait l'endroit où était enfoui son mari Abdoulaye, mort en septembre 1972, victime de tortures pendant la dictature sous Sékou Touré. Nadine – pour le moment seule veuve de disparu à avoir retrouvé le lieu d'ensevelissement de son mari – a transféré en 2016 les restes d'Abdoulaye dans son jardin de Conakry. Elle a fait don du terrain concerné à la commune de Tokounou.

PETITES MINES D'OR ARTISANALES ★

A proximité de la ville, notamment en partant vers Kankan, se trouvent de multiples petites mines d'or exploitées par les habitants avec des moyens dérisoires. C'est pourquoi la ville se vide très largement la journée, la population migrant vers les puits de mines. On peut alors voir les mineurs se glisser dans des puits creusés à la main et les femmes pieds nus dans la boue laver la terre retirée de ces puits, à la recherche de la pépite qui fera leur fortune.

KOUROUSSA

Kouroussa est la patrie incontestable du djembé. La Dounounba ou danse des hommes forts est comme une institution, pratiquée lors de toutes les fêtes locales. Elle est aussi la ville natale de l'écrivain chéri de Guinée, Camara Laye, dont on peut encore voir la maison, près de l'ancienne gare. Kouroussa a connu un sérieux déclin jusqu'à récemment mais elle présente un intérêt renouvelé grâce à ses gisements d'or. Si bien que certains ont pu parler d'une ruée vers l'or dans ce Far West guinéen, où l'exploitation artisanale et quelque peu anarchique de filons s'est fortement développée ces dernières années après le départ de la Cassidy Gold Guinée SA.

Histoire

Construit au XVIIe siècle, Kouroussa était autrefois un village fortifié qui voyait passer les caravanes en provenance du Soudan et à destination de Kankan. Étape parmi tant d'autres du voyage de René Caillié, il fut surtout l'un des centres d'impulsions de l'empire de Samory Touré, avant que celui-ci ne soit chassé par l'arrivée d'un ennemi de longue date, le colonel Archinard de l'armée française.

Le commerce, la production de caoutchouc et la situation géographique de la ville sont à l'origine de son développement, malheureusement freiné d'abord par la chute des cours du caoutchouc pendant la Première Guerre mondiale, ensuite par la création d'une ligne de chemin de fer entre Dakar et le Mali, qui détourna une partie du commerce qui avait jusqu'ici favorisé son développement.

PLAGE DE SABLE DU DJOLIBA (NIGER)

Dans la commune urbaine, pas loin de l'ancien pont sur le Niger, cette jolie plage de sable fin, découverte uniquement en saison sèche (approximativement de février à juin), est un lieu idéal pour les amateurs de baignade. Elle offre l'opportunité d'observer des scènes de la vie locale mais surtout donc de faire une pause rafraîchissante pour mieux supporter la chaleur ambiante de la saison sèche ; les températures pouvant approcher les 40 °C à cette période. A vos maillots de bain !

BARO ★★★

Le village de Baro est situé à 37 km de Kouroussa (compter 30 minutes de route). La route est goudronnée jusqu'à l'embranchement sur la droite. Il faut suivre ensuite une piste sur 6 km. Ce petit village de pêcheurs, sur les bords du Niandan, est connu de toute la Guinée pour sa fête de la Mare, une tradition séculaire qui date du XIIIe siècle, du temps de l'Empire mandingue. Le village et ses alentours sont également très réputés pour la présence de grands maîtres djembéfola (joueurs de djembé). Mansa Camio, aujourd'hui « gardien de la mare de Baro », est un de ces maîtres, il partage son temps entre la Guinée et ses tournées internationales.

MARES DE KOUMANA ET BALATO

Quelques dizaines de mares font l'objet de fêtes dans la région. Parmi celles-ci, il en existe deux principales après la fête de Baro : celle de Koumana qui se déroule dans la mare de Nantamba à la confluence du Milo et du Niger sur la rive droite de ce dernier et celle de Balato située sur la route de Siguiri sur la rive gauche. Elle se déroule dans la mare Woigbe, située à 2 km au sud de Balato. Il est possible d'assister aux trois fêtes qui ont lieu à quelques jours d'intervalle.

FETE DE LA MARE

La fête se tient généralement fin mai, mais la date exacte n'est précisée que quelques semaines auparavant, en fonction de la Lune. À cette occasion se mêleront joyeusement pendant un jour et une nuit des Guinéens de toutes ethnies et des invités venus de pays voisins ou plus lointains, passionnés de traditions et de musique. Le soir précédant la pêche, des masques vêtus de feuilles accueillent en dansant les premiers visiteurs. Commence alors une grande veillée autour de griots égrenant des contes au son de leurs koras, de danseurs adaptant leurs pas aux rythmes endiablés des djembés et de petits vendeurs proposant leurs marchandises à la lueur de leurs lampes. La plupart des personnes ne dormiront que très peu, avant de se retrouver le lendemain, pour former de nouveaux groupes de danse, en costumes traditionnels. Dans la matinée, des guerriers aux torses nus armés de sabres dansent pendant plusieurs heures sous le soleil, au rythme des djembés. Puis apparaît le Nié Dian, un masque monté sur des échasses, qui exécute une danse pendant laquelle il prouve son agilité et son sens de l'équilibre avant de s'écrouler volontairement par terre. Des assistants viennent alors mimer symboliquement le pilage du mil dans un mortier posé sur son corps agité de soubresauts. Finalement, le Nié Dian, plus fort que les humains, triomphe de son asservissement et se relève, avant de s'en aller, victorieux. Pendant ce temps, la foule se promène dans la forêt sacrée, pour acheter sa couronne de kinkéliba ou faire des offrandes de noix de kola ou de billets en vue de s'attirer la protection des ancêtres. Des jeunes garçons dansent sur des rythmes appelés « danses des hommes forts », le dundumba. En début d'après-midi, une immense procession composée de tous les futurs pêcheurs, munis de nasses artisanales ou de filets, et conduite par d'infatigables musiciens, se dirige en chantant vers la forêt sacrée. Cette forêt est en fait composée de quelques magnifiques fromagers, dont les troncs immenses et plissés servent de décor pour une sarabande endiablée, soulevant une poussière qui vous empêche bientôt de voir vos voisins. Quand enfin tout le monde commence à manquer de souffle, la population se retrouve autour de la mare et attend le signal du gardien. Lorsque celui-ci est donné, tout le monde se rue dans la mare et fouille méthodiquement la vase, afin d'y capturer des poissons de toute taille. Même si vous ne plongez pas dans la mare avec les autres pêcheurs, la fête vous laissera assurément un souvenir inoubliable et authentique.

DINGUIRAYE

Après divers voyages d'études et un pèlerinage à La Mecque qui dura plus de dix ans, El-Hadj Omar Tall, Toucouleur né au Sénégal et musulman passionné, s'installe à Dinguiraye vers 1848. Il y prêche la spiritualité de la Tidjaniya. C'est de là qu'il prépare et lance la guerre sainte contre les animistes bambara du Mali et qu'il jette les bases d'un vaste empire : l'Empire toucouleur. De cette période, Dinguiraye a gardé un certain prestige et une mosquée créée par le grand homme vers 1850. À l'origine construite dans la plus pure tradition locale, elle a depuis été reconstruite avec des matériaux modernes, tout en gardant une forme originale de dôme.

© SIMONA PESENTI

Fête de la Mare à Baro.

NIAGASSOLA ★

Ce village, perdu à l'extrémité nord-est du pays vers la frontière avec le Mali, à 120 km de Siguiri, est célèbre car il abrite le fameux Sosso Balla, le plus vieux balafon de Guinée. Ses origines sont mystérieuses, mais il aurait appartenu au roi du Sosso, Soumaro Kanté, au XIIIe siècle. Après la célèbre victoire de Kirina, Soundiata Keïta s'attribua l'instrument et en laissa la garde à son griot Balla Fasséké Kouyaté, en 1237, lors de la charte de Kurukan Fuga. Par la suite, l'instrument fut confié au plus âgé de la branche de la famille la plus ancienne, habitant au Mali d'abord, et après le XVIIIe siècle, à Niagassola.

Histoire

L'Association pour la sauvegarde et la préservation du Sosso Bala veille sur le balafon proclamé « chef-d'œuvre du patrimoine oral et immatériel de l'humanité » en 2001 par l'Unesco. Le vénérable instrument ne sort de son antre que pour des occasions officielles et notamment lors du festival du balafon, organisé seulement deux fois entre 2005 et 2016. Depuis août 2018, il bénéficie d'un nouvel écrin. Sur place, voir et/ou entendre le vénérable instrument demande de la patience et quelques espèces sonnantes et trébuchantes. Quoi qu'il en soit, il faut s'adresser au patriarche, le Balatigui, maître du balafon et gardien des lieux, pour connaître les démarches à suivre. En effet, c'est seulement si les conditions sont réunies qu'il organisera le cérémonial pour sortir le balafon pluricentenaire et vous gratifier d'un petit concert *live*.

FORT GALLIENI ★

Sur la route de Doko, à quelque 2 km du village de Niagassola, sur une colline qui domine le village, vous verrez les ruines du fort Gallieni, du nom de l'ancien commandant supérieur du Soudan français. Construit en 1885 pour maintenir la prééminence française sur le fleuve Bakoy et les régions aurifères du Bouré, un détachement de marins français y était basé pour faire face aux sofas (mercenaires) de Samory Touré. Aujourd'hui il reste des pans de mur presque complets et le rez-de-chaussée d'un bâtiment de 2 étages. Construits en pierre mais également avec de la terre de termitière, ces ruines se dégradent peu à peu sous l'effet conjugué du temps et des aléas climatiques. Il reste également des morceaux du mur d'enceinte du fort qui devait faire environ 250 m par 150 m et ceux d'une guérite. Malheureusement, le site étant laissé à l'abandon le temps y accomplit doucement mais sûrement son œuvre destructrice. Par ailleurs un cimetière dit des Blancs (vingt-quatre tombes en béton), situé à quelque 500 mètres du fort ainsi qu'un cimetière dit des tirailleurs, situé entre le fort et le village (sept amas de pierres) complètent ce site historique qui mériterait un meilleur sort. De fait, seuls ces deux cimetières sont entretenus régulièrement, comme en témoigne la mission menée par l'ambassade de France en 2017. Une manière de prolonger le devoir de mémoire. Tous ces vestiges sont comme les derniers témoins de cette période de résistance héroïque des Malinkés à la domination coloniale. Un lieu pour les passionnés d'histoire !

SIGUIRI

Signifie « lieu d'attente des buffles » en malinké (ou encore « petit tabouret »). Le nom aurait été donné par un chasseur qui venait attendre le gibier dans ce lieu. Cette petite agglomération, sur le chemin de Bamako, est la première ville occupée par l'administration française dans sa conquête lancée depuis le nord. La Guinée avait deux points d'entrée : la frontière malienne et la Basse Côte. C'est seulement à partir des années 1930 que l'exploration a vraiment débuté. Mais les deux guerres mondiales ont attiré les Français sur d'autres fronts. Depuis Siguiri est devenue une préfecture, la dernière avant la frontière avec le Mali voisin.

Tourisme

La ville ne présente que peu d'intérêt touristique, si ce n'est peut-être les rives du Niger. Par contre, pour les passionnés d'histoire et/ou de musique, la région située plus au nord présente quelques attraits. Alors certes, seuls les plus courageux pourront s'y aventurer car il y fait très chaud et très sec et les pistes qui y mènent sont mauvaises en saison sèche et quasi impraticables en saison des pluies, en raison de nombreux bourbiers. C'est pourtant dans ces confins nord du pays, proches des frontières maliennes, que se trouvent le village de Niagassola abritant le fameux Sosso-Bala, l'ancêtre des balafons, et les ruines du fort Gallieni.

La ville aujourd'hui

La ville est traversée par la N6, qui relie Kankan à Kourémalé à la frontière malienne. Ne ratez pas le paysage sur le trajet : sur la droite, de vastes étendues de rizières dans d'interminables plaines bordées par le cours du Niger alternent avec des villages typiques, des plantations de manguiers, de donis (arbre à karité) et de nérés. Le premier grand pont qui traverse le Niger au nord de Kankan au niveau de Nandiankoro est une superbe réalisation : tout en bas les femmes et les enfants lavent le linge au bord de l'eau. Le deuxième aux portes de Siguiri enjambe le Tinkisso qui rejoint un peu plus loin à l'est le Niger qui suit son cours jusqu'à la capitale malienne. En ville, on retrouve une ambiance frénétique et poussiéreuse de motos, 4 x 4 et camions qui font le va-et-vient sur la route principale. Siguiri est une base arrière pour les sociétés minières en raison des gisements aurifères exploités dans les environs. À voir en ville : le marché et le point de vue depuis l'antenne, qui offre un beau panorama sur la ville et le fleuve Niger.

CHUTE ET DAME DE MALÉAH

Située aux confins de la haute Guinée, la chute de Maléah est impressionnante par son débit en saison des pluies. Mais comme souvent dans la région, elle n'offre que peu d'intérêt en saison sèche si ce n'est un mur d'escalade. La Dame, quant à elle, est sculptée dans la falaise. D'après la tradition orale, la Dame en possession de néré rencontra un jour un grand marabout. Elle refusa de le lui donner, ce qui pourtant l'aurait aidé à soigner un malade. Le marabout décida alors de la transformer en pierre. Une version parmi d'autres de l'histoire de cette Dame.

MINES D'OR ARTISANALES

La région autour de Siguiri et plus globalement tout le nord-est de la Guinée sont des zones aurifères majeures du pays. Mines industrielles et mines artisanales se partagent le territoire en quête des meilleurs filons. Bien évidemment les moyens mis en œuvre par les uns et par les autres sont totalement disproportionnés. Vous trouverez de multiples lieux d'extraction disséminés un peu partout dans la région, où le plus souvent les chercheurs d'or artisanaux travaillent avec un matériel dérisoire et dans des conditions très difficiles et souvent dangereuses.

LA MOSQUEE DE FETEKOU

À gauche de la route Siguiri Kourémalé.

Mosquée en terre séchée, unique en son genre en Guinée, qui rappelle le style soudanais des mosquées maliennes toutes proches. La mosquée est construite en banco (mélange de terre argileuse, de paille hachée et d'eau), et son minaret est piqué de nombreux pieux de bois qui assurent la stabilité de la construction. Dans le village, il faut demander le gardien, qui se fera un plaisir de vous ouvrir les portes du sanctuaire. À l'intérieur, le plafond est constitué d'arches en terre et le sol est jonché de nattes, le tout dégageant une atmosphère propice à la prière.

HOTEL DJOMA €€€

✆ +224 628 25 53 57

Chambres climatisées quand le courant est disponible. Petit déjeuner compris pour une seule personne.

L'hôtel est situé sur la colline dominant la ville de Siguiri et de ce fait la vue sur la plaine du Niger y est sans équivalent. Prendre un verre sur la terrasse en face de ce panorama est vraiment reposant. Pour le reste, cet établissement, qui a sans doute été le meilleur de la ville, offre des prestations plus que moyennes au regard des tarifs affichés (équipements dégradés, entretien moyen, services à l'emporte-pièce, électricité en intermittence). Pas de quoi s'attarder, d'autant que la piscine n'est plus fonctionnelle. Pour passer une nuit et continuer.

CONFRÉRIE DES CHASSEURS DU MANDEN, LES DONSOS

« Les chasseurs sont rassemblés au sein de confréries, auxquelles tout le monde peut adhérer. Le néophyte choisit librement son maître de chasse. Il doit lui présenter un coq et dix noix de kola pour lui demander d'être son maître. La hiérarchie se fait suivant l'ancienneté dans la pratique. Lors de la cérémonie d'intronisation, les offrandes (kola et poulet) sont présentées au dieu de la chasse. Le chef des chasseurs casse les noix pour prédire l'avenir du chasseur. Puis il égorge le coq et cherche l'avenir du chasseur dans les entrailles de l'animal. Enfin, un grand repas clôture la cérémonie. Après l'initiation, les chasseurs portent au doigt une bague de fer. »

KANKAN ★★

Située sur le fleuve Milo, Nabaya (du nom de son fondateur Baté Nabaya) fut fondée par les Kondé (des animistes) au XVIIe siècle. Cent ans plus tard, ils furent refoulés à 11 km de là par les Kaba. Conquise par Samory Touré en 1879, Kankan fut occupée par la France en 1891. Cette ville a été rendue célèbre grâce à ses artisans, les Sidimé d'origine Kakandé, les plus grands sculpteurs de l'Afrique de l'Ouest. Dans la cité, il existe encore un grand nombre de cases ; c'est une fierté pour un Malinké que de préserver sa tradition. La ville abrite également de surprenants fromagers, dont les branches sont couvertes de chauves-souris. Si vous voyez des chaises disposées en cercle entourant des musiciens et des femmes en grand boubou dansant au milieu, ne doutez pas : c'est une Mamaya.

Transports

Depuis Conakry, en taxi-brousse, le trajet peut durer 12 heures et plus pour couvrir les 640 km ; un peu moins dans un véhicule privé 4 x 4. Cet axe routier est une alternance de bons tronçons goudronnés (Conakry-Mamou et Kouroussa-Kankan), de tronçons dégradés en cours de réfection (Mamou-Dabola) ou difficiles (Dabola-Kouroussa). Pour se rendre au-delà de Kankan vers le Mali, pas de problème, la route est excellente. Par contre vers Kérouané ou Kissidougou, ce n'est que de la piste. Quant à l'axe vers Mandiana, une vraie route bitumée est toujours en cours de réalisation depuis plusieurs années déjà.

LES ARTISANS DE KANKAN

La ville, véritable centre artisanal, dispose de nombreuses bijouteries et boutiques d'art. Les bijoutiers du quartier Korialen, habitués à travailler l'or, font généralement du beau travail de précision. Les prix sont très intéressants du fait de la proximité des mines. D'ailleurs pour acheter de l'or, pas de problème. Les échoppes de vendeurs sont alignées le long d'une des rues adjacentes du grand marché (quand vous êtes face à l'entrée principale, une des rues sur la droite). À l'intérieur des boutiques, les transactions s'opèrent autour de la balance et de la calculette, dans une ambiance assez feutrée. L'autre spécialité de la ville est la sculpture sur bois. À signaler parmi d'autres, un des plus vieux ateliers de sculpture de Kankan installé dans le quartier Salamani, l'atelier de la grande famille des Sidimé. L'atelier des potières du quartier Sinkéfara mérite aussi un petit détour. Vous trouverez leurs productions en vente au grand marché (sur une des rues longeant la grande halle). Quand à la cordonnerie locale, elle est assez différente de celle des Peuls du Fouta. La pièce la plus remarquable réalisée par les cordonniers malinké est sans doute le dosso, le sac traditionnel des chasseurs. Reste la bonne odeur des peaux travaillées qui, elle, est immuable. Signalons enfin l'artiste peintre Mara Lanciné, qui réalise des tableaux représentant des scènes de la vie quotidienne ou des portraits. Une partie de ses œuvres décore les chambres de l'hôtel Baté. Vous pouvez le joindre au ✆ +224 621 31 37 18.

ESPACE NATUREL PROTÉGÉ PARC DIWASI ★★

Sabadou Baranama ✆ +224 622 87 66 92
www.non-nobis.org
Chambres d'hôte, en pension complète à 500 000 FG par jour par personne. Chambres dans des écolodges à 200 000 FG/jour.

Située dans la réserve de faune de Foloningbè à 75 km de Kankan, l'aire protégée s'étend sur 104 000 ha dont 60 000 intégralement protégés. Elle a pour vocation la protection et la conservation de la nature et notamment de la faune locale, dont nombre d'espèces sont en danger, voire en voie d'extinction : céphalope géant, buffle, lycaon, etc. Plus globalement, le parc se veut un espace dédié à l'écotourisme. Son nom, Diwasi, est une contraction de trois mots maninka, diarra, wara et sii signifiant le lion, la panthère et le buffle. La famille Clapasson en est gestionnaire depuis sa création en 2005, en partenariat avec l'Office guinéen des parcs et réserves. Les visites de prospection à l'intérieur du parc, d'une durée minimale d'une semaine, sont une véritable expédition. Il est donc impératif d'informer au moins dix jours avant de venir afin que tout soit mis en place pour la réussite de votre séjour mais aussi pour en établir les modalités et le tarif. Il est également possible de faire des circuits de proximité accompagné d'un guide incluant selon votre choix des promenades en rivière, la visite de la grotte aux chauves-souris ou encore l'observation de l'avifaune locale, l'occasion également de rencontrer les habitants.

Les Clapasson vous offrent sur place l'assurance d'un accueil chaleureux, dans un cadre calme et relaxant. Appelez avant de vous rendre sur place au +224 622 87 66 92.

NB : accès difficile à l'intérieur du parc en saison des pluies de juillet à septembre.

LE FLEUVE MILO

Les rives du fleuve sont un lieu incontournable pour qui veut découvrir Kankan. D'ailleurs la ville s'est avant tout construite le long du fleuve avant de s'étendre au-delà vers le sud. Depuis l'unique pont qui enjambe le cours d'eau vous pouvez descendre vers les berges (uniquement en saison sèche) et passer un peu de temps à observer les scènes de la vie quotidienne. Vous pouvez également allez découvrir les fameux fours à briques artisanaux visibles depuis le pont et qui sont installés un peu plus à l'est. Ils ont en quelque sorte « remplacé » la briqueterie de la ville à l'arrêt depuis plus de dix ans.

Mais pour profiter au mieux du Milo, l'idéal est de s'éloigner un peu du pont et notamment de se rendre dans les quartiers sud, situés sur la colline qui domine la ville (des antennes relais pour la téléphonie y sont installées). Depuis un bowal où Samory avait l'habitude d'installer son campement, vous aurez un incroyable panorama à 180 degrés sur Kankan et la plaine environnante. Pour retrouver facilement ce point de vue et d'autres lieux au bord du fleuve, nous vous conseillons de vous adresser à Boubacar Condé, un habitant du quartier qui vous fera découvrir son Kankan ; l'occasion d'observer le travail des « pêcheurs » de sable et de leur famille mais aussi des « vrais » pêcheurs sur leur pirogue et de rencontrer les habitants. Vous pouvez le joindre au +224 621 88 23 78. Il pourra également vous accompagner pour visiter le centre-ville de Kankan à la découverte des artisans (sculpteurs, cordonniers, bijoutiers…).

Pont sur le Milo à Kankan.

MAISON DE LA FEMME DE SABADOU BARAMANA ★

Sabadou Baramana
✆ +224 622 87 66 92
www.non-nobis.org/projets.php
Groupements féminins artisanaux.

Inaugurée en 2014, cette structure a été créée par l'ONG Non Nobis pour répondre au besoin d'un groupement de saponification qui manquait alors d'un lieu de travail fonctionnel. La maison abrite aujourd'hui plusieurs groupements dont les activités vont de la transformation du soja au tissage en passant par le séchage de fruits et légumes, le fonio précuit… Tous travaillent ainsi à la mise en valeur et à l'amélioration de leurs savoir-faire avec l'objectif d'accroître leurs revenus.

CENTRE D'ACCUEIL DIOCÉSAIN €

✆ +224 622 43 83 96
Chambres à 150 000 FG et 200 000 FG avec eau courante et électricité garantie de 19h à 2h. Restauration sur place.

Situé en plein centre-ville de Kankan à moins de 10 minutes à pied du Milo ou encore du grand marché, le centre diocésain propose des chambres propres au confort simple. Mais l'essentiel est là : eau courante, électricité, ventilateur ou climatiseur avec moustiquaire (vraiment nécessaire). Il est possible de se restaurer sur place et/ou de boire une boisson fraîche dans la cour intérieure. Un bon compromis pour un budget très raisonnable et idéalement placé pour découvrir la ville.

HOTEL RESIDENCE NABAYA €

Quartier Missira
✆ +224 621 13 19 90
Chambres de 280 000 FG à 400 000 FG avec petit déjeuner. Au restaurant, plats de 40 000 FG à 60 000 FG.

Idéalement placé au calme, un peu à l'extérieur de la ville sur la route de Kouroussa, ce petit hôtel sympa est plutôt bien entretenu. Les chambres sont simples mais propres et équipées avec l'essentiel. Les panneaux solaires assurent le courant pour l'éclairage et les prises dans les chambres. Installé dans une grande cour, l'hôtel s'articule autour d'une grande paillotte centrale qui abrite le bar et le restaurant. Les chambres sont réparties dans des bâtiments de plain-pied tout autour de cette cour, qui sert par ailleurs de parking.

HOTEL BATÉ €€

Quartier Korialen
✆ + 224 621 22 07 45
23 chambres de 360 000 FG et 510 000 FG, climatisées avec eau chaude, avec petit déjeuner. Plats à partir de 70 000 FG.

Le plus ancien hôtel de Kankan, situé au cœur de la ville dans un quartier très animé à côté du grand marché. Une bonne base pour découvrir la capitale régionale de la haute Guinée. Autrefois de prestige, il peine à retrouver sa classe d'antan, mais propose malgré tout des prestations dans la moyenne de l'offre locale. Dans un contexte compliqué, l'établissement reste une référence. Le restaurant ouvert tous les jours propose des plats très classiques, tels que le filet de capitaine avec alokos ou le poulet grillé local avec frites.

HÔTEL BUFFET DE LA GARE €€

Quartier Kabada 2 ✆ +224 626 49 73 73
Chambres et suites tout confort. De 500 000 FG pour les chambres simples à 1 500 000 FG pour les suites senior.

Le Buffet de la Gare est un établissement construit dans la première moitié du XXe siècle à l'époque où Kankan était encore desservie par le chemin de fer depuis Conakry. Ce lieu historique, qui avait quelque peu perdu de sa superbe, a repris du service depuis 2019 et de la plus belle des manières : chambres tout confort, décoration moderne. Les chambres et suites sont réparties tout autour d'une cour agréablement aménagée avec des arbustes et espaces verts, et au centre de laquelle se trouve la piscine ainsi qu'une paillotte. Un lieu à découvrir ou redécouvrir.

RESIDENCE UNIVERSITAIRE DE KANKAN €€

✆ +224 621 20 95 27
Chambres de 250 000 FG pour les ventilées à 400 000 FG pour les climatisées. Les suites sont à 500 000 FG et 600 000 FG.

La résidence est située en plein cœur de Kankan dans l'enceinte de l'université Julius Nyerere, à deux pas du grand marché et du fleuve. L'établissement propose une large gamme de chambres et de suites pour un rapport qualité-prix correct, mais sans plus. L'ensemble est globalement bien entretenu, pour les standards locaux. Le petit déjeuner est compris dans le prix des chambres. Le restaurant propose quelques plats très classiques à des prix abordables.

BOUTIQUE ARTISANS DU FASSO

✆ +224 621 32 38 78

M. Diané vous accueille dans sa caverne d'Ali Baba de l'artisanat africain. Sa boutique n'est pas grande mais les objets présentés, collectés au fil du temps, sont très divers de par leur taille, leur forme, leur matière, leur origine… et vont du style le plus classique au plus osé. Vous trouverez chez lui aussi bien de massives sculptures en bois rouge que des petits porte-clés en dent de phacochère, des bronzes du Burkina Faso et de Kankan, des instruments de musique ou des masques.

LES MARCHÉS

La ville de Kankan est célèbre pour ses deux grands marchés, Dibida et Lofèba, qui débordent largement les halles couvertes d'origine : on peut déambuler et s'égarer dans leurs allées et autour à la recherche des produits typiques de la région. On y trouvera tous les produits alimentaires de la Guinée et des pays voisins. Pour les amateurs d'expériences culinaires exotiques : goûtez l'igname de Kankan ! Le must de l'igname. Dommage que les produits chinois, de piètre qualité, envahissent tous les étalages ! Mais malheureusement ce n'est pas spécifique à Kankan.

MANDIANA

Située sur les berges du Sankarani, un affluent du Niger, la ville est essentiellement agricole avec la culture du coton mais aussi du maïs. Elle est également une région aurifère avec d'importants projets de sites d'exploitation. Cette récente sous-préfecture est une ville en devenir : en témoigne la construction de la route depuis Kankan, une première sur cet axe qui n'a jamais connu de goudron. Malheureusement, sept ans après le début du projet, la route est toujours en cours de réalisation. Sur place, vous trouverez des véhicules qui partent en direction du Mali et de la Côte d'Ivoire. Une traversée aventureuse pour les plus aguerris.

NIANI

Niani est l'ancienne capitale du prestigieux empire du Mali fondé par Soundiata Keïta au XIIIe siècle et qui s'étendait alors sur une partie du Mali, de la Guinée et du Sénégal actuels. Aujourd'hui ce n'est qu'un petit village parmi d'autres, situé à une quarantaine de kilomètres de piste au nord de Mandiana. On peut toujours y voir des vestiges de cases, l'arbre sous lequel s'asseyait Soundiata lors de ses palabres ou encore la colline où il aimait se promener. Si vous êtes passionné d'histoire et doté d'une imagination fertile, le détour vaut le coup ; pour les autres, il est, c'est vrai, un peu difficile de voir en ces lieux la capitale d'un empire.

BISSANDOUGOU ★

C'est à 40 km au sud de Kankan que vous pourrez découvrir la très célèbre ville de Bissandougou. Capitale de l'empire Wassoulou qui s'étendait de la Guinée à la haute Volta et de la forêt tropicale au Sahara, Bissandougou offre aujourd'hui quelques rares souvenirs de cet empire fondé par Samory Touré et disparu avec lui, à la fin du XIXe siècle, totalement détruite par les troupes coloniales. Elle fut par ailleurs le lieu de signature d'un important traité entre Samory et les Français en 1887, redéfinissant la délimitation entre les colonies françaises et les Etats de Samory, et leur accordant des droits de navigation sur le fleuve Niger.

CIMETIÈRE DE BISSANDOUGOU

Deux versions se battent pour établir les causes de la mort de ces officiers français et tirailleurs enterrés à proximité du village. La première raconte que ces soldats auraient été tués lors d'affrontements avec les Sofas de Samory. La deuxième relate une malédiction qui se serait abattue sur les colons après la capture de Samory. Quoi qu'il en soit, les tombes sont bien là et le cimetière est entretenu par l'ambassade de France, pour continuer à honorer la mémoire des disparus.

PLACE DU VILLAGE ★

C'est ici que Samory aimait s'entretenir avec les siens. Sur cette place, trois fromagers datant de l'empire Wassoulou dominaient le village, témoins de rencontres entre Samory et son peuple. Malheureusement le temps a fait son œuvre et deux des trois arbres ont partiellement ou totalement disparu. Reste le plus vigoureux qui cache encore le mystérieux disparu. Cette place offre aux voyageurs l'occasion toute trouvée de faire une petite halte de courtoisie et d'en apprendre un peu plus avec les anciens du village sur l'Histoire ou les histoires du lieu.

KEROUANÉ ★

Kerouané est une petite ville tranquille, entourée de montagnes, qui constitue donc un excellent départ pour des balades à pied. La cité, dont le nom signifie en malinké « fauteuil du bonheur », a été fondée par le clan des Camara et rendue célèbre par Samory Touré, qui avait installé sa capitale un peu plus au nord à Bissandougou. Samory, dans sa lutte contre les Français, dut quitter la région en 1892 pour s'exiler près de Siguiri, avant d'être arrêté par les colons, puis déporté en 1898. Mais il a marqué l'histoire de la région et plus largement du pays. Dommage que les rares vestiges de ce glorieux passé soient si peu mis en valeur.

Se restaurer

Le choix est plutôt limité au centre-ville. Un restaurant et un hôtel en perte de vitesse, et puis c'est tout ou presque. Il y a bien une ou deux gargotes dans la rue, en face de la gendarmerie, où la cuisine est préparée dans de grandes marmites. Pour connaître le menu, il vous suffira de soulever les différents couvercles.

Transports

Les pistes pour accéder à Kerouané sont toutes plus ou moins dégradées. Pas un kilomètre de bitume à l'horizon. Il y a deux routes principales, qui se rejoignent à l'entrée et à la sortie de la ville. En venant de Kankan, la route de gauche mène à la mosquée, tandis que la route de droite mène à l'antenne, aux vestiges du Tata (après une deuxième intersection) et à la gendarmerie.

LA TRANSMISSION ENTRE CHASSEURS

« Dans la confrérie de chasse, les maîtres chasseurs sont les sources du savoir ésotérique qui fait l'objet d'une quête permanente de la part de tous les chasseurs. Les nombreux jeunes formés par un maître restent toujours attachés à celui-ci pour parfaire leurs connaissances. Il peut s'agir d'un savoir particulier qui fait la renommée du maître et qu'il doit transmettre à ses meilleurs élèves. Par exemple, il peut s'agir des secrets de fabrication d'un fétiche de chasse, des incantations pour parer aux conséquences néfastes du *nyama* (force vengeresse), des animaux abattus ou de formules de thaumaturgie. Il arrive également que des chasseurs, sans avoir de relations particulières avec un maître chasseur réputé, viennent se mettre à son service afin d'acquérir des éléments de son savoir. C'est pourquoi le terme *jula* (itinérant) s'applique au chasseur à double niveau : activité sylvestre et quête du savoir. La fraternité universelle, dont les chasseurs se font chantres, et qui figure en bonne place dans la charte du Manden, se manifeste surtout dans leurs échanges autour du savoir. Il n'y a pas de rencontres de chasseurs – même fortuites – qui n'aboutissent à des échanges de savoir et de savoir-faire. Ainsi, l'un des aspects marquants des fêtes et cérémonies des chasseurs est qu'elles donnent toujours lieu à ce qu'ils appellent *falen*, « échange ». En effet, chaque fois que les chasseurs se rencontrent, ils procèdent à ces échanges de nouvelles, mais surtout de savoir. Chacun met un point d'honneur de donner les résultats de ses quêtes auprès des maîtres et n'hésite pas à procéder à des échanges avec ceux qui auraient également acquis de nouvelles connaissances. Il s'agit généralement de produits de la pharmacopée ou de talismans qui ornent la tenue de chasse et renforcent les principes spirituels du détenteur. » *Un passé revisité, la transmission des savoirs*, Fodé Moussa Sidibé.

CHUTE DE DJIGBÉ ★

A 7 km de la ville, cette cascade d'environ 30 m de haut a été aménagée pour alimenter la ville en eau. Un peu dommage pour la beauté du site, mais nécessaire pour les populations. En venant de Kankan, il faut prendre la première piste à gauche, 1 km après l'arche d'entrée de la ville. Le chemin serpente dans la forêt avant d'aboutir à la station d'épuration 5 km plus loin. On suit alors le sentier qui mène, après 30 minutes de marche, à la cascade. Peut-être y entendrez-vous hurler des chimpanzés qui vivent autour du mont Going. Toujours impressionnant !

LE PUITS DE SARAN ★

L'épouse préférée de Samory a semble-t-il vécu à Kérouané. La mare, qui est actuellement dissimulée aux regards par un mur d'enceinte sur lequel est inscrit Saranken Kolon (« le puits de Saran la belle »), serait à l'origine le puits qui lui permettait d'arroser ses jardins. Ce lieu n'est pas très distant des ruines du Tata de Samory. Pour y pénétrer, il faut s'adresser au gardien, un lointain descendant, qui ouvrira la porte. Tout l'espace est occupé par une petite mare couverte de nénuphars, où quelques poissons-chats « sacrés » nagent tranquillement.

VESTIGES DU TATA DE SAMORY

L'accès au site est très facile, il suffit de monter à l'antenne que l'on voit de loin.

Un Tata est un camp retranché construit sous l'autorité d'un chef de guerre pour se défendre d'attaques ennemies, notamment celles des troupes coloniales au XIXe. Du Tata de Samory à Kérouané, il ne reste en fait pas grand-chose si ce n'est la colline sur laquelle se trouvait la résidence du chef et le vestibule (originel ou pas, difficile de savoir) du fameux Tata ainsi qu'un pan de mur ancien. Un buste doré de Samory posé sur un piédestal a été installé plus récemment à proximité.

SUR LA PISTE DES HIPPOS

Les hippopotames sont encore présents en haute Guinée et notamment dans un triangle englobant le parc du Haut Niger entre Faranah, Kankan et Kérouané. Ils sont encore aperçus de temps en temps à proximité de Kankan, notamment en saison des pluies. Par ailleurs plusieurs sites, où ils ont été régulièrement observés, sont situés entre Kankan et Kérouané dans les eaux du Milo. Partir à la recherche de l'hippopotame est une véritable aventure, car même si les pêcheurs des environs connaissent la région du fleuve dans laquelle ils se trouvent, il faut avant tout les pister, repérer leurs bouses, leurs traces et écouter les bruits du fleuve pour les localiser. La suite de la « chasse » est en général quelque peu variable en fonction de la localisation des animaux. Ce n'est pas toujours facile, car les hippos sont capables de tenir en apnée sous l'eau environ quatre minutes ! Le fait de les voir devient donc un moment vraiment fort et émouvant. Si vous voulez tenter l'aventure, vous pouvez par exemple vous rendre au village de Komodou situé au-delà de Bissandougou vers Kérouané. Il vous faudra demander au village pour être accompagné d'un guide, pour partir à la recherche des *mali* (hippopotames en malinké). Il est alors préférable d'être bien équipé pour la marche et notamment porter un pantalon, car l'approche aux abords de la rivière est généralement assez difficile. Au final, même si vous ne voyez pas les *mali*, vous plongerez au cœur de la région mandingue pour des moments uniques et mémorables.

HOTEL KORO KEMODJENE €

✆ +224 620 53 46 44

21 chambres de 100 000 FG à 200 000 FG ventilées ou climatisées.

Cet établissement, installé dans une grande cour, a connu des jours meilleurs. Lors de notre passage, des véhicules de chantier étaient les seuls occupants de ce lieu, ayant bénéficié par le passé de la présence de sociétés minières travaillant dans les environs et dont le personnel occupait les chambres à l'année. L'ensemble est relativement entretenu avec l'eau courante et l'électricité grâce à un groupe en cas de besoin, en attendant un hypothétique retour des miniers qui pourrait lui redonner une nouvel élan. Si vous devez vraiment passer la nuit sur place.

RANDONNÉE DU MONT GOING

Si vous êtes un adepte de la marche en montagne et équipé, cette rando vous offrira une jolie balade de 6h (aller), avec de beaux points de vue et peut-être quelques rencontres inattendues de singes. Le chemin est bien tracé mais pas balisé. Toutefois, comme nombreux sont les habitants qui l'empruntent, vous pourrez facilement demander votre route et/ou trouver un guide localement. Pour trouver le départ du sentier, il faut sortir de Kerouané vers Beyla. Après le village de Gbabadou, passez un petit pont et le départ du chemin est 200 m plus loin sur la gauche.

BANANKORO ★

Banankoro est le haut lieu du marché aux diamants, qui se tient tous les dimanches matin aux environs du grand marché et de la mosquée. Mais pénétrer dans le saint des saints n'est pas une mince affaire. En effet, l'entrée de la ville est contrôlée par la milice des mines, et il est normalement obligatoire de posséder un ordre de mission, c'est-à-dire un permis d'entrer dans cette zone pour y travailler. Cependant, vous pouvez tenter de demander une autorisation de passage à la préfecture de Kerouané. Banankoro est une bourgade laide et sans âme, où toutes les activités sont centrées sur le commerce du diamant.

On trouve tout l'attirail du parfait mineur au coin des rues : pelles, pioches, tamis, seaux, sacs en pneus, etc. Vous serez sans cesse abordé et l'on vous proposera quelques minuscules pierres enveloppées dans du papier journal. Les jours de marché, les comptoirs d'achat sont en pleine effervescence. Des queues de vendeurs en bouchent l'entrée, tandis qu'à l'intérieur règne une atmosphère de fourmilière : on pèse la marchandise sur des balances Roberval miniatures, on observe les gemmes à la loupe pour déceler les inclusions, on évalue le prix, armé de sa calculette, et on palabre énergiquement avant de conclure la vente… Les pierres circulent de main en main, des vendeurs mécontents gesticulent, un brouhaha de voix et de bruits de calculettes domine le tableau.

Mais ne comptez pas vous enrichir ici, car il est interdit à toute personne non guinéenne d'acheter des diamants. Méfiez-vous des agents du ministère des Mines qui tentent de piéger les étourdis en leur proposant des pierres ! Banankoro se situe à 40 km de Kérouané. On accède à la piste en prenant sur la droite, devant le tata de Samory Touré. On passe alors devant la préfecture et l'antenne. À la sortie de la ville, vous franchirez le Milo à gué, en pirogue ou avec le bac, suivant la saison et le niveau de l'eau. Puis vous grimperez la formidable côte des monts Tourou, que la plupart des vieux véhicules gravissent difficilement, les passagers étant bien souvent obligés de pousser derrière ! Au sommet, remarquez le pain de sucre de dolérite sur votre droite. La piste redescend ensuite pour arriver une vingtaine de kilomètres plus loin à l'embranchement de Banankoro (sur la droite) avec les mines exploitées industriellement (diamant alluvionnaire).

KAMARATO

Ces chutes sont les plus belles de la haute Guinée, sur la rivière Baoulé. Engoncées dans un étroit défilé de dolérite, elles s'élancent du haut de leurs 80 m sous forme de deux cascades. De larges dalles à leur sommet forment une plateforme idéale pour un pique-nique avec vue. Elles se trouvent à 30 km de Banankoro. On passe un pont, puis le barrage de la police sur la droite (la piste de gauche rejoint la route de Kissidougou). Au rond-point, continuer tout droit vers la cité minière. On reste toujours sur la piste principale jusqu'au panneau qui indique la cité minière sur la gauche. Puis on prend à droite vers le barrage. Après le barrage de police, laisser la grande piste qui continue sur le vrai barrage et prendre la petite piste sur la gauche, puis à droite vers le village de Damaya (3 km de l'embranchement) que l'on traverse. Rester sur la piste principale, jusqu'à un grand embranchement (2,8 km plus loin), prendre à droite. Encore 4 km et prendre sur la gauche pour éviter le petit bled de chercheurs de diamants. On laisse la voiture 1 km plus loin pour descendre rejoindre la rivière sur la droite. Les chutes d'eau sont un peu en contrebas ; il faut longer la rivière sur 50 m pour découvrir leur sommet. Le long de la piste, les « chasseurs de diamants » sont nombreux, et il est donc facile de demander votre chemin, le site de Kamarato étant bien connu des locaux : ce goulot d'étranglement est très favorable à la concentration des diamants dans le lit de la rivière.

PASSPORT
N
W
E
S

GUINÉE FORESTIÈRE

La région est le théâtre des traditions, le sanctuaire des derniers rites initiatiques ancestraux ; ici, on croit encore à la magie des sorciers. Elle est, avec le Fouta, ce que la Guinée compte de plus beau du point de vue des paysages. Les vestiges de la forêt primaire y sont certes de moins en moins étendus, mais la diversité de la flore et des reliefs offre encore de belles images. C'est aussi la région où l'islam est relativement moins implanté et où le catholicisme a fait le plus d'émules. Ici minarets et clochers cohabitent dans le respect. Nombreux sont ceux, toutefois, qui adorent Dieu tout en ne dédaignant pas les prières aux âmes des ancêtres, au cas où. La Guinée forestière, qui partage des frontières avec la Côte d'Ivoire, la Sierra Leone et le Liberia, a été le refuge des populations ayant fui la guerre dans leurs pays respectifs. Ainsi son histoire récente a été particulièrement marquée par les conflits de ses voisins.

Siriadou
Gbenko
KISSIDOUGOU
Dengamadou
Sirouadou
Heako
Bouro
Watanka
Binikala
Balizia
Zalabagha
GUÉCKÉDOU
MACENTA
Neridou
Koilahun
Voinjama
SÉRÉDOU
Kpakamai
Irié
YIRIÉ
N'ZÉBÉLA
LIBÉRIA
Fassankoni
SÉRISSO
Wakesu
Koyamah
Gbanway
30 KM
Banié
Pé

Kérouané
Damaro
Founouroukouroudou
Sokourala
Diassodou
Guinée forestière
Beyla
SINKO
Gbéssoba
BEYLA
Diara-Guérela
ounoudou
CÔTE D'IVOIRE
Laminata
Foumbadou
Gono Ziata
Wolono
Lainé
FO
Guéassou
PALÉ
Soulouta
Kokota
Sipilou
Samoé
LOLA
N'ZÉRÉKORÉ
BOSSOU
N'Zoo
Zoupleu
Bounouma
LIBÉRIA
MONTS NIMBA
CKÉ FOREST
RESERVE
Wokipa

225

● ● GUINÉE FORESTIÈRE

La Guinée forestière est actuellement une région très calme et sûre pour le voyageur ; encore peu visitée malgré son potentiel. Du fait des hébergements incertains, il convient par exemple d'avoir avec vous un drap, des taies d'oreiller et une moustiquaire pour votre confort personnel. Et n'oubliez pas des vêtements de pluie car la région est arrosée avec plus ou moins d'intensité, dix mois sur douze. Heureusement ici les principaux axes sont dorénavant goudronnés. Reste que l'état des pistes est très variable en fonction des dites pluies. Il convient également de prévenir les automobilistes que la région est particulièrement friande en « régulateur de trafic », c'est-à-dire en ralentisseurs maison qui ont de quoi faire trembler vos amortisseurs. Du fait de l'exubérance de la végétation, les petites bestioles sont au paradis. Méfiez-vous des serpents, des fourmis,... lorsque vous vous promenez en forêt. Chaussez-vous en conséquence et évitez de sortir des sentiers !

225 **LOLA ★★★**

Pas grand-chose à faire au centre de Lola, sauf peut-être apprécier la vue sur la chaîne des monts Nimba située à quelques kilomètres plus au sud. La ville est par contre idéalement située pour partir à la rencontre des derniers chimpanzés de Bossou ou à l'assaut des pentes du mont Richard Mollard. Ces excursions demandent un peu d'organisation mais laissent d'impérissables souvenirs.

231 **N'ZÉBÉLA ★**

N'Zébéla est connu pour abriter la tombe d'un célèbre guerrier toma, véritable héros national, Togba Pivi. C'est aussi et peut-être surtout un village d'où l'on part en excursion vers un des incroyables ponts de lianes de la région, mystérieux dans sa réalisation, majestueux et aérien dans son apparence.

232 **SÉRÉDOU ★★**

Incontournable pour qui souhaite découvrir la région forestière dans son authenticité, Sérédou est située à l'orée de la forêt de Ziama, dernier témoin de la forêt primaire qui couvrait toute la région. Entre découverte de l'écosystème forestier et activités agricoles locales (culture et transformation), si vous répondez à l'appel de la forêt, à n'en pas douter vous en reviendrez transformé.

BEYLA ★

Cette petite bourgade peut constituer une étape sur la route de N'Zérékoré ou sur celle de la Côte d'Ivoire. La ville (et ses environs) était très prisée du temps des colonies pour son climat clément et ses plantations de tabac. De nos jours, il ne reste de cette grandeur passée que d'anciens hangars à tabac, ainsi que quelques résidences et piscines abandonnées. La ville est coupée en deux parties. La première, sur l'axe Kerouané-N'Zérékoré, est la plus récente, avec le marché, l'hôpital, la chapelle, etc. Si on poursuit la route qui mène vers Sinko, on arrive à la vieille ville, autour de la grande mosquée. À noter que la ville est située à proximité du mont Simandou, dont les réserves en fer font l'objet d'un très important projet intégré mines-infrastructures.

Se restaurer

Manger ne vous posera aucun problème, si vous êtes prêt à vous nourrir localement. Des gargotes proposent leurs plats, autour de la gare-voiture. Les petits bars vous offriront des omelettes, des brochettes, des sandwichs et des boissons, pas toujours fraîches.

Transports

Très belle route goudronnée bordée de cocotiers, de caféiers et de cacaoyers en direction de N'Zérékoré (140 km plus au sud). Pour remonter vers le nord et Kérouané, ce n'est pas tout à fait la même histoire… Que de la piste tout le long jusqu'à Kérouané et au-delà. Même chose en direction de Sinko et de la frontière ivoirienne.

HOTEL MKK « RÉSIDENCE BEMBEYA » €

✆ +224 628 69 81 22

7 chambres de 150 000 FG (sans ventilateur) et 250 000 FG (avec ventilateur). Petit déjeuner complet de 25 000 FG.

Les chambres plutôt spartiates ont l'eau courante et l'électricité. Le courant est assuré par le groupe de 18h à minuit. Si vous souhaitez qu'il soit maintenu plus longtemps, il faudra payer le carburant nécessaire. Pour la restauration, vous passez commande, le prix est fixé en fonction de votre commande et si vous êtes d'accord, le plat est préparé. Le seul hôtel à peu près correct de la ville ! Si jamais vous avez le temps, le gérant pourra vous faire visiter Beyla et ses environs.

LOLA ★★★

Aïe loya (« attendez-moi » en mandingue). Lorsque le grand Almamy Samory Touré a fait escale dans ce village, il ordonna à une partie de ses troupes « d'attendre là ». Aujourd'hui, la ville est un lieu reculé aux portes de la Côte d'Ivoire et du Liberia, et si son isolement a permis à la nature alentour de rester relativement préservée, les crises voisines ont bien failli être fatales à Lola, notamment lors du conflit libérien. À moins d'une heure de N'Zérékoré, la ville est habitée par l'ethnie kono. C'est le point de départ pour des excursions aux environs : les monts du Nimba, le Centre des chimpanzés de Bossou ou encore la grotte de Kéoulenta.

GROTTE DE KÉOULENTA

Cette grotte largement ouverte à son entrée constituait un lieu de refuge pour les populations des environs, dans les périodes troublées. Selon la légende, si vous êtes dedans, les balles de vos ennemis ne peuvent vous atteindre. C'est aussi un lieu de dévotion où l'on vient faire des sacrifices dans l'espoir d'obtenir une suite positive à ses requêtes. Des fouilles archéologiques menées dans les années 1950 ont permis d'y révéler la présence très ancienne de populations. Un aménagement permet dorénavant de s'asseoir face à la cavité pour mieux l'observer.

PONT DE PIERRE DE GBAKPORÉ

Il est situé à quelques kilomètres du village de Gbakporé. Le pont ressemble davantage à une grotte creusée par le cours d'eau, le Cavalli, dans de la roche, même si de fait, quand on suit le cours d'eau, on passe sous la roche et on ressort à l'air libre quelques mètres plus loin. Un petit espace a été aménagé juste à côté pour se poser à l'ombre de la forêt-galerie. Il a été réalisé grâce à un financement du PNUD (Nations unies) ; une bizarrerie de plus de l'aide au développement.

MARE DE GOGOTA

© PATRICK MADELAINE

Cette mare est un lieu sacré pour le village de Gogota, situé sur la route entre Lola et Bossou. Elle est peuplée de poissons-chats révérés par les habitants. Pour se rendre à la mare il faut s'adresser à son gardien qui vit au village et lui donner le prix du pain. On se rend ensuite au bord de la mare pour appeler les poissons « sacrés », en leur jetant quelques morceaux de pain et en déclamant les invocations rituelles. D'innombrables silures de toutes tailles apparaissent alors à la surface de l'eau, couverte de nénuphars.

TOMBE DE RICHARD-MOLARD

Coincée entre la nouvelle route goudronnée et la piste, la tombe, qui est un véritable mausolée, rappelle en quelques mots aux visiteurs qui était Richard-Molard. « Jacques Richard-Molard, agrégé de l'Université, professeur à l'École nationale de la France d'outre-mer, ex-directeur adjoint de l'IFAN, décédé accidentellement aux monts Nimba le 29 juillet 1951. » Il était notamment un fin connaisseur du massif du Fouta Djalon qu'il étudia entre 1941 et 1942. Son nom a été donné au plus haut sommet de la chaîne des monts Nimba, anciennement le mont Nouon.

LES MONTS NIMBA ★★★

Ce massif montagneux, à cheval sur le territoire de la Côte d'Ivoire, du Liberia et de la Guinée, constitue une chaîne d'une quarantaine de kilomètres de long, qui culmine au mont Richard-Molard à 1 752 m. C'est le deuxième massif le plus haut d'Afrique de l'Ouest, après les monts Loma de Sierra Leone (1 948 m). Cet ensemble a été classé réserve naturelle protégée et s'étend sur plus de 15 000 ha. On y a recensé plus de 90 espèces de mammifères, dont des guibs harnachés, des céphalophes, des buffles de forêt, des genettes, des colobes, des cercopithèques et des chimpanzés. Il y vit aussi le fameux crapaud vivipare au-dessus de 1 000 m d'altitude et qui est unique au monde.

Ce massif est constitué de quartzite et est très riche en minerai de fer. C'est pourquoi depuis les années 1970, les monts Nimba sont dans le collimateur de grandes compagnies minières. Des problèmes politiques, structurels et/ou financiers ont jusqu'à présent gelé l'exploitation de la zone. D'ailleurs ce site est classé au patrimoine mondial, et est à ce titre théoriquement protégé. Mais pour combien de temps encore, les compagnies minières affirmant pouvoir y travailler en respectant l'environnement ? Reste que le périmètre minier représente 5 500 ha sur les 12 500 de la réserve écologique, une exploitation sans répercussions sur l'environnement semble donc impossible. L'expérience du côté libérien, avec le désastre écologique qui en a résulté, ne plaide pas vraiment en faveur de ces compagnies : rivières polluées, forêts détruites. Les Guinéens sont prévenus.

La découverte des lieux est parfois difficile, compliquée par l'activité des sociétés minières de la zone. Cependant plusieurs solutions existent pour se lancer à l'assaut des pentes abruptes des monts Richard-Molard ou Leclerc…

Tout d'abord, le village de Gbakporé constitue une des voies principales. Il vous faudra alors contacter Bernard Doré qui vit à Gbakporé et connaît très bien les environs au + 224 622 85 73 21. Il pourra accompagner les randonneurs volontaires pour une marche, un peu sportive, sur les pentes du mont Leclerc. Il organise par ailleurs des visites dans différents sites de la région (pont naturel, tombe de Jacques Richard-Molard, grotte de Kéoulenta…). Il propose également un hébergement basique chez lui.

Vous pourrez aussi vous lancer à l'assaut du Nimba depuis le village de Serengbara dans les environs de Bossou. Les guides de l'Institut de recherche de Bossou pourront alors vous ouvrir le chemin. Possibilité de passer la nuit sur place avant de vous lancer au petit matin.

HÔTEL ZINGO €

+224 626 72 78 19

10 chambres de 100 000 FG et 150 000 FG avec eau froide. Restauration possible mais sur commande.

Des chambres simples et correctes (un lit double avec matelas en mousse et moustiquaire) pour le prix demandé, avec salle de bains/toilettes, mais sans plus. Le courant est fourni en soirée par des panneaux solaires. Un des rares établissements de Lola acceptable pour passer une nuit avant de se lancer dans les excursions vers le mont Nimba. Dans la cour de l'hôtel, il y a un bar-restaurant et une discothèque à la déco assez flashy, qui fonctionne surtout les fins de semaine. Ambiance locale assurée ! Pas forcément idéal pour se reposer…

BOSSOU ★★

Le village de Bossou est niché au cœur de forêts primaires et secondaires, ou tout au moins ce qu'il en reste. Les collines alentour, dont le mont Gban qui les surplombe, font partie de la zone intégralement protégée des monts Nimba, classés au patrimoine mondial de l'humanité par l'Unesco. Le massif du mont Nimba, qui culmine à plus de 1 700 m, apparaît d'ailleurs en toile de fond dès qu'on approche de Bossou. Le village est bien connu dans la région pour un groupe de chimpanzés qui vit à proximité depuis plus de vingt ans. Ils n'est pas rare d'ailleurs de les apercevoir aux abords du centre-ville. On vient donc à Bossou pour partir à leur rencontre.

INSTITUT DE RECHERCHE SUR LES PRIMATES DE KYOTO

www.greencorridor.info

Pour les personnes intéressées par les recherches en cours à Bossou, vous pouvez essayer de contacter le professeur Tetsuro Matsuzawa, directeur de l'équipe internationale Kupri-Bossou Nimba, qui travaille pour l'Institut de recherches sur les primates à Kyoto (Japon). L'Institut est un partenaire historique du projet de Bossou. Pour les simples visites et pour voir les chimpanzés, contacter directement l'équipe de l'Institut de recherche environnementale sur place à Bossou.

LES CHIMPANZÉS DE BOSSOU ET L INSTITUT ★★★

+224 628 13 82 02

Le chimpanzé d'Afrique de l'Ouest a déjà disparu dans 4 pays de la région ouest-africaine. Aujourd'hui la Guinée est l'un des pays qui abrite le plus de chimpanzés de la sous-région ; Bossou, en plus d'être devenu un site consacré à la recherche à long terme sur les chimpanzés sauvages d'Afrique, est donc très symbolique et essentiel pour la préservation de cette espèce menacée.

Considérés comme un des animaux à totems (animal qui ne doit pas être tué et encore moins mangé) par l'ethnie Manon (les habitants de cette partie de la Guinée forestière), ils sont l'exemple rare d'une entente parfaite entre les populations locales et les primates. Ainsi, chaque deuxième vendredi de janvier, une fête est organisée par les villageois en l'honneur des chimpanzés de Bossou. Ces derniers se distinguent des autres groupes encore présents ailleurs par une différence comportementale qui tient dans le fait qu'ils concassent des noix de palmier à huile, à l'aide de pierres dont ils se servent comme marteau ou enclume. Selon les chercheurs, « il s'agit de la forme la plus sophistiquée d'utilisation d'outils jamais observée en milieu naturel ». Malheureusement, du fait, entre autres, des maladies, le groupe se réduit d'une façon qui semble irréversible : ils n'étaient plus que 7 en 2019, puis 8 suite à une naissance inespérée survenue en 2020, contre 19 en 1999. Le groupe étant coupé des autres à cause de la déforestation et de la présence humaine qui a morcelé la forêt, il y a actuellement peu de chance qu'il puisse y avoir un renversement de cette tendance, sachant par ailleurs qu'une femelle porte un petit tous les quatre ou cinq ans. Malgré tout, des solutions sont à l'étude et pour certaines partiellement mises en œuvre, comme la création d'un corridor arboré vers des zones habitées par d'autres groupes de chimpanzés. Pour le moment, il n'y a pas de résultats tangibles.

Pour partir sur la piste des derniers chimpanzés de Bossou, adressez-vous directement à l'Institut de recherche environnementale, situé à proximité de la ville. Contact sur place : M. Paul, directeur adjoint, +224 628 13 82 02, ou M. Aly Soumah, directeur général, +224 622 25 98 29. Il vous faudra débourser 500 000 FG par personne pour avoir un guide et vous lancer dans l'aventure. Certes, c'est une somme, mais une chose est sûre, la rencontre avec ces primates est toujours un moment fort. Vous vous en rappellerez longtemps ! Il est possible d'être logé à l'institut.

INSTITUT DE RECHERCHE ENVIRONNEMENTAL €

© +224 628 13 82 02

Chambres spartiates à 75 000 FG par personne.

L'Institut accueille les visiteurs de passage dans les chambres des bâtiments prévus à l'origine pour recevoir les experts et les missions officielles en visite. Les campeurs équipés peuvent aussi installer leur tente sur le terrain du centre pour 50 000 FG par personne et bénéficier des latrines et de l'eau disponible sur place. Attention, il n'y a pas de possibilité de se restaurer au centre et pas grand-chose à Bossou. Prévoyez ce qu'il vous faut à l'avance !

VIN DE PALME

En région forestière comme en basse côte, les salutations de bienvenue dans les villages s'accompagnent souvent d'une dégustation de vin de palme ou blanco. Difficile de refuser... C'est l'occasion de goûter à cette boisson locale légèrement effervescente et plus ou moins alcoolisée (peu si elle a été récoltée le jour même, elle peut atteindre plus de 10 degrés après). À la vôtre ! Le vin de palme est produit à partir des palmiers de différentes espèces. Il n'est pas rare de croiser en brousse des hommes équipés de leur sangle, d'un coupe-coupe et de leur bidon de 5 l. Ils partent à l'assaut de hauts fûts pour récolter à leur cime la sève qui deviendra du vin.

N'ZÉRÉKORÉ ★★

Capitale de la Guinée forestière, la ville s'est développée à partir de 1912, date à laquelle elle devint un cercle militaire. N'Zérékoré ou N'Zalikoré doit son nom à la rivière qui la traverse, le N'Zali. Située aux confins de la Guinée, à proximité du Liberia et de la Côte d'Ivoire, elle est un carrefour d'échange pour les personnes et les biens. C'est ici que vous trouverez les fameux tissus « Forêt sacrée », mais aussi divers produits agricoles issus notamment des cultures de rente : café, cacao, latex et huile de palme. Elle pourrait aussi devenir la capitale du fer si l'exploitation des monts Nimba était finalement mise en route.

Se loger

Comme dans d'autres villes « stratégiques » du pays, les meilleurs hôtels ont, dans les années passées, été privatisés par les sociétés minières qui réservaient les établissements pendant de longues durées. Il fallait alors se rabattre vers des structures plus petites et plus modestes. Aujourd'hui, nombre de sociétés ont quitté le pays et les structures hôtelières souffrent du manque de clientèle, seules quelques-unes tirent leur épingle du jeu.

Transports

Au départ de N'Zérékoré, plusieurs axes goudronnés en très bon état permettent de rejoindre Lola à l'est, Beyla vers le nord et Macenta vers le nord-ouest. Vers le sud (Diécké, Yomou), pas de routes, que des pistes en plus ou moins mauvais état.

FORÊT DE DIÉCKÉ ★★

La forêt primaire qui couvrait toute la zone est encore présente sporadiquement en Guinée forestière. La forêt de Diécké est un de ces îlots préservés situé au sud de N'Zérékoré. Pour la découvrir, il faut prendre la piste qui mène vers le Liberia et serpente à travers ce magnifique massif de sylve primaire. Un petit aperçu de ce que fut la forêt vierge de Guinée. L'occasion aussi de constater que les plantations d'hévéas mais surtout de palmiers à huile grignotent de plus en plus d'espace, semblant condamner à terme les restes de la forêt originelle.

MUSÉE ETHNOLOGIQUE ★

Créé en 1962 après la vaste campagne de démystification de la 1re République, il rassemble quelques objets des différents cultes animistes de la région. Malheureusement le temps, le manque de moyens et d'entretien font que les objets s'abîment irrémédiablement... Le conservateur des lieux, Joseph Condé, ne peut que constater les dégâts. Il en a d'ailleurs fermé les portes en attendant des jours meilleurs. Si vous êtes passionné, vous pouvez le contacter au +224 622 37 78 24. Il pourra peut-être vous rouvrir les portes de son musée pour une visite improvisée.

PONT DE LIANES ET BERGES DE LA LOFFA ★★★

Il faut partir de N'Zérékoré en direction de Macenta, et entrer dans le village de Koulé à 42 km. La route est goudronnée mais se dégrade peu à peu. À Koulé, on quitte cette route pour partir en direction du pont de lianes. Pour s'y rendre, il faut s'adresser au chef du village et négocier avec lui l'accompagnement par un guide local. Pas toujours facile dans une zone où le tourisme reste embryonnaire et peu organisé. La balade jusqu'au pont (difficile au plus fort de la saison des pluies) dure un peu plus d'une heure. Elle est agrémentée de traversées de rivières, de forêts ombragées, de rizières, etc., pour enfin arriver au pont de lianes, qui enjambe la rivière Loffa. Traverser le pont quand le courant du fleuve est fort peut être assez déstabilisant : personnes sujettes au vertige s'abstenir !

Pour rejoindre les berges du fleuve, il faut sortir de Koulé et continuer la route sur quelques kilomètres. Elle enjambe d'abord le fleuve Diani avant de le longer sur quelques mètres. Il est alors possible de descendre en contrebas de la route pour se retrouver sur la berge. Là, des pirogues sont stationnées au milieu de monticules de sable. Les pêcheurs ont ici une double activité : ils pêchent le poisson avec des filets tendus en travers du courant et repérés par quelques bouteilles en plastique qui servent de flotteurs, mais ils « pêchent » également le sable, qu'ils vont chercher dans le lit du cours d'eau avant de le rapporter sur la rive. Un lieu idéal pour une petite pause.

CHEZ AIDA €

✆ +224 622 37 60 95

3 chambres à 150 000 FG pour les ventilées et à 250 000 FG pour la climatisée sans petit déjeuner.

La propriétaire, la très accueillante Aïda, n'est plus très présente dans son établissement et ça se ressent. Les quelques chambres encore proposées, accolées au restaurant, sont correctes mais sans plus. Elles ont connu des jours meilleurs ; là encore le manque de clientèle a fait son œuvre. Pas d'eau courante et l'électricité est assurée de 18h à minuit si le courant de la ville est défaillant. Une solution parmi d'autres pour vous loger à petit prix et pouvoir par ailleurs profiter du restaurant, déguster un bon petit plat et passer un agréable moment.

MAISON D'ACCUEIL DE L'EVÊCHÉ €

Quartier Dorota

✆ +224 623 02 06 47

Chambres entre 100 000 FG et 150 000 FG.

Dans une grande cour verdoyante, en contrebas de la cathédrale Sainte-Marie de N'Zérékoré, la mission catholique propose aux visiteurs de passage des chambres simples et propres. Chacune des 12 chambres dispose d'un coin toilette avec l'eau courante et de l'électricité. Certaines chambres ont en plus un petit coin salon. Chaque lit a sa moustiquaire. Ici pas de climatiseur ni de ventilateur, mais ce n'est pas vraiment nécessaire au vu du climat local. Pas de restauration sur place.

RESIDENCE DIANI €

Quartier Homou.

✆ +224 624 64 04 04

Chambres de 300 000 FG à 450 000 FG avec petit déjeuner. Restauration avec plats locaux à partir de 60 000 FG.

Cet établissement installé en centre-ville est doté de 30 chambres climatisées avec l'eau courante et le courant garanti de 18h à 8h grâce à un groupe électrogène. À l'image de l'hôtel Diani, son « petit frère » d'un même propriétaire, situé à l'entrée de la ville vers Macenta, la résidence Diani offre des prestations de qualité dans le cadre d'une cour agréablement aménagée et verdoyante. Les tables du restaurant y sont installées sur une terrasse couverte. L'établissement est l'une des bonnes adresses de N'Zérékoré pour passer la nuit et se restaurer.

HÔTEL BÉTHANIE €€

✆ +224 622 69 68 90

35 chambres de 100 000 FG à 250 000 FG pour les ventilées et 300 000 FG à 500 000 FG pour les climatisées.

Dans une grande cour agréablement aménagée et fleurie située un peu à l'écart du centre-ville et donc au calme, cet hôtel offre une gamme complète de chambres ventilées ou climatisées, selon votre budget. L'accueil est sympathique et le cadre donne envie de se poser. Pour les repas, il vous faudra prévenir à l'avance en réservant votre plat du jour ou en passant commande. Pour un séjour tranquille et reposant à N'Zérékoré. Une salle de conférence et de nouvelles chambres étaient en construction lors de notre passage.

HOTEL DIANI €€

Quartier Boma sud en entrant dans N'Zérékoré, sur la droite en venant de Macenta.
✆ +224 628 21 21 40
22 chambres de 300 000 FG à 450 000 FG sans petit déjeuner.

Un hôtel qui offre des prestations de bon niveau à des prix raisonnables. Les chambres sont toutes climatisées et bien entretenues. Elles sont disposées tout autour d'une cour aménagée qui fait office de parking. Quelques arbres colonnaires et bacs fleuris apportent à l'ensemble une agréable touche de verdure. Une piscine installée de l'autre côté de la rue est à la disposition des clients, ainsi qu'une boîte de nuit (dans une autre cour à côté). Lors de notre visite, le restaurant était en travaux et en cours de finition.

HÔTEL LE PRINCE €€

✆ +224 620 67 67 67
34 chambres climatisées de 450 000 FG pour les standards à 650 000 FG pour les suites avec petit déjeuner offert.

L'établissement ouvert en 2019 propose des prestations au-dessus de la moyenne pour la région. Son gérant est très accueillant, dynamique et volontaire. Il dispose d'un bel outil de travail comprenant, en plus de chambres confortables et bien entretenues, d'une piscine (opérationnelle lors de notre passage), d'une grande salle de restaurant, d'un grand rooftop, de plusieurs salles de conférence, d'une salle de sport et d'une discothèque à l'extérieur du complexe. Très certainement la meilleure offre locale en matière d'hébergement de bon niveau.

HÔTEL MONT NIMBA €€

Quartier Ossid
✆ +224 623 10 13 09
Les chambres ventilées sont à 200 000 FG avec petit déjeuner et les climatisées à 400 000 FG avec petit déjeuner.

Hôtel qui a longtemps fait référence à N'Zérékoré et est encore régulièrement occupé par des séminaires, mais qui souffre de la concurrence de nouveaux établissements, plus récents et mieux équipés. Toutes les chambres sont reliées entre elles par des coursives jusqu'à la réception. L'architecture originale associée à son jardin intérieur font du Nimba un hôtel agréable mais dont l'entretien laisse à désirer. L'établissement est doté d'un restaurant et d'une salle de conférence de 150 places. Malheureusement la piscine et le terrain de sport sont à l'abandon.

CHEZ AIDA €

✆ +224 622 37 60 95
Une carte avec un large choix de plats, africains ou européens, à partir de 60 000 FG.

Le restaurant, ouvert tous les jours, est une référence locale. Ici on mange bien et tous les goûts sont proposés à des prix abordables. Le restaurant-bar est agréablement installé sur une grande terrasse couverte, largement ouverte sur l'extérieur. Idéal pour se poser, se restaurer et passer un bon moment. En 2022, dans un contexte difficile où les activités tournent au ralenti, il est prudent de passer commande à l'avance pour éviter une trop longue attente. Pour ceux qui le souhaitent, le restaurant assure la livraison de ses plats.

CENTRE ARTISANAL

✆ +224 625 70 77 16
Entrée gratuite.

Le centre est constitué de plusieurs cases rondes, dans lesquelles les artisans exposent leurs objets. Certains, notamment les sculpteurs, travaillent sur place : l'occasion de découvrir leur savoir-faire. Sculpteurs et teinturières occupent l'essentiel des lieux d'exposition. Vous trouverez donc un grand choix de masques, de sculptures de toutes tailles, mais aussi des pagnes traditionnels et habits Forêt sacrée, des articles en raphia et en bambou (prix indiqués par des étiquettes). Bel écrin pour de l'artisanat de qualité, qui mérite d'être soutenu.

N'ZÉBÉLA ★

C'est dans ce village situé peu avant un pont qui enjambe la Loffa (en venant de Macenta) que se trouve le mausolée N'Zébéla Togba Pivi. Ce tombeau est celui d'un guerrier toma devenu héros national après s'être soulevé contre l'envahisseur français à la fin du XIXe siècle. Il trouva la mort dans l'une de ses dernières batailles en forêt en 1908. Le portrait du guerrier est peint de façon naïve sur un pan de mur à proximité du mausolée, qui a été carrelé depuis quelques années déjà. Malheureusement le site est vraiment en triste état. Pour le trouver et avoir les commentaires des anciens, le plus simple est de demander aux habitants une fois sur place.

LES PONTS DE LIANES ★★

Les ponts de lianes sont encore nombreux dans la région. En plus de leur côté purement pratique, ils possèdent un caractère magique, car ils sont construits la nuit par des sociétés secrètes composées uniquement d'hommes, selon des rites ancestraux jalousement gardés. Les lianes, toutes issues des forêts environnantes, subissant les intempéries s'usent vite ; aussi, les ponts doivent être réparés très régulièrement. Malheureusement les sociétés secrètes tendant à disparaître, ces ponts risquent un jour d'être abandonnés à l'usure du temps et de disparaître.

LES ATELIERS DE PRODUCTION D'HUILE ROUGE

La région forestière est grande productrice d'huile de palme. Une grande partie de la production reste très artisanale. Autour de Macenta, de nombreux ateliers artisanaux sont installés au bord de la route. Vous ne pouvez pas les manquer avec les grands fûts tout noirs, où cuisent les noix, auréolés d'une épaisse fumée. Pour mieux comprendre le processus de production, vous pouvez vous arrêter sur un site de fabrication, notamment au village de Yirié. À côté du pont avant le village, les femmes passent leurs journées à faire bouillir les noix de palme (sorte de dattes vermillon). Une première cuisson extrait la pulpe, puis le bouillon est vidé dans des cuves où une femme mélange le liquide et récupère les coques, qui serviront à la fabrication de savon. Une deuxième cuisson permettra de saturer l'huile, dont le liquide rouge sang sera stocké dans des bidons avant d'être vendu sur un marché des environs. Si vous avez l'occasion de visiter des villages de brousse, vous verrez sûrement de petites unités villageoises. La méthode de production de l'huile est alors un peu différente avec une première phase, où les noix sont pilées dans de grandes vasques de pierre avec de l'eau afin d'en extraire le liquide gras. Dans cette phase, pas de cuisson. Après la phase de pilage, le liquide gras remonte à la surface et est récupéré pour le cuire et obtenir l'huile rouge, tandis que les graines sont récupérées pour en extraire une huile noire qui servira à la production de savon.

Pont de lianes vers N'Zébéla.

SÉRÉDOU ★★

Sérédou est un village situé au cœur de la forêt classée de Ziama. C'est l'un des plus jolis endroits de la Guinée forestière avec les monts Nimba. Les Djomanden, première ethnie autochtone, étaient ici les chefs de la forêt. Sérédou est situé dans la région des Toma, un peuple dont la tradition reste conforme au bon vouloir de leurs ancêtres : éviter de manger telle bête ou telle plante « totem »... Pour les intrépides, depuis Sérédou, il est possible de partir pister les éléphants qui parcourent les espaces sauvages de la région, mais aussi les rizières, les plantations... au grand mécontentement des paysans qui, bien souvent, ne peuvent que constater les dégâts.

CENTRE DE RECHERCHE AGRONOMIQUE ★★

✆ +224 628 84 70 47

Héritier du poste expérimental de Sérédou, créé par les Français dans les années 1930 et devenu station du quinquina en 1939 pour l'extraction de la quinine, le centre agronomique de Sérédou est une des six antennes de l'Institut de recherche agronomique de Guinée (IRAG). Il est aujourd'hui spécialisé dans les systèmes de production agroforestiers tropicaux et s'intéresse plus particulièrement aux cultures du café, de l'hévéa, du palmier à huile et du colatier. Son responsable, M. Mory, vous ouvrira les portes de son centre de recherches et vous expliquera avec passion le travail et les recherches menés par ses équipes. Très instructif ! Il travaille notamment à mieux faire connaître le café Ziama, café robusta aux caractéristiques organoleptiques de l'arabica, et se fera un plaisir, à n'en pas douter, de vous le faire goûter ! Il pourra également vous faire découvrir les quelque 7 ha du jardin botanique Roland Portères réhabilité depuis 2020 et dont le centre de Sérédou assure actuellement la gestion. Plus de 450 espèces végétales, dont certaines classées comme « vulnérables » (VU) selon la liste rouge des espèces menacées, y ont été recensées et vous pourrez les découvrir en parcourant le sentier botanique agrémenté de nombreuses plaques informatives. À noter : une collection exceptionnelle d'orchidées regroupées sous une ombrière créée spécialement pour abriter les 452 échantillons vivants collectés dans les différentes forêts de Guinée et du Liberia voisin.

CENTRE FORESTIER DE SÉRÉDOU

✆ +224 628 22 90 35

Le centre forestier est installé en lisière de la forêt classée de Ziama. Quelques bâtiments dispersés au milieu d'une clairière y abritent les bureaux et les hébergements. La nouvelle équipe installée en 2022 accueille les visiteurs à bras ouverts. À sa tête, M. Mamady Bruno Dopavogui, responsable du site, appuyé de M. Adama Sacko, responsable écotouristique de Ziama, se fait un devoir d'organiser le séjour des visiteurs. Pour ceux qui le souhaitent, il met à leur disposition une patrouille de guides-pisteurs pour partir à la découverte de la forêt environnante. Les tarifs des sorties en forêt se discutent sur place avec M. Sacko.

Le centre propose par ailleurs des chambres au confort spartiate pour les visiteurs. Elles sont réparties dans des pavillons indépendants équipés de toilettes. Comptez 50 000 FG par personne sans électricité. Un supplément est à prévoir (pour le carburant du groupe) si vous voulez bénéficier du courant pendant quelques heures.

Si vous êtes équipés, vous pourrez demander à bivouaquer sur le site moyennant finance (à négocier sur place). Une nuit en lisière de forêt est une expérience à vivre. Dans ce lieu à l'écart de la ville, vous profiterez pleinement d'une animation sonore assurée par la faune de la forêt.

Vous pourrez aussi prendre vos repas sur place, si vous en faites la demande. Si vous souhaitez vous rendre au centre forestier, le mieux est d'appeler un peu avant M. Sacko pour l'informer de votre venue et établir un programme avec lui.

PLANTATION DE QUINQUINAS

A partir des années 1930, Sérédou est devenu un centre de production de quinine. Après l'indépendance, l'activité a continué jusqu'à être peu à peu abandonnée. Aujourd'hui, il ne reste plus grand-chose des plantations de quinquinas, dont on extrayait la quinine. L'excursion vaut autant pour la visite des lieux que pour la vue depuis les hauteurs. Vous pouvez aussi vous rendre à la maison de l'ancien gouverneur, une maison de style colonial qui dégage une atmosphère surannée perdue au milieu de la végétation. Pour vous y rendre, demander au centre agronomique.

MACENTA

Nichée au creux d'une cuvette, protégée par la masse moussue du mont Wonko et noyée dans une végétation touffue, Macenta est une petite ville au climat agréable et tranquille, loin de l'agitation fébrile de Guéckédou. De nombreux projets agricoles tentent de profiter de ce microclimat favorable, et vous pourrez donc y voir des plantations de caféiers, de cacaoyers, d'hévéas, de kolatiers, de palmiers à huile et même de théiers. Fondée par les Toma, Macenta signifie « j'ai même pas bougé ». Les Kono sont les premiers occupants des lieux. Puis, la famille Camara (c'est-à-dire « les hommes de parole ») s'est emparée de la ville jusqu'à l'époque de l'Empire samoryen.

SUR LA PISTE DES ÉLÉPHANTS ★★

La forêt de Ziama est une des dernières forêts primaires de la région forestière. Un comble ! Même si elle est soumise encore de nos jours à de fortes pressions locales, la forêt classée est encore suffisamment vaste et dense pour abriter une faune (dont l'éléphant de forêt et l'hippopotame nain) et une flore très riches. Ici les équipes de gardes forestiers de Sérédou sont à pied d'œuvre pour préserver au quotidien les plus de 100 000 ha de ce massif. Évidemment, le plus emblématique représentant de cette faune est l'éléphant de forêt. Plus petit que son cousin de savane, il n'en est pas moins un animal majestueux dont la rencontre est toujours impressionnante. La population de pachydermes étant en baisse constante dans la région, il faut s'armer de patience et de courage pour espérer les rencontrer. Aucune garantie en l'espèce, d'autant que leur territoire, qui s'étend vers le Liberia, est très vaste. Depuis 2019, deux mâles (très certainement le père et le fils) ont été observés régulièrement, notamment hors de la forêt. En 2022 ils font l'objet d'un suivi par les équipes du centre forestier. Il s'agit à la fois de les protéger et de sensibiliser les populations locales pour leur préservation.

Pour partir sur la piste des éléphants, il vous faudra quoi qu'il en soit vous adresser au centre forestier de Sérédou pour être accompagné d'un guide, le mieux étant alors de prévenir à l'avance en contactant M. Sacko, responsable écotourisme local, au + 224 628 22 90 35.

ANCIENNE USINE À THÉ

Cette vieille usine a été mise en place par la coopération chinoise sous la 1re République. On y cultivait, séchait, triait et emballait du thé vert et du thé noir. L'usine a fermé à la fin de la 1re République, et les ouvriers sont partis avec toutes les machines qu'ils ont pu emporter. On peut encore voir les bâtiments désaffectés, la cité des ouvriers abritant un kolatier dans sa cour ainsi que toute la petite famille du gardien (que reste-t-il à garder, personne ne sait), et surtout les plantations de thé. L'usine est située à 5 km sur la route de l'aéroport.

CENTRE AGROPASTORAL SAINTE URSULE €

Il faut prendre un chemin qui passe au milieu des habitations avant d'atteindre le centre qui est à flanc de colline. ✆ +224 623 21 84 99

www.ste-ursule-seredou.com

Nuitée à 150 000 FG pour une personne avec petit déjeuner et 200 000 FG pour deux personnes.

Le Centre est avant tout un lieu de formation et de production en agriculture durable. Disposant de 30 chambres, les sœurs en mettent à la disposition des visiteurs une dizaine, les autres étant réservées aux stagiaires. Ici l'ambiance est donc studieuse, mais aussi très conviviale. Les chambres très propres ont l'eau courante et le courant. Vous pourrez prendre vos repas sur place. Ils sont préparés pour l'essentiel avec les produits issus des cultures et des élevages du centre.

LE CAFÉ ZIAMA-MACENTA

Variété de café robusta aux caractéristiques bien particulières qui en font son originalité et son intérêt (goût aromatique, acidulé, peu amer, rendement élevé), le café Ziama a été retenu comme le meilleur café de qualité supérieure en Guinée. Sa production a été redynamisée depuis quelques années. Le café Ziama est le premier produit guinéen à bénéficier d'une indication géographique protégée, une fierté pour les producteurs locaux et un sacré coup de projecteur sur le café de Guinée. Dans la suite de cet éclairage nouveau, des cafés *made in Guinée* sont apparus sur le marché ces dernières années dont le café Monts Nimba.

© PATRICK MADELAINE

Eléphant de forêt.

MONT WONKO

Dominant la ville de quelques dizaines de mètres, le mont Wonko est un gros bloc de granit d'apparence noire, plus ou moins habillé de mousse et de végétation, suivant l'importance des précipitations. Si le cœur vous en dit, ce « gros caillou » peut être escaladé assez aisément pour avoir une vue sur la ville et sur les montagnes de Sérédou. L'accès le moins raide se fait par le petit sentier qui part juste après la carrière et longe le rocher. L'ascension prend environ une heure ; elle est à éviter en cas de pluie pour éviter tout risque de chute.

LA PISTE DE KÉROUANÉ

Au départ de Macenta, la piste franchit le massif du Tourou et passe par Konsankoro, au pied du mont Going. Longue d'une centaine de kilomètres, c'est une des plus belles de Guinée ; elle grimpe depuis Macenta dans la forêt jusqu'à atteindre les plateaux herbeux de Vassérédou, puis à partir de Boutoudou, redescend sur Konsankoro, ménageant une vue admirable sur les pains de sucre du Tourou. Enfin, elle franchit le Milo sur un vieux pont en fer, à Konsankoro même, et rejoint la piste de Kérouané. Une belle excursion à la frontière entre la forêt et la haute Guinée.

MUSÉE PRÉFECTORAL DE MACENTA

Fermé depuis quelques années déjà (comme plusieurs autres musées de la région), le musée rouvrira-t-il ses portes ? Rien n'est moins sûr. Une chose est claire, les objets représentant les arts ethniques qui étaient présentés dans le musée mériteraient un plus bel écrin que celui existant jusqu'alors. Mais cela nécessiterait une véritable politique d'investissements dans la préservation du patrimoine culturel guinéen qu'aucun gouvernement n'a, à ce jour, voulu et/ou pu mettre en place.

HOTEL MACENTA €€

Quartier Gnoumamoridou

✆ +224 660 00 00 06

Chambres à partir de 350 000 FG avec petit déjeuner.

Dans un contexte de crise qui dure, l'hôtel propose en mai 2022 des remises substantielles sur le tarif de ses chambres, passant de 500 000 FG à 350 000 FG pour les standards, par exemple. La gérance actuelle essaye de maintenir à niveau cet établissement qui proposait jusqu'à présent des prestations de haute qualité avec un personnel professionnel, à l'écoute des clients. Une salle de jeux et une boîte de nuit (dans des bâtiments annexes) ainsi qu'une piscine (non fonctionnelle en 2022) complètent l'offre de ce complexe, à l'avenir incertain.

VILLAGE DE MASSOU ★★

Le village de Massou est situé à quelques kilomètres du centre de Macenta en direction de Guéckédou. On quitte la route au niveau du village de Balizia. On suit alors la piste qui s'enfonce dans la brousse à travers des plantations (café arabica, palmiers à huile, bananiers...) et quelques restes de forêt. Après environ 20 minutes, c'est le village de Massou. Fin du trajet en voiture et début de la balade à pied. Ici on prend le temps de se saluer ! N'hésitez pas à aller au-devant des anciens et des habitants du village. C'est aussi l'occasion de rencontrer le guérisseur du village, Sidiki Kourouma. Il se dit ici qu'il a passé une année complète en forêt avec pour seul compagnon le Diable. C'est au cours de cette expérience qu'il a acquis des savoirs et développé des dons qui font de lui un guérisseur de renom dans la région. On croise d'ailleurs dans le village certains de ses patients en « traitement ». Une rencontre étonnante ! Mais pas question de visiter son « cabinet » de consultations, entouré de mystères.

Pour aller jusqu'au pont de lianes, le mieux est de demander un guide sur place. Certainement vous trouverez des jeunes prêts à vous accompagner moyennant un petit pourboire. Il faut à peine 20 minutes pour l'atteindre après une courte marche sur une piste puis sur un sentier qui s'enfonce dans la forêt. On l'aperçoit d'abord au loin, qui se confond avec les branches des arbres. Normal, il est lui-même fait de lianes prélevées dans la brousse environnante. Puis, après une courte descente vers le bord de la rivière, vous y êtes !

D'une trentaine de mètres de long, ce pont au milieu d'une végétation encore assez dense enjambe la rivière Massény, un affluent du Makona. Traversera, traversera pas ? Ce qui est sûr, s'engager sur un pont de lianes est toujours un moment un peu spécial, « suspendu ». Si le courant du cours d'eau est fort, l'impression est très étrange, surtout si vous regardez vos pieds en avançant. À déconseiller aux personnes sujettes au vertige et surtout regarder devant soi. Ce pont, comme tous les ponts de lianes, est réparé plusieurs fois par an (chaque village des deux rives du fleuve prenant en charge la moitié du travail) pendant la saison pluvieuse pour permettre aux habitants des villages voisins de traverser la rivière afin, notamment, de se rendre au marché hebdomadaire. Il n'est pas rare que ces jours là, plusieurs personnes chargées de leurs marchandises et parfois de jeunes enfants, s'élancent en même temps sur le frêle ouvrage. Très impressionnant et pas très prudent... mais ainsi va la vie par ici.

PALÉ ★

Les habitants de Palé vivent encore au rythme du culte des ancêtres. Ce petit village est situé à une vingtaine de kilomètres de Macenta, mais la piste d'accès est mauvaise, et il faut compter environ 1h30 de 4 x 4 pour l'atteindre. Pour s'y rendre, il faut traverser un petit pont en lianes puis longer la forêt sacrée, défendue par des masques et statues qui incarnent les esprits des anciens, et qui sont destinés à protéger les lieux. Le village est dans le plus pur style de la forêt. Ses habitants sont d'une hospitalité remarquable ; si vous y passez quelques nuits, vous aurez peut-être la chance d'apercevoir le Nyamou, un célèbre masque de la région.

GUÉCKÉDOU

Guéckédou est une ville carrefour de la région forestière. La proximité des frontières du Liberia et de la Sierra Leone en fait une zone stratégique pour le commerce régional et transnational. Un atout pour le développement de la ville, mais qui a fait son malheur en 2000 avec l'intrusion de mercenaires venus piller et saccager la ville. Il a fallu plusieurs semaines pour que l'armée les force à rebrousser chemin. La ville garde encore quelques stigmates de cette guerre mais surtout elle peine à se relever de cette période troublée. La crise sanitaire de 2013 à 2015 est venue encore compliquer la situation. Le niveau de pauvreté reste ici très élevé.

Transports

Après avoir été pendant des années un véritable calvaire pour les usagers, enfin la route vers Kissidougou plus au nord et Macenta plus à l'est est de nouveau goudronnée, sauf sur quelques petits kilomètres en direction de Kissidougou, en cours de finition. Un réel désenclavement et un immense gain de temps. Par ailleurs, la ville, de par sa situation très proche de la frontière du Liberia mais aussi de celle de la Sierra Leone, est un point de départ possible pour ces deux pays. Voitures ou motos pourront vous déposer au-delà des frontières par des pistes pas toujours faciles mais toujours typiques. Reste qu'il n'y a pas vraiment d'axes directs vers les capitales.

HÔTEL FATOU ROSE €

✆ +224 623 82 24 37

24 chambres de 200 000 FG et 300 000 FG petit déjeuner compris. Chambres à 100 000 FG dans l'annexe.

Impressionnant bâtiment sur trois niveaux couvert de baies vitrées. Les 34 chambres sont correctes avec climatisation ou ventilation (en fonction du courant disponible) mais sans eau chaude. C'est le seul hôtel de ce niveau dans cette ville par ailleurs peu touristique. Il servait de base logistique lors de l'épidémie d'Ebola, Guéckédou étant le site du patient zéro. La piscine de la cour a d'ailleurs depuis cette époque été recouverte d'une dalle pour des raisons sanitaires. Reste le bar américain, le restaurant, la boîte de nuit ainsi qu'une salle de conférence.

HOTEL MAMAN MATOU €

✆ +224 628 57 49 30

8 chambres ventilées à 150 000 FG et 200 000 FG.

Cet hôtel flambant neuf, qui venait d'ouvrir ses portes en mai 2022 lors de notre visite, propose des chambres d'un bon rapport qualité/prix. Son propriétaire très accueillant n'est pas à cours de projets. En plus des chambres, son établissement est déjà doté d'un bar-restaurant ainsi que d'une pâtisserie. Il prévoit d'y adjoindre une terrasse de plein air. Vu sa position hors du centre-ville (à la sortie de la ville en direction de Macenta), c'est une solution qui peut être intéressante pour qui veut se poser une nuit en passant.

RESTAURANT CHEZ SIA JEANNETTE €

✆ +224 624 45 89 25

Plat du jour pour 25 000 FG

Dans la cour de l'hôtel du même nom, quelques tables sont installées sur une terrasse couverte au bord du fleuve traversant Guéckédou (dommage que les berges ne soient pas plus propres). Chaque midi, la cuisinière propose un plat du jour à base de riz et accompagné d'une sauce qui varie en fonction de ses approvisionnements. Pour dîner le soir, il est préférable de passer commande (poulet local ou poisson avec frites). Le restaurant est ouvert tous les jours sauf le dimanche.

KISSIDOUGOU

Rien à voir avec l'ethnie kissi, le nom de la ville de Kissidougou, composé de *kissi* (échapper) et *dougou* (terre), signifie littéralement, en malinké, « la terre d'asile ». Les Malinké y ont trouvé refuge sur la route de l'exil. La ville fut celle du frère aîné de Soundiata Keita, Dankaran Touma Keita. Leur dernier chef kissi Kaba Keita livra une bataille sans merci aux colons avant de décéder en 1898. Aujourd'hui, Kissidougou est un carrefour reliant la Guinée forestière à la haute Guinée. Sa terre est fertile. Les denrées agricoles de la région (avocat, banane, orange, pamplemousse, noix de kola) se vendent sur place à des prix imbattables et sont largement envoyées vers la capitale Conakry.

Transports

La route depuis Faranah est bitumée et de bonne qualité. Celle en direction de Kankan est une piste très abîmée. Il faut compter plus de quatre heures en 4 x 4 pour franchir les 190 km qui séparent ces deux villes. Cette piste est l'une de celles qui assurent la transition entre la région forestière et les savanes de la haute Guinée et passe notamment par Tokonou. Pas vraiment une partie de plaisir ! Quant à l'axe Kissidougou-Guéckédou, il est de nouveau presque totalement goudronné sauf sur quelques kilomètres en cours de finition en arrivant sur Guéckédou. Rien à voir avec l'enfer que représentait jusqu'en 2021 ce tronçon, totalement défoncé et parfois totalement coupé en saison des pluies.

LES 3 PIERRES ANGULAIRES

A Mara, le village fondé par Dankara Souma (le père de Soundiata), en direction de Faranah, ces trois pierres représentent l'alliance des trois frères qui ont juré de ne pas se trahir. Au temps de l'installation des marabouts et de la conversion à l'islam, pour maintenir la paix et l'unité autour de lui, le roi invita 1 kissi, 1 frinsola (kouranko) et 1 ntiya (le marabout étranger) pour conclure ce pacte. A l'époque, les trois pierres étaient placées au milieu de la cour royale. Dommage que le coin ne soit pas mieux aménagé.

GROTTES

Dans les environs de Kissidougou, on trouve de nombreuses grottes non aménagées et peu explorées, pour le plaisir des mordus d'aventures et de découvertes. A Kondéadou, les grottes de Traoré sont riches d'un passé historique : elles étaient en effet le lieu des grandes décisions et de refuge en cas d'attaque de Samory Touré, quand celui-ci écumait les villages de la région. Les vieux du village y organisaient également des cérémonies de circoncision. Le mont Sankisanki se trouve, quant à lui, sur la route de Djombiro, là où vous trouverez également des grottes.

LE MUSÉE DE KISSIDOUGOU ★

✆ +224 655 69 78 23

Ouvert du lundi au vendredi de 8h à 17h, le samedi de 8h à 16h. L'entrée coûte 10 000 FG pour 15 min de visite environ.

Ce petit musée d'une seule pièce, l'un des rares encore ouvert dans l'intérieur du pays, manque cruellement de moyens. Créé en 1960, il expose quelques objets, plus ou moins anciens, de la vie courante et des masques de la région. Le Pondo, par exemple, est une statuette funéraire kissi, représentant une personne disparue. Son conservateur se fera un devoir de vous raconter l'histoire des objets présentés dans son musée et répondra avec plaisir à vos questions. Il vous proposera certainement de signer son livre d'or. Pas de photos à l'intérieur du musée.

HÔTEL FRITZ €€

✆ + 224 622 85 15 07

52 chambres climatisées, les standards sont à 350 000 FG, les seniors à 450 000 FG et les suites à 750 000 FG.

L'offre de prestations de l'établissement ainsi que ses équipements (restaurant, salle de conférence, salle de sport, terrain de basket, piscine – fermée en mai 2022) sont bien au-dessus des standards locaux. Les chambres sont propres et agréables avec eau chaude, électricité assurée par générateur de 18h à 6h30. Une exception pour la région. Lors de notre visite, l'hôtel traversait une période compliquée mais venait d'être repris par un investisseur avec de nouveaux projets pour relancer l'activité. À suivre, donc !

HOTEL SAVANNAH €€

Quartier Sogbé

✆ +224 622 09 44 68

Chambres climatisées à partir de 250 000 FG sans petit déjeuner et suites climatisées à 400 000 FG avec petit déjeuner.

Le seul hôtel dans le centre-ville, qui propose des prestations correctes à un prix raisonnable. L'ensemble est plutôt sympathique avec un jardin en arrière-cour, joliment aménagé, pour se poser et pourquoi pas boire un verre. Chose rare, le courant est assuré de 19h30 à 1h du matin et de 5h30 à 7h30, et l'eau chaude coule dans les douches. Malheureusement, comme souvent à l'intérieur du pays, le manque de clientèle joue quelque peu sur l'entretien des lieux. Pour vous restaurer sur place, il faudra passer commande un peu à l'avance.

RESTAURANT KISSI FARAMAYA €

En face de la grande Mosquée

✆ +224 624 31 21 25

Plats de 30 000 FG à 70 000 FG. Pizzas de 30 000 FG à 50 000 FG. Chawarma 20 000 FG.

Ce petit restaurant simple et propre est ouvert tous les jours y compris le dimanche. La gérante y propose quelques plats à base de poisson ou de poulet avec frites ou petits pois, ainsi que des brochettes, des pizzas ou des chawarmas. Mais vous pourrez également y manger un plat de riz ou de spaghettis. Si vous voulez faire quelques emplettes avant de continuer votre route, vous trouverez de quoi faire vos courses dans la supérette juste à côté.

PASSEPORT

ORGANISER SON SÉJOUR

Malgré un tourisme peu développé, la Guinée est plutôt bien desservie par les compagnies aériennes. Les multiples projets miniers et d'infrastructures y sont certainement pour beaucoup. Par contre, une fois à Conakry, se déplacer dans la capitale et ailleurs dans le pays peut parfois relever de l'aventure incertaine, même pour ceux disposant d'un 4 x 4 privé. De fait en Guinée, rien n'est jamais totalement garanti et il faut savoir faire preuve d'une certaine capacité d'improvisation et d'adaptabilité assortie d'une bonne dose de patience. Ici, tout est possible, même l'impossible et les Guinéens, toujours prêts à donner un coup de main, sont experts pour vous sortir de situations semblant sans issue. Pour vous loger, manger ou vous déplacer, vous trouverez toujours une solution une fois sur place. Cependant, faire appel aux guides et opérateurs de tourisme locaux peut être une bonne solution pour se garantir une certaine tranquillité.

ORGANISER SON SÉJOUR

ARGENT

La monnaie nationale est le franc guinéen (FG). Il existe des billets de 500, 1 000, 2 000, 5 000, 10 000 et 20 000 FG. Les pièces ont totalement disparu depuis quelques années déjà. La parité du franc guinéen avec l'euro est variable, voire très variable ces dernières années. 1 € = 9 500 FG en juillet 2023 et 10 000 FG = 1,05 €.

BUDGET / BONS PLANS

Les hôtels hors Conakry sont souvent modestes et coûtent plus ou moins 250 000 FG par nuit pour une personne avec des prestations et services très inégaux. Cependant, si votre budget est limité, vous pourrez trouver des hébergements à moins de 100 000 FG la nuitée par personne. Il ne faudra alors pas être trop regardant... Pour les hôtels de luxe et les locations de voiture, les prix sont alignés sur les infrastructures de tourisme internationales avec quelques excès, notamment à Conakry. Peu ou pas d'hôtels de luxe hors de Conakry. Vous trouverez cependant quelques établissements de niveau correct avec des tarifs à la nuitée de 400 à 500 000 FG.

La nourriture dans les gargotes (petits restaurants) n'est pas chère du tout ; compter entre 10 000 FG et 15 000 FG pour un plat local copieux à base de riz. Mais attention à l'hygiène qui n'est pas toujours garantie. Pour un repas complet dans un restaurant de moyenne gamme, il vous faudra compter plus ou moins 150 000 FG. Pour louer un véhicule 4 x 4 avec chauffeur, il faut compter 800 000 FG en moyenne hors de Conakry et un peu moins si vous restez dans la capitale.

PASSEPORT ET VISAS

Pour entrer en Guinée, le visa est obligatoire pour tous les voyageurs hors ressortissants de la Cedeao et il est nécessaire de posséder un passeport en cours de validité pour au moins six mois à compter de la date du retour. Le visa est dorénavant délivré *via* la plateforme e-visa de la République de Guinée (https://www.paf.gov.gn/visa). Si vous arrivez *via* l'aéroport Ahmed Sékou Touré, vous pourrez faire apposer la vignette définitive du visa à votre arrivée, dans un bureau situé dans le hall d'arrivée sur la gauche avant les postes de contrôle. Si vous arrivez par voie terrestre, vous n'aurez pas de vignette apposée aux frontières, mais vous pourrez circuler dans le pays avec votre récépissé obtenu lors de votre demande. Si vous prévoyez de rester plus de cinq jours dans le pays, vous devrez passer au bureau de l'immigration à Coléah à Conakry ou à l'aéroport pour faire apposer la vignette définitive du visa.

PERMIS DE CONDUIRE

Un permis de conduire international et une assurance automobile sont obligatoires pour pouvoir conduire un véhicule sur le territoire guinéen. Attention, n'oubliez pas que le permis international n'est valable qu'associé à votre permis national. Pour le reste, les routes guinéennes étant ce qu'elles sont et les habitudes de conduite des Guinéens pas toujours très orthodoxes, nous vous conseillons dans la mesure du possible de faire appel à un chauffeur quand vous vous déplacez à l'intérieur du pays.

SANTÉ

En Guinée, il est fortement déconseillé de boire de l'eau du robinet (quand il y en a) ou du puits. Préférez autant que possible l'eau minérale en bouteille. Si vous ne pouvez pas faire autrement, n'hésitez pas à faire bouillir l'eau ou à utiliser des produits de purification de l'eau (Micropur, Aquatab, Hydroclonazone...). Cela vous évitera bien des désagréments. Évitez également de manger des aliments crus ou peu cuits. Il est notamment recommandé de bien laver les crudités (tomates, concombres, salades...), car l'hépatite A, le plus souvent bénigne (mais pas toujours), s'attrape par l'eau ou les aliments mal lavés. Nous vous déconseillons par ailleurs de boire du lait caillé artisanal, car bien qu'il soit très appréciable, il n'est pas pasteurisé, et peut transmettre la tuberculose ou la brucellose, maladies encore très répandues dans le pays. Pour les voyageurs de courte durée (moins d'un mois), un traitement prophylactique contre le paludisme est plus que fortement recommandé toute l'année. Renseignez-vous auprès de votre médecin ou de l'Institut Pasteur pour le traitement le plus adapté au moment de votre départ. Bien sûr, pensez à prendre un antimoustique pour zone tropicale à appliquer régulièrement.

VACCINS OBLIGATOIRES

Avant de fermer vos valises, n'oubliez pas que votre santé fait aussi partie du voyage, c'est même votre bien le plus précieux, et c'est avant de partir que vous devez y penser. Pour tout séjour dans le pays, le vaccin contre la fièvre jaune est recommandé (obligatoire uniquement pour les personnes venant de certains pays où la maladie est présente) et les vaccins contre le tétanos, la diphtérie et l'hépatite A, indispensables. Il est également fortement conseillé de se prémunir contre l'hépatite B, la fièvre typhoïde, la poliomyélite et les méningites A et C.

SÉCURITÉ

Globalement, le pays est plutôt sûr pour les voyageurs. À Conakry, l'ambiance est moins électrique qu'à Dakar, par exemple. Il est cependant recommandé de respecter quelques règles. À Conakry, il faut absolument éviter de marcher seul(e) la nuit dès qu'on sort des endroits très fréquentés et il faut se méfier du marché Madina, prisé des pickpockets. Il est vivement déconseillé de conduire de nuit, dans la capitale ainsi que dans le reste du pays, pour éviter de faire de mauvaises rencontres. Pour connaître les dernières informations sur la sécurité sur place, consultez la rubrique « Conseils aux voyageurs » du site du ministère des Affaires étrangères : www.diplomatie.gouv.fr/voyageurs. Sachez cependant que le site dresse une liste exhaustive des dangers potentiels et que cela donne parfois une image un peu alarmiste de la situation réelle du pays. Les forums de voyageurs ou certains groupes Facebook comme « Conakry expats » peuvent alors être intéressants pour avoir un point de vue un peu différent.Les femmes étrangères sont respectées et nullement agressées. Mais si vous voyagez seule et par vos propres moyens, attendez-vous tout de même à être fréquemment abordée, sur le mode de la camaraderie.

DÉCALAGE HORAIRE

La Guinée est dans le fuseau horaire GMT + 0 toute l'année. En heure d'hiver en France (de novembre à mars), quand il est midi en Guinée, il est 13h en France. En heure d'été en France (d'avril à octobre), quand il est midi en Guinée, il est 14h en France.

LANGUES PARLÉES

La langue officielle est le français. Vous n'aurez donc aucun problème pour trouver des interlocuteurs à Conakry. Par contre, vers l'intérieur du pays, il est parfois plus compliqué de se faire comprendre car les populations locales s'expriment essentiellement, voire uniquement dans leur idiome local. Les principales langues vernaculaires sont le soussou, le malinké, le poular et les langues des forestiers (guerzé, toma).

COMMUNIQUER

Le code pays de la Guinée est le 224. Il n'existe pas d'indicatifs régionaux. Les numéros ont 9 chiffres. Pour téléphoner de la Guinée vers la France, composer le 00 + 33 + le numéro de votre correspondant, en omettant le 0 de départ. Plusieurs opérateurs (Orange, Cellcom, MTN-Areeba) sont aujourd'hui présents dans le pays, ce qui rend le téléphone relativement bon marché en Guinée, comparé à ses voisins. En revanche, la couverture n'est pas toujours assurée partout et par tous. Ce qui explique pourquoi un Guinéen peut avoir trois numéros de portable, des trois différents opérateurs. Il n'y pas de système d'abonnement pour les communications : il suffit tout simplement d'acheter une puce et une carte recharge (même dans la rue auprès d'un vendeur ambulant) pour avoir du crédit. Vous pouvez également acheter du crédit ou souscrire des forfaits Internet directement sur votre téléphone, si vous avez un compte associé. Pour joindre l'étranger, les tarifs sont très raisonnables avec un téléphone cellulaire. Une puce coûte entre 5 000 FG et 15 000 FG. Utiliser son téléphone mobile : si vous souhaitez garder votre forfait français, il faudra, avant de partir, activer l'option internationale (généralement gratuite) en appelant le service clients de votre opérateur. Qui paie quoi ? La règle est la même chez tous les opérateurs. Lorsque vous utilisez votre téléphone français à l'étranger, vous payez la communication, que vous émettiez l'appel ou que vous le receviez. Dans le cas d'un appel reçu, votre correspondant paie lui aussi, mais seulement le prix d'une communication locale. Tous les appels passés depuis ou vers l'étranger sont hors forfait, y compris ceux vers la boîte vocale.

ELECTRICITÉ ET MESURES

Le courant fourni sur le réseau guinéen est du 220 volts (ou à peu près), comme en France. Les principaux hôtels disposent de groupes électrogènes qui permettent de pourvoir aux besoins en électricité. Mais les coupures de courant sont encore fréquentes et, en dehors des grandes villes, il y a souvent peu ou pas d'électricité. Pensez à vous munir d'une batterie rechargeable pour vos besoins quotidiens. Après utilisation, débranchez bien vos matériels pour limiter les risques d'endommagement liés aux coupures et surtout aux retours de courant. Les poids et les mesures sont les mêmes qu'en Europe.

BAGAGES

Prévoyez des vêtements amples et légers plutôt en coton pour être à l'aise sous le soleil et des tenues longues si vous comptez partir en brousse et/ou visiter les villages à l'intérieur du pays, sachant que pour les femmes il est plus acceptable de dévoiler un décolleté plongeant que des jambes sous une jupe très courte. N'oubliez pas une casquette ou un chapeau. Indispensable : une lampe pour les fréquentes coupures de courant et un chargeur portable pour toujours pouvoir recharger votre téléphone. Seront les bienvenus un vêtement de pluie pour la saison des pluies (évidemment) et un pull pour les soirées fraîches du massif du Fouta Djalon, mais également des foulards, écharpes légères ou autre pour se protéger de la poussière en saison sèche et des chaussures confortables adaptées pour la marche sur tous types de sentiers.

INTERVIEW

L'ASSURANCE VOYAGE, LE MEILLEUR MOYEN POUR PROTÉGER SA SANTÉ À L'ÉTRANGER

avec le DR CÉDRIC RAMAUT, directeur médical d'Allianz Travel

En cas de souci de santé sur place, que faut-il faire ?

Si l'on se trouve dans une situation urgente (accident grave, morsure d'animaux…), il est conseillé d'appeler les numéros d'urgence locaux. Une fois à l'hôpital, appeler son assisteur pour déclencher les procédures de prise en charge.

Est-il possible d'entrer en contact avec un professionnel de santé en cas de besoin ?

Allianz Travel dispose d'un service de téléconsultation médicale accessible en visio qui permet de s'entretenir avec un médecin 24h/24, 7 jours sur 7. La consultation se fait en français et des conseils sont donnés sur les démarches à effectuer. Une ordonnance peut également être délivrée.

S'agissant des frais médicaux, est-on forcément couvert par son assurance maladie et sa mutuelle à l'étranger ?

La sécurité sociale fonctionne uniquement dans les pays avec lesquels la France a passé des accords. Il faut pour cela demander sa carte européenne d'assurance maladie (CEAM). La sécurité sociale et la mutuelle couvriront alors les frais médicaux à l'étranger à hauteur de leur propre barème sous certaines conditions. Il est malgré tout conseillé de souscrire une assurance voyage, car la prise en charge des frais ne sera pas la même qu'en France.

Quel est le meilleur moyen de voir ses frais médicaux pris en charge ?

Dans les pays hors Europe, il est recommandé de souscrire à un contrat d'assistance avec un bon niveau de couverture des frais médicaux. Il est également important de choisir un assureur disposant d'un important réseau international dans le domaine médical.

En cas de problème médical, le rapatriement est-il prévu dans le contrat d'assurance ?

Oui, la majorité des contrats d'assurance voyage prévoit le rapatriement mais il n'est toutefois pas systématique. L'état de santé du patient peut nécessiter une hospitalisation / une immobilisation sur le lieu de séjour. Si le patient peut être traité sur place, l'assisteur l'orientera vers un médecin ou une structure médicale adaptée localement, et ce jusqu'à ce qu'il puisse à nouveau de voyager et rentrer chez lui.

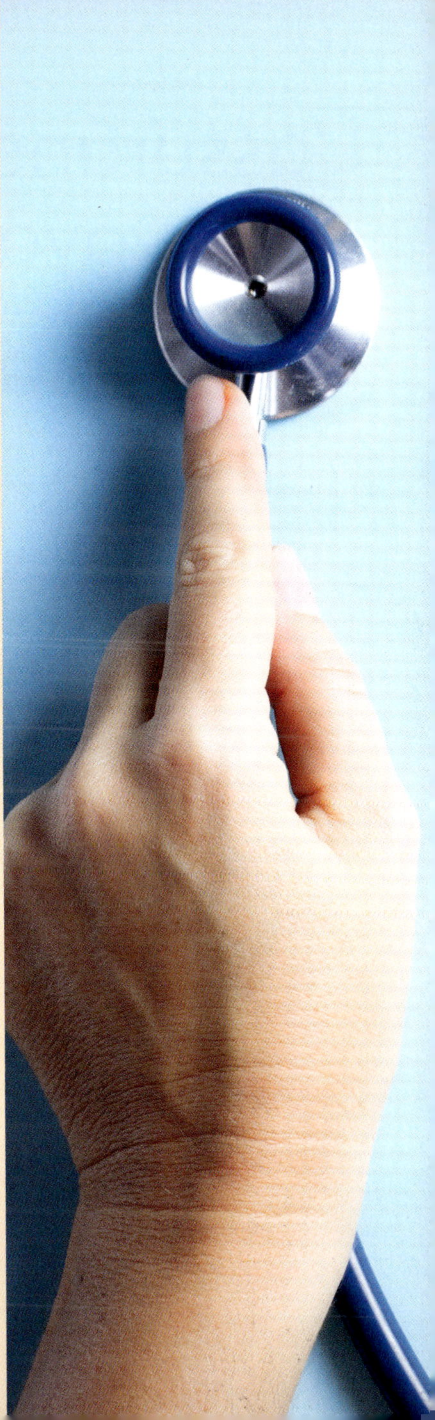

© NEIRFY

S'Y RENDRE

Rejoindre la Guinée par les airs est plutôt assez simple surtout depuis la France. Plusieurs grandes compagnies internationales desservent Conakry pour des tarifs compris entre 400 € et plus de 1 000 € en aller-retour selon la saison et la compagnie. Si vous le pouvez, prenez vos billets bien en amont de votre départ pour bénéficier de tarifs vraiment intéressants. Par voie terrestre, le trajet est plus aventureux et plus long mais aussi beaucoup plus typique. La route est goudronnée quasiment tout le long du parcours depuis la France. Une fois passé le détroit de Gibraltar, seul un passage sableux entre le Maroc et la Mauritanie nécessite un équipement adapté au cas où. Comptez une dizaine de jours pour rejoindre la frontière nord de la Guinée, porte d'entrée vers le massif du Fouta Djalon. À moins que vous n'en profitiez pour visiter les pays voisins, Gambie et Guinée-Bissau, en longeant le côte atlantique.

AIR FRANCE

✆ +33 9 69 39 36 54

wwws.airfrance.fr

Réservez en ligne ou par téléphone.

La compagnie française, qui existe depuis 1933, est synonyme de qualité, de service et de confort. Sa flotte est majoritairement constituée d'Airbus âgés d'une dizaine d'années. Air France propose actuellement un vol par jour depuis Paris-Charles de Gaulle à destination de Conakry. Comptez environ 6 heures de vol, sans escale. Les tarifs pour un aller-retour sont compris entre 800 et 1 000 euros en moyenne. Il est aussi possible de partir depuis d'autres villes de France mais une correspondance ou un trajet en train est alors requis.

TAP AIR PORTUGAL

✆ 0 820 319 320

https://www.flytap.com/fr-fr/

La compagnie portugaise propose 3 vols par semaine pour Conakry, avec escale à Lisbonne. Si vous faites escale à Lisbonne en provenance d'un pays de l'Union européenne, vous ne repasserez pas les douanes et donc vous pouvez passer rapidement d'un avion à l'autre. Votre temps de correspondance peut être réduit. Dans le sens inverse, prenez en compte le temps pour passer les formalités douanières. La TAP propose des tarifs vraiment attractifs avec des prix d'appel à moins de 500 euros l'aller-retour et des prestations, il est vrai, plutôt basiques.

ROYAL AIR MAROC

38, avenue de l'Opéra

✆ 08 20 82 18 21

https://www.royalairmaroc.com/fr-fr

Pour Conakry, la compagnie propose des vols tous les jours de la semaine au départ de l'aéroport d'Orly à Paris avec une escale à Casablanca. Pour éviter d'avoir à courir lors de la correspondance à Casablanca, prévoyez une escale d'au moins une heure et demie, car le passage des douanes est parfois un peu long. Pour les escales de longue durée, la compagnie vous propose d'aller dans un de ses hôtels à Casablanca. C'est une option intéressante pour se rendre en Guinée depuis Paris notamment avec des prix d'appel aux alentours de 500 euros.

EASY VOLS

✆ 08 99 19 98 79

www.easyvols.fr

Pour voyager malin, il faut faire ses recherches en toute efficacité, sans perdre trop de temps à jongler d'un site à un autre. Pour trouver le bon vol au bon prix, l'idéal est la plateforme comparatrice de vols. Easyvols permet de comparer en temps réel les prix des billets d'avion chez plus de 700 compagnies aériennes et pas seulement des compagnies low-cost. Vous pouvez économiser jusqu'à 70 % du prix si vous êtes prêts à saisir au vol les meilleures offres. Des avis avisés de clients sont aussi consultables sur le site Internet.

SÉJOURS ET CIRCUITS

La Guinée, malgré ses atouts indéniables, reste une destination peu touristique. De fait, les tour-opérateurs y proposant des circuits sont peu nombreux. On compte même sur les doigts d'une main ceux susceptibles de vous accompagner dans la découverte du pays et de ses différentes régions. Mais ils peuvent être un atout majeur pour vous permettre de profiter au mieux de votre séjour. Sur place, quelques guides locaux indépendants, souvent spécialistes d'une région, sont également en mesure de vous proposer un programme adapté à vos envies et de prendre en charge, au moins partiellement, la logistique de votre voyage. Si vous êtes prêts à gérer par vous-même un certain nombre d'aspects pratiques de votre séjour, ils seront un appui appréciable, voire indispensable pour vous lancer sur les pistes et les routes du pays, rencontrer et partager avec les populations, découvrir la culture locale et les plus beaux sites naturels.

LA BALAGUÈRE

✆ 05 62 97 46 46
www.labalaguere.com
Ouvert du lundi au vendredi de 9h à 17h et le samedi de 10h à 12h et de 14h à 17h30.

La Balaguère, spécialisée dans la randonnée et le trek, propose des séjours avec ou sans guide, pour les familles et petits groupes, pour tous les niveaux, du débutant au marcheur expérimenté. En Guinée et plus précisément au Fouta, La Balaguère propose un circuit de 14 jours intitulé « Fouta Djalon, berceau des grands fleuves africains ». L'occasion de découvrir les sentiers peuls, la case à palabres de Dalaba, les îles de Loos... Une partie du prix du voyage est reversé pour un projet local de captage de source, avec l'association franco-guinéenne Koïn Goto.

NOMADE AVENTURE

40, rue de la Montagne-Sainte-Geneviève
PARIS (5e)
✆ 01 46 33 71 71
www.nomade-aventure.com
Ouvert du lundi au samedi de 9h30 à 18h30. Circuits sur mesure. Activités.

Nomade Aventure est une agence qui vous change de vos habitudes sédentaires. Avec ses voyages placés sous le thème de la nature, de la culture et de la rencontre, elle vous propulse vers de nouvelles aventures, loin des meutes de touristes et vous fait profiter de l'expertise des guides locaux. Pour la Guinée, Nomade propose trois voyages dont un est basé sur un nouveau circuit privilégiant les rencontres et la culture locale dans différentes régions du pays. Les deux autres sont un peu plus sportifs avec quelques jours de randonnées au Fouta Djalon.

POINT-VOYAGES

✆ 04 75 97 20 40
www.point-voyages.com

Point-Voyages est une coopérative de voyageurs créée en 1996. Sa raison d'être est le développement des relations Nord-Sud. Pour que son action soit pérenne, elle s'est appuyée sur un tourisme responsable, associant étroitement les populations locales. En Guinée, Point-Voyages propose deux voyages. Le premier, essentiellement en Guinée maritime, s'intitule « Rencontre et solidarité en pays soussou ». Le second, dans le massif du Fouta-Djalon, intitulé « Berceau des grands fleuves africains », est en mode trek pour pénétrer au cœur de la région.

GO VOYAGES

www.govoyages.com

Site internet proposant des prix avantageux toute l'année.

Go Voyages propose un très grand choix de vols secs, charters et réguliers au meilleur prix au départ et à destination des plus grandes villes. 155 000 itinéraires de vols, 665 compagnies aériennes et plus de 2 millions d'hôtels dans 40 000 destinations... Possibilité également d'acheter des packages sur mesure « vol + hôtel » et des coffrets cadeaux. Sans oublier le grand choix de promotions sur tous les produits et la location de voiture. La réservation est simple et rapide, les choix multiples et les prix très compétitifs.

LASTMINUTE

✆ +39 0892 586 132

lastminute.com

Des vols secs à prix négociés, dégriffés ou publics sont disponibles sur Lastminute, agence de voyage en ligne créée en 1998. On y trouve également des week-ends, des séjours, de la location de voiture... Mais surtout, Lastminute est le spécialiste des offres de dernière minute permettant ainsi aux vacanciers de voyager à petits prix sans avoir à s'y prendre plusieurs semaines à l'avance. Que ce soit pour un week-end ou une semaine, une croisière ou simplement un vol, des promos sont proposées et renouvelées très régulièrement.

PARTIR-PAS-CHER

✆ 01 44 79 55 55

www.partirpascher.com

Centre d'appel ouvert du lundi au samedi de 9h à 23h, le samedi de 10h à 23h.

Ce soldeur de voyages ou du moins cet explorateur de voyages à bon marché travaille pour vous faire faire des économies en toute sécurité. Partir-Pas-Cher vous permet de réserver votre week-end, croisière, circuit dans plus de 120 destinations dans le monde. Plus de 10 000 séjours ont été sélectionnés. Vous avez généralement le choix entre diverses propositions dans des hôtels de différentes catégories souvent pour un week-end, avec ou sans petit déjeuner. Vous profitez de réductions de 20 % à 60 %. Des offres dernière minute sont également proposées sur le site.

PROMOVACANCES

✆ 01 55 33 44 44

www.promovacances.com

Promovacances est une agence de voyage en ligne qui propose de nombreux séjours touristiques, des week-ends, ainsi qu'un très large choix de billets d'avion à tarifs négociés sur vols charters et réguliers, des locations, des hôtels à prix réduits. En plus de cette importante offre, n'hésitez pas à guetter en ligne des promotions de dernière minute et les bons plans du jour. Enfin, des informations pratiques sont à consulter en ligne pour préparer votre voyage : santé, formalités, aéroports, voyagistes, compagnies aériennes.

DUNIA VOYAGES

Avenue de la République

CONAKRY

✆ +224 623 88 88 54

L'agence Dunia est un acteur historique du tourisme à Conakry. Elle propose diverses prestations : l'accueil à l'aéroport pour vous permettre une arrivée en douceur dans la tumultueuse Conakry, la location de voitures, la billetterie d'avion, les excursions touristiques pour découvrir Conakry, les îles de Loos et/ou l'intérieur du pays à travers des circuits standards ou à la carte selon vos envies, l'organisation de vos voyages d'affaires. Elle s'est également spécialisée ces dernières années dans l'organisation du pèlerinage à La Mecque.

FOUTA TREKKING AVENTURE

Quartier N'Diolou

LABÉ

✆ +224 622 91 20 24

www.foutatrekking.org

Cette association touristique a été créée en 1995 par un groupe de jeunes guides de Labé qui ont souhaité développer une forme de tourisme durable au Fouta-Djalon. Aujourd'hui, elle gère en étroite collaboration avec les villageois, le lodge de Kamawi, installé dans la vallée de la Fétoré. L'association propose par ailleurs de magnifiques randonnées ainsi que des circuits pouvant être créés à la carte, dans le Fouta mais pas seulement. Elle est en capacité de faire des propositions pour toutes les régions de la Guinée mais aussi pour les pays voisins.

GROUPE MONDIAL TOURS

Commune de Dixinn
CONAKRY
✆ +224 622 20 97 87
http://groupemondialtours.com/

Mondial Tours, c'est une équipe professionnelle et expérimentée, qui peut vous organiser des circuits à la carte ou prédéfinis, à travers le pays et vers les pays limitrophes. Le groupe est détenteur du site des « Eaux de Kilissi » vers Kindia, un complexe hôtel-restaurant installé aux abords des chutes du même nom. Un espace de calme et de détente accessible sur un week-end depuis Conakry. Les restaurants-traiteurs Africana à Kaloum et Aux délices d'Africana de Lambanyi font également partie de ce groupe aux multiples facettes.

MIRANASS TOURISME

✆ +224 622 19 20 26
www.miranasstourisme.com

L'agence Miranass Tourisme a été créée en 2016 par Mariama Kaba avec l'idée de faire de la Guinée une destination incontournable de la sous-région. Elle conçoit et vend des circuits de découverte sur Conakry, à travers tout le pays et vers certains pays voisins (Sierra Leone, Sénégal, Guinée-Bissau). Elle organise aussi des excursions à la journée ou encore des team buildings à la demande. Elle est également en mesure de répondre aux demandes de location de véhicules confortables et climatisés, adaptés aux routes guinéennes (1 000 000 FG la journée).

INDIGO

CONAKRY
✆ +224 628 05 88 12
https://voyageenguinee.com/

Indigo propose une gamme de voyages allant de la randonnée au séjour avec des enfants en passant par une découverte culturelle et historique du pays. Cécile, sa responsable, organise chaque voyage en s'adaptant aux demandes et en proposant le meilleur des endroits visités, avec le souci permanent de faire participer les communautés dans le respect de leurs traditions et de leur environnement. Une équipe riche de plus de dix ans d'expérience accueille les visiteurs sur place pour leur faire vivre de grandes « aventures en Guinée ».

BILLETSDISCOUNT

✆ 01 40 15 15 12
www.billetsdiscount.com
Promotions toute l'année.

Le site Internet permet de comparer les tarifs de vol de nombreuses compagnies à destination de tous les continents. Outre la page principale avec la recherche générale, des onglets spécifiques (Antilles, océan Indien, Océanie, Afrique, Amérique du Nord et Asie) permettent de cibler davantage les recherches. À noter qu'un bagage supplémentaire en soute de 23 kg est inclus dans le prix du billet. Il est possible de payer son billet d'avion en 4 fois contre une somme modique. Un service pour les enfants non accompagnés (de 4 à 12 ans) est également proposé.

KINDIA VOYAGE TOURISME

KINDIA
✆ +224 623 11 50 54
Prévoir 100 000 FG par personne et par jour.

Kindia offre de multiples opportunités d'excursions, de randonnées, de rencontres… Pour accompagner les visiteurs et les aider à ouvrir en grand les portes de Kindia, l'agence KVT se propose de répondre à toutes les demandes. Son gérant Mohamed Camara se fera un plaisir et un devoir d'y répondre et d'établir un programme correspondant au mieux à vos attentes. Possibilité de louer des véhicules par son intermédiaire (motos ou voitures). Avec KVT, partez à la découverte des chutes et cascades autour de Kindia, du centre-ville et de ses artisans, du lac de Samaya…

EASY ALIBA BUY

www.alibabuy.com
Comparateur de voyages.

Easy Aliba Buy est un site comparateur de prix de voyages permettant aux internautes d'avoir une vue d'ensemble sur les diverses offres de séjours proposées par des partenaires selon plusieurs critères (comme le nombre de nuits, les catégories d'hôtel, l'ordre de prix…). Les internautes souhaitant avoir plus d'informations ou réserver un produit sont ensuite mis en relation avec le site du partenaire commercialisant la prestation. Sur ce site, vous trouverez un choix de billets d'avion, d'hôtels et de circuits et séjours variés.

EASYVOYAGE

✆ 08 99 19 98 79

www.easyvoyage.com

Le concept peut se résumer en trois mots : s'informer, comparer et réserver. Des infos pratiques sur plusieurs destinations en ligne (saisonnalité, visa, agenda...) vous permettent de penser plus efficacement votre voyage. Après avoir choisi votre destination selon votre profil (famille, budget...), le site vous offre la possibilité d'interroger plusieurs sites à la fois concernant les vols, les séjours ou les circuits. Grâce à ce moteur performant, vous pouvez réserver directement sur plusieurs bases de réservation (Lastminute, Go Voyages et bien d'autres).

EXPEDIA FRANCE

✆ 01 57 32 49 77

www.expedia.fr

Vous pouvez télécharger l'application mobile pour planifier votre séjour.

Expedia est le site n° 1 mondial du voyage en ligne. Un large choix de 300 compagnies aériennes, 240 000 hôtels, plus de 5 000 stations de prise en charge pour la location de voitures et la possibilité de réserver parmi 5 000 activités sur votre lieu de vacances. Cette approche sur mesure du voyage est enrichie par une offre très complète comprenant prix réduits, séjours tout compris, départs à la dernière minute… Son algorithme et sa base de données permettent en effet de proposer des formules vol et hôtel à peu près n'importe quand.

JETCOST

www.jetcost.com

Jetcost compare les prix des billets d'avion et trouve le vol le moins cher parmi les offres et les promotions des compagnies aériennes régulières et *low cost*. Le site est également un comparateur d'hébergements, de loueurs d'automobiles et de séjours, circuits et croisières. L'interface du site Internet est très simple d'utilisation. Après avoir lancé la recherche, on peut affiner les résultats en fonction de ses choix afin de trouver le vol le plus intéressant, la durée du trajet, les éventuelles escales ou encore l'aéroport d'arrivée.

LILIGO

www.liligo.com

Site comparateur de voyages qui propose d'étudier le prix de votre prochain séjour.

Liligo interroge les agences de voyages, compagnies aériennes (régulières et low cost), trains (TGV, Eurostar…), loueurs de voitures, mais aussi 250 000 hôtels à travers le monde pour proposer à ses clients les offres les plus intéressantes en temps réel. Les prix incluent les frais de dossier, d'agence… Une fois la recherche établie et l'offre sélectionnée par l'utilisateur, le comparateur le met directement en relation avec le site marchand. Quelques astuces sont délivrées en ligne pour bénéficier des offres les plus intéressantes.

QUOTATRIP

www.quotatrip.com

Tarifs : devis sur demande en ligne.

QuotaTrip est une nouvelle plateforme de réservation de voyage en ligne qui met en relation des voyageurs à la recherche d'expériences authentiques et uniques et des agences de voyages locales sélectionnées pour leurs compétences et leur sérieux. Le réseau de QuotaTrip couvre près de 200 destinations dans le monde entier. Le but de ce rapprochement est simple : proposer un séjour entièrement personnalisé aux utilisateurs. QuotaTrip promet ainsi l'assurance d'un voyage serein, sur mesure, sans intermédiaires et sans frais supplémentaires.

VIVANODA.FR

www.vivanoda.fr

Vivanoda.fr est un site français indépendant permettant en un clic de comparer et combiner plusieurs modes de transport (avion, train, autocar, ferry et covoiturage) entre deux villes. Vivanoda est né d'un constat simple : quel voyageur arrive à s'y retrouver dans les différents moyens de transports qui s'offrent à lui pour rejoindre la destination de son choix ? La recherche sur Internet de ces informations se révèle en effet souvent très fastidieuse... Grâce à ce site, fini les nuits blanches et bonjour les voyages à moindre coût.

INTERVIEW

LE VOYAGE-SUR-MESURE

AVEC STEVEN LE CHEVALIER ET MATHIEU VALLY DE QUOTATRIP

Quel est le concept de l'agence QuotaTrip ?

Quotatrip est la première plateforme de mise en relation entre voyageurs et agences locales. Grâce à elle, les voyageurs peuvent enfin échanger en direct avec des agences qui sont sur place et concevoir un voyage unique, au meilleur prix et 100% personnalisé.

Pourquoi voyager avec des agences locales ?

À l'inverse des agences traditionnelles, les agences locales sont des expertes de la destination choisie. Ce sont aussi les mieux placées pour concevoir des séjours qui sortent des sentiers battus. Elles sont ainsi en mesure de répondre à l'ensemble des envies, le voyageur rentre dans l'univers de l'equi-tourisme = le tourisme sans intermédiaire.

Quels sont les autres avantages pour les voyageurs ?

Il y a une multitude d'avantages. Cela permet notamment de ne pas voyager comme tout le monde, d'organiser de manière simple et rapide un séjour sur mesure et au meilleur prix. Fini les mauvaises surprises, les voyageurs posent toutes les questions qu'ils souhaitent et bénéficient d'un accompagnement sur mesure, de la conception du projet jusqu'à sa réalisation en toute sécurité car les agences référencées sont sélectionnées et recommandées par les journalistes des guides du Petitfute en toute impartialité.

Les démarches sont-elle simples à effectuer ?

Les sites de voyage en ligne font perdre beaucoup de temps aux internautes sans pour autant répondre entièrement à leurs désirs. QuotaTrip propose un formulaire simple et rapide qui permet de décrire les souhaits, les envies et les besoins. L'internaute reçoit aussitôt gratuitement et sans engagement les offres de trois ou quatre agences locales avec qui il peut ensuite échanger afin de personnaliser son projet grâce à la messagerie mise en place.

Quelles sont les destinations proposées ?

Notre plateforme propose plus de 21 000 projets de voyage sur plus de 100 destinations à travers le monde. De l'Amérique latine en passant par l'Asie et l'Afrique, nos mille agences partenaires sont là pour répondre à vos projets de voyage.

Décrivez votre projet de voyage. Échangez en direct avec les agences locales et partez au meilleur prix.

***Plus d'informations** : quotatrip.com*

© D.R

© D.R

© D.R

SE LOGER

L'offre hôtelière locale s'est étoffée ces dernières années. Elle va de l'hôtel de grand luxe au petit établissement de quartier défraîchi. Mais elle se concentre principalement à Conakry. Dès que vous franchissez les portes de la capitale, vous entrez sur un territoire où globalement l'offre et la qualité de service sont assez basiques. Certes pour la plupart, les chambres sont pourvues d'une moustiquaire, mais l'eau courante au robinet n'est pas toujours assurée. L'électricité étant encore très inégalement distribuée, la plupart des hôtels sont équipés de groupes électrogènes pour faire face aux absences de courant, mais ils ne sont pas toujours fonctionnels. S'ils tournent, ce n'est souvent que quelques heures en soirée. Au final, seules quelques villes de l'intérieur sont dotées d'établissements garantissant des prestations de niveau correct pour vous assurer un séjour agréable. Ailleurs, il faudra composer avec l'existant.

HELPX €€

www.helpx.net

Plateforme Internet pour séjourner chez l'habitant.

Des fermes biologiques, des B&B, des hôtels où l'étranger aide tout en bénéficiant, selon les hôtes, d'un hébergement, de repas ou de cours de langues selon le travail fourni. Un panel de lieux, partout dans le monde, où vivre durant une année ou moins, afin d'améliorer une langue ou vivre une expérience hors du commun pendant une année de césure. Lors de notre dernière visite sur le site, des propriétaires de *guesthouse* proposaient lit + déjeuner en échange de quelques heures de travail. Peut être une bonne affaire pour les plus jeunes.

HOSTELWORLD €

www.hostelworld.com

Depuis 2005, cette centrale de réservation en ligne permet de planifier son séjour à prix corrects dans le monde entier. Afrique, Asie, Europe, Amérique… Hostelworld est spécialisé dans les logements peu onéreux (auberges de jeunesse ou hostels…) mais proposant des services et un cadre plutôt soignés. Pour chaque grande ville, le site propose une sélection pointue d'enseignes partenaires et vous n'aurez plus qu'à choisir l'adresse la plus pratique, la mieux située, ou tout simplement la moins chère. Une plateforme bien pratique pour les baroudeurs.

HOME EXCHANGE €€

www.homeexchange.fr

Abonnement annuel 149 €.

Et si vous échangiez votre maison avec d'autres pour partir en vacances ? HomeExchange est une plateforme d'échange de maisons et d'appartements entre particuliers. L'idée : un site Internet pour échanger son logement (studio, appartement, villa…) moyennant un abonnement annuel à l'agence en ligne, qui se charge de la présentation du bien et de la mise en contact des intéressés. Un excellent moyen de faire des économies pour partir en vacances et réduire ainsi les frais d'hébergement sur place. Le choix est large, avec plus de 450 000 offres dans 159 pays.

WORKAWAY €€

www.workaway.info

Abonnement annuel à la plateforme : 49 € pour un voyageur seul, 59 € pour deux voyageurs.

Ici, le système est simple : être nourri et logé en échange de services. Sur la page Web, vous entrez en contact avec vos futurs hôtes qui recherchent des volontaires pour les aider dans leur projet. Des fermes, des maisons à retaper, des vendanges, des cueillettes… Ce système de logement alternatif, s'il n'est pas de tout repos, est de plus en plus populaire parmi les voyageurs. Les hôtes proposent la plupart du temps le gîte et la nourriture en échange de cours d'anglais. Un bon deal mais surtout une expérience unique et des rencontres fort enrichissantes.

SE DÉPLACER

Ici pas de liaisons aériennes intérieures, pas de train de voyageurs hors de la capitale et peu de compagnies de bus fiables ! Pour vous déplacer, reste donc les deux (motos), trois (tuk-tuks) et quatre-roues, 4 x 4 ou non. Pour circuler à Conakry, les deux et trois-roues peuvent présenter certains avantages, mais pour se déplacer dans l'intérieur du pays, la voiture, si possible 4 x 4 avec chauffeur, est le moyen de transport le plus adapté. Pour les petits budgets, le taxi-brousse est une autre solution pour se rendre aux quatre coins du pays. Vous pouvez prendre une place à bord d'un taxi collectif ou en privatiser un. Le réseau routier principal est très inégal. Même si de gros chantiers ont permis de rénover certains axes dégradés, restent encore de nombreux tronçons en piteux état. Quant au réseau secondaire fait de pistes, il souffre cruellement d'un manque d'entretien régulier et se dégrade donc au rythme des saisons des pluies.

BLACK CAB

✆ +224 620 02 03 03
www.blackcab-guinee.com/

Chez BlackCab, vous pouvez réserver votre véhicule avec chauffeur pour vos sorties à Conakry pour la durée qui convient à vos envies. Les offres sont flexibles et s'adaptent à vos besoins. Vous pouvez également louer un véhicule avec chauffeur pour sillonner les routes de l'intérieur du pays. La flotte de véhicules est plutôt haut de gamme et les chauffeurs qualifiés. Il est également possible de faire appel au service de navettes qui assurent le transfert aéroport-domicile et inversement, dans des conditions de confort et de sécurité optimales.

WEDRIVE GUINEE

✆ +224 626 96 43 66
www.wedrivegn.com/

We Drive GN est une plateforme de mise en relation de particuliers pour la location de véhicules. L'idée, c'est de pouvoir louer en toute confiance la voiture du voisin pour une journée ou quelques jours. Pour louer un véhicule, il faut remplir les conditions suivantes : être âgé de 18 ans et plus, être titulaire d'un permis de conduire en cours de validité sur le territoire guinéen, limiter ses déplacements en Guinée et dans les pays suivants : Côte d'Ivoire, Sénégal, Sierra Leone, Liberia, Mali et enfin payer la location *via* un paiement mobile ou en cash.

S'INFORMER

Chercher des informations récentes et actualisées concernant la Guinée peut se révéler une quête peu fructueuse et décevante. En effet, il existe peu de documents, guides ou livres récents présentant le pays dans sa globalité. Vous trouverez cependant dans les principales librairies notamment chez L'Harmattan, libraire et surtout éditeur local, de quoi satisfaire au moins partiellement votre curiosité. Pour ce qui est de l'information purement touristique, l'Office national de tourisme redynamisé par sa nouvelle directrice propose sur les réseaux sociaux un aperçu des richesses locales et la possibilité de poser vos questions pour préparer votre séjour. Quelques sites Internet sont également à même de vous aider dans vos préparatifs. N'hésitez pas à poser vos questions en ligne, par exemple sur www.foutadecouverte.com. Enfin, certains groupes Facebook comme Conakry expats sont des sources d'infos relativement fiables pour les voyageurs.

CASE TOURISTIQUE

Quartier du Chargeur
DALABA
✆ +224 669 41 96 16

Ouverte depuis 1996, la case est aujourd'hui gérée par l'Association ALDET et principalement par Daymou Diallo, membre fondateur de ladite association. Ce dernier a acquis une grand expérience dans l'accompagnement de groupes à travers le Fouta. Il travaille en partenariat avec des agences de voyages en s'appuyant sur une équipe de guides locaux, qu'il a contribué à former. Il propose des excursions en ville et dans les environs, mais également des treks pour découvrir les plus beaux sites naturels de la région. N'hésitez pas à l'appeler aux numéros précités.

OFFICE NATIONAL DU TOURISME - ONT

Commune de Kaloum
CONAKRY
✆ +224 611 45 46 46

Nouveaux locaux, nouveau logo et surtout nouvelle directrice, Kadé Camara, pour l'ONT. Depuis fin 2021, l'Office semble vouloir se sortir de sa torpeur et travailler à l'atteinte de ses objectifs que sont la promotion, interne comme externe, du tourisme en Guinée et veiller à l'application de la politique gouvernementale en la matière. Les projets sont nombreux et les défis immenses, mais le potentiel est là. Pour vos visites, des guides de l'ONT répondent à vos demandes.

L'HARMATTAN GUINEE

Quartier Almamya, Commune de Kaloum
CONAKRY
✆ +224 657 20 85 08
https://guinee.harmattan.fr/
De 9h à 17h, du lundi au samedi.

La librairie de référence avec un large choix de livres de l'éditeur couvrant toute la palette des sciences humaines, de la littérature, des essais historiques et politiques. En mai 2022, on compte 741 livres publiés de 448 auteurs. Gérée par une équipe énergique et en phase avec les manifestations culturelles de la cité, la librairie est un point de passage obligé pour qui veut être au fait de ce qui se fait dans le domaine culturel à Conakry. A noter que la librairie organise également chaque année le salon Les 72 heures du livre de Conakry.

LA MAISON DU LIVRE

Quartier Cameroun, Commune de Dixinn
CONAKRY
✆ +224 664 24 83 50
Ouvert du lundi au vendredi de 9h à 18h et le samedi de 9h à 16h.

Librairie généraliste (littérature classique, africaine, beaux livres…), scolaire et universitaire, qui dispose par ailleurs de différents rayons : papeterie, presse, loisirs créatifs et jeux éducatifs. Les différents espaces sont organisés sur trois niveaux, où il est agréable de déambuler, à la recherche d'un bon livre (possibilité de commander, si besoin). La librairie organise régulièrement des rencontres dédicaces avec des auteurs locaux. Un atelier de loisirs créatifs est proposé régulièrement aux plus jeunes. La librairie de référence à Conakry.

107.5 - AFRICA RADIO

33, rue du Faubourg Saint-Antoine
PARIS (11e)
✆ 01 55 07 58 01
www.africaradio.com

Née au Gabon en 1981 et s'étant développée en Afrique grâce aux ondes courtes et à ses émetteurs FM, *Africa n°1*, devenu Africa Radio en 2019, est aujourd'hui la plus importante des radios francophones du continent. Les programmes spécifiques d'*Africa Radio Paris* sont composés d'information, de débats, de musique, de sport et d'interactivité. *Africa Radio* propose en outre, via son site internet, différentes radios musicales thématiques, et qui sont consacrées au coupé-décalé, au mandingue, rumba, etc. Le portail en ligne est également très riche.

AMINA

11, rue de Téhéran - **PARIS** (8e)
✆ 01 45 62 74 76
www.amina-mag.com
Abonnement annuel : 24 € (France) 40 € (Europe) ; 33 € (Afrique) ; 63 € (Canada/USA).

« Le magazine de la femme », le magazine mensuel de référence qui présente l'actualité des femmes depuis 1972 : voici comment se présente lui-même le magazine *Amina*. Et en effet, créé à l'origine pour les femmes noires, *Amina* continue à parler d'elles et pour elles. Un journal passionnant, mis en page et illustré avec élégance et esthétisme, suivant les rubriques Mode, Beauté, Société, Lifestyle, People, Culture, Femmes d'Amina, Agenda, Amina TV… *Amina* est aujourd'hui diffusé aux Antilles, en Amérique et auprès de toute la communauté afro-antillaise européenne.

ORANGE SONATEL

CONAKRY

Orange Guinée est une filiale du Groupe Sonatel, présente en Guinée depuis novembre 2007 et leader du secteur des télécommunications avec plus de 9 millions d'abonnés. Des centaines de milliers de guinéens y bénéficient d'emploi directs et indirects dans la distribution de ses produits et services, la prestation de services divers et le développement de son Réseau téléphonique. Orange Guinée participe au développement économique et humain de la Guinée par son engagement, sa proximité avec les populations guinéennes traduit notamment par ses actions sociétales.

FONDATION ORANGE

info.fondation@orange-sonatel.com

Créé en 2015, la Fondation Orange Guinée est une fondation d'entreprise située à Conakry, commune de Ratoma. Elle a pour mission d'agir pour un accès égal pour tous à l'éducation, la santé et la culture en s'appuyant entre autres sur le numérique, facteur d'égalité de chances. En 2022, plus de 450 000 personnes ont été bénéficiaires de ses programmes parmi lesquels la caravane santé 3e âge, la solarisation de centre de santé, la création de GIE et maisons digitales pour les femmes, de Fablabs solidaires et Ecoles numériques ou encore la détection des talents.

FRANCE 24

80, rue Camille Desmoulins
ISSY-LES-MOULINEAUX
✆ 01 84 22 84 84
france24.com

Fondée en 2005, cette chaîne de télévision française d'information internationale en continu est accessible par le câble ou par le satellite dans certains bouquets de chaînes des hôtels du pays (canaux en français, en anglais, en arabe et en espagnol). Mais seuls les faits les plus retentissants de l'actualité locale sont traités. Dans les hôtels, vous pourrez aussi parfois trouver les chaînes *TV5 Monde* et *Euronews*. Cette dernière est diffusée en quatorze langues, dont le français, mais aussi en bosno-serbo-croate depuis 2021.

RFI

80, rue Camille Desmoulins
ISSY-LES-MOULINEAUX
✆ 01 84 22 84 84
www.rfi.fr

RFI (Radio France Internationale) est une radio française d'actualité diffusée mondialement en français et en 13 autres langues*, disponible en direct sur Internet (rfi.fr) et applications connectées. Grâce à l'expertise de ses rédactions basées à Paris et de son réseau de 400 correspondants, RFI propose à ses auditeurs des rendez-vous d'information et des magazines offrant les clés de compréhension du monde.

*anglais, cambodgien, chinois, espagnol, haoussa, kiswahili, mandingue, persan, portugais, roumain, russe, vietnamien.

RMC DÉCOUVERTE

✆ 01 71 19 11 91
www.rmcbfmplay.com

Média d'information thématique, cette chaîne – diffusée en HD – propose un florilège de programmes dédiés à la découverte, et plus particulièrement des documentaires liés aux thématiques suivantes : aventure, animaux, science et technologie, histoire et investigations, automobile et moto, mais également voyages, découverte et art de vivre. C'est une excellente source d'informations pour préparer un séjour, se tenir au courant des événements dans la région et même bien au-delà. Une chaîne dont l'audience, logiquement, augmente régulièrement !

FOUTA-DÉCOUVERTE

foutadecouverte.com

© FOUTA DÉCOUVERTE

Ce blog est une mine d'infos sur le Fouta. Son auteur est un ancien résident de la ville de Dalaba au Fouta et membre fondateur du bureau du tourisme de la ville. En permanence à l'écoute des questions et contributions sur le Fouta pour les partager avec le plus grand nombre, vous pouvez le contacter à l'adresse foutadecouverte@yahoo.fr ou en lui laissant un message *via* le blog. Il pourra vous faire des propositions pour organiser un séjour dans la région ou encore répondre à vos questions sur l'ensemble du pays. Alors n'hésitez pas à l'interroger !

TV5 MONDE

www.tv5monde.com

La chaîne de télévision internationale francophone diffuse des émissions de ses partenaires nationaux (France Télévisions, RTBF, TSR et CTQC) et ses propres programmes. La grille de TV5 Monde reflète la diversité de la création audiovisuelle francophone : cinéma, fictions, documentaires, jeux, divertissements, musique, jeunesse, sport, spectacles... TV5 Monde est diffusée dans plus de 200 pays et propose 9 chaînes régionalisées et 2 chaînes thématiques. Son audience moyenne hebdomadaire est de 55 millions de téléspectateurs.

RESTER

La Guinée est un pays qui connaît une forte croissance. Les opportunités de travailler sur place se sont donc certes, multipliées ces dernières années, mais elles restent malgré tout limitées. Certains pourront être tentés de s'investir sur place tant le champ des possibles semble illimité dans les domaines de l'agriculture, de la santé, de la lutte contre l'émigration, de l'éducation ou encore de la conservation de la nature. Les ONG ainsi que les institutions de coopération offrent en la matière quelques possibilités d'apporter sa contribution au développement local. Mais vivre et travailler sur place demande un peu de préparation et de bien évaluer le pour et le contre : tout n'est pas simple dans le vie au jour le jour en Guinée. Ne serait-ce que trouver un logement répondant à vos attentes et contraintes peut se montrer plus compliqué que prévu. Pour accroître ses chances de réussir, rien ne vaut un projet bien réfléchi.

ORGANISER SON SÉJOUR

AEFE

23, place de Catalogne
PARIS (14e)
✆ 01 53 69 30 90
www.aefe.fr

Cette agence, sous tutelle du ministère des Affaires étrangères, anime et gère un réseau de près de 500 établissements d'enseignement français à l'étranger, dans près de 140 pays. Des centaines de milliers d'élèves, dont une forte proportion de Français, fréquentent ces établissements. Offres d'emploi à l'international pour les titulaires de la fonction publique et informations sur la politique pédagogique émaillent le site Internet de cet organisme qui soutient également l'association Anciens des lycées français du monde est particulièrement bien fait.

MINISTÈRE DE L'EUROPE ET DES AFFAIRES ÉTRANGÈRES

www.diplomatie.gouv.fr

Site Internet officiel pour connaître les formalités d'entrée et séjour dans le pays. Dans la rubrique « Services aux Français », vous trouverez un guide de l'expatriation, les modalités de demandes de documents officiels. Sur la page d'accueil en sélectionnant le pays, vous obtenez les contacts des ambassades. Dans l'espace politique, économie et socio-culturel, quantité d'informations et de communications utiles pour qui s'intéresse aux réalités du pays.

ÉDUCATION NATIONALE

www.education.gouv.fr
Modalités sur www.france.diplomatie.fr/mfi.

Vous êtes enseignant ou fonctionnaire d'État, vous souhaitez travailler à l'étranger ? Consultez le site du ministère de l'Éducation nationale, il informe sur les conditions de mobilité dans le monde. Cette initiative peut s'inscrire dans un parcours professionnel. Elle permet d'exercer son métier dans des conditions spécifiques, ou un autre métier et diversifier ainsi son expérience en enrichissant ses compétences. Les personnels d'encadrement peuvent aussi postuler dans des organismes internationaux ou de l'Union européenne.

ACTION CONTRE LA FAIM

102, rue de Paris - **MONTREUIL**
✆ 01 70 84 70 70
www.actioncontrelafaim.org
Par téléphone de 9h à 13h et de 14h à 18h.

ONG internationale spécialisée dans la lutte contre la faim dans le monde, active dans les domaines de la nutrition, santé, sécurité alimentaire, de l'eau, de l'assainissement. L'association intervient dans des situations de crise. Le but étant de rendre les populations autonomes d'un point de vue de la nutrition, en apportant une aide concrète et en formant les intervenants locaux qui prendront le relais. Ses missions de volontariat durent de trois mois à un an en Afrique, Asie, Amérique, Europe centrale, dans le Caucase, au Moyen-Orient et dans les Caraïbes.

WEP FRANCE

95, avenue Ledru Rollin
PARIS (11e)
✆ 01 48 06 26 26
www.wep.fr

WEP propose plus de 50 projets éducatifs et séjours linguistiques dans une trentaine de pays pour une durée allant de une semaine à 18 mois. Quel que soit votre projet d'études ou de volontariat à l'étranger, vous trouverez sur le site de WEP une rubrique qui y sera consacrée : étudier au lycée, dans une université, partir en séjour linguistique, faire une expérience professionnelle dans le cadre d'un stage ou vivre en immersion dans une famille. Possibilité également de planifier des programmes combinés (études et projet humanitaire par exemple).

BUSINESS FRANCE

77, Boulevard Saint-Jacques
PARIS (14e)
✆ 01 40 73 30 00
Ouvert en semaine de 8h30 à 18h30.

L'Agence pour le développement international des entreprises françaises travaille en étroite collaboration avec les missions économiques. Le site Internet recense toutes les actions menées, les ouvrages publiés, les événements programmés et renvoie sur la page du Volontariat International en Entreprise (VIE). Fondée en 2015, cette structure est née de la fusion entre Ubifrance et l'Agence française pour les investissements internationaux. Elle est affiliée au Ministère de l'Europe et des Affaires étrangères et au Ministère de l'Économie et des Finances.

CLUB TELI

Les Clarets
SAINT-PIERRE-D'ENTREMONT
✆ 04 79 85 24 63
www.teli.asso.fr
Adhésion d'un an : 45 €.

Le Club Teli est une association d'aide à la mobilité internationale créée voici bientôt 30 ans, forte de 4 000 adhérents en France et dans 65 pays. Si vous souhaitez séjourner à l'étranger, quel que soit votre projet, vous trouverez par le biais de ce club des infos et des offres de stages, de jobs d'été et de travail pour francophones. Si vous avez besoin d'aide pour envoyer des candidatures, le Club peut vous aider à mettre votre CV aux normes du pays où vous souhaitez partir. Pour bénéficier de ces aides et informations, il faut adhérer.

VIE - VOLONTARIAT INTERNATIONAL EN ENTREPRISE

✆ 04 96 17 26 50
mon-vie-via.businessfrance.fr

Le VIE est destiné aux jeunes de 18 à 28 ans. Il s'effectue en entreprise, dans une ONG, dans une collectivité locale ou dans un service de l'État – allant de l'ambassade à l'établissement culturel en passant par le consulat. Par ailleurs, il peut durer de 6 à 24 mois et être renouvelé une fois, de deux ans au plus. Enfin, sa rémunération mensuelle est constituée d'un salaire fixe de 749,33 € et d'une indemnité supplémentaire dont le montant varie selon la mission.

WEWORK

www.wework.com
Abonnements mensuels hot desk à 239 ou 395 € TTC.

Wework est une solution très complète d'espaces de travail pour entreprises et travailleurs indépendants. Ils ont des espaces de coworking partout dans le monde. Une fois que vous avez choisi votre formule (bien regarder avant si la ville où l'on se rend possède la formule), vous pouvez télécharger l'application et réserver votre bureau pour la journée. Vous pouvez bien sûr réserver à l'avance. D'autres possibilités existent comme celle d'avoir un bureau privé pour soi ou son équipe. Ce service est uniquement sur demande via le site.

INDEX

M

N

O

P

Q

R

EDITION
Directeurs de collection et auteurs : Dominique AUZIAS et Jean-Paul LABOURDETTE
Auteurs : Patrick MADELAINE, Sakalé MADELAINE, Baptiste THARREAU, Delphine CALMO, Adelaïde SAUTER, Amandine GLEVAREC, Romain RISSO, Kévin GIRAUD, Mathias DESHOURS, Sylvie DEL COTTO, Simona PESENTI, Jean-Paul LABOURDETTE, Dominique AUZIAS et alter
Directeur Editorial : Stéphan SZEREMETA
Rédaction Monde : Laure CHATAIGNON, Morgane VESLIN, Pierre-Yves SOUCHET, Natalia COLLIER, Julie BEZ
Rédaction France : Briséis TEMPLE-BOYER, Audrey VEDOVOTTO, Marie VIGNERON, Nicolas WODARCZAK, Mélanie PEILLET

FABRICATION
Maquette et Montage : Romain AUDREN, Julie BORDES, Delphine PAGANO
Iconographie et Cartographie : Anne DIOT, Julien DOUCET

WEB ET NUMERIQUE
Directeur Web : Louis GENEAU de LAMARLIERE
Technical Project Manager : Hervé MARION
Développeurs : Guillaume BARBET, Adeline CAUX
Intégrateur Web : Mickael LATTES, Antoine DION
Webdesigner : Caroline LAFFAITEUR
Community Traffic Manager : Alice BARBIER, Noémie LE SAUX
Content Manager : Aliénor de PERIER

DIRECTION COMMERCIALE
Directeur commercial : Guillaume VORBURGER
Coordinatrice des Régies commerciales : Manon GUERIN
Account Manager Marketplace : Leila ROUGEOT
Responsable Régies locales : Michel GRANSEIGNE
Responsables Développement régie inter : Jean-Marc FARAGUET, Guillaume LABOUREUR et Camille ESMIEU
Régie GUINEE : Alexis DARNE
Assistante commerciale Régie internationale : Leila ANTRI-BOUZAR
Chefs de Publicité Régie nationale : Caroline AUBRY, François BRIANCON-MARJOLLET, Perrine DE CARNE MARCEIN, Jonathan TOUTOUX

DIFFUSION ET PROMOTION
Directrice des Ventes : Bénédicte MOULET assistée d'Aissatou DIOP
Responsable des ventes : Jean-Pierre GHEZ assisté de Nelly BRION
Relations Presse-Partenariats : Jean-Mary MARCHAL

ADMINISTRATION
Président : Jean-Paul LABOURDETTE
Directrice des Ressources Humaines : Dina BOURDEAU assistée de Sandra DOS REIS et Eva BAELEN
Directrice Administrative et Financière : Valérie DECOTTIGNIES
Comptabilité : Guillaume PETIT, Aminata BAGAYOKO, Jeannine DEMIRDJIAN et Adama DIABY
Recouvrement : Fabien BONNAN assisté de Sandra BRIJLALL
Responsable informatique : Elie NZUZI-LEBA

PETIT FUTÉ GUINÉE
LES NOUVELLES EDITIONS DE L'UNIVERSITE
18, rue des Volontaires - 75015 Paris.
✆ 01 53 69 70 00 - Fax 01 42 73 15 24
Internet : www.petitfute.com
SAS au capital de 1 000 000 € - RC PARIS B 309 769 966
Couverture : Contre-fort du Fouta-Djalon, Guinée © Africa - stock.adobe.com
Impression : CORLET IMPRIMEUR - 14110 Condé-en-Normandie
Achevé d'imprimer : août 2023
Dépôt légal : 17/09/2023
ISBN : 9782305083759

Pour nous contacter par email, indiquez le nom de famille en minuscule suivi de @petitfute.com
Pour le courrier des lecteurs : info@petitfute.com

IMPRIMÉ EN FRANCE